中國大歷史

卷四

三国 两晋 南北朝

任德山 毛双民 编著

U0687376

世界图书出版公司

广州·上海·西安·北京

图书在版编目（CIP）数据

中国大历史. 卷四，三国两晋南北朝 / 任德山，毛
双民编著. -- 广州：世界图书出版广东有限公司，
2020.3（2022.5重印）

ISBN 978-7-5192-7353-8

Ⅰ. ①中… Ⅱ. ①任… ②毛… Ⅲ. ①中国历史－三
国时代－通俗读物②中国历史－魏晋南北朝时代－通俗读
物 Ⅳ. ①K209

中国版本图书馆CIP数据核字(2020)第036056号

书　　名	中国大历史	
	ZHONGGUO DA LISHI	
编 著 者	任德山　毛双民	
责任编辑	梁少玲　卢雁君	
装帧设计	李腾月	
出版发行	世界图书出版有限公司　世界图书出版广东有限公司	
地　　址	广州市海珠区新港西路大江冲25号	
邮　　编	510300	
电　　话	（020）84452179	
网　　址	http://www.gdst.com.cn/	
邮　　箱	wpc_gdst@163.com	
经　　销	新华书店	
印　　刷	鑫艺佳利（天津）印刷有限公司	
开　　本	710 mm×1 020 mm　1/16	
印　　张	171.75	
字　　数	2 748千字	
版　　次	2020年3月第1版　2022年5月第2次印刷	
国际书号	ISBN 978-7-5192-7353-8	
定　　价	398.00元（全八册）	

版权所有　翻印必究

（如有印装错误，请与出版社联系）

前　言

　　在人类古文明中，中华文明是唯一的从未中断过的文明。在悠久的岁月中，中华民族共同开发了祖国的河山，创造了波澜壮阔的历史和独具风采的文化。历史承载着文化，文化辉映着历史，这是我们必须极为珍惜的宝贵财富。

　　历史不仅记录了过去，更重要的是深刻影响着现在和未来。今天生活在祖国土地上的人们就是中华民族先民的后裔，是同一种文明按照自身的规律演进、发展、延绵、繁盛，以至于今。中华文明自始即具有本土性、多元性，展现出独特的风采。

　　中华民族具有巨大的凝聚力和包容性，其演变不是多元文明互相灭绝，而是互相整合。在长期的生息往来中，民族融合、文化交流，共同创造了灿烂的文明。中华文明还具有善于吸收域外异质文明的特点，对外来文化的消化和吸收，促进了中华文明的发展。

　　现在学习中国优秀传统文化蔚然成风，季羡林先生在生命的最后时光里为我们题写了"学习中国史，提倡大国学"这一寓意深刻的题词。国学是会通之学、根本之学，只有回到中华民族通史的丰厚土地上，我们才能真正理解和学好国学的百花万术。科学教育需要以通识为基础，方能有广阔的见识，有更大的发展。而通识总是在历史的坐标上才能对准真人真事，给我们以智慧的启迪。历史的辉煌鼓舞着我们要时刻焕发生机与自信，历史上的困难则提醒着我们永远要自强不息，安不忘危。

　　当人们溯历史的长河而上，通览各种知识和文化的产生、嬗变，体会文明的进程时，不仅会对创造了这些文明的先人们充满了温情与敬意，还会激发起自我创新文明的热情。

好的大历史要使人们对中华民族的历史有更为真实、全面的了解。中国史籍极为丰富，史学发达，近百年来更有长足进步。本部大历史运用了迄今为止中国史学公认成果，就是要保证历史的真实性。不仅所有的记录都出自正史，而且凡是可考的文物和历史人物都配有精美的图片以作诠释，细节的真实让读者读史时如亲临其境。

好的通史还要让人能一览上下五千年的全貌。本部大历史有民族的繁衍、文明的起源、帝国的更迭，历史事件与人物的成就；从政治、经济、文化到社会生活，做一全景式的展开，犹如一幅由远及近的画卷。中国文明曾经有光照世界的荣耀，也曾经历过苦难；有过科技创新和知识大量释出，走向"全球化"的开放，也曾闭关锁国、故步自封。这一切都给我们以警示。

本部大历史尽量做到叙事博洽和浅显，把中国历史的巨大图卷细心描绘，以使读者阅读时兴趣盎然。编著者像一个认真而充满爱心的讲解员，把读者带到历史大厦里边，深情地告诉大家："这就是我们不能忘记的过去，这里面有我们不可不知的遗产。"

任德山

普及中国历史，传承优秀文化

——学习季羡林先生为《中国大历史》题词感言

2009 年初，我受李克先生之托，到 301 医院请季羡林先生为即将出版的八卷本《中国大历史》题词，98 岁高龄的季老欣然命笔："普及中国史，提倡大国学。"这应该是季老百年生命历程中为出版物的最后题词，也是他始终关注历史文化知识普及、晚年再三强调的重要学术主张。季老认为，我们的"国学"应该是长期以来由多民族共同创造的涵盖广博、内容丰富的文化学术，而绝非乾嘉时期学者心目中以"汉学""宋学"为中心的"儒学"的代名词。也就是说，今天我们所要振兴的"国学"，绝非昔日"尊孔读经"的代名词或翻版，而是还中华民族历史的全貌，真正继承和发扬由生活在神州大地上的各民族共同创造的传统学术文化。因此，在八卷本《中国大历史》正式出版之后，我曾经写过一篇短文刊登在《光明日报》上，提出："季老再次重申应提倡'大国学'，值得引起出版、学术、教育界的关注。"

听八卷本《中国大历史》的策划者李克先生介绍，此书出版发行近三年来，多次重印，累计销售了 20 万册，受到了广大读者的欢迎。在书籍品种快速增长而总印数几乎停滞不前的情况下，这是十分可喜的。但是李克先生和他的团队并不满足于此，又邀请一些著名的历史学家对此书提出审改意见，认真地进行修订，使其精益求精，日臻完善，于是有了今天的《中国大历史》。

最近，《中共中央关于深化文化体制改革，推动社会主义文化大发展大繁荣若干重大问题的决定》强调要"建设优秀传统文化传承体系",指出:"优秀传统文化凝聚着中华民族自强不息的精神追求和历久弥新的精神财富,是发展社会主义先进文化的深厚基础,是建设中华民族共有精神家园的重要支撑。"中华大地是五十六个兄弟民族的共同家园,中国历史是各民族共生、共存、共发展的历史,中国传统文化是各民族共同创造的辉煌灿烂的多元一体文化,是共同拥有的精神财富——这就是"大国学"的基石。所以季老强调"'国学'就是中国的学问,传统文化就是国学","现在对传统文化的理解歧义很大。按我的观点,国学应该是'大国学'的范围,不是狭义的国学","国内各地域文化和五十六个民族的文化,就都包括在'国学'的范围之内"。今天,我们要建设优秀文化传承体系,就应该全面认识祖国传统义化,汲取历史的经验教训,跳出狭隘的"儒家""国学"的旧框架,以海涵神州的宽广胸怀,用放眼世界的远大眼光,努力探寻文化传承的规律。

要全面、正确地认识我们的传统文化,就必须普及准确的中国历史文化知识。而传播、普及文化知识的任务,主要靠学校、家庭和大众传媒来承担,其中历史文化精品读物担负重任,不可或缺。因此,注重史料的真实、严谨,注重新资料的开掘运用,注重立足现实、温故知新,注重文字通畅、图文并茂,达到学术性、可读性、现实性 的统一,就成为这本《中国大历史》努力追求的目标。效果如何,有待广大读者来评判,而努力本身,则是值得我们肯定和鼓励的。

＊本文作者系中华书局编审,中国敦煌吐鲁番学会副会长兼秘书长,浙江大学、中国人民大学国学院兼职教授,敦煌研究院兼职研究员。

春及中國史

提倡 大同主

寧克拉
山水

本书特点

◎ 以权威严谨的学术成果为基础，强调生动的历史细节，将历史娓娓道来。从中华民族源起直至清朝结束，将一部五千年历史化作现代、生动的表述，让尘封的历史重新焕发神采。鲜活的历史化作了真实的故事，潜伏其中的规律与真相昭然若揭。摆脱枯燥抽象的术语，赋予历史以激动人心的魅力。

◎ 立足现实重读历史，揭示民族兴衰荣辱中的智慧与经验。历史对于读者最大的功能在于鉴古知今。预知未来是最大的智慧，而这种大智慧就寓于历史之中。西方史学家说："历史是现在与过去之间永无止境的问答交流。"我们从来没有像今天这样感到世界在迅速缩小，未来充满挑战，要瞻望未来，历史的智慧就越来越重要。本书力求总结出具有时代性的历史观和历史智慧，"以供社会之需"。

◎ 这是一部百科全书式的中国大历史，完全不同于过去通史单一的朝代更迭的政经内容。本书全面系统地讲述了中华民族创造的政治文明、经济成就、礼乐文明、军事智慧，以及汉字、中医药、艺术、四大发明等科技文明。阅读本书，犹如参观最新展陈、最全内容和最详实讲解的中国历史博物馆。

◎ 这是一部具有审美情趣的《中国大历史》。大史学家夏曾佑先生说："历史必资图画。"本书独创的图史体系，搜集了超过五千幅古代珍品书画作品和文物照片，让丰富的人物图、文物图、军事图和图片说明组成了一部前所未有的图说中国史，使读者读起来赏心悦目，余味无穷。

目　录

·南北朝

我国历史上的民族，如魏晋南北朝时期的民族，往往以文化来划分，而非以血统来划分。少数民族汉化了，便被视为『杂汉』『汉儿』『汉人』。反之，如果汉人接受某少数民族文化，与之同化，便被视为某少数民族人。南北朝时期，北方便有汉人因为久居鲜卑地区，接受鲜卑的文化，与之同俗，不仅被人们视为鲜卑人，他们自己也把自己视作鲜卑人。在少数民族中间也是这样。某一少数民族人如果接受另外一个少数民族的文化、风俗习惯，与之同化，便被视为另一个民族的人，他的本民族反而隐蔽不显。

——陈寅恪

三国两晋南北朝文明历程

三　国（220年—280年）

两　晋（265年—420年）

南北朝（420年—589年）

三国两晋南北朝，又称魏晋南北朝。这是中国历史上政权更迭最频繁的大分裂时期。东汉末年，群雄割据，社会动荡。曹操势力逐渐强大，统一了北方。从220年曹丕称帝开始，形成了魏、蜀、吴三国鼎立的局面。后司马炎代魏称帝，建立晋朝，定都洛阳，史称西晋，实现了短暂统一。317年，东晋建立，偏安江南，与北方各民族建立的政权对峙。同时迁居到黄河流域的几个少数民族，先后建立了许多政权。从此北方处于长达130多年的分裂割据时期，历史上称为"十六国"时期。南方经历了宋、齐、梁、陈四个朝代，历史上称之为"南朝"。439年，少数民族政权北魏统一了北方，出现了民族大融合的趋势。后来北魏政权分裂为东魏和西魏，不久东魏、西魏又分别为北齐和北周所取代。后由北周统一北方。历史上把上述北方五个朝代，称为"北朝"。589年隋灭陈统一全国，这段历史共经历了360多年。

●武侯高卧图

207年，曹操大破乌桓，消灭了袁氏残余势力。刘备三顾茅庐请出诸葛亮。

196年，汉献帝在杨奉等人护送下，回到洛阳。吕布占徐州。刘备投奔曹操。曹操始兴屯田，将献帝劫持到许昌。

189年九月，董卓废少帝刘辩为弘农王，立陈留王刘协为帝，是为汉献帝。

229年，孙权称帝，国号吴（222年—280年），迁都建业（今江苏南京）。

220年，曹操病亡。魏立九品中正制。曹丕称帝，国号魏（220年—265年），建都洛阳。东汉灭亡。

221年，刘备在成都称帝，国号汉，世称蜀汉（221年—263年），以诸葛亮为丞相。

239年，曹叡病亡，曹芳继位。曹爽、司马懿共同执掌大权。

●晋武帝司马炎

265年，晋武帝泰始元年十二月，晋王司马炎逼曹奂禅位，自称皇帝，国号晋，为晋武帝。史称西晋（265年—316年）。

291年，贾后杀杨骏，又杀汝南王司马亮及楚王司马玮。八王之乱开始。

●东山报捷图轴

383年，晋秦淝水之战，前秦大败，内部分崩。晋增收口税米，每口五石。

两晋

| 180 | 200 | 250 | 300 | 350 |

三国

184年，黄巾起义。张角病死。

●张角

219年，刘备进位汉中王。关羽水淹七军。

●关羽擒将图

242年，孙权派军攻打海南岛。

249年，司马懿被封为丞相，坚固辞不受。

●八达春游图

225年，诸葛亮南征，七擒孟获，平定蜀国南方。

280年，西晋攻打东吴，吴帝孙皓投降，吴国灭亡。

263年，魏命邓艾、钟会等率军大举攻蜀。十一月邓艾至成都，后主刘禅投降，蜀汉亡。

351年，苻健在长安称天王、大单于，国号大秦，史称前秦。

317年，祖逖北伐。

304年，李雄称成都王。匈奴刘渊在左国城即汉王位，国号汉。

●洛神赋图（局部）。《洛神赋》是三国时期曹魏文学家曹植创作的名篇。描写自己与洛水神女相恋，终因人神殊途而分离的动人故事。此图的作者为东晋画家顾恺之。

●高逸图（局部）。《高逸图》为《竹林七贤图》残卷，作者是唐朝的孙位。图中只选了其中的二贤。左边为不修威仪、善发谈端的王戎，右边为好老庄而性格卓然不群的山涛。

●《十六国春秋》书影。

●梁武帝

●陈后主

439 年，北魏统一北方。十六国结束。

407 年，赫连勃勃称大夏天王。

485 年，北魏颁行均田制。

502 年，萧衍称帝，是为梁武帝，国号梁，齐亡。

494 年，北魏孝文帝迁都洛阳。禁士民胡服。

552 年，南朝王僧辩、陈霸先克建康，侯景被杀。萧绎在江陵即位，是为梁元帝。

557 年，宇文觉建立北周。宇文护废宇文觉，立宇文毓为天王，是为明帝。陈霸先代梁称帝，是为陈高祖，国号陈。

574 年，周武帝禁佛、道两教，毁经书、佛像，命沙门、道士还俗。

589 年，隋灭陈，全国归于统一。

两晋	南北朝

```
400        450        500        550        600
```

420 年，刘裕建宋，东晋灭亡。

460 年，北魏开凿云冈石窟。

581 年，杨坚逼迫北周静帝禅位，代周建隋。

548 年，南朝发生侯景之乱。

527 年，北魏《水经注》的作者郦道元卒。

399 年，名僧法显从长安出发，西行往天竺求经。

413 年，法显航海回国至建康。

507 年，梁朝范缜将《神灭论》改成宾主问答体。

534 年，高欢立元善见为帝，是为东魏孝静帝，东魏迁都于邺。宇文泰毒杀孝武帝，立元宝炬为帝，是为西魏文帝，都长安。北魏分裂。

479 年，萧道成称帝，是为齐高帝，国号齐。

493 年，北魏始凿龙门石窟。

●龙门石窟

●北齐校书图。北齐时期，朝廷提倡学习汉人传统文化，组织才学之人校点书籍。

●隋文帝杨坚

三 国

群雄纷起　三国英雄　魏蜀吴鼎立

　　两汉持续了四百多年的大一统局面，到东汉末年已经到了土崩瓦解的地步。群雄并起，政局的混乱已经是一种趋势，在这个乱世谁是强者谁才能够存在下去。魏、蜀、吴三国脱颖而出，终于在群雄争霸中凭借自己的实力，消灭了其它割据政权，使军阀割据混战的局势转化为暂时局部统一的政权形式——三国鼎立。220 年，北方的霸主曹操过世，曹丕登位，并逼汉献帝禅让，建国号魏，史称曹魏。次年，刘备不承认曹魏政权，以继录汉朝法统自居，宣布称帝，国号汉，史称蜀汉。而坐拥江东诸郡的孙权，自 222 年以来虽自立年号，却一直只称吴王，表示低人一等。踌躇再三，孙权终于也在229 年称帝，建立吴，史称孙吴。

　　随后的曹魏政权虽然为司马氏所篡夺，但它的国力却日趋强大。在灭蜀（263 年）、代魏（265 年）后于 280 年灭吴，这样从汉献帝初平元年（190年）董卓之乱以后延续了整整 90 年的分裂割据局面终于结束。三国鼎立时期虽然短暂，但它促进了由分裂局面到三家局部统一，进而实现全国统一的历史进程。三国的政治、经济、文化、民族关系、对外交往各具特色，充满生机，在中国历史上占有重要的地位。

　　时势造英雄，这段时期涌现出了一批杰出的政治家、军事家，如曹操、刘备、孙权、诸葛亮、周瑜、许攸、关羽、张飞、司马懿、陆逊等人。三国时期的这些人物是英雄也好枭雄也罢，忠臣也好叛臣也罢，胜者也好落败身亡者也罢，每个人都在这个时代焕发出自己独特的风采。

经济方面，曹操在 196 年即募民屯田。除了屯田之外，曹魏还注重减免赋税，兴修水利，开辟良田，发展手工业、商业。因此北方遂由东汉末年军阀混战时期的"白骨露于野，千里无鸡鸣"，一变而为"农官兵田，鸡犬之声，阡陌相属"。在蜀汉，主持政务的诸葛亮十分注重粮食生产。他分兵屯田，兴修水利，大力发展农业，因此蜀国的经济得到很快的发展。据载蜀地的都江堰水利工程经常有一千多人在维护，成都"家有盐泉之井"，蜀锦更成为重要的财政来源之一。孙权对农业生产也甚为重视，曾实行屯田。吴国的冶铁、煮盐业也颇为发达，青瓷制作更是其著名的特产。江东的造船业有了重大的发展，建安郡的侯官（今福建闽侯）是重要的造船中心。海路经常远航于东海、南海。大秦（罗马帝国）的商人亦通过南海来到吴都建业进行贸易。

至于文化方面，曹操、曹丕、曹植三父子，皆极具文学才华，并称"三曹"。此外清谈玄学在曹魏的晚期，亦日益流行起来，对中国的哲学有着重要和深远的影响。各国对于文教、科技事业都十分重视。相传蜀相诸葛亮发明"木牛流马"，为当时十分先进的运输工具。医学方面，华佗的医术，至今仍为后人所传颂。

虽然三国时期战乱频发，一度出现了"典籍散乱""后生者不见仁义礼让之风"的局面，但由于刘表、曹氏父子、诸葛亮及孙权等人的极力提倡，经学、史学、科技、文艺等都有了相当的发展。这使中国优秀的文化传统不至于中断，同时为两晋南北朝时期文化的发展奠定了坚实的基础。与这种发展相辅相成的是中华优秀文化向边远地区及外域的传播与辐射，而通过这种传播与辐射又促进了更广大地区经济文化和整个社会的发展，从而极大地增强了中华民族的凝聚力与向心力。

宣文君授经图

魏文帝曹丕：三国鼎立

武侯高卧：诸葛亮治蜀

关羽擒：对峙中发展

洛神赋图：建安文学

魏世系：武帝曹操 >> 文帝曹丕 >> 明帝曹叡 >> 齐王曹芳 >> 高贵乡公曹髦 >> 元帝曹奂

蜀世系：昭烈帝刘备 >> 后主刘禅

吴世系：吴大帝孙权 >> 废帝孙亮 >> 景帝孙休 >> 末帝孙皓

三国大事一览表

时 间	事 件
184年	三月黄巾起义
189年	董卓废少帝刘辩为弘农王，立陈留王刘协为帝，是为汉献帝。
190年	正月，关东诸侯以讨伐董卓为名聚集起来，推举袁绍为盟主。
191年	黄祖部将从竹林间发射暗箭，孙坚中箭身死。
192年	董卓被其亲信吕布所杀。
196年	曹操胁持汉献帝刘协，迁都到许昌。
197年	郭汜被自己的部将伍习杀死。
198年	曹操征讨李傕，灭其三族。
200年	袁绍派陈琳撰写檄文骂曹操，并发布了此檄文，之后命大将颜良等人进兵白马。孙策被刺客所伤，不久后身亡。
202年	袁绍病死。
207年	八月曹操大破乌桓，消灭了袁氏残余势力。
208年	赤壁之战，曹操被孙刘联军打败。
203年	汉献帝封曹操为魏公，加九锡。
203年	曹操起兵号称四十万，亲自南征孙权。
214年	刘备取得了益州，领益州牧。
215年	曹操亲征汉中张鲁。
216年	曹操称魏王。
219年	刘备进位汉中王。
220年	正月曹操病亡。
220年	曹丕代汉称帝，建立魏国，都洛阳，史称曹魏，尊曹操为太祖武皇帝。
221年	刘备在成都称帝，国号汉，史称蜀汉，以诸葛亮为丞相。
222年	孙权被魏文帝曹丕册封为吴王。
223年	刘备死于白帝城。
225年	诸葛亮南征。
226年	大秦商人从海道经交趾来到建业（今江苏南京），谒见孙权。

时　间	事　件
226年	魏文帝曹丕卒，曹叡继位。
228年	诸葛亮北伐，姜维降蜀。
228年	诸葛亮挥泪斩马谡。
229年	孙权称帝，国号吴，史称孙吴。
230年	吴派卫温、诸葛直航海到夷洲。
231年	诸葛亮第四次北伐。
234年	诸葛亮最后一次北伐。
234年	八月诸葛亮病逝于五丈原。
234年	蜀国大将魏延被马岱追上斩首，并被夷灭三族。
237年	辽东的公孙渊自立为燕王。
238年	司马懿破辽东公孙渊，杀公孙渊之子。
239年	曹叡病亡，曹芳继位。曹爽、司马懿共同执掌大权。
241年	孙权分兵四路攻魏，司马懿自请出兵征讨。
244年	毌丘俭奉命讨伐高句丽。
245年	魏毌丘俭再次攻破高句丽，使得高句丽在很长一段时间内不敢再进犯边境。
245年	陆逊愤懑而死。
246年	董允与蒋琬均病亡。
249年	司马懿"发动高平陵之变"杀曹爽一伙。
249年	司马懿被封为丞相。
250年	孙权废太子孙和，赐鲁王孙霸死，立孙亮为太子。
251年	司马懿亡。
252年	孙亮继位。诸葛恪、滕胤等人辅政。
253年	孙峻和吴主孙亮定下计策谋杀了诸葛恪。
263年	刘禅向邓艾投降，蜀汉灭亡。
264年	钟会因谋反被杀。
264年	邓艾被杀害。

东汉末世，群雄纷起

　　黄巾起义给了腐朽的东汉王朝沉重的一击，东汉的统治力量被严重削弱，为军阀割据战争的出现创造了条件，军阀割据势力也开启了三国乱世的大门。东汉王朝行将就木，数不清的割据势力蜂拥而起，这些割据军阀们使出浑身解数，都想趁乱世成就一番事业。

正史史料

中平元年春二月，巨鹿人张角自称"黄天"，其部帅有三十六方，皆著黄巾，同日反叛。安平、甘陵人各执其王以应之。

——《后汉书·本纪·孝灵帝纪》

黄巾起义

五斗米道和太平道

每当统治腐朽、社会动荡不安并已经到了民不聊生的地步时，宗教往往成为民众的主要精神支柱，成为统治阶级麻痹人民的毒品。不过作为工具的宗教既然可以为统治阶级控制人民所用，也就有人会利用它来聚集无路可走的民众。我国历史上几次大规模农民起义基本都借助这个工具，这场黄巾大起义就是以宗教的形式发动的。

此时佛教已经传入了中国，但还没有广泛流传，而土生土长的道教却非常地兴盛。当时道教分为三派：三辅的骆曜教人们"缅匿法"（一种隐身术），汉中张鲁传播五斗米道，东方的张角创立了太平道。我们在这里着重讲述一下张鲁的五斗米道和张角的太平道，骆曜的"缅匿法"影响不大，不作过多介绍。

五斗米道又称正一道、天师道，是道教最早的一个派别。东汉顺帝时，由张道陵在四川鹄鸣山（今四川成都大邑北）创立。凡入道者须出五斗米，故得此名，因又称为"米巫""米贼""米道"。又因张道陵自称张天师，所以五斗米道又称天师道。

东汉顺帝汉安元年（142年），张道陵开始在巴蜀一带行医传道，从者甚多。张道陵死后，其子张衡继之，张衡死后，其子张鲁继续传其道。东汉末年，张鲁占据了汉中，建立了持续近三十年的政教合一的政权，后来投降了曹操。西晋后五斗米道逐渐开始分化，一部分在官僚中传播，另一部分仍秘密活动于农民中。

太平道也是道教早期教派之一。东汉顺帝年间，有一个名字叫宫崇的人，到皇宫献《太平清领书》即《太平经》，未被顺帝采纳。之后这部经书开始在

张角

张角创建的太平道属于道教的一个分支。东汉顺帝时（125年—144年）流传《太平清领书》，张角得此书加以研习，自称有所得，于是号"太平道人"。张角借为广大民众治病之名以传道，得到百姓的爱戴和拥护，势力渐渐壮大，为黄巾起义做准备。

民间流传。

《太平经》是对《道德经》思想的继承和发展，内容十分丰富。太平道的创建者是东汉灵帝熹平、光和年间的河北巨鹿人张角，他曾读过《太平经》，自称大贤良师，奉事黄老道，利用《太平经》传播道教，教练弟子，以跪拜思过、符水咒语为人治病。

张角有两个弟弟，一名张宝，一名张梁。张角手下另有八名弟子，在组建太平教的过程中，这些人发挥了重大作用。

黄巾起义的爆发与败亡

张角通过符水给病人治病来传道。他目睹广大民众在东汉王朝暴政统治下的悲惨境况，义愤填膺，决心通过武装起义的途径改变这一局面。大凡起事者都是有非常的能力并能将自己的意图付之实施的人，张角虽然只是一个道士，可他有人际交往广泛这个优势。太平道在群众中宣传反对剥削、敛财，主张平等互爱，深得穷苦大众的拥护。十余年间，势力遍布青、徐、幽、冀、荆、扬、兖、豫八州，徒众达数十万人之多，主要是穷苦农民，也有城镇手工业者、个别官吏，甚至宦官。

张角将教徒划分为三十六方（教区组织），大方万余人，小方六七千人，每方设渠帅负责。张角选定于甲子年甲子日，即中平元年（184年）三月初五举行大起义，提出"苍天已死，黄天当立，岁在甲子，天下大吉"的响亮口号。可是就在起义即将发动的关键时刻，太平道内部却出了叛徒，济南人唐周向朝廷上书告密，使得起义计划全部泄露。张角为了扭转被动不利的局面，当机立断，派人飞告各方提前起义。于是天下三十六方"内外俱起，八州并发"，众达数十万人。起义军以黄巾缠头为标志，称为"黄巾军"。历史上著名的"黄巾起义"正式爆发了。张角自称"天公将军"，张宝称"地公将军"，张梁称"人公将军"。旬日之间，天下响应，京师震动。汉灵帝慌忙调集各地精兵，进剿黄巾军。各地豪强地主也纷纷起兵，配合官军镇压起义，其中著名的有袁绍、袁术、公孙瓒、曹操、孙坚、刘备等。

起义开始后，群众纷纷响应，或入伍为信徒，或送粮送衣，义军发展很快。黄巾军的主力分散在巨鹿、颍川、南阳等地，他们各自为战，攻城夺邑，焚烧官府，取得了很大的胜利。与此同时，各地还出现了许多独立的农民武装。但黄巾军各自为战，缺乏战斗经验，以致东汉王朝能够集中兵力各个击破。颍川、陈国、汝南、东郡和南阳的黄巾军相继失败。冀州黄巾军在张角病死后，由张梁统率固守广宗。当年十月，皇甫嵩率官军偷袭黄巾军营，张梁阵亡，三万多黄巾军惨遭杀害，五万多人投河自尽而死，张角被剖棺戮尸。张宝也随即于下曲阳兵败阵亡，十余万黄巾军被杀害。之后黄巾余部和各地的农民武装，仍然坚持斗争。青州黄巾一度发展到拥众百万。后来因作战失利，被迫接受曹操的收编。太平道从此也就传授不明了。

黄巾大起义虽然没有推翻腐朽的东汉王朝，但却从根本上摧毁了东汉王朝的统治，破坏了世族大地主建立的封建统治秩序，使东汉王朝的统治分崩离析，名存实亡了。

董卓擅权

黄巾起义之后，东汉朝廷日益腐朽，朝中大臣与宦官集团展开了激烈的交锋。最终军阀董卓坐收渔利，控制了朝中大权。但董卓荒淫残暴，没过多久，就在政变中被杀死了。

董卓立汉献帝

经过黄巾军起义的冲击，东汉王朝已经摇摇欲坠，汉灵帝一死，外戚和宦官两个集团便发生了一场大火并。中平六年（189年），十四岁的皇子刘辩即位，这就是汉少帝。按照惯例，由何太后临朝听政，外戚大将军何进执掌朝政。宦官蹇硕想谋杀何进，没有成功。何进执掌朝政以后，把蹇硕抓起来杀了。中军校尉袁绍劝何进趁机把宦官势力彻底除掉。

何进与太后商量，何太后不答应。袁绍又劝何进秘密召集各地的兵马进京，迫使何太后同意除掉宦官。主簿陈琳听了，阻拦何进说："将军手里有的

张角采药偶遇仙传
中平元年（184 年）正月瘟疫流行时，张角通过散施符水为人治病，自称"大贤良师"。他与
弟子云游四方，传播其思想。

是兵马，要消灭几个宦官，还不是像炉火上烧几根毛发那样容易？如果召外
兵进京城，这好比把刀把子交了给别人，不闹出乱子来才怪呢。"何进不听。
他派人给并州（今山西大部，内蒙古、河北的一部分）牧董卓送了一封信，
叫他迅速带兵进洛阳。

不料宦官首先动手，杀死了何进，裹挟着汉少帝与其异母弟陈留王刘协
夜出逃到洛阳城北门外。袁绍得知何进被杀，立刻派他弟弟袁术攻打皇宫。
袁术干脆一把火烧了皇宫的大门。大批的兵士冲进宫里，不分青红皂白，见
了宦官就杀。共屠杀了两千余人，一些没长胡须的人也被当作宦官杀掉。经
过这场火并，外戚和宦官两败俱伤。此前被何进召来的董卓却带兵进了洛阳。

董卓本来是凉州（今甘肃、宁夏和青海、内蒙古一带）的豪强，在凉州
结交了一批羌族豪强，称霸一方。他靠镇压起义军起家，做到并州牧的位置。
他本就有侵占中原的野心，怎会放过这次机会。于是他临近洛阳后并不急于
进城，而是驻守在城外按兵不动，只等外戚宦官残杀过后他才大摇大摆地带
了三千人马赶来，正好拦下劫持了少帝的宦官，杀死宦官后，救下了少帝，
坐收渔翁之利。

这时朝中大臣纷纷称赞董卓，希望他"再造中兴"。但事与愿违，事实证
明赶走了狼却引来了虎，董卓进了洛阳后不久，就使用各种手段将洛阳的兵
权掌握在了自己的手里。

当初陈留王刘协随少帝刘辩被宦官张让和段珪劫持，遇到董卓时，少帝
刘辩在骄横的董卓面前面如土色，九岁的陈留王刘协却对董卓厉声呵斥："既
然你前来勤王救驾，见了皇帝为何不跪？"董卓和少帝谈话，少帝语无伦次，
再和刘协谈话，刘协则将事情经过完整交代。董卓认为刘协贤能，且为董太

清末年画 凤仪亭
关于王允巧设连环计、吕布戏貂蝉等民间故事人们都耳熟能详。这张年画就是描绘吕布与董卓因貂蝉反目的故事。

后所养，又自以为与董太后同族，为了摆脱何太后的牵制，遂有废立之意。

于是董卓威胁袁绍等大臣支持他废少帝改立陈留王，被袁绍拒绝。袁绍为避免被董卓加害奔往冀州（今河北中、南部，山东西北部和河南北部）去了。其弟袁术听到消息，也逃出洛阳，出奔南阳（今属河南）。

袁绍兄弟走了以后，董卓就召集文武百官，宣布废立的决定。中平六年（189年）废除了少帝，改立年仅九岁的陈留王刘协为帝，是为汉献帝。董卓杀了何太后及汉少帝，自己当了相国。登基登得热热闹闹，然而还未等汉献帝刘协从兴奋中冷静下来，一切就改观了。董卓控制了朝廷，也控制了他这个新皇帝。他不过是个空头的天子，无权、无势、无力，不要说重整祖业，就连起码的尊严也不能保障。汉献帝从即位到最后被迫退位，都不是自己的意愿，从董卓手里专权的工具到沦为曹操手中的一枚棋子，名副其实的一世傀儡。

曹操起兵陈留

曹操本名吉利，字孟德，小字阿瞒，沛国谯（今安徽亳州）人，出身于一个显赫的宦官家庭。曹操的祖父曹腾，是东汉末年宦官集团中的一员。父亲曹嵩，则是曹腾的养子。曹嵩的出身，当时就搞不清楚，所以陈寿称他"莫能审其生出本末"，但也有人认为他是夏侯氏之子。曾先后任司隶校尉、

正史史料

（董）卓到，废帝为弘农王而立献帝，京都大乱。（董）卓表太祖为骁骑校尉，欲与计事。太祖乃变易姓名，间行东归。

——《三国志·魏书·武帝纪》

大司农、太尉等官。

曹操是曹嵩的长子，其人"少机警，有权数"，自幼博览群书，善诗文，通古学，也有过人的武艺。曹操"任侠放荡，不治行业"，未被时人所重，但素以知人名世的太尉桥玄一见曹操就大为惊奇，说："天下将乱，非命世之才不能济也，能安之者，其在君乎？"随之桥玄又让曹操去拜访汉末主持"月旦评"的名士许劭，许劭评价曹操说："子治世之能臣，乱世之奸雄。"由此曹操渐知名于世。

灵帝熹平三年（174 年），二十岁的曹操被举为孝廉，入洛阳为郎。不久被任命为洛阳北部尉。洛阳为东汉都城，是皇亲贵戚聚居之地，很难治理。曹操一到职，就申明禁令、严肃法纪，造五色大棒十余根，悬于衙门左右，"有犯禁者，皆棒杀之"。汉灵帝宠幸的宦官蹇硕的叔父违禁夜行，曹操毫不留情，立即处死。于是"京师敛迹，无敢犯者"。

灵帝中平元年（184 年），黄巾起义爆发，曹操被拜为骑都尉，受命与卢植等人合军进攻颍川黄巾军，结果大破黄巾，斩首数万级。随之迁为济南相。济南相任内，曹操治事如初。济南国（今山东济南）有县十余个，各县长吏多依附贵势，贪赃枉法，无所顾忌。曹操之前历任国相皆置之不问。曹操到职，大力整饬，一下奏免长吏八名，震动济南，贪官污吏纷纷逃窜。"政教大行，一郡清平"。当时正是东汉政治极度黑暗之时，曹操不肯迎合权贵，遂托病回归乡里，春夏读书，秋冬弋猎，暂时隐居了。

中平五年（188 年），汉灵帝为巩固统治，设置西园八校尉，曹操因其家世被任命为八校尉中的典军校尉。

董卓担任相国之后，为了笼络自己的士兵，经常纵容他们抢劫奸淫，残杀无辜百姓，使得人心惶惶，朝不保夕。有一次洛阳附近的阳城（今河南登封东南）举行庙会，百姓齐集在那里赶集。董卓派兵到那里，竟把集上的男子全都杀死，还把掳掠到的妇女和财物，用百姓的牛车装载着，耀武扬威地回到洛阳。一路上高呼万岁，诳说打胜仗归来。

皮影 "摆亮子" 曹操发兵

汉献帝初平元年（190年）正月，关东州郡牧守起兵讨伐董卓，共推袁绍为盟主。曹操参加了讨伐董卓的大军。曹操认为董卓 "焚烧宫室，劫迁天子，海内震动"，应趁机与之决战。关东诸将不听，遂独自引军而去。曹操行至荥阳汴水，与董卓军遭遇，大败，士卒死伤大半，自己也被流矢所伤。

　　董卓的倒行逆施，造成洛阳城一片混乱。当时朝中大臣都畏惧董卓的横霸，没有人敢于说话，一些有见识的官员纷纷离开洛阳，其中就包括曹操。董卓进洛阳时，为了笼络人心，曾用高官厚禄收买一些官员。他听说曹操有点名气，就把曹操提升为骁骑校尉。但是曹操看到董卓的倒行逆施，不愿在董卓手下办事，他冒险逃出洛阳，逃到了陈留（今河南开封陈留镇）。

　　曹操逃到陈留后，"散家财，合义兵"，组织起一支五千人的军队，准备讨伐董卓。而朝中另有一些官员则密谋除掉董卓，这派的代表人物就是当时的大臣司徒王允。

关东群雄兵陈酸枣

　　董卓贪婪暴虐，擅行废立，引起关东诸郡牧守的强烈不满。汉献帝初平元年（190年）正月，关东诸侯以讨伐董卓为名聚集起来，他们推举袁绍为盟主。曹操以奋武将军的身份，参加了讨董军。二月董卓胁迫献帝迁都长安（今陕西西安西北），自己则留居洛阳抵御关东军。董卓的凉州军骁勇善战，关东群雄十余万人驻扎在酸枣（今河南延津北）一带，但是这些聚集起来的乌合之众面对骁勇的凉州军，都不想动用自己的力量，而是希望通过这场战争削弱对手，壮大自己的实力。于是整日饮酒，驻军却都按兵不动，无人向洛阳推进。曹操认为董卓 "焚烧宫室，劫迁天子，海内震动"，应趁机与之决战。曹操建议诸军各据要地，再分兵西入武关（今陕西丹凤东南），围困董卓，关东诸将都不肯听从。

曹操看出他们只是想保存实力，都不想攻打董卓，于是单独带领着五千人马，向成皋（今河南荥阳氾水镇）进兵。董卓听到曹操向成皋进兵，早已派大军在汴水（今河南荥阳西南）边布好阵势。

曹操的人马刚刚到了汴水，就遇到了董卓部将徐荣的拦击。徐荣兵多，曹操兵少，两下里一交战，曹操的人马很快败下阵来。曹操骑着马往后撤退，肩上中了一箭。他赶紧拍马逃奔，又是一支箭，射伤了曹操骑的马。那马一受惊，把曹操掀了下来。后面徐荣的追兵呐喊声越来越近。正在危急时刻，幸亏曹洪赶上，他跳下马来，扶起曹操。曹操骑上曹洪的马，才脱离了险境。

曹操损兵折将，回到酸枣。再看看他的同盟军，不但按兵不动，将领们还每天喝酒作乐，根本没想着讨伐董卓。他满怀气愤，跑到袁绍他们摆酒宴的地方，指责他们说："你们以起义兵为名，却在这里犹豫观望，让天下百姓失望。我真替你们羞愧！"过了不久，酸枣的几十万兵马把粮食全消耗完，就各自散去。

经过这次战斗，曹操觉得跟这些人一起根本成不了大事，就单独到扬州（今安徽淮水和江苏长江以南）一带招募人马，准备重整旗鼓。

父子反目为"美人"

初平三年（192年），司徒王允与吕布在长安定计杀死了董卓。

董卓专断朝政后，俨然是东汉皇帝，车驾、着装都与皇帝的差不多，尚书以下的官员都要到他的太师府去请示汇报。性情残暴的他，视朝廷命官为奴仆，部下将领言语稍有差错，就可能被当场处死，弄得人人自危。于是时任司徒的王允便与司隶校尉黄琬、仆射士孙瑞等人密谋除掉董卓，并想到了精于骑射、力气超人的中郎将吕布。

董卓知道自己树敌太多，害怕遭到暗算。因此无论去哪里，都让吕布做随从侍卫，相当于贴身警卫。董卓起先对吕布很是信任，认其为义子。但这"父子"二人有一个共同的弱点，皆是好色之徒。

民间普遍流传王允巧施美人计，说王允有个歌女貂蝉，有倾国倾城之貌，能歌善舞，体态轻盈。某日夜间貂蝉在后花园拜月时，忽然轻风吹来，一块浮云将那皎洁的明月遮住，恰巧为王允瞧见，于是王允称貂蝉有"闭月之容"，计上心头。王允把自己的连环计告诉貂蝉，希望她能相助，貂蝉也深明大义，决意舍身取义。王允便用貂蝉施行离间计，挑拨吕布与董卓的关系。后来吕布果真因为怨恨董卓霸占貂蝉而与王允联合，一起诛杀了董卓。但这毕竟是传说，正史中并未记载。

王允一向厚待吕布，就是看准了吕布是诛杀董卓的最佳人选。当时机成熟以后，王允即向吕布提出了让其作内应除董卓的建议。吕布开始时也很犹豫，认为董卓毕竟是自己的义父，父子之情，难以下手。王允与仆射士孙瑞反复地劝他说董卓"对上不尊天子、对下不守仁义，天理不容"。最后终于劝动了吕布做内应。

尽管他们的密谋十分小心谨慎，但还是走漏了风声，旋即有人在一块布上写了个"吕"字，背在背上行走于街市，边走还边喊："布啊！"其实这是在暗示吕布将对董卓不利。董卓的亲信向董卓禀报了此事，但却并未引起董卓的警觉与重视。

汉献帝初平三年（192年）四月，汉献帝患病痊愈后大会朝中百官。董卓也驾车前去，可是在登车时马却无缘无故地受到惊吓，把他摔在泥地上，因为朝服弄脏了，便回去换衣服。他的小妾觉得马受到惊吓不吉利，劝董卓不要上朝，可是董卓却执意要去。但是由于心中有所顾忌，便命吕布等前后护卫。当走到宫门前时，马再次受惊而不行，董卓觉察到有异常，便想返回。吕布却在一旁劝他进宫，于是董卓又上路了，并一步步地进入事先布置好的埋伏圈。刚进入宫门，骑都尉李肃便先一戟刺向董卓，但董卓身穿铁甲未能刺入，只是胳膊受伤并跌落车下。董卓惊慌之中还回头大呼道："吕布安在？"可吕布却大声答道："有诏书讨贼臣！"持矛将董卓刺死，并命令士兵砍下了他的首级。不可一世的董卓就这样成了他义子的刀下鬼。之后吕布被王允封为奋威将军、温侯、假节，礼仪待遇与三公等同。

董卓被杀之后，汉献帝所能依赖的只有以王允为首的文官集团，"时百姓讹言当悉诛凉州人，卓故将校遂转相恐动，皆拥兵自守"。王允又不执行分化瓦解政策，一味株连，如曹操的好友蔡邕等一些迫于董卓淫威而迎合的大臣也都被处决。李傕等董卓部将请求赦免，也遭到了王允的拒绝。

正史史料

（董）卓兵强，（袁）绍等莫敢先进。太祖曰："举义兵以诛暴乱，大众已合，诸君何疑？……今焚烧宫室，劫迁天子，海内震动，不知所归，此天亡之时也。一战而天下定矣，不可失也。"遂引兵西，将据成皋。

——《三国志·魏书·武帝纪》

李傕因得不到赦免，在贾诩的建议下同郭汜、张济等人结盟，率军西进，攻打长安。王允听说后，派董卓旧部将领胡轸、徐荣在新丰迎击李傕。徐荣战死，胡轸率部投降。五月李傕到达长安时已有十余万人参加围攻长安。八日后城陷，与吕布展开巷战，吕布败走，王允等人遇害。李傕等人占领长安后，挟持汉献帝并逼迫其封李傕为扬武将军。接着李傕、郭汜二人又为争权夺位而进行新的火并。此时张济联合郭汜将李傕赶出了长安。

杨奉联合杨定将郭汜赶出长安后，李杨两人又再度狼狈为奸，攻打长安。汉献帝重回洛阳，于是董承等人带着汉献帝一行从孟津渡过黄河，河内太守张杨等为粮草都没有了的献帝送来粮食。

李傕、郭汜最终没有追到汉献帝，于是一把火烧掉了长安城，关中地区在其后两三年间都没有人迹。

双方经过了将近五年的混战，相继败亡。先是建安二年（197年）郭汜被自己的部将伍习杀死。建安三年（198年）四月，曹操征讨李傕，灭其三族。李傕的首级被送往许都，高悬示众。

说完了关西军阀，再来看看为了征讨董卓而组成的关东军阀同盟。上面就提到了关东军阀都是以讨董卓为名，实则是为了壮大自己的势力。事实上同盟并没有集中兵力攻击董卓，在董卓西迁长安后这个同盟随即解体，在关西军阀李傕、郭汜互相残杀的时候，关东军阀之间展开了一场更大规模的割据混战。一时间关东的几大主要势力，袁绍和公孙瓒在北方对峙，袁术和刘表在南方对峙。而兖州的刘岱投向了袁绍，徐州的陶谦倾向于袁术。

曹操势力的壮大

随着董卓及关西军阀的衰亡，曹操在关东诸侯的混战中脱颖而出。他宏图

曹操兴兵报父仇
此版画反映的是曹操征讨徐州牧陶谦的情景。其实曹操"报父仇"只是借口,其真正目的就是为了进占徐州这块沃土。

大志,再加上擅长笼络人心,曹军很快就成为当时不可小觑的一支武装力量。

曹操两征徐州

　　黄巾军的主力虽在中平元年(184年)十一月就被镇压下去了,但各地的黄巾军余众还在坚持战斗。东部沿海一带大部属青州,小部属兖、徐二州,是汉末阶级矛盾异常尖锐的地区之一,著名的青州黄巾军即主要活动于这一地区。初平三年(192年),青州黄巾军大获发展,连破兖州郡县,阵斩兖州刺史刘岱。济北相鲍信等迎曹操任兖州牧,曹操和鲍信合军进攻黄巾,鲍信战死。曹操"设奇伏,昼夜会战",终于将黄巾击败,获降卒三十余万,人口百余万。曹操收其精锐,组成军队,号"青州兵"。

　　初平元年(190年),曹操的父亲曹嵩避难于琅邪,当时刺史陶谦的部将张闿等人觊觎曹嵩的财宝,于是袭击并杀害了他。曹操把这笔账算到了陶谦的身上。汉献帝初平四年(193年)秋,曹操以为父报仇为名,进兵徐州(今山东郯城),向东南扩展势力。当时的徐州牧陶谦退守郯县。曹操率军攻打陶谦,夺取徐州地盘,连克十余城。最后大败陶谦于彭城,杀男女数十万,鸡犬不留,就连归属陶谦的关中流民都不放过。不久曹操军粮将尽,只好撤军。

　　兴平元年(194年),曹操再征徐州,占领琅邪、东海诸县,陶谦逃到了丹阳,不久病死。曹操讨征徐州期间,所过大肆杀戮,一路上"鸡犬亦尽,墟邑无复行人"。

清代年画 借云
赵云本是公孙瓒手下的大将，后曹操攻打徐州，刘备借来了赵云助陶谦拒曹操。此画就是借赵云时的情景。

　　曾参加讨董卓之战的陈留太守张邈和曹操部将陈宫因对曹操不满，遂背叛了曹操，迎吕布为兖州牧。当时只有鄄城（今山东鄄城北）和东郡的范（今河南范县东南）、东阿（今山东阳谷东北）两县尚在曹操掌握之中，分别由司马荀彧和寿张令程昱、东郡太守夏侯惇等坚守，形势异常危急。曹操从徐州赶回，听说吕布屯于濮阳，遂进军围攻濮阳。二军相持百余日，蝗灾大起，双方停战，曹操还军鄄城。

挟天子以令诸侯

　　兴平二年（195年）夏，曹操整军再战吕布，于巨野（今山东巨野南）大破吕布军，吕布逃往徐州投靠刘备。

　　曹操从陈留起兵到将吕布、张邈赶出兖州，经过六年的经营，终于有了自己的一块根据地。曹操起兵之初，仅有数千人，出任东郡太守前后，他陆续延揽一些拥有宗族、部曲等家兵的豪强地主归附自己，后击溃青州黄巾军，又收其精锐组成"青州兵"。这样曹操又有了一支颇具战斗力的军队。根据地和军队，是曹操得以成事的基本条件。

　　再说汉献帝和文武百官摆脱了李傕、郭汜的追击，几经辗转回到早已荒废多年的洛阳。多年的战火，再加上旱灾，造成了令人极度恐怖的大饥荒。曾经商贾如云的洛阳城，如今满目疮痍，到处都是断壁残垣，仅有的几百户人家，

正史史料

　　董卓之后，曹操专权。在他的统治之下，第一个特色便是尚刑名。他的立法是很严的。

——鲁迅

只能到处剥树皮、挖草根为食。汉献帝的臣僚们自尚书以下都要自己出去采集食物，许多人在觅食的过程中，饿死在荒郊野外，情景十分悲惨。

　　早在初平三年（192年），曹操的谋士毛玠就向曹操提出了"奉天子以令不臣，修耕植，蓄军资"的战略性建议，曹操深以为是。汉献帝自思百废待兴，把年号改为建安元年（196年）。听说曹操兵强马壮，于是宣诏曹操入朝，希望曹操能够在这样危难的时刻担当起保国安民的重任。曹操欣然领兵入朝，为了达到"挟天子以令诸侯"的战略目的，曹操先是不断向献帝进献食品和器物，博得了汉献帝和朝中大臣们的好感。建安元年（196年）八月，曹操亲至洛阳朝见献帝，在迎接献帝后不久，曹操就借口粮食匮乏，连哄带骗地把献帝及一班朝中大臣转移到了许昌。至此汉献帝正式迁都于许昌。从此曹操取得了"挟天子以令诸侯"的优势，这是曹操政治上的一大成功。汉献帝还以为曹操是真的要帮助他"恢复汉室"，哪里知道自己再次沦为了一个实实在在的傀儡。

　　汉魏之间，社会生产力遭受到严重破坏，出现了大饥荒。这一时期，粮食供应成为各军事集团最大的问题，因军粮不足而无故自败者不可胜数。

　　建安元年（196年），曹操采纳部下建议，利用攻破黄巾军所缴获的物资，在许下募民屯田，当年即大见成效，得谷百万斛。于是曹操命令在各州郡设置田官，兴办屯田。屯田有效地解决了曹操集团的粮食问题，成为曹操征战四方，统一北方的重要条件。

　　在兴置屯田的同时，曹操采取各种措施，扶植自耕农经济。针对当时人口流失、田地荒芜的情况，曹操先后采取招怀流民、迁徙人口、劝课农桑、兴修水利、检括户籍等办法，充实编户，恢复农业生产。此外曹操还陆续颁布法令，恢复正常租调制度，防止豪强兼并小农。建安五年（200年），曹操颁布新的征收制度，到建安九年（204年），又进一步明确为"其收田租亩四升，户出绢二匹，绵二斤而已，他不得擅兴发"。曹操前后实行的这一系列措施，使濒于崩溃的自耕农经济不断得到了恢复和发展，这成为曹操集团的雄

张飞
刘备手下大将张飞，素以勇猛著称，
与关羽并称为"万人敌"。

厚经济基础。通过以上两项措施，曹操统治区的农业生产迅速恢复。这是曹操在经济上的一大成功。

迎接汉献帝迁都于许昌和恢复农业生产是曹操得以成功的两个重要条件。

刘备辗转四方

在汉末群雄中，刘备一直处于一种非常尴尬的位置。他兵微将寡，又没有固定的地盘，在混战中不断地辗转投靠一些有实力的军阀。但他胸怀大志，始终坚持着自己的理想。

织席贩履的皇孙

刘备，字玄德，涿郡涿县（今属河北）人。据说是西汉景帝之子中山靖王刘胜的后代。刘胜之子刘贞，西汉元狩六年（前 117 年）被封为涿县陆城亭侯，因为不及时向皇帝缴纳贡金，失去侯爵，于是世代成为涿县人。刘备的祖父刘雄和父亲刘弘，都曾在州郡做官。

刘备少年丧父，家境贫寒，与母亲以贩鞋、织席为生，艰苦的生活使他从小得到了许多锻炼。少年老成的刘备，处境虽然艰难，但对前途却充满了憧憬和希望。他坚信终有一日能够摆脱贫困，干一番大事业。十五岁那年，刘备经母亲张罗，又得到同宗刘元起的资助，与公孙瓒等人一起，拜九江太守、当时著名的儒学大师卢植为师。刘备平日喜好的是狗马、音乐和衣着一类的东西，对读书其实没有太大的兴趣。这期间他的一大收获是与比他年长的公孙瓒成为了好朋友，建立了深厚的感情。刘备平时不大讲话，喜怒哀乐不形于色，但很善于接近他人。由于他喜欢结交天下豪侠，所以在他周围聚集了包括关羽、张飞在内的一批有作为的青年人。

黄巾起义时，中山国大商人张世平、苏双等正在涿郡一带从事贩马活动。他们对农民起义十分害怕，见刘备很有组织能力，就捐助了许多钱财，让他纠合起一支队伍，跟随校尉邹靖镇压黄巾起义军。不久刘备因为镇压黄巾起义军有功，被任命为中山国安喜县（今河北定州东南）尉。一天郡督邮因公到县，对刘备百般刁难，实则是对刘备没有给自己献上财物表示不满，盛怒之下，刘备辞去官职。从此刘备带领着自己的薄弱之师开始了新的历程。刘备加入大将军何进的队伍，继续参与镇压黄巾起义军。下邳一役，刘备表现突出，被任命为下密县（今山东昌邑东）丞，不久又做过高唐（今山东禹城西南）县尉、县令。

初平元年（190年），黄巾起义军攻下高唐县，刘备投奔已经做了东汉中郎将的公孙瓒。当时天下大乱，形成军阀混战的局面。公孙瓒以刘备为别部司马，让他和青州刺史田楷一道，抵抗冀州刺史袁绍的进攻，刘备屡立战功，先后被提升为平原（今山东平原南）县令、平原国相。其时战事频仍，天下饥馑。刘备矢志功名，乐善好施，他经常与那些地位比他低的士人同席而坐，同桌而食，结交了一批能够推心置腹的朋友。平原国有位叫刘平的人，素来瞧不起刘备，见刘备地位比他还高，心中甚是不平，于是收买了一名刺客前去刺杀刘备。刘备浑然不觉，对刺客非常热情，刺客不但没有下手，反而将实情全部告诉了刘备。

拜领徐州

公孙瓒被袁绍打败后，刘备与田楷向东转移，屯驻齐（今山东淄博临淄北）。初平四年（193年），曹操大举进攻徐州，徐州牧陶谦派人向田楷告急，刘备与田楷迅速前往相救。刘备所部共一千余人，还有一些乌桓骑兵，途中又收容了几千饥民。到达徐州后，陶谦表奏刘备为豫州刺史，让他驻守小沛（今江苏沛县），以防备曹操。刘备在此广交文武豪杰，礼贤下士，赢得了当地人士的好感。碰巧陶谦因曹操的进攻，急火攻心一病不起，他于临终前对心腹糜竺说："非刘备不能安定此州。"陶谦死后，糜竺依嘱率州人迎请刘备，此时为兴平元年（194年）冬。徐州"殷富，户口百万"，做徐州牧对于一心想要"立功立事"的刘备来说，无疑是求之不得的事。但此举并非可以无所顾忌，近在寿春的袁术就让他十分头疼，于是刘备推托说，袁术"四世三公，海内所归"，你们应当去请他。北海相孔融劝刘备说："冢中枯骨，何足

《三国志通俗演义》插图 桃园三结义
刘备向来知人善任，他还在做安喜县尉时就已经得到关羽、张飞的拥戴。此插画表现的是刘关张三人关系的密切，描述了桃园三结义的情景。

介意？今日之事，百姓与能，天与不取，悔不可追。"刘备这才做了徐州牧。

袁术听说刘备做了徐州牧，于建安元年（196年）六月，率兵来攻。刘备留张飞守下邳（今江苏睢宁西北），率领关羽、赵云到盱眙（今江苏盱眙东北）、淮阴（今江苏淮阴西南）一带迎战。两军相持了一个多月，互有胜负。袁术见与刘备争夺没有什么进展，于是怂恿另一支军阀势力吕布趁虚向刘备后方下邳进攻。下邳守将曹豹本来就与张飞不和，此时与吕布联合，击败了张飞，吕布于是掳走了刘备的将士家口。刘备急忙回军下邳，结果溃败。刘备重新聚合散兵后，攻取了广陵（今江苏扬州西北平山堂），但又被袁术打败，不得已退守海西县（今江苏东海南），打败了那里的杨奉、韩暹。当时兵疲粮乏，吏士自相啖食，不得已刘备主动向吕布求和。

结果吕布归还了刘备的妻儿，自己做了徐州牧。建安元年（196年）十月，刘备暗中投靠了曹操。曹操对他非常器重，推荐刘备做了豫州牧。为了让刘备去攻打吕布，曹操一面让他在小沛收集散卒，一面资助他粮食和兵力。刘备驻守在小沛，暗中招兵买马，不久发展到了万余人。建安三年（198年）春，吕布派人外出买马，刘备的部下不明情况，贸然抄掠了他们的钱财。吕布一气之下，亲自出兵攻打刘备。

建安三年（198年）九月，面对吕布的进攻，曹操先是派夏侯惇救援，战败。于是曹操亲自东征徐州，率军前往梁国（今河南商丘南），与刘备会合，进攻久与他为敌的吕布。在曹军的攻势之下，吕布的军队上下离心，屡战屡败。十二月曹军包围了下邳，吕布的部将侯成、宋宪等生擒了吕布、陈宫等归降曹操。曹操将吕布、陈宫处死，收降了吕布大将臧霸、孙观、张辽等人，初步控制了徐州。

夹缝中求生存

刘备到许都（今河南许昌）后，曹操一直对他非常器重。曹操的谋臣程昱对曹操说："据我看刘备才能出众，又很得人心，终究不会屈居人下，应该趁早除掉他。"但另一谋士郭嘉则认为此时刘备已经略闻于世，而且在他落魄时除掉他会影响曹操的名声。曹操考虑再三说："现在正是广揽英雄的时候，如果因为杀掉他一人而失天下士人之心，这不是我们应该干的事情。"于是打败吕布后，刘备与曹操回到许都，被提升为左将军。

此时的曹操对刘备更加客气，出则同车，坐则同席。但刘备也深知曹操为人猜忌，自己在他的手下时刻都有危险，所以从来不露锋芒以求得自保。而且他对曹操挟天子以令诸侯、专擅朝政的做法十分不满，所以暗中与汉献帝及其东汉拥护献帝的旧臣联系。不久汉献帝亲手授给外戚车骑将军董承一道密诏，要他筹划诛杀曹操，刘备也参与了密谋。

建安四年（199年）春，他们还没有发难时，曹操同刘备评论当时英雄人物，说："今天论起天下英雄，看来只有您和我二人了。袁绍之徒，不足挂齿。"刘备正在吃饭，一听此话，还以为自己恢复汉室的密谋被曹操发现，顿时吓得连正在夹菜的筷子都失手掉落在地。

为了争取主动，刘备索性暗中加快速度，与董承等人谋划，准备除掉曹操。正在这时，淮南的袁术因力单势弱准备逃往青州归依袁绍。曹操因为担忧二袁联兵以后难以对付，正巧此时袁术得到传国玉玺自己领先称王，曹操就以袁术称王为名派了刘备等人率军对其进行截击。曹操的谋士程昱、郭嘉告诫曹操："刘备此人不能将他放走！"曹操也意识到不妥，想改变主意，但已追赶不上。刘备还没到徐州，袁术就病死了。于是刘备趁机再次占领下邳，杀死徐州刺史车胄，自己还驻小沛，让关羽留守下邳。这时附近的一些郡县脱离曹操，归附刘备，刘备兵力迅速发展到数万人。他又派人到冀州（今河北临漳西南邺镇东），与袁绍结盟。

曹操得知刘备占据了徐州，为了免于将来同袁绍作战时腹背受敌，决定先消灭立足未稳的刘备。建安五年（200年），曹操亲自东征。当时袁绍正准备兴兵南下，攻击曹操，所以诸将劝阻曹操说："与您争夺天下的是袁绍，他现在兴兵南下，您反而去东征，如果他趁机从背后进攻，我们将会措手不及。"曹操说："刘备为当世人杰，今日不除，必为后患。袁绍虽有大志，但处事迟缓，不会马上南下的。"于是分兵把守官渡，亲率精兵征讨刘备。刘备

曹操煮酒论英雄
曹操与刘备在席间谈论时事。刘备听到曹操对自己的评价"今天下英雄，惟使君与操耳"，一时惊慌得将手中筷子落于地上。当时正逢天上雷声响过，于是刘备称自己被雷声吓得掉了筷子，以此来掩饰惊慌。

原以为曹操大敌当前，无暇东顾，所以并无应敌准备。没料到曹操精兵突然而至，这时刘备大惊失色，他来不及做正面抵抗，便弃众投奔了袁绍。曹操收编了刘备的部众，截获了他的家属，还活捉了刘备的大将关羽。

袁绍听说刘备要来，十分高兴，不但派长子袁谭远道接应，而且亲自出城迎接。不久袁绍率大军南下，与曹军在官渡对峙。袁绍派刘备和刚刚从曹操那里投奔过来的汝南黄巾军刘辟袭击曹操的后方许都，结果为曹军所败。但值得刘备庆幸的是，关羽又回到了他身边。接着刘备率领本部人马与汝南黄巾军首领龚都等合兵，发展到数千人。曹操在官渡之战中打败袁绍后，接着进攻刘备。刘备投奔荆州的刘表。

刘表，字景升，山阳高平（今山东微山）人。灵帝时为北军中侯，汉献帝初平元年（190 年）迁荆州刺史，得到蒯越、蔡瑁等当地名士、大族的支持，平定长江中游的反抗力量，徙治襄阳。刘表因实力雄厚，据地数千里，带甲十余万，在全国兼并战争中保地自守。刘备至襄阳（今湖北襄阳），荆州牧刘表待他以上宾之礼，交给他一支部队，让他屯驻新野。

江东蓄势

正当中原地区混战不已时，江东地区的孙氏逐渐发展壮大起来，经过孙坚、孙策父子两代人的经营，逐渐在江东地区站稳了脚跟。

正史史料

　　灵帝崩，（董）卓擅朝政，横恣京城。诸州郡并兴义兵，欲以讨（董）卓。坚亦举兵。

——《三国志·吴书·孙破虏讨逆传》

孙坚战死襄阳

　　熹平三年（174年），孙坚（155年—191年）以吴郡司马的身份召募精勇千余人，协助当时扬州刺史和丹阳太守的州郡兵，共同镇压了会稽的许生起义。黄巾大起义爆发后，中郎将朱儁上表封孙坚为佐军司马。当时孙坚在任下邳丞，他就在跟随他的乡里少年的基础上，又招募商旅及淮、泗一带的精兵，总共一千多人，组成他的基本队伍，跟随朱儁进攻黄巾军。

　　中平四年（187年），东汉政府为了镇压南方的农民起义军，任孙坚为长沙太守，长沙、零陵、桂阳三郡的农民军都被他平定。关东州郡讨伐董卓时，孙坚也起兵响应，并进军中原，成为袁术的部下。在州郡兵中，孙坚的军队是一支少有的劲旅。征讨董卓时表现最为积极，数次击败董卓的部队，并且斩杀了董卓的大将华雄。当时孙坚收集散卒，进屯梁县之西的阳人。董卓派遣大将胡轸、吕布、华雄等攻打孙坚。吕布与胡轸不和，而胡轸是主帅，吕布故意捣乱，使军中自相惊恐，士卒溃乱。孙坚率军追击，胡轸和吕布、华雄等败走，孙坚部下斩了华雄。董卓迁都长安，孙坚进兵洛阳，修复被董卓破坏的皇陵后返回鲁阳。

　　初平二年（191年），袁术派孙坚征讨荆州，攻打刘表。刘表派黄祖在樊城、邓县之间迎战。孙坚击败黄祖，乘胜追击，渡过汉水，包围襄阳。刘表闭门不战，派黄祖乘夜出城调集兵士。黄祖带兵归来，孙坚又与之大战。黄祖败走，逃到岘山之中，孙坚追击。黄祖部将从竹林间发射暗箭，孙坚中箭身死，年仅三十七岁。

孙策回取江南

　　孙策是孙坚的长子，在孙坚进军中原时，与家人徙居舒县（今安徽庐江西南）。孙策在江淮间广结知名人士，与舒县大族周瑜相友善。孙坚死后，孙策往见袁术，袁术把孙坚余兵全部归还给他。孙策因为不是袁术的心腹，故不被重用。

兴平元年（194年），刘繇受命为扬州刺史。因右将军
袁术占据州治寿春，遂渡江治曲阿，出兵击败孙策舅父丹
阳太守吴景及孙策从兄丹阳都尉孙贲，二人退至历阳。刘
繇命部将樊能等屯横江、张英屯当利，以防备袁术的军
队。袁术派吴景、惠衢率军攻打张英等未克。这时割据群
雄正倾其全力在中原混战，江南地区是一个没有大的割据
势力的空虚地带。兴平二年（195年），孙策遂趁机要求
助吴景平定江东。袁术许之，向朝廷请求封孙策为折冲校
尉。事实证明，这个正确的战略选择，对以后孙氏势力的
发展壮大起了关键性的作用。孙策率步兵千余人、骑兵数
十人，由寿春南下，沿途招兵买马，进抵历阳时，部队已
增至五六千人。孙策好友周瑜在其从父丹阳太守周尚支持
下，率领军队及携带大批粮秣来历阳迎接孙策，使得孙策
实力大增。孙策英勇善战，又知人善任，治军严明，深得
民众拥护。遂率军进攻横江、当利，首战告捷，乘胜渡长
江南下，军锋所向，无往不胜。

清木版年画　二乔

大乔、小乔系姐妹。父乔国老德尊
于时。二乔长得很美，有倾国之色，
顾盼生姿，明艳艳丽人，堪称绝代佳
丽。孙策、周瑜得到二乔是在建安
四年（199年）攻取皖城之后。孙
策娶大乔，周瑜纳小乔。谓英雄美
女，天作之合。

兴平二年（195年），孙策率兵攻打扬州刺史刘繇的
根据地曲阿，双方发生激战。于是孙策首先集中兵力，攻
取扬州刺史刘繇囤积粮秣和军械的牛渚山，攻克彭城国相薛礼驻守的秣陵城，
击败驻守秣陵城南的下邳国相笮融。随即挥师进击刘繇部将驻守的梅陵、湖
熟、江乘，先后攻克并歼灭了刘繇布防在曲阿外围的守军，迫使刘繇率兵出
城决战。

一开始两军处于对峙状态。一次刘繇的部将太史慈只带了一名骑兵出城
侦察，在神亭跟孙策骤然遭遇。孙策也只带领了随从骑兵十三人，其中有原
孙坚的部将韩当、宋谦、黄盖。太史慈毫不畏惧，拍马冲锋，正跟孙策相对，
孙策一枪刺中太史慈的战马，太史慈顺势揪住孙策，二人一起滚落马下。孙
策夺得太史慈后肩的手戟，太史慈也夺得孙策的头盔，二人继续激烈搏斗。
正当二人生死拼搏之时，双方救援的部队同时赶到，于是孙策与太史慈各自
撤回营地。此战中二人英勇搏斗的精神为世人所称道，人称"神亭酣战"。神
亭之战后刘繇退守不战，孙策趁势猛攻，刘繇大败，逃往丹徒。孙策顺势占
领了曲阿（今江苏丹阳）。

孙氏父子在江东的名声并不好，所以孙策初过江时，"百姓闻孙郎至，皆
失魂魄。长吏委城郭，窜伏山草"。孙策为了笼络民心，下令整顿军纪，严禁
士兵抢掠，至"鸡犬菜茹，一无所犯"。他又规定："乐从军者，一身行，复

历史细读

太史慈的墓地在今天江苏镇江市北固山中峰西南隅，墓丘直径约 3 米，高 1.7 米。墓前原有碑，题为"孝子建昌都尉太史慈墓"，后来改题为"汉吴将子义太史公之墓"。

除门户；不乐者，勿强也。"这样孙策的势力便壮大起来，军队迅速发展到两万多人，声震江东。

建安元年（196 年），孙策南下攻打会稽（今浙江绍兴），太守王朗兵败投降。建安四年（199 年），袁术病死，其部下投奔庐江太守刘勋于皖城（今安徽潜山）。孙策袭皖，赶走了刘勋，袁术的部属三万多人皆归孙策。孙策又兵临豫章（今江西南昌），太守华歆不战而降。孙策分豫章为庐陵郡（今江西吉水东北）。在此前后，孙策又削平了丹阳（今安徽宣城）、吴郡（今江苏苏州吴中区）的割据势力。这样孙策就占据了扬州的会稽、吴、丹阳、庐江、豫章、庐陵六郡，大体上统一了江东。

魏、蜀、吴三国鼎立

经过了几十年的军阀混战和兼并，最终决定历史走向的赤壁之战确立了魏、蜀、吴三国鼎立的政治局面。因此这场战争，成为了此历史时期的一个分水岭：赤壁之战前，群雄割据，征战不断；赤壁之战后，魏、蜀、吴三足鼎立的局势基本形成，进入了一个相对稳定的历史时期。

曹操统一北方

曹操在政治上占据了"挟天子以令诸侯"的优势，再加上手下谋臣武将众多，最终在中原混战中先后消灭了各路诸侯，基本上统一了中国的北方地区。

招降张绣，诛杀董承

张绣出身于将门世家，是张济的侄子，武艺高强。张济战死后，张绣接管了他的部分军队，并与刘表联盟，屯于宛城。建安二年（197年），曹操南征，部队到达淯水，张绣率众投降。这第一次宛城之战，张绣没有打就投降了曹操。虽然双方的实力对比史籍中没有具体的记载，但显然张绣一方是处于劣势。因为张济战死后其部卒有许多归降了刘表，只有一部分被张绣接管统领。所以张绣的实力并不足以与已经实现"挟天子以令诸侯"的曹操相抗衡。张绣投降后，曹操纳了张绣的婶婶，即张济的遗孀，张绣感觉受到了侮辱，非常生气。曹操得知此事后，怕张绣会背叛他，于是想先杀了张绣。曹操花重金收买了张绣手下的猛将胡车儿，让他行刺，结果被张绣发觉，张绣大怒，于是起兵反叛曹操。

这次反叛使曹操遭受了极大的损失。曹操长子曹昂和侄子曹安民被杀，还损失了一员大将典韦，曹操也险些丧命。张绣引兵追击，被曹操击退，于是张绣退守穰城，再次与刘表联盟。

建安三年（198年），曹操又一次攻打张绣。这次两军在穰城交锋。曹操谋臣荀攸发现张绣与刘表的联合势大难图，所以劝说曹操不可攻打张绣，但曹操没有听从，结果这次曹操没有攻下穰城，也就没有到达宛城，所以不算严格意义上的宛城之战。据说曹军的撤退有两个原因：第一是刘表的援军截断了曹军后路；第二是袁绍的叛卒劝说袁绍将袭取许昌。张绣进行了追击，贾诩劝阻，可是张绣不听，果然遭到了曹操的算计，因而失败了。后来贾诩再劝他追击，张绣虽然不解，但却听从了他的话，结果大获全胜。

建安四年（199年），张绣再次投降曹操，原来他听从谋士贾诩的计策，认为投降曹操才是出路。曹操大喜。张绣到达后，曹操牵着张绣的手，一起参加宴会席，并让自己的一个儿子娶了张绣的女儿，并封张绣为扬武将军。这年十二月，曹操率军屯于官渡（今河南中牟北），准备迎击袁绍。

建安五年（200年），张绣参加了官渡之战，力战有功，升为破羌将军。建安十二年（207年），张绣跟随曹操北征乌桓途中去世，谥定侯。建安二十四年（219年）他的儿子张泉则因牵扯到魏讽谋反案中被杀。

　　上面提到过刘备在许昌时曾经与董承等人密谋杀曹操，恢复汉室，而曹操则加强了对汉献帝的控制。经过几年的颠沛流离，汉献帝刘协似乎也明白了一个道理：作为皇帝，就算是有名无实，但却是国家最高权力的象征。既然有那么多人在打自己的主意，那么自己也要好好地利用这个有利条件，完成作为一个皇帝所要完成的职责。因此汉献帝看中了曹操，立即授给曹操节钺，录尚书事、司隶校尉。迁都许昌后，又任命他为大将军，准备借助曹操的力量实现自己的愿望。在这期间，汉献帝少年睿智的名声，也逐渐为时人所公认。建安元年（196年），孙策写给劝谏袁术的书信中就提到汉献帝"明智聪敏，有凤成之德"，虽说是溢美之词，但也证明汉献帝的确是很聪颖的。不过老奸巨猾的曹操可没想过如何帮助汉献帝光复汉室，只是想利用他来达到自己的政治目的。

曹操兴兵击张绣
曹操在与张绣第一次交战中失去了一个儿子、一个侄子，还折损了一员大将，让他痛心不已。

　　随着曹操地盘的不断扩大、权力的不断稳固，曹操开始逐渐铲除异己，集权力于一身。对此汉献帝是有所察觉的，也是不甘心的，他采取了一系列相应的反抗行动。汉献帝曾经气愤地对曹操说："你若要辅助我，就要宽厚一些，否则你就开恩把我抛开罢。"说得曹操大惊失色，匆匆告辞，从此不再朝见献帝。建安四年（199年），汉献帝任命自己的岳父董承为车骑将军，借以牵制曹操；刘协又秘密写下衣带诏赐给董承，要董承联络忠于汉室的大臣、诸侯，共同除掉曹操。汉献帝的这一次冒险，反映出他还是很有头脑和见地的。只是汉献帝的种种努力都因为计划泄露而告失败。建安五年（200年），曹操处死了参与计划的董承等人，并夷其三族。汉献帝的贵人董氏也因为受到其父董承的牵连而被害。当时董贵人怀有身孕，汉献帝虽然极力保护，但最终未能幸免。汉献帝的失败，宣告了自己恢复皇权的愿望彻底破灭了，曹操也借此加强了对汉献帝的控制。

官渡之战

　　从建安元年（196年）起，曹操利用他"挟天子以令诸侯"的政治优势，东征西讨，开始了他剪灭群雄、统一北方的战争。其时在曹操的北边是占有冀、并、幽、青四州的袁绍，在南边是占据扬州的袁术，在东南是占据徐州的吕布，在正南是占据荆州的刘表，在西边是关中马腾、韩遂诸将。此外董卓部将张济之侄张绣投降刘表后，屯驻于宛城（今河南南阳），对许都形成了威胁。

　　袁绍是当时北方最强大的一股势力，也是曹操统一北方最强大的敌人。

袁绍

袁绍虽然出身名门大族，拥有的兵力和人力都十分雄厚，但他骄傲自大，不善于采纳他人的意见、笼络人心，所以被曹操打败于官渡。

袁氏一门，自高祖袁安以下，"四世居三公位"，"门生故吏遍于天下"，势力本就很大。后来袁绍又取得冀、并、幽、青四州之地，实力大增，有军队数十万人。袁绍的兵力在当时远远胜过曹操，自然不甘屈居于曹操之下，他决心同曹操一决雌雄。建安四年（199年）六月，袁绍南下进攻许都，官渡之战的序幕由此拉开。袁绍以其长子谭、次子熙、外甥高干分守青、幽、并三州，后方稳固，兵精粮足，根本不把曹操放在眼里。他挑选精兵十万、战马万匹，志在一举消灭曹操。建安五年（200年）正月，袁绍派陈琳撰写檄文并发布，檄文中把曹操骂得体无完肤，文中说曹操"豺狼野心，潜包祸谋，乃欲挫折栋梁，孤弱汉室，除灭中正，专为枭雄"，连曹操听了，都出了一身冷汗，宿疾头疼病竟减轻了许多。二月袁绍命大将颜良等人进兵白马（今河南滑县北），亲自率大军进屯黎阳（今河南浚县东），向曹操发动进攻。

曹操也预先做了布置，命在青州有潜在影响的臧霸等人攻入青州，占领齐（今山东临淄）、北海（今山东寿光东南）等地，巩固右翼。同时又命大将于禁屯军黄河南岸，监视袁军。只不过作一下对比就会发现，曹操的实力要比袁绍弱得多。

曹操所占据的黄河以南地区，地盘既小，又是战乱之地，残破不堪，还没有完全恢复，物资比不上袁绍那样丰富。曹操的兵力也远不及袁绍，其总兵力大概不过几万人，投入前线的兵力据《三国志·魏书·武帝纪》说："兵不满万，伤者十二三。"刘宋裴松之认为此数不准确，曹操的兵力不会如此之少，但远逊于袁绍却是毫无疑问的。袁绍大军来攻，许都震动。但有时决定战争胜负的不是客观条件而是人，这场战争中的两个人一对比就知道为什么袁绍会失败了。曹操安慰众将说："吾知绍之为人，志大而智小，色厉而胆薄，忌克而少威，兵多而分画不明，将骄而政令不一。土地虽广，粮食虽丰，适足以为吾奉也。"曹操对袁绍有很深的了解，他敢于在袁绍将要大军压境之时抽身去进攻刘备，正是基于这种认识之上。

建安五年（200年）二月，袁军颜良等人围攻白马，就此拉开了大战的序幕。在这之前刘备被曹操打败，关羽也被曹操捉去。曹操十分佩服关羽的为人，任命他做了偏将军，又封他为汉寿亭侯。四月曹操亲自率兵北上解白马之围，他采纳谋士荀攸之计，先进军延津（今河南延津北，在白马以西），做出要渡河袭击袁军的态势，吸引袁军分兵西向，然后突然转向兼程去救白马。曹军突然杀到，袁军措手不及，颜良被曹军杀死，袁军大败，白马之围

劫乌巢孟德烧粮　战官渡本初败绩
这两张版画表现的内容是官渡之战中许攸投奔曹操，并献计烧袁绍乌巢粮草，以及官渡之战中袁绍战败而逃的情节。

遂解。曹操救出白马军民，沿黄河西撤。袁绍闻知，立即渡河追赶曹操。曹操见追兵渐近，命军士解鞍放马，并置辎重于道。袁军追兵至此，争抢辎重，阵形混乱。曹操率领仅有的骑兵突然杀出，大破追兵，阵斩袁绍另一大将文丑。颜良、文丑为河北名将，二战将分别被杀，袁军大震。曹操初战得胜，主动撤军，继续扼守官渡。

八月袁绍大军连营而进，东西数十里，依沙堆为屯，进逼官渡。曹操分兵坚守营垒，伺机而动。袁军向曹营发动猛攻，先是作高橹、起土山，由上向曹营中射箭，接着又挖地道，欲从地下袭击曹营，皆被曹操以相应办法击破。两军一攻一守，相持近两个月。久战之下，曹操的处境极为困难。

十月袁绍从河北运来粮草万余车，派大将淳于琼等带万余人看守，屯于离袁绍大营四十里的乌巢。恰好这时袁绍的谋士许攸来投奔曹操，献计让曹操偷袭乌巢。曹操大喜，亲率精锐步骑，乘夜从小路偷袭乌巢。曹操军至乌巢，命四面放火，袁军大乱，淳于琼拒营死守。袁绍闻知，急忙派兵救援，曹操左右见"贼骑稍近，请分兵拒之。操怒曰：'贼在背后，乃白！'士卒皆殊死战，遂大破之，斩琼等，尽燔其粮草。"当袁绍听说曹操袭击乌巢时，认为这正是攻破曹操大营的好机会，因此派去的援兵很少，而以重兵围攻曹操大营。但曹营未破，乌巢败讯已经传来，袁军溃散，大将张郃等人投降曹操。于是曹军大获全胜，袁绍仓皇带领八百余名骑兵退回河北。曹军先后歼灭和

历史细读

　　曹操曾经和袁绍共任东汉官员，两人曾一起反对宦官专权，讨伐董卓时他们也曾经合作。而且在年少时曹操还曾施诡计救过袁绍一回。一次两人进了一家新婚人家，故意先喊叫："有贼啊！"然后趁乱进入新房，劫走了新娘。可是两人逃走时逃进了荆棘丛中，迷失了方向。袁绍就要被追捕的人抓住时，曹操急中生智，大声叫道："小偷在这边！"追捕的人转向曹操的方向追去，袁绍才得以逃脱。两个人最后都平安无事，因此留下了个"贼喊捉贼"的故事。

坑杀袁军七万余人，尽获袁军辎重，官渡之战就这样以曹胜袁败而结束。当曹操清点袁绍书信时，得到自己部下写给袁绍的信，尽烧之，说："当绍之强，孤犹不能自保，而况众人乎？"

从客观条件上说，曹操本处于劣势，但由于他能正确分析客观条件，善于听取别人的意见，所以能扬长避短，采用正确的战略战术，使战争向有利于自己的方向转化，终于赢得了胜利。官渡一战，曹操击溃了最大敌人袁绍，由他统一北方已是大势所趋。

建安七年（202 年），袁绍病死，袁绍的两个儿子袁谭、袁尚不和，发生火并。袁谭不敌袁尚，向曹操乞降。

建安九年（204 年）二月，曹操趁袁尚出兵攻打袁谭之机，进军围攻邺城。袁尚率军回救，依滏水（今滏阳河）为营，曹操进军将其营寨包围。袁尚害怕，请求投降，曹操不许。袁尚乘夜逃跑，袁军溃散。袁尚逃奔中山（今河北定州）。曹操命人拿缴获的袁尚的印绶节钺招降邺城守军，城中守军斗志崩溃，邺城遂被曹操攻破。第二年正月，曹操又以负约为名，攻灭袁谭，冀州平定。

袁尚兵败后，逃奔幽州刺史袁熙。不久袁尚、袁熙又逃奔三郡乌桓。

曹操征乌桓

建安十二年（207 年），曹操为了肃清袁氏残余势力，也为了彻底解决三郡乌桓入塞为害问题，决定远征乌桓。汉末辽西、辽东、右北平三郡乌桓结合，是为三郡乌桓，其首领为辽西部的蹋顿。三郡乌桓与袁氏关系一直很好，并屡次侵扰边境，掳掠人口财物。这年五月，曹操亲率大军到达无终（今天

文姬归汉图（局部）

这幅图是描绘蔡文姬与匈奴左贤王对饮，汉使持节迎侯，众侍从服侍左右的情景。蔡文姬即蔡琰（蔡邕之女），汉末著名文学家，史书评她"博学而有才辨，又妙于音律"。后被匈奴虏去，曹操因与其父是故交，将她赎回。回汉后文姬嫁给校尉董祀。婚后第二年，董祀犯罪当死，她蓬首跣足地来到丞相府求情。曹操想到文姬悲惨的身世，宽宥了董祀。董祀感念妻子之恩德，夫妻双双看透世事，溯洛水而上，隐居于山麓。

津蓟州区）。当时正值雨季，道路积水，"浅不通车马，深不载舟船"。曹操听从无终人田畴之议，改从一条久已断绝，但"尚有微径可寻"的路线进军。在田畴的引导下，曹操大军登终无山（今河北玉田北），出卢龙塞（今河北喜峰口），"堑山堙谷五百余里"，直指乌桓老巢柳城（今辽宁朝阳南）。曹军进至离柳城不足二百里时，乌桓才发现，于是蹋顿与袁尚、袁熙等人率数万骑兵迎击。

孙伯符大战严白虎

孙策字伯符。由于他英勇善战，有勇有谋，在其父孙坚所创的基业之上，进一步发展扩充在江南的势力，打败盘据在吴郡一带的地方豪帅严白虎，使东吴的基业更加夯实，被称为"小霸王"。

八月两军相遇，时曹军辎重在后，"被甲者少"，而乌桓军军势甚盛。曹操登高瞭望，见敌军虽多，但阵势不整，遂命大将张辽为前锋，趁敌阵稍动之机，向敌军发动猛攻。乌桓军队大乱，曹军阵斩蹋顿，大获全胜，胡、汉降者二十余万，袁尚等人逃奔割据平州的公孙康。这时有人劝曹操乘势进击公孙康，曹操说："吾方使康斩送尚、熙首，不烦兵也。"遂率军还师。不久公孙康果然斩杀袁尚、袁熙，并将其首级献于曹操。诸将不明所以，曹操说："彼素畏尚等，吾急之则并力，缓之则自相图，其势然也。"于是曹操攻破三郡乌桓，也彻底肃清了袁氏势力。

孙权据江东

孙权是孙坚次子，孙策的弟弟，孙策死后，年仅十九岁的孙权成了江东之主。他谨遵孙策遗命，重用张昭、周瑜等文武官员，使江东的实力得到进一步的增强。

孙策遇刺

建安五年（200 年）四月，孙策外出打猎。他骑的是上等精骏宝马，驰驱追逐一只鹿，跟从的人都没有赶上他。正当他快如疾风般地奔驰时，突然从草丛中跃出三个人，弯弓搭箭，向他射来。孙策仓猝间不及躲避，面颊中箭。这时后面的扈从骑兵才赶到，将三个人杀死。

原来孙策曾杀死了吴郡太守许贡。据《江表传》记载，许贡上表给汉帝，说孙策骁勇，应该召回京师，控制使用，免生后患。此表被孙策的密探获得，孙策便责备许贡，并下令将他绞死。许贡死后，其门客潜藏在民间，寻机为他报仇，这次终于得手。

孙策中箭，创痛甚剧，医生告诉他，说这伤可治，但应好好养护，一百天之内不能有剧烈的活动。孙策拿过镜子自照面目，对左右说："脸都成了这个样子，还能建功立业吗？"奋力起身使出如虎威力，大吼一声推翻茶几，伤口都裂开了。他自知将不久于人世，便请来张昭等人，托以后事。他告诫大臣们："现在北方战乱，我们可以守住吴越三江之地，观北方战局，坐收渔翁之利。"接着又叫来孙权，给他佩上印绶说："举江东之众，决机于两阵之间，与天下争衡，卿不如我。举贤任能，各尽其心，以保江东，我不如卿。"孙策对孙权的嘱托也非常切合实际，在两军对战乃至夺取天下这一方面孙策要比孙权强，而孙权则在任用贤能保持国家稳定这一方面见长，两人是一猛一稳，所以孙权应该以保江东为主。当天夜里，孙策去世，时年二十六岁，而孙权当时只有十九岁。

孙坚、孙策虽然都过早地死去，但他们却发展起了一支有很强战斗力的队伍，也占据了一块相当大的地盘。这就为孙权在江南建国，奠定了良好的基础。

屯田和讨山越

为了开发江南经济，孙权的第一个战略措施，就是仿照曹魏推行屯田制度。东吴的屯田制度始创于建安七、八年间，一直推行到吴亡，历时七十多年。和曹魏一样，东吴的屯田制也分军屯和民屯两类。屯田的地区，在今江苏境内有溧阳、吴郡等地，在今浙江境内有海昌、上虞等地，在今安徽境内有新都、皖城等地，在今江西境内有柴桑，在今湖北境内有夷陵、江陵、金城、白沙口、金女、大文、桃班、武昌、下灵山、厌里口、安乐浦、阳新、浔阳等地。这些屯田基地，有些是在与曹魏军事对立的邻近地带，有些是在孙吴的腹地，分布很广泛。皖城的屯田基地有屯兵数千家，毗陵屯田上的劳动者有男女各数万口，可见东吴屯田的规模是很可观的。为了配合屯田生产，东吴很重视水利灌溉设施的建设，如《水经注》中称"巴水出雩娄县之下灵山，即大别山也……吴时，旧立屯于水侧，引巴水以溉野"；阳新县富"水之左右，公私裂溉，咸成沃壤，旧吴屯所在也"。

第二项举措就是征讨山越。东汉末年，在今江苏、安徽、浙江、江西、福建等省的山岭地区，散居着许多"椎髻鸟语"的山越人。随着州郡和豪强武装崛起的浪潮，这些山越之人在他们大族的领导下，也建立起许多拒绝向官府服役纳税的割据王国。这些山越武装人数少的数以千计，人数多的达数万人，其力量不容忽视。东吴政权建立后，为了与魏、蜀抗衡，需要广开兵源、税源，因此就对各地的山越展开了长期的征讨。

孙吴政权对被征服的山越人，采取了"强者为兵，羸者补户"的政策。东吴的士兵都要在军屯上进行生产，"春唯知农，秋唯收稻，江渚有事，责其死效"。所以，东吴从征讨山越中得到精兵十余万人，同时也就是为国家增加了十多万精壮的劳动力。所谓"羸者补户"，就是把被征服的山越的老弱、女丁编为国家的自耕农和民屯上的生产者。

山越人民离开深山以后，他们受东吴统治者的剥削和压迫可能比受大族的剥削和压迫要重一些，但他们居处的自然条件有所改善，而且和汉族进一步融合，也使他们的生产技能和文化水平得到进一步的提高。这对江南的开发有着重大的意义。

消灭黄祖

孙权曾跟随孙策转战江东，常常在一起进行谋划。孙策死后，孙权在张昭、周瑜等人的辅佐下继位。他一方面"招延俊秀，聘求名士"，另一方面"镇抚山越，讨不从命"，使动荡的局面很快稳定下来。

这时北方的曹操已渐次消灭了袁绍集团，席卷了冀、幽、并、青四州，成为最大的割据势力。襄阳的刘表也占领了包括今湖南、湖北的荆州地区，"地方数千里，带甲十余万"，成为仅次于曹操的第二大割据势力。但刘表无能，举措失宜，所以地位不稳。曹操在讨平三郡乌桓以后，把刘表当作首要的兼并对象。在这种形势下，吴将甘宁向孙权建议："荆州地形险要，山陵起伏，水陆通达，绝对是我们向西图发展的方向所在。我已经观察刘表，此人没有远虑，儿子又不成器，不是能够继承基业的人。至尊您应当及早规划，不要让曹操得了先机。而欲夺荆州，则应该先取黄祖。"因此建安八年（203年），孙权开始讨伐黄祖，大破黄祖水军，但没有攻破城池。而此时山寇复动，于是退走。

建安十一年（206年），黄祖遣将领邓龙领兵数千人入柴桑，被吴将周瑜讨击，结果邓龙被虏。建安十二年（207年），孙权又西征黄祖，虏其人民而还。建安十三年（208年）春，孙权复征黄祖，黄祖先遣陈就引舟兵拒吴军，却为都尉吕蒙所破，凌统、董袭等用尽精锐攻之，遂屠其城。黄祖只身逃亡，骑士冯则追枭其首。但未等孙权对刘表用兵，曹操已率大军袭襄阳。建安十三年（208年）八月，曹操率领十多万大军南征，直指襄阳。就在此

清代年画　徐庶走马荐诸葛
徐庶很有智谋，在刘备手下深得重视。后曹操将徐母接到自己的驻地许昌，并命人模仿徐母的笔迹修书一封，命徐庶前来辅佐曹操。徐庶是个孝子，只好痛哭着向刘备辞行，走前向刘备推荐了诸葛亮。

时，刘表突然病死，其次子刘琮继任荆州牧。大臣劝刘琮投降曹操，刘琮说："现在我和你们占据全楚之地，守着我家先辈的家业，坐观天下，为什么不行呢？"有个叫傅巽的大臣对他说："您自认为比得上刘备吗？"刘琮回答："我不如他。"傅巽分析说："假如刘备有足够的能力抵御曹操，那么刘备就不会甘居于您之下了。希望您能够当机立断。"刘琮慑于曹操的军威，于这年九月，派使者向曹操投降。荆州被曹操占领，荆州水军数以千计的蒙冲、斗舰，悉归曹操所有，至此曹军的水战实力大增。

赤壁之战

　　赤壁之战是中国历史上一次著名战役，孙权、刘备联军不过几万人，但由于占据天时、地利、人和，最终以少胜多，打败了拥有二十多万人的曹操，奠定了三分天下的基础。

武侯高卧图
诸葛亮出山，帮助刘备成就了大业。
此图表现的是诸葛亮出山前，隐居南
阳躬耕自乐的形象。

诸葛亮出山

刘备起兵的前十几年间由于兵力弱，又缺少高人谋士，所以实力十分弱小，总是辗转四方，依附于他人。直到诸葛亮出山辅佐刘备，为他谋划发展大计，才为他开辟了一个新的局面。

诸葛亮，字孔明，琅琊阳都（今山东沂南）人。父亲诸葛珪做过东汉的太山郡丞。诸葛亮父母早亡，投靠了叔父豫章太守诸葛玄。后来诸葛玄为避乱世，带着诸葛亮投奔了荆州牧刘表。叔父去世后，诸葛亮隐居在襄阳西北二十里的隆中，一个院落，几间草屋，一面种地，一面读书，过着清贫的生活。诸葛亮读书与当时大多数人不一样，不是拘泥于章句，而是观其大略。通过潜心钻研，他不仅熟知天文地理，而且精通战术兵法。他志向远大，以天下为己任，常常自比为春秋时候的大政治家管仲和战国时候的大将乐毅，很想干一番大事业。他十分注意观察和分析当时的社会形势，积累了丰富的治国用兵的知识。熟悉他的人都认为他是个了不起的人才，就像卧龙一样随时准备腾飞而起。

建安十一年（206年）前后，刘备正依附于刘表，屯驻新野。当时投在他手下的谋士徐庶，与诸葛亮是好友，他说诸葛亮人称"卧龙"，向刘备极力推荐诸葛亮。

刘备见到诸葛亮后，摒退众人，推心置腹地对诸葛亮说："现在汉室倾危，奸臣擅政，致使皇上颠沛。我自不量力，试图伸张大义，但苦于智谋短浅，至今仍然没有多大建树。不过我的志向没变，您看我该怎么办，才能取得成功呢？"诸葛亮早已听说刘备思贤若渴，善于用人，此刻见刘备坦诚求教，就毫不保留地把自己对时局的看法和个人的设想和盘托出。诸葛亮说："自董卓已来，豪杰并起，跨州连郡者不可胜数。曹操比于袁绍，则名微而众寡，然操遂能克绍，以弱为强者，非惟天时，抑亦人谋也。今操已拥百万之众，挟天子而令诸侯，此诚不可与争锋。孙权据有江东，已历三世，国险而民附，贤能为之用，此可以为援而不可图也。荆州北据汉、沔，利尽南海，东连吴会，西通巴蜀，此用武之国，而其主不能守，此殆天所以资将军，将军岂有意乎？益州险塞，沃野千里，天府之土，高祖因之以成帝业。刘璋暗弱，张鲁在北，民殷国富而不知存恤，智能之士思得明君。将军既帝室之胄，信义著于四海，总揽英雄，思贤如渴，若跨有荆、益，保其岩阻，西和诸戎，南抚夷越，外结好孙权，内修政理。天下有变，则命一上将将荆州之军以向宛、洛，将军身率益州之众出于秦川，百姓孰敢不箪食壶浆以迎将军者乎？诚如是，则霸业可成，汉室可兴矣。"

这就是著名的《隆中对》中的一段话。刘备听了诸葛亮这一番精辟透彻的分析，思想豁然开朗。他觉得诸葛亮人才难得，于是恳切地请诸葛亮出山，帮助他完成兴复汉室的大业。诸葛亮见刘备虚怀若谷，抱负宏大，当下就痛快地答应了刘备的请求。不久，刘备以隆重的礼节把诸葛亮接到了自己的驻地。经过一段时间的接触了解，刘备对诸葛亮更加佩服，他们之间的关系日益密切。刘备的知己关羽和张飞，见诸葛亮寸功未立，就受到刘备如此的青睐和倚重，不免流露出一些不快。刘备向他们解释说："吾之有孔明，犹鱼之有水也，希望你们不要再说什么了。"关、张二人见刘备对诸葛亮如此敬重，就停止了对他不服气的议论。经过几年经营，到刘备屯驻樊城时，他们已经拥有了一支万余人的军队。在刘备的周围，聚集了关羽、张飞、赵云等武将，诸葛亮、孙乾、糜竺等谋士。由于刘备善于用人，荆州一带许多士人都归心于他。

刘备南撤

曹操至江陵后，立即采取安顿荆州吏民的措施。贾诩劝说曹操先利用荆州的资源，休养军民，稳定新占地区，可是曹操并没有采纳他的建议。曹军的作战部署大体是：以赵俨为章陵（今湖北枣阳东南）太守兼都督护军，同时统一指挥于禁、张郃、朱灵、李典、张辽、路招、冯楷七军，在汉水、淮水之间行动。荆州方面，曹操以曹仁和夏侯渊驻守江陵，以曹洪驻守襄阳，另以一部水陆军由襄阳沿汉水南向夏口。曹操则亲率一部连同新附荆州之众顺江而下，攻打东吴。

孔明出山图

此图描绘的是诸葛亮为刘备诚心所动，随刘备出山，助其成就大业。图中关羽、张飞开路，刘备、诸葛亮并行。

曹操南征时，刘备正屯驻于樊城，对曹操南征和刘琮不战而降等事一无所知，刘琮也不敢将乞降的事告诉他。所以直到曹操大军抵达宛城（今河南南阳），刘备才听到消息。刘备兵微将寡，腹背受敌，形势非常严峻。经过商议，决定向南撤退，约好在江陵（今湖北江陵）会合。江陵是重要的军事基地，可以西接益州牧刘璋，东联江东的孙权，而且那里囤积了不少军需物资，有利于同曹操周旋。刘备派关羽率领水军乘船走水路，自己率余众经襄阳南撤。

经过襄阳时，诸葛亮建议刘备攻杀刘琮，以便占据荆州。刘备说："刘表临死前，将刘琮托付给我，现在为了保全自己，背信弃义，我实在不忍这么干。不然我死后有什么脸见刘表？"于是刘备主动邀请刘琮一起南撤，刘琮没有接受。但刘琮左右的人和其他一些荆州人都归附了刘备。到达当阳（今湖北当阳东北）时，跟随刘备的百姓多达十余万人。由于带着数千车物资，队伍行动缓慢，有时一天只能前进十多里路。有人提醒刘备说："宜速行保江陵，今虽拥大众，被甲者少，若曹操兵至，何以拒之？"刘备回答说："成大事者以人为本，今人归我，我怎么能忍心抛弃他们？"依然照旧缓慢行进。刘备后来在当阳境内的长坂被曹操追上，结果兵众四散，几千车物资也被曹操截获。刘备带领诸葛亮、张飞、赵云等数十骑逃脱，斜趋汉津，恰好与关羽的水军相会。前来迎接的刘表长子刘琦也带着一万多人随后赶到。合兵以后，刘备所部共两万多人，一同前往夏口（今湖北汉口）。

孙刘联合

曹操南征，刘表病死，这个消息刚刚传到江东的时候，孙权就感觉到形势不妙，连忙派鲁肃前往荆州观察动静。鲁肃找到刘备、诸葛亮，已是长坂之败以后，当时刘备正准备投奔苍梧（今广西梧州一带）太守吴巨。鲁肃劝刘备说，与其远投岭南，不如近联孙权。建议他们向东撤退。诸葛亮见情况紧急，也劝刘备向孙权求救，于是刘备一面率领队伍向东撤退，一面派诸葛亮去见孙权。当时孙权拥军柴桑（今江西九江西南），观望曹刘成败。夺得荆州的曹操从江陵顺江东下，图谋一举消灭孙权，席卷江东。出发前，他写信恫吓孙权说："今治水军八十万众，方与将军会猎于吴。"诸葛亮跟着鲁肃来到柴桑时，孙权已接到曹操威胁的书信，顾虑孙刘联军不能与曹操相匹敌。为了促成孙刘联盟，诸葛亮用计激孙权说："曹操现在攻破荆州，威震四海，

正史史料

（周）瑜、（程）普为左右督，各领万人，与（刘）备俱进，遇于赤壁，大破曹公军。公烧其余船引退，士卒饥疫，死者大半。备、瑜等复追至南郡。曹公遂北还……

——《三国志·吴书·吴主传》

将军如果能以吴越之众与他抗衡，就应早日与他绝交；如果抵挡不住，为什么不按兵束甲，向他称臣呢？"孙权听后大怒说："我拥有全吴之地，十万之众，岂能受制于人！"

但孙权部下却分成了以鲁肃为代表的主战派和以张昭为首的主和派，他们展开了激烈的争辩。诸葛亮为了坚定孙权取胜的信心，解除他的后顾之忧，仔细地分析了当时的形势："豫州（指刘备）军虽败于长坂，今战士还者及关羽水军精甲万人，刘琦合江夏战士亦不下万人。曹操之众远来疲敝，且北方之人，不习水战。又荆州之民归附曹操，为兵势所逼，并非心服。今将军如能命猛将统兵数万，与豫州协规同力，破曹操必矣。荆、吴之势强，鼎足之形成矣。"孙权听了大喜，鲁肃又用激将法进言，劝孙权立即把周瑜从鄱阳（今江西波阳东北）召回。

周瑜支持诸葛亮和鲁肃的意见，先后分析曹军的弱点，指出：第一，曹军疲惫不堪；第二，"又今盛寒，马无藁草"；第三，加之马超、韩遂尚在关西，为曹操的后患。既而进一步分析了曹军的实际力量，指出来自中原的曹军不过十五六万，而且所得刘表新降的七八万人，人心并不向曹。

孙权终于决定与刘备共同抗曹，并立即派周瑜、程普、鲁肃等统领三万水军，跟随诸葛亮与刘备会合，迎击曹操。这样历史上决定三国分立的赤壁大战便爆发了。

赤壁之战

建安十三年（208 年）十月，周瑜率领的军队在樊口与刘备会合。然后逆水而上，行至赤壁，与曹军相遇。曹军新编及新附荆州水军，战斗力较弱，又遭瘟疫流行（据说当时江南血吸虫病泛滥），以致初战不利。曹操不得不把军队"引次江北"，把战船靠到北岸乌林一侧。周瑜则把战船停靠南岸赤壁一侧，彼此对峙。

清末年画 草船借箭

年画描绘了《三国演义》中"草船借箭"的故事。周瑜难为诸葛亮，让其十日内造十万支箭，诸葛亮却说只需三日即可，并立下了军令状。到了第三日，诸葛亮借江上大雾施巧计，布置二十只排满稻草人的船，诱使曹操万箭齐发，轻松借箭而归。

　　因为北兵不习惯船上生活，于是曹操就下令用铁索将战船连锁在一起，以减轻风浪颠簸。周瑜部将黄盖建议采用火攻战术以败曹军："今寇众我寡，难与持久。然观操军船舰首尾相接，可烧而走也。"周瑜采纳了黄盖的建议，当即决定让黄盖用诈降接近曹操战船。黄盖准备了十艘蒙冲斗舰，满载薪草膏油，外用帷幕伪装，上插与曹操约定的旗号。

　　时值隆冬，北风大作，但按气象规律，几天严寒日过后，亦常见有少暖之日，风向亦或变为东风、南风。据说十一月十二甲子日这一天，晴空风暖，傍晚风起。及至午夜风急，黄盖以准备的船舰出发，顺风驶向曹船。到了江的中心，黄盖手举火把，使众兵齐声大叫："降焉！"曹军官兵毫无戒备，"皆延颈观望，指言盖降"。离曹军二里许，黄盖遂令点燃柴草，同时发火，火烈风猛，船往如箭，烧尽北船，延及岸上各营。顷之"烟炎张天，人马烧溺死者甚众"。

　　在南岸的孙军主力船队乘机擂鼓前进，同时刘备也自蜀山向乌林进发。盟军横渡长江，大败曹军。曹操见败局已无法挽救，当即自焚余船，引军退走。周瑜、刘备军队水陆并进，曹操沿华容小道（今湖北潜江西南）向江陵方向退却，加以瘟疫、饥饿，曹军损失大半。幸得张辽等接应，才得以脱险。至江陵城下，曹操恐后方不稳，自还北方，留曹仁、徐晃守江陵，满宠驻当阳。

赤壁战前曹操的优势是明显的：第一，曹操"挟天子以令诸侯"，诸侯自然在道义上难以争锋；第二，曹操以新胜之军南下，士气正盛；第三，曹操兵力数倍于孙、刘两家。既然曹操具有如此的优势，孙刘联军的战绩更显辉煌。此战孙刘联军扬水战之长，巧施火攻，可以算是中国历史上以少胜多的著名战例。赤壁之战后，曹操退回北方，再未有机会如此大规模南下。曹操集团也失去了在短时间内统一全国的可能性。

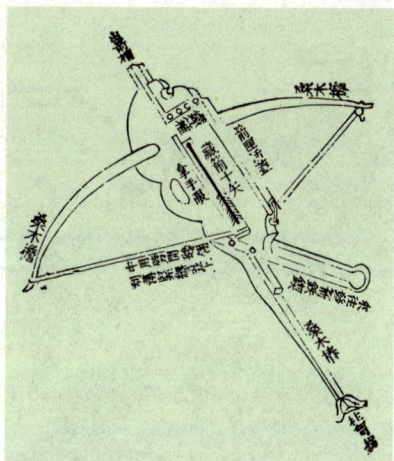

诸葛亮全式弩

诸葛亮在赤壁之战中对促成孙刘联盟确实是做出了很大的贡献。他制作出一种新式武器全式弩，这种弩一次能发射十支箭。

周瑜等与曹仁隔江对峙，遣甘宁袭取夷陵（今湖北宜昌），曹仁率部进围甘宁，周瑜率军救援，大破曹仁军。刘备回师夏口，欲溯汉江迂回曹仁后方。次年曹仁被迫撤退。孙权继续与刘备联盟，以抗拒曹操。刘备乘势取得荆州大部，包括武陵（今湖南常德）、长沙、桂阳（今湖南郴州）、零陵等四郡。稍后又夺得刘璋的益州。孙权据有江东，形成了魏、蜀、吴三国鼎立的割据局面。

曹操攻破马超、韩遂

赤壁大败后，曹操采取了一些措施，以稳定内部局势。建安十五年（210年）春，曹操下《求贤令》说："今天下尚未定，此特求贤之急时也……二三子其佐我明扬仄陋，唯才是举，吾得而用之。"曹操提出不拘品行、唯才是举的用人方针，目的是尽量把人才搜罗到自己身边。

建安十六年（211年），曹操开始对关中用兵。马超和韩遂是东汉末年盘踞在关中的割据势力。他们的官职是朝廷正式任命的，属朝廷命官，要征伐他们就必须出师有名。三月曹操以讨伐汉中（今陕西汉中东）张鲁为名派部将钟繇进兵关中。要征伐张鲁，钟繇的军队就必须经过马超和韩遂的防地，关中马超、韩遂、杨秋等发动了反叛。于是曹操立即派大将曹仁进攻关中，马超等人屯据潼关。

马超和韩遂虽然力量较弱，但曹操要想打败他们也并不容易。七月曹操率领大军亲征关中。在战争开始阶段，双方互有胜负。在战争转入相持阶段后，曹操不仅在局部战斗中获得了胜利，还故意坚守营寨不出。马超和韩遂因为是联军作战，希望速战速决，曹操的拖延对马超和韩遂的联合军事行动

清末年画　倒反西凉
曹操诱杀马超之父马腾。马超为父报仇，连破长安、潼关，大败曹军。马超差点活捉曹操，曹操割须弃袍逃走。

不利，战争的主动权已经转到了曹操的手上。九月曹操大破关中诸军，马超、韩遂逃至凉州，杨秋逃至安定（治临泾，今甘肃镇原南）。

这时马超、韩遂提出割地求和，并答应派"质子"到曹操处，曹操听贾诩计谋"伪许之"，"离之而已"。曹操采纳了这个建议，表面上假装同意休战，暗地里却使用计谋离间二人。曹操与韩遂有旧，于是相约会见，在阵前叙说旧事，抚掌欢笑，并不谈及军事。事后马超等人问韩遂曹操所言何事，韩遂说没什么重要的，于是马超等人起疑。曹操又写信给韩遂，信中多有修改的痕迹，于是马超等人更加起疑。曹操成功地分化了敌人，马超和韩遂两个人相互猜忌，在这种情况下曹操很轻易就打败了马超和韩遂的联军，取得胜利。十月曹操进军安定，韩遂、杨秋投降，马超投奔汉中的张鲁，关中地区基本平定。

建安十八年（213年）五月，汉献帝封曹操为魏公，加九锡，割冀州的河东、魏郡等十郡以为魏国封地。曹操封魏公后，所任丞相和冀州牧如故，权势愈来愈大。七月曹操建魏国社稷宗庙，又在魏国内设置尚书、侍中。

正史史料

　　二十五年，魏文帝称尊号，改年曰黄初。或传闻汉帝见害，先主乃发丧制服，追谥曰孝愍皇帝。

——《三国志·蜀书·先主传》

三分天下

　　赤壁一战使曹操元气大伤，再也无力攻打南方，而刘备也借此机会在荆州站稳了脚跟。此后刘备在诸葛亮的建议下夺取益州，有了巩固而坚实的大后方，至此曹、刘、孙三家成初建鼎足之势。

生子当如孙仲谋

　　当初北方各个军阀混战的同时，江南的孙氏家族正在蓄势待发。经过了孙坚、孙策的努力，正在逐渐发展成为江东一支强大的势力，并统一了江东。最终把吴国推向最高峰，和蜀、魏呈鼎足之势的就是孙权。

　　赤壁之战时，孙权才二十六岁，但已显露出他足以与曹操、刘备并称无愧的政治家才干。当他听了东吴内部主战派和主降派七嘴八舌的辩论以后，"拔刀斫前奏案曰：'诸将吏敢复有言当迎操者，与此案同！'"这是何等的气魄！在赤壁之战中，主要是由于孙权有抗曹的巨大决心，在各方面又处置得宜，因而才取得了以孙刘五万联军大破二十多万曹军的奇迹。

　　马超和韩遂平定了以后，曹操给孙权写了一封书信，希望与孙权联合讨伐刘备，并许诺如孙权应允，江东之地将永远归属孙权。但是孙权没有接受曹操的"建议"，而且作好了和曹操决战的准备。他做了两件事情：第一件事情就是把治所从京（今江苏镇江）迁移到了建业（今江苏南京）；第二件事情就是在濡须口（今属安徽）建立军港，准备抵抗曹操。建安十八年（213年），曹操率兵号称四十万，亲自南征孙权。次年正月，曹军进至濡须口，攻破孙权设在江北的营寨，生擒其将公孙阳。孙权亲率七万军队，前至濡须口抵御曹军。二军相持月余，各无所获。曹操远远地见对面将士严明整肃，不仅脱口叹道："生子当如孙仲谋，刘景升儿子若豚犬耳！"自觉难以取胜，遂撤军北还。

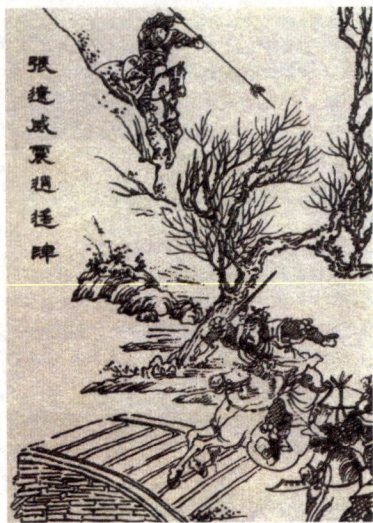

张辽威震逍遥津

此版画描述了张辽追击孙权，孙权策马越过三丈多宽的河面的情景。

建安二十年（215年），魏将张辽等先发制人，在合肥击退十倍于己之孙权大军。是年孙权趁曹操西征张鲁，亲统十万大军包围了合肥（今安徽合肥）。曹操仅留部将张辽、李典、乐进等率七千人守合肥。张辽按照曹操关于乘敌部署未定，实施反击，挫其锐气，以安众心，尔后据城固守的预留指令，留乐进守城，自与李典选募八百名勇士，连夜杀牛犒军。拂晓时分，张辽披铠甲执长戟，率先冲锋陷阵，杀数十人，斩将两员，直冲至孙权麾下。孙权大惊，不敢与张辽交锋，退至一土山上，见张辽兵少，遂令部众围击张辽。

张辽率领数十人奋力突出重围，余部呼救，张辽又冲入敌阵，救出其余部下。往来冲杀，所向披靡，孙权的军队不能抵挡。激战直至中午，孙权的军队锐气被挫，守军士气大振。孙权围合肥十余日不克，遂撤围退兵，至逍遥津（今安徽合肥东）北，张辽乘机率步骑发动袭击。孙权部将甘宁、吕蒙奋力抵挡，部将凌统率卫队拼死厮杀，掩护孙权逃至逍遥津。时值河桥半拆，丈余无板，孙权急策所骑骏马腾越而过。将军贺齐率三千人在逍遥津南接应，孙权才侥幸得免。战后曹操升张辽为征东将军。在此战中，张辽智勇兼备，以步卒八百破吴军十万，如此神勇，世所罕见。

建安二十一年（216年），曹操攻占汉中，进封魏王后，于冬天再度大举南下，来报去年之仇。孙权闻讯，知曹操亲执金鼓以令进退，不敢大意，于是任命吕蒙为督、蒋钦为副，负责节度前线诸军，自己也亲自引兵随后接应。吕蒙来到先前所立之濡须口，下令全军严加戒备，修整城墙器具，并在垣楼上设置一万余张强弩，以待曹操。次年正月，曹操与诸将会师于居巢（今安徽桐城南），马步三军号称四十万，于濡须水岸临江饮马。吕蒙乃趁曹军立寨未稳之际，建议孙权命甘宁发动夜袭。曹操前军失利，知吕蒙督阵乃有备而来，不敢妄进，遂令大军暂退，到安全处下寨。二月曹操大军进至江西之郝溪，孙权自濡须口引兵出击，与战不利，被曹军逼攻而退。孙权鉴于曹操兵力强大，与之正面交锋难以取胜，反而会使自身实力受损，于是遣都尉徐详向曹操请降。曹操此时也正因刘备大军进屯益州东北，似乎有意争夺汉中而头痛不已，今见孙权有意媾和，自然是再好不过，于是马上派出使者回报对方，并重申与孙家的姻亲关系以示旧好。然后在三月时留下夏侯惇、曹仁、张辽诸将屯守居巢，便急忙引军赶往汉中去了。

彩绘人物扁形漆壶残片
这件三国时期的彩绘人物扁形漆壶残片，壶上漆画风格独特，人物形象奔放，洋溢着浪漫的生活气息。

刘备得益州

经过赤壁之战，孙权的统治得到巩固，刘备也趁机向江南发展势力。他表奏刘琦为荆州刺史，又南征武陵、长沙、桂阳、零陵，这四郡的太守先后投降，刘备因此占据了荆州的江南部分。不久刘琦病死，刘备做了荆州牧，领兵屯驻油口，改油口为公安（今湖北公安）。刘备以诸葛亮为军师中郎将，使督零陵、桂阳、长沙三郡，征收赋税，供军政费用。为了加强孙刘联盟，共同抵御曹操，孙权嫁妹给刘备。在鲁肃的建议下，孙权又同意刘备的请求，将南郡借给他，即所谓"借荆州"。后来曹操正在写字时，听说孙权借荆州给刘备，连笔都落到地上了。至此刘备在荆州立足已稳。为了实现诸葛亮《隆中对》中提出的目标，刘备集团开始谋划，准备夺取西面的益州。

益州包括今天的四川全部和云南、贵州的大部分地区，地域广大，土地肥沃，素以"天府之国"著称，但在刘焉、刘璋父子的统治下，这里成为一个社会矛盾尖锐的地方。建安十三年（208年），曹操打下荆州，刘璋曾归附曹操。赤壁之战后，刘璋断绝了同曹操的关系。孙权曾遣使和刘备商议，试图共同攻取益州，刘备因为另有打算，拒绝了孙权的建议。

原来刘璋在赤壁之战前后派部下张松、法正先后拜见过刘备，刘备借机询问了许多益州的情况。张松、法正见刘备善于用人，于是把益州的地理形势和府库钱粮、人马兵器等情况，都告诉了刘备，使刘备"尽知益州虚实"。张松、法正回到益州后，都劝刘璋与刘备结好，后来二人又密谋寻找机会迎接刘备入蜀。谋臣庞统也提醒刘备："今天如果不取益州，终有一天它将为别人所得。"

三英战吕布
此图描叙了刘备、关羽、张飞三人与董卓手下猛将吕布殊死搏斗的情景。

　　建安十六年（211年），益州牧刘璋听说曹操准备派大将钟繇率军进攻汉中的张鲁，十分恐惧。张松趁机巧妙地向刘璋提出了迎刘备入蜀的建议。刘璋为了抵抗曹操，于是派法正持厚礼前往荆州迎接刘备。当时就有人说刘璋此举是引狼入室。果然法正到荆州就劝刘备趁机占据益州，刘备心里也正有此意。他以接受邀请为名，率领步卒数万人，与庞统、黄忠等进入益州，留下诸葛亮、关羽、张飞等驻守荆州。刘备抵达涪县（今四川绵阳东北），刘璋率步骑出城热烈欢迎。刘璋让刘备做了大司马，兼领司隶校尉，将杨怀、高沛统领的白水军交给刘备，让他去攻打张鲁。刘备率领约三万人，带着大量的武器装备，向北前进，去攻打张鲁。当前进到葭萌（今四川广元西南）的时候，刘备根本不再考虑什么讨伐张鲁的问题，而是停下来拥军自保，"厚树恩德，以收众心"，为夺取益州作准备。

　　建安十七年（212年）十月，曹操进攻孙权，孙权请刘备相救。刘备以孙权和他势同唇齿为借口，派使者请刘璋给予一万兵力及武器粮草，以便他援救孙权。刘璋对刘备不讨张鲁，却去援救孙权相当不满，只勉强答应给予兵力四千人，武器粮草等也都只给刘备要求的一半。刘备借机激怒将士说："我为刘璋征讨强敌，将士辛勤劳顿，无暇安宁。刘璋虽然资财积累丰富，对我们却如此吝啬，这怎么能让大家为他拼死作战呢？"使军中上下都对刘璋产生了不满情绪。在成都的张松以为刘备真的要离开益州，赶紧给他写信说："今大事垂手可立，怎么就放弃而走呢？"不料此事被他的哥哥广汉太守张肃所告发。刘备当即捕杀了张松，然后下令各守关将领不得放刘备通过。

刘备闻讯大怒，果断诱杀了刘璋的白水军督杨怀、高沛，收编了白水军，接着与黄忠、卓膺率兵进驻涪城，准备继续南下进攻刘璋。

刘璋慌忙派人迎击，接连战败，退守绵竹（今四川绵竹东南）。刘璋又派李严总督绵竹诸军，准备反击，不料李严倒戈投降。至建安十九年（214年）刘备分兵攻占了附近诸县，最后将刘璋的儿子刘循包围在雒城（今四川广汉西北）。但围攻雒城的战事非常不顺利，一年多也没能攻克，于是刘备下令留守荆州的诸葛亮火速领兵西上。

诸葛亮留下关羽驻守荆州，自己立刻与张飞、赵云统兵入蜀。一路上，诸葛亮、张飞、赵云接连攻下了巴东、江州、江阳（今四川泸州）、德阳（今四川遂宁东南）等地。建安十九年（214年）五月，刘备攻下雒城，乘胜追击，在成都与诸葛亮的军队会师，将刘璋围困在了成都。当时成都城内有三万精兵和可供一年支出的粮食布匹，不少人还想固守，这时马超前来投奔刘备，与刘备一起合围成都。刘璋无心再抵抗，便说："我家父子在益州二十余年，对老百姓无恩无德，已经让他们四处奔波，攻战三年了，我怎么能忍心再让他们为我受苦呢！"因此于此年六月出降。刘备终于取得了益州。

占据益州后，刘备自称益州牧，以诸葛亮为军师将军，依靠法正、关羽、张飞、赵云、马超等文臣武将，又收罗了董和、黄权、李严等一部分刘璋旧部，初步具备了建立自己政权的人员规模。从此刘备外出征战，诸葛亮镇守成都，足食足兵，配合十分默契。

刘备进位汉中王

曹操征讨孙权无功而返，而在这个时候，刘备又从刘璋手中夺取了益州。而汉中是益州的门户，"若无汉中，则无蜀矣"，刘备必然要攻取汉中。而益州附近的割据势力张鲁军事力量薄弱，曹操如果不进攻张鲁，张鲁势必会被刘备吞并。刘备势力的扩张，对曹操是一个极大的威胁，所以在建安二十年（215年）三月，曹操抢先一步亲率十万大军征讨汉中张鲁。

张鲁，字公祺，沛国丰（江苏丰县）人。张衡死后，张鲁继为五斗米道首领。其母好养生，"兼挟鬼道"，与益州牧刘焉家有往来。他通过母亲跟刘

刘玄德平定益州　曹操汉中破张鲁
刘备占据益州后，使自己的势力得到了进一步的扩充，这里成为他后来与曹操、孙权三国鼎立的根据地。在刘备占据益州后不久，曹操也攻占了汉中。

赵云大战长坂坡
曹操取得荆州以后，刘备顾不得家室南逃，大将赵云在长坂坡千军万马中救出刘备的儿子刘禅。

焉家的关系，得到了刘焉的信任。东汉初平二年（191 年），刘焉任命他为督义司马，与别部司马张修带兵同击汉中太守苏固。刘焉死后，刘璋即位，张鲁不顺从他的调遣，刘璋杀害了张鲁的家族。张鲁于是割据汉中，以"五斗米道"教化人民，建立起政教合一的政权。张鲁在汉中自称"师君"。来学道者，初称"鬼卒"，后号"祭酒"，各领部众，领众多者为"治头大祭酒"。不置长吏，以祭酒管理地方政务。继承其祖的教法，教民诚信不欺诈，令病人自首其过，对犯法者宽宥三次，如果再犯，然后才加以惩处；若为小过，则当修道路百步以赎罪。又依照《月令》，春夏两季万物生长之时禁止屠杀，又禁酤酒。他还创立义舍，置义米肉于内，免费供行路人量腹取食，并宣称取得过多，将得罪鬼神而患病。

东汉末年，群雄蜂起，社会动乱，不少人逃往相对安定的汉中地区，其中关西民众从子午谷逃奔汉中的就有数万家。张鲁还得到巴夷少数民族首领杜濩、朴胡、袁约等人的支持。他采取宽惠的政策统治汉中，"民夷便乐之"。"流移寄在其地者，不敢不奉"。五斗米道凭借政权的力量扩大了影响。

建安二十年（215 年）七月，曹操大军进占了阳平关（今陕西勉县西北）。张鲁听说阳平关失守，逃往巴中。曹操进军南郑，尽得张鲁府库珍宝。十一月张鲁出降曹操，汉中遂为曹操所有。

同年刘备正准备向北进攻，扩大自己的统辖范围，孙权以刘备已经取得

清末年画　关公水淹七军　周仓力擒庞德
此年画表现了关羽围樊城，引大水淹庞德大军的情景。

益州为理由，派人要求他归还荆州。荆州为刘备集团财政收入的主要来源地之一，是赤壁之战后刘备取得的一份胜利果实，严格说来并不存在借与还的问题，所以他自然不会轻易让给孙权。于是推辞说："等我夺取了凉州，荆州自然会归还给你。"孙权大怒，认为刘备对荆州借而不还，太不讲信用。于是不加说明，就派吕蒙夺取了长沙、零陵、桂阳三郡之地。刘备闻讯后，急忙领兵五万来争。孙刘间的冲突眼看就要升级。正值此时，曹操打败张鲁，平定了汉中，进而直接威胁巴、蜀。刘备权衡利害，不得已与孙权讲和，约定孙权统辖江夏、长沙、桂阳，刘备占有南郡、武陵、零陵三郡，然后迅速回防益州。这样刘备虽然丢掉了一些地盘，却避免了与孙权的一场火并，得以腾出力量与曹操在汉中周旋。荆州受挫后，夺取汉中，并把它作为对付曹操的军事据点，已经成为刘备集团的一个战略目标。汉中周围群山环绕，中间是汉水盆地，土厚民丰，是一个十分重要的战略要地。刘备如能占有汉中，进可以伺机出击军中原，袭击曹操，退可以拥有雍州（今陕西西安西北）、凉州（今甘肃张家川）。

　　汉中本属益州，曹操从张鲁手中夺下汉中后，蜀中上下一日数十惊，刘备想用斩首示众的办法制止慌乱，都无济于事。当时曹操的谋臣刘晔劝曹操一鼓作气，灭掉蜀汉。曹操考虑到自己后方不稳，控制汉中又需要大量的人力物力，所以没有采纳他的建议。实际上后来曹操连控制汉中都没有足够的

正史史料

十二月，璋司马马忠获羽及其子平、都督赵累等于章乡，遂定荆州。

——《三国志·吴书·吴主传》

力量。建安二十一年（216年），曹操以夏侯渊、张郃镇守汉中。刘备采纳谋臣法正的建议，让诸葛亮驻守成都，负责军需供应，自己率兵进攻汉中。建安二十四年（219年），刘备在汉中西南的定军山（今陕西勉县南）与夏侯渊对阵，令老将黄忠出击，阵斩夏侯渊，大获全胜。曹操迅速率军从长安赶来，企图夺回失地，刘备自信地说："曹操即使赶来也没用，我肯定能夺下汉中了。"刘备占据险要，任凭曹操多次挑战，始终不出兵交锋。日子一长，曹军的逃兵日益增多。等到这年夏天，曹操仍然一筹莫展，不得已撤军回了长安，刘备终于实现了占领汉中的目标。这年秋天，刘备自立为汉中王，任命魏延为督汉中镇远将军，领汉中太守，留守汉中，自己迁至成都。

孙、刘三争荆州

赤壁之战以后，曹操主要致力于关陇后方的巩固，孙刘两家则围绕着荆州问题，展开了长期的争夺。荆州人口众多，物产丰富，吴、蜀都不愿放弃这个能够提供大量兵源和物资的重要之地。荆州位居长江上游，北上可以进攻曹魏的襄、樊，威胁许昌，东下可以顺流抵达孙吴的腹地。蜀若失去荆州，就被封闭在三峡以西的四川，在东面无法与吴、魏争衡。吴若不占领荆州，就会时刻受到长江上游的威胁，无法确保江东的安全。所以从战略上来说，荆州是吴、蜀必争之地。而荆州对吴比对蜀还重要一些。

起初孙刘两家为了联合抗曹，孙权同意把荆州借给刘备。当刘备跨有荆、益以后，势力急剧壮大，对孙权造成了严重威胁，孙刘矛盾趋于激化。建安二十年（215年），孙权向刘备讨还荆州未果，即派吕蒙带兵攻取长沙、零陵、桂阳三郡。后孙刘双方妥协，以湘水为界，平分荆州。这是争夺荆州的第一个回合。

建安二十四年（219年），刘备自立为汉中王后，按照诸葛亮的战略，打算从两路进攻曹操。正巧西面的汉中打了胜仗，于是趁着这个势头，从东面的荆州攻打中原。刘备命镇守荆州的大将关羽进攻襄、樊。樊城魏守将曹仁

洛神赋图（局部）
《洛神赋》是三国时期曹魏文学家曹植创作的名篇。描写自己与洛水神女相恋，终因人神殊途而分离的动人故事。
此图的作者为东晋画家顾恺之。

向曹操求救，曹操于是派了于禁、庞德两员大将增援。曹仁让援军屯兵于樊城北面的平地上。该处地形低，恰逢雨季，襄江水急，一晚襄江暴涨，大水骤至，平地水深丈余，很多魏军都被水冲走淹死。等到天亮，"关公及众将皆摇旗鼓噪，乘大船而来"。于禁被围投降，庞德抵抗被俘，拒降被杀。曹操得知关羽水淹七军，并擒于禁、斩庞德，担心关羽势大难以收拾，于是采纳司马懿、蒋济的建议，联络孙权从背后袭击荆州，并许诺事成之后，割江南之地来册封孙权。关羽和孙权关系不好，曾扬言说："如使樊城拔，吾不能灭汝（孙权）邪？"可见如关羽获胜，蜀对吴造成的军事压力当会更大。收到曹操的书信后，孙权大喜过望，马上回了曹操一封信，表示愿意出兵"以讨关羽自效"。同时还把偷袭荆州的计划和盘托出，并请曹操配合及保密。起初孙权想趁机攻取曹魏的徐州，但遭到吕蒙的反对，他向孙权说："至尊今日得徐州，操后旬必来争，虽以七八万人守之，犹当怀忧。不如取羽，全据长江，形势益张。"吕蒙的主张显然更符合东吴的利益。于是孙权改变了主意，采取与曹魏联合，达成了夹击关羽的密谋。

曹操采纳了司空军祭酒董昭的建议，把孙权的书信射入樊城以增强守城将士的信心和士气，另外再让曹仁和徐晃分别把消息透露给关羽。关羽得知孙权打算和曹操联手的传闻，虽然犹豫起来，可却因好胜心的驱使，以为樊城指日可拔，迟迟不肯回师。等到关羽屯营为徐晃所破，后方又传来江陵、公安二城俱失的急报，关羽才慌忙撤了樊城之围，匆匆率军往南而还。不过此时曹操虽未派兵追击，然而南郡已为吕蒙偷袭所得。关羽虽然明白现今情势已经逆转，但又想到之前吕蒙初到陆口曾多次遣使结好，于是在回军途中先派人到江陵责问吕蒙背盟，希望吕蒙能心念曾经的同盟情谊而令事情能有所转圜，另一方面也是希望借此探知城中的情况。而这正好中了吕蒙的离间之计，吕蒙对关羽派出的使者尽都厚礼款待，还让他们在城中自由游走，以致随征将士家属皆来探问信息。使者回到关羽营中,军士们都来私下询问家中状况,得知城里一切安好,甚至待遇比关羽主政时还来得优渥。如此辗转言闻,官员将士们都丧失了斗志,只想着与家人团聚,人马便因此逐渐离心逃走。

此时孙权大军来到了江陵,关羽见大势已去,率孤军往西败走麦城(今湖北当阳东南),路上被孙权的军队擒杀,荆州全部丢失。这是争夺荆州的第二个回合。

刘备为了替关羽报仇,并夺回荆州,在他称帝后倾全力向吴进攻。蜀和吴有所不同,蜀处群山环绕之中,易于自守,外敌很难进攻,所以他大举攻吴,不必顾忌魏的袭击。而吴与魏仅一江之隔,极易受到魏的攻击,他如对付蜀,就更得提防魏。因此孙权不得不向曹丕称臣、进贡,并接受曹丕赐给他的吴王封号,以避免"二处受敌"的困境。曹丕受到孙权的迷惑,对吴、蜀之争采取了中立的态度。在这种情况下,吴得以全力对蜀,终于在夷陵大破刘备的军队。这是争夺荆州的第三个回合。经过以上三个回合的斗争,最后确立了吴对荆州的统治。

建安风骨

曹操在孙权擒杀关羽、取得荆州后,表奏孙权为骠骑将军、荆州牧。孙权遣使入贡,向曹操称臣,并劝曹操代汉称帝。曹操将孙权来书遍示内外群臣,说:"是儿欲踞吾着炉火上耶!"曹操手下群臣趁机向曹操劝进。曹操自己还不想废汉献帝自立,他说:"若天命在吾,吾为周文王矣。"建安二十五年(220年)正月,曹操还军洛阳。当月病死在了洛阳,终年六十六岁。

曹操不但是中国历史上一位杰出的政治家、军事家,而且是一位杰出的文学家,他是东汉末年建安文学的代表人物之一。东汉末年建安时期的诗歌创作取得了较大的成就,进入了一个新阶段。建安文学的代表人物是"三曹""七子"和蔡琰,他们的作品形成了以"建安风骨"为代表的独特艺术风格。正如刘勰所说:"观其时文,雅好慷慨。良由世积乱离,风衰俗怨,并志深而笔长,故梗概而多气也。"

"三曹"即曹操、曹丕、曹植。曹操不仅是政治军事上的风云人物,同时也是建安文学的开拓者。他的《薤露》《短歌行》《苦寒行》《碣石篇》等都是不朽的文学作品。曹操的诗歌反映了汉末的动乱时事、民生疾苦,也抒写了他自己建功立业的雄心壮志,洋溢着豪迈勃发的阳刚之美,成为"建安风骨"的写照。曹丕无论是政治胆识、军事谋略还是文学创作,都远不及其父曹操。他即位的当年便采用九品中正制,向大贵族官僚地主集团靠拢,消解了对民生疾苦的关心。曹丕现存的诗歌多是男女恋情和游子思妇的题材。他的《燕歌行》二首是现存最早的七言诗。曹植则是建安时期最负盛名的作家，被称之为"建安之杰"。他的前期诗歌多抒豪情，后期由于受到曹丕的压制，作品多倾诉自己壮志难酬的苦闷与备受压抑的悲愤。前者以《杂诗》为代表，后者以《赠白马王彪》为代表。曹植对文学发展贡献最大的是五言诗。他的诗作既有充实的内容，又讲究艺术形式。骨气奇高，词采华茂，具有雄健的笔力。能够在使用美丽辞藻的同时，仍然保持着诗歌沉雄浑厚的美学意蕴。

"七子"是指孔融、陈琳、王粲、徐干、阮瑀、应玚、刘桢。"建安七子"中的多数人都经历了汉末乱世的流离困苦，诗歌体现了对民生疾苦的关注和同情，抒写了渴望建功立业的雄心壮志，充满了强烈的现实感和时代精神。王粲是七子中成就最高的诗人，被誉为"七子之冠冕"，他的《七哀诗》是建安诗歌中最具代表性的作品之一。

孙权降魏受九锡

孙权鉴于自己称帝名不正、言不顺，为了避免成为天下公敌，于是实行了晚称帝的策略，接受魏主曹丕授予的"九锡"称号。

蔡琰是与七子并称的女作家。现在流传下来题为蔡琰的作品共有三篇，即五言、骚体《悲愤诗》各一首和《胡笳十八拍》。其中只有五言《悲愤诗》可以断定为蔡琰所作。这首诗长达五百四十字，生动地描写了诗人在汉末军阀混战中的悲惨遭遇。《胡笳十八拍》与五言《悲愤诗》题材相同，但风格迥异，具有强烈的抒情特色，多是内心情感的直抒宣泄。

魏蜀吴三国建立

建安二十五年（220 年）十月，曹丕代汉称帝，建立魏国，史称曹魏，建都洛阳，定年号为"黄初"。并追尊其父曹操为太祖武皇帝。

为了继承汉统，第二年诸葛亮等人也请刘备称帝。刘备还想推脱，诸葛亮劝道："今曹氏篡汉，天下无主，大王刘氏苗族，绍世而起，今即帝位，乃其宜也。士大夫随大王久勤苦者，亦欲望尺寸之功耳。"认为刘备称帝既合理又必要，刘备于是在 221 年四月正式称帝，国号汉，也叫蜀或蜀汉，建都成都，定年号为"章武"。任命诸葛亮为丞相，许靖为司徒。同年五月，立刘禅为太子。222 年孙权称王，229 年称帝，国号吴，史称孙吴或东吴，建都建业（即建康，今江苏南京），定年号为"黄龙"。

至此三国鼎立的局面正式形成。

为什么曹丕、刘备先后于 220 年和 221 年称帝，而孙权则在 222 年称王，229 年才称帝？上面孙刘三争荆州一段中，结果是孙权胜刘备败，其实孙权晚称帝与同刘备争夺荆州是有一些联系的。以下是对其中一些缘由的分析。

在魏、蜀、吴三国中，就其政治凭借来说，吴不如蜀、蜀不如魏。曹操和曹丕"挟天子而令诸侯"，一切以汉献帝为招牌，名正言顺。因此当曹丕具备了称帝的条件以后，仅导演了一场禅让的闹剧，就率先做了皇帝。而刘备则是"帝室之胄"，虽然比较疏远，但也有兴灭继绝的称帝资格。所以当曹丕废黜汉献帝以后，刘备就马上宣布自己是汉室的合法继承人，登上了皇帝的宝座。这种政治凭借在当时是很重要的，但东吴却没有。在三国中孙权称帝最晚，这当然是由于吴、蜀长期争夺荆州，孙权不得不对魏采取韬晦的策略，但也与他缺乏这种政治凭借有关系。直至夷陵之战以后，孙权与蜀恢复了联盟关系，解除了西顾之忧，又经过几年的酝酿，孙权才在黄龙元年（229 年）正式称帝。

分久必合

尽管三国鼎立的政治局面已基本形成，但是它们之间的战争却始终没有停止过，而"三家归晋"的统一之势也在这一次次的战争中逐渐形成。三分鼎立的局面形成之后，三国进入了相对稳定时期。魏、蜀、吴三国在各自领国内都有所开拓、发展。北方遭到战争严重破坏的经济逐渐得到恢复，曹魏国力日趋增强；蜀国经济在几任相国的主持下出现了好的状况；吴国也在自己较为优势的方面进行了积极的开拓。

动荡中发展的三国

黄巾起义之后，东汉政权名存实亡，进入了军阀割据混战的乱世时代。到三国鼎立之后，战乱纷争也一直是这一时期的主流。但即便是在这样的乱世中，魏、蜀、吴三国在经济上也取得了一定的发展，而且与外国也有一定程度的联系和交往。

精于治国的曹操

东汉末年以来的军阀混战，给黄河中下游地区的社会生产造成了极大的破坏。当时人口锐减，百姓大量死亡，到处可见累累的白骨。有名的大宅无人居住，百里之内人烟绝迹。曹操在他的《蒿里行》就描述当时的情景是："白骨露于野，千里无鸡鸣。生民百遗一，念之断人肠。"描绘出了战乱之中一片凄凉的景象。

面对这种情况，首先采取措施的是曹魏统治者。曹操曾经采取了一系列恢复生产、发展经济的方法。为了解决土地问题，使农业生产能够正常进行。曹操主要采取了两方面的措施。

其一就是"屯田"。其形式有民屯、军屯之分。民屯始于建安元年（196年）曹操挟持汉献帝到许昌之后的许下屯田。后来曹操又下令"州郡例置田官"，把民屯更为广泛地推广到其他地区。这样一来在洛阳、黄河中下游南北水利条件较好、土地肥沃或有战略意义的地区，一时间大多设置了这种民屯组织。民屯采用了军事组织的方式进行管理，将召募的流民（被称为"屯田客"或"典农部民"）按照五十人编为一屯，每屯设置司马。司马之上逐级为屯田都尉、典农中郎将（或典农校尉），中央设大司农总领，自成一个系统，不隶属于郡县。政府对屯田民收取百分之五十到百分之六十的田租。

军屯是士兵和他们的家属（即所谓"士家"）作为土地上的生产者，战时为兵，闲时为农。政府收取的租税大致与民屯相同。军屯正式建立在建安二十三年（218年）左右，黄初年间（220年—226年）开始大规模推行。大多设在有军队驻扎和"士家"聚集的地区，特别在与吴蜀对抗的地区，因有重兵和战略需要，规模更大。如淮河南北的军屯，后来发展到十余万人。军屯的基本单位是营（六十人），之上有度支部尉、度支中郎将或度支校尉等官职。

如果把原来的屯田客和士家用军事编制组织起来，那么他们所受的剥削更重，这是他们所不乐意的。加之"士家"的社会地位极低，饱受统治者的压迫和歧视，所以屯田客、士兵逃亡或武装反抗的事件多有发生，劳动的积

翻车

翻车，是一种刮板式连续提水机械，又名龙骨水车，是我国古代最著名的农业灌溉机械之一。《后汉书》记有毕岚作翻车，三国马钧加以完善的史实。它利用流水作动力，可连续自动提水，是农业灌溉机械的一项重大发明。翻车可用手摇、脚踏、牛转、水转或风转驱动。

极性也不高。但屯田制的实施，使那些处于战争环境下的地区的社会生产能够基本进行下去。

其二是在屯田以外的地区大力招入流民，安定生产。东汉末大约从桓、灵二帝开始，流民问题就已经很严重，有时达到数十万人。军阀混战以后，由于人口大量死亡和流亡迁徙，使政府控制的人口更少，往往十户中只有一户尚在，大量土地废置、荒芜。对于这种状况，曹魏以户口垦田增减、盗贼多少为据对地方官员进行考核。因此地方官员大都注意招抚流民，劝课农桑，如关中由政府出面买牛。金城太守苏则给流民分粮食，很多人都来归附，半个多月内就招徕了数千家流民。为了使自耕农能够安心生产，不再逃亡，曹魏在建安九年（204 年）还颁布了较轻的田租户调令。除此之外，还规定地方官不得再乱收苛捐杂税，不准豪强向贫苦百姓转嫁负担。特别在户调上，曹操废弃了西汉以来的人口税均摊这种有利于豪强的方式，而是在户均绢二匹、绵二斤的基础上采取了按民户财产多寡定出户等，然后再按户等高低，富则多收、穷则少征的方法收取租税，这对广大自耕农是有利的。

曹操一边下令颁布田租调令，一边下令禁止豪强兼并土地，否认其有免役免税的特权，曹操本人还带头向国家缴税。重用能"抑强扶弱"，打击横行不法的官员，这都有利于调动自耕农的生产积极性。

通过这些一系列的措施，到曹操后期，北方的农业生产已基本得到恢复，甚至有所发展。史称是时"关中丰实"，扬州更是公家私家都有所积蓄，京兆地区都变得十分丰沃了，连编户都已经皆有车牛，沛郡遇上丰收的好年头，

三国青瓷羊

这件三国青瓷羊长30.5厘米，高25厘米。造型十分美观，整体作卧伏状，身躯肥壮，昂首张口，似正在咩咩而鸣。全身装饰划纹、圆点纹，卷曲纹。羊头上布有一个圆孔，可以插蜡烛。因东汉已出现了蜡烛，而此类羊、狮等器其背部或头部有孔的皆为烛台。

三国魏五铢钱

曹操统一北方之后，使东汉末北方"白骨露于野，千里无鸡鸣"的状况得到了改善，经济得到了恢复。魏明帝时复行五铢钱。图中即是曹魏的"五铢钱"。

一顷地能增收一倍。原来被董卓烧毁的洛阳已成为"天下四方会利之所聚"的繁荣都市。这与汉末的凄凉情景形成了鲜明的对比。

刘备兵败猇亭

章武元年（221年）七月，因为吴国夺占了荆州，关羽被杀，刘备决定进攻孙权。赵云和其他一些文武大臣谏阻说："蜀国的当务之急是早图关中，控制黄河、渭水上游，讨伐曹魏，而不是讨伐孙权。吴蜀一旦交战，祸福难料。"但刘备拒绝接受这些意见，下决心夺回荆州，为关羽报仇。关羽是刘备的生死患难之交。关羽早年跟随刘备，寝则同床，恩若兄弟，在大庭广众之下，常常整日侍立护卫，不辞艰险。后来他们又共同经历了四处奔波、寄人篱下的岁月。

建安五年（200年），刘备被曹操打败，关羽也被曹操捉去。曹操欲招降关羽，他却说："吾受刘将军厚恩，誓以共死，不可背之。"不久关羽果然寻机逃回刘备身边。刘备、诸葛亮先后入蜀以后，关羽依然留守荆州，为保证刘备夺取益州作出了很大的贡献。关羽突然被孙权杀死，刘备从感情上始终难以接受，所以他不可能不为关羽报仇。这一点连曹魏的刘晔都料到了，他说："关羽与备，义为君臣，恩犹父子。羽死不能为兴军报敌，于终始之分不足 。"另外从当时刘备集团的利益看，刘备也确有攻击孙权、夺回荆州的必要。

正史史料

科教严明，赏罚必信，无恶不惩，无善不显。至于吏不容奸，人怀自厉，道不拾遗，强不侵弱，风化肃然也。

——《三国志·蜀书·诸葛亮传》

诸葛亮在"隆中对策"为刘备制定的蓝图中，即把占据荆州作为刘备能否完成帝业的重要条件之一。现在失去荆州，北面失去了作为屏障的汉、沔地区，直接受到来自曹操入侵的威胁，东南则失去了大量物质财富的来源，刘备仅靠蜀中益州，处境是非常艰难的。而且就当时吴蜀两国形势看，刘备凭借地理优势，如果指挥得当，也不是没有打败东吴军队、夺回荆州的可能性。所以尽管有许多大臣谏阻，刘备还是没有改变东征的决心。

遗憾的是，刘备指挥失当，导致了这次东征的失败。

临出发前，张飞被部将刺杀。孙权听说刘备东伐，赶紧派使者向刘备请和，孙吴南郡（今湖北江陵东北）太守诸葛瑾（诸葛亮的哥哥）也写信给刘备，劝他不要以兵戎相见，刘备都未予理睬。蜀军由三峡顺流而下，攻破孙吴的巫县（今四川巫山）、秭归（今湖北秭归）守军。为了便于固守荆州，孙权一方面遣使向魏称臣，避免两面受敌；一方面迁都武昌（今湖北鄂城），任命年轻的大将陆逊为大都督、假节、安西将军，督将军朱然、潘璋、韩当、徐盛、孙桓等五万大军，进驻夷道、夷陵，加强西线防务。

章武二年（222年）二月，刘备率军从秭归分两路出发攻吴。黄权请战说："吴人悍战，我们顺流东下，进易退难。我请求当先锋同敌人交兵，陛下宜为后镇。"刘备未予采纳，而是自统主力军，在江南岸沿山势东进，最后在猇亭（今湖北宜都西北）一带扎营。

与此同时，刘备还派侍中马良到五溪蛮地区安慰动员，结果五溪蛮积极出兵响应。蜀军自巫峡至夷陵界，树栅连营七百余里，立几十营，凭借高处，据守险要，气势强盛。陆逊见此情形，只得不与蜀军交战，等待时机。由于蜀军在山地布阵，兵力难以展开，而且劳师费时。双方在猇亭对峙将近半年，蜀军弱点逐渐暴露出来。蜀军因为没有机会与吴军决战，粮草物资一天天减少，士气逐渐低落。刘备急于求成，于是改变战略，命水军也全部登陆，进入山林。陆逊见有机可乘，立即下令全线出击，让士兵每人带一把茅草，包围蜀军，一边放火，一边进攻，结果连破蜀军四十余营。蜀军损失惨重，丢

蜀主刘备

刘备，字玄德，涿郡涿县（今河北涿州）人，中山靖王之后。三国时期蜀国的建立者，223年四月，死于白帝城，终年六十三岁。

掉了四万多人，舟船、器械、水步军资也损失殆尽。刘备连夜向西突围，抄小道逃往白帝城（今重庆奉节东）。这次战争即是"猇亭之战"，也称"夷陵之战"。

猇亭战败，刘备悔恨交加，他曾惭愧地说："我竟败在陆逊手下，难道是天意吗？"加上军旅劳顿，积劳成疾，刘备竟一病不起，留在白帝城。孙权由于害怕曹魏趁机袭击后方，没有攻入蜀境，而是遣使请和。刘备一败涂地，无力再战，只得同意议和。刘备惨败的消息传到成都，诸葛亮大为震惊，叹息说："如果法孝直（法正）不死，一定会劝阻主上东征。即使东征，也不会导致这样的局面。"

章武三年（223年）四月，刘备病情恶化，死于白帝城永安宫，终年六十三岁。临终前他派人把诸葛亮请到白帝城，托付后事。他恳切地对诸葛亮说："君才十倍于曹丕，必能安国，终定大事。若嗣子刘禅可辅，辅之；如其不才，君可自取。"诸葛亮哭着说："我一定竭尽全力，效忠贞之节，死而后已！"于是刘备对刘禅说："我死之后，你要把丞相看作父亲一样，和他共同治理蜀汉。"这就是白帝城托孤。刘备又留下遗书，叮嘱刘禅不可懈怠。凡事不能以为是小恶就随便做，也不能以为是小善而不去做。这年五月，刘备的梓官运回成都，葬在惠陵，谥号昭烈皇帝。

吴蜀重修盟好

刘备建立蜀国以后，占据的地盘大体是今四川及云南、贵州的部分地区。四川虽然十分富庶，有着"天府之国"的美称，但与曹魏占据的黄河流域相比，却要狭小得多。刘备兵败猇亭不久即因病而死，蜀国元气大伤，而蜀地的人才也十分凋敝，加之后主刘禅才智平庸，时称蜀国"主幼国危"，政权有倾覆的危险。为了应对这种局面，诸葛亮在受刘备托孤辅佐后主之后，着重考虑的是如何使弱小的蜀国迅速恢复元气，以对抗强大的魏国，维持三国之间的均势，进而"恢复汉室"。为此他认真地实行"外结好孙权""内修政理""西和诸戎、南抚夷越"，进而北伐以成霸业的治国方针。首先第一步就是与吴国恢复结盟关系。猇亭之战后，蜀、吴联盟一度破裂。当时孙吴乘胜之威，封锁长江。又任命南中叛乱夷帅雍闿为永昌太守，同时任命原益州统治者刘璋之子刘阐为益州刺史，以招降纳叛。这种局面的出现，对蜀国十分不利。面对如何完成二弱（吴、蜀）以抗一强（魏）之势，内绝南中叛乱之外援的形势，此时出现了契机。

名家评史

汉末自黄巾叛乱，三国争衡，干戈相寻，性命有如朝露；群雄既自相割据，骨肉且尽成刀俎，加以权奸起伏，倾轧凌夷，先王的礼法不足以防闲，儒家经世主义，已无复支持能力。

——王治心

黄初四年（223 年）八月，曹丕见蜀国在猇亭之战中战败，加之刘备新亡，蜀后主刚继帝位不久，民心未定。在大将司马懿的建议下，曹丕"五路下西川"，分兵五路伐蜀。但实际上魏国只派出一路大兵，其他四路都是借用别人的力量。

诸葛亮面对五路大军入川，采取了多方面的应对战略，也分别派出了五路人马来抵御：第一路是由曹真率领的魏军一部，便命令大将赵云领兵固守易守难攻的阳平关；第二路率领魏军的将军是以前蜀国的武将孟达，诸葛亮深知他其实并非真心归顺魏国，正巧他的生死之交还在蜀国当官，便冒充他的字迹修书一封，要孟达行军至半途，推说有病而班师；第三路是羌兵，就由东汉著名大将马援的后代马超领军抵挡，羌人素来很敬重马超，还称他为神威天将军，一看到是他自然领兵撤退；第四路是南蛮兵，首领孟获疑心病很重，便令大将魏延领一支人马，用疑兵之计把南蛮兵吓退回去；最后一路吴国比较棘手，由于两国之前为了荆州而反目，但诸葛亮了解蜀吴猇亭大战时，曹丕曾趁吴国后方空虚，领三路大军偷袭吴国，吴帝孙权应该不会再轻信魏国的协议，一定会先按兵不动，看其余四路军马会否成功，一旦四路都败则吴国不会起兵。为了保险起见，他还特令关兴及张苞两员小将各领三万精兵驻扎在险要地区，以便救应各方。

诸葛亮于 223 年十月派尚书邓芝出使东吴，说明吴蜀两国唇齿相依的利害关系，希望能与之重修盟好，一同抵抗曹魏。邓芝见到孙权，深入剖析了联蜀抗魏之利。正是在这种情况下，孙权审时度势接受了诸葛亮的建议，抓住时机和蜀汉重修旧好，与魏国彻底断绝了关系，合作七年的魏吴关系从此结束。自此之后，吴蜀双方书信、使者往来不断，聘问不绝，重归于好。这一举措为蜀国争取到了良好的外部环境。

对于孙权按兵不动的做法，曹丕十分愤怒，于是在黄初五年（224 年）九月，曹丕亲征孙权。至广陵，看到吴的军营整齐肃穆，禁不住望江兴叹

诸葛亮像

《三国演义》中舌战群儒、草船借箭、借东风等都是表现诸葛亮足智多谋的故事。诸葛亮是三国著名的军事家、政治家。在他的治理下，蜀国每每能够力克强敌。他为蜀国的发展鞠躬尽瘁，死而后已，最后病逝于五丈原。

道："东吴有人才啊！不是那么容易攻取的。"很快就退兵了。黄初六年（225年）十月，曹丕又亲征孙权至广陵，结果天寒水冻无法渡江，于是又只好退兵。

诸葛亮治蜀

诸葛亮成功联吴抗曹后，开始治理内政，发展经济，这也是蜀国在元气大伤之后重新崛起的关键。

为此他采取了两方面的措施。在政治上，诸葛亮针对益州自东汉以来对民不施恩德、刑罚界限不清的弊病，严格实行法治，实行恩威并重的措施。例如马谡、李严、廖立原来皆为诸葛亮所敬重，后马谡违背军令而被斩，李严、廖立皆以罪过被免官。蜀人杨洪、何祗资历虽浅，因有政绩，皆被提拔重用。当时蜀人张裔称赞诸葛亮说："行赏不遗忘疏远的人，处罚不宽恕亲近的人。爵不可以无功取，刑不因尊贵而免。"因此在他执政期间，蜀国政治在三国中是最好的。这说明诸葛亮通过法治，的确收到了使政治比较清明，社会风气逐渐好转的效果。

在经济上，诸葛亮充分利用了益州原有的有利条件，花了大约五年的时间，全力发展农业生产，与民休息，同时大力发展水利事业。诸葛亮还派出一千二百个壮丁对都江堰进行护理，保障了成都平原的农业灌溉。当时的农业产量很高，绵竹、广汉一带的水田，能亩产三斛以上；手工业方面，以盐、铁、织锦业最为发达。益州的许多地方都产井盐，成都甚至各个农户家中就有产井盐的井口，临邛的盐井工人已发明用天然气熬盐，即所谓火井煮盐。蜀设有司金中郎将和司盐校尉，分别负责"典造农战之器"和煮盐；织锦业尤为繁荣，成都是蜀锦的主要产地，所产蜀锦驰名全国，远销吴、魏，是军费的一大来源。直到蜀亡，国库尚有锦、绮、彩、绢各二十万匹，织锦业之盛可见一斑。

七擒孟获

雍闿是汉朝什邡侯雍齿的后代，蜀国的建宁太守。刘备死后他心生叛意，于章武三年（223年）夏，在南中发动叛乱，杀死太守正昂，随孟获一同造反，并且在士燮的引诱下，归附东吴，并将太守张裔送给东吴。当时东吴与蜀还未和好，东吴遂以雍闿为永昌太守，派孟获煽动诸夷叛乱以响应其行动，参与叛乱的还有朱褒、高定二人。最终叛乱被诸葛亮平定，建兴三年（225年）雍闿被高定部将所杀。

三国庖厨画像砖
画像砖上的几个人正在厨房中忙碌地准备饮食，场景非常富有生活气息。

南中对于蜀汉来说是命运攸关的，没有稳定的南中，就很难有稳定的蜀汉政权，更谈不上什么北伐中原统一中国了，所以蜀汉对南中是志在必得的。

因为在这场叛乱中南方豪强孟获也有参与，因此诸葛亮于建兴三年（225年）对南中发动平定战争。三月诸葛亮亲自率领蜀军，由成都开始南征。参军马谡为诸葛亮送行数十里路，并提出"攻心为上，攻城为下；心战为上，兵战为下"的大方针，诸葛亮采纳了此言。他率军从水路由安上到越巂进入南中，又派马忠进攻牂牁郡，李恢由平夷攻向建宁郡。

李恢军行至昆明，被敌军围攻。当时李恢兵少于敌人一倍，又未得到诸葛亮军消息，便对南人说："官军粮草将尽，想谋划退还。不过即使我们现在能够撤军，亦不能回到北方。所以想回来与你们等人一起谋反，因此用诚心相告。"南人相信了他的话，于是围困开始松懈。就在此时，蜀军突然出击，大破敌军。李恢率军南至盘江，东接牂牁郡。而马忠军则顺利在且兰打败了朱褒，与李恢军会合。

另一方面，诸葛亮军在南行途中，雍闿已被高定部下所杀，大军到达后数战皆胜，斩杀高定。与其他两军声势相接，准备迎战孟获。诸葛亮听到孟获为当地人所信服，便想生擒他。五月大军渡过泸水，与孟获军交战，成功俘虏了孟获。诸葛亮带他到营阵观赏，问他觉得蜀军如何，孟获回答他："我之前不知你军虚实，所以才会战败。现今蒙赐观看营阵，原来不过如此，如果再战，我们一定能够取胜。"

诸葛亮的心意在北方，又知道南人叛乱问题严重，便用马谡的方针，要使孟获心服口服。于是他将孟获放走再战。这样经过七次擒纵，诸葛亮仍继

三国吴的青瓷马圈

此青瓷马圈是长方形，长 24.4 厘米，高 15 厘米，宽 18 厘米，是东吴葬品。"圈顶"绘有瓦片，一门二窗，每个窗口有一匹马探出头来，十分生动形象。

续放走孟获。孟获及其部众终于对蜀心服口服，不再离去，孟获说："公（诸葛亮）真是天上的神威，南人不再反叛了。"大军便移军到滇池。蜀军成功平定了南中，至十二月回到成都。

孙吴开发江南

东汉末年，交州刺史朱符被当地人民所杀，州郡陷于混乱。交趾太守士燮趁机向朝廷上表，把自己的几个弟弟任命为各郡的太守。士燮为政宽厚，长于《春秋》之学，北方避难的士人多往依之。士家成为雄踞岭南的一大势力。建安十五年（210 年），孙权以步骘为交州刺史，领武射吏千人，便道入岭南。苍梧太守吴巨不服，被步骘诱杀。步骘威声大震，合兵二万南下，在高要峡口击溃了苍梧人衡毅、钱博的阻击部队。士燮兄弟相率服从，吴始占有岭南地区。建安二十二年（217 年），步骘在番禺建筑城郭，并迁州治于此。

吴在岭南建立统治后，该地所出产的明珠、大贝、犀角、象牙、玳瑁、翡翠、战马等珍品，源源不绝地被运到东吴朝廷，这说明吴对岭南的统治是有效的。孙权称吴王后，贬经学大师虞翻于交州，虞翻"虽处罪放，而讲学不倦，门徒常数百人"，这是继士燮之后又一次在岭南大规模地传播儒学文化。《水经注》卷三六《温水注》称："（交州）火耨耕艺，法与华同。名白田，种白谷，七月火作，十月登熟；名赤田，种赤谷，十二月作，四月登熟。所谓两熟之稻也。米不外散，恒为丰国。桑蚕年八熟茧，《三都赋》所谓'八蚕之绵者'矣。"由此可知，左思《吴都赋》所谓"国税再熟之稻，乡贡八蚕之绵"，指的是吴交州地区。由此可见岭南地区经济的发展水平。东汉时在岭南置交州，下辖 7 郡 56 县；吴分交州置广州，两州共辖 15 郡 92 县。州郡县的增多，也反映了岭南的人口增加和经济发展程度。

长江流域的经济发展具有重大的历史意义。孙权在这一方面做出了自己

名家评史

（长江流域）一向落后的经济，逐渐追上黄河流域的水平。黄河、长江两大流域结合起来，中国封建经济的势力更繁盛了。在这个基础上，才产生出比两汉更强大的唐朝。

——范文澜

的贡献，他所施行的政策使得江南经济得到了极大的发展，为日后长江流域经济赶上黄河流域奠定了坚实的基础。

孙权重视屯田，黄武五年（226年），"陆逊以所在少谷，表令诸将增广农亩。权报曰：'甚善。今孤父子亲自受田，车中八牛以为四耦。虽未及古人，亦欲与众均等其劳也。'"这也可以证明东吴的屯田也和曹魏一样，是普遍用牛耕田的。汉代江南已经使用牛耕，但到了南朝才开始普及。由于东吴推行的屯田很广泛，又重视水利灌溉，普遍利用牛力，对江南经济的开发起了巨大的促进作用。

发展交通和手工业生产。在吴国的经济方面，水上交通和若干手工业部门的发展也很引人注目。赤乌三年（240年），孙权使左台御史郗俭，凿都城建业西南，自秦淮抵宫苑之内的仓城，以运输粮食，名运渎。赤乌四年（241年），孙权又诏凿东渠，通北堑，以泄玄武湖水，南接秦淮，逶迤十五里，名曰青溪。赤乌（238年—251年）中，孙权又令凿潮沟，引江潮抵青溪，接秦淮水，西通运渎，北连玄武湖。运渎、青溪、潮沟是沟通建业一带的水运线路。赤乌八年（245年），孙权"遣校尉陈勋将屯田及作士三万人凿勾容中道，自小其（今江苏句容东南）至云阳（今江苏丹阳西南）西城，通会市，作邸阁"。这段水道名破冈渎。破冈渎东南连接云阳至吴、会的水道，西北与运渎接通，这样吴越运船就可直达吴京都仓城。孙权还令"岑昏凿丹徒至云阳"的水道。《南齐书·州郡志》所谓"丹徒水道，入通吴、会"，就是指孙权时凿通的这条水道。这条水道也就是以后江南运河的前身。

为了水运和作战的需要，孙权十分重视造船业的发展。当时最大的造船基地在建安郡侯官（今福建福州），吴在此设典船都尉，许多罪犯都被罚到这里造船。武昌的官府造船业也很兴盛，当时造的一艘名为"大船"的战舰，能"容兵士三千人"；另一艘名为"长安"的战舰，"船楼装高"，也是一个庞然大物。孙权曾派万人船队北至辽东，南到台湾、海南岛，为航海事业的发

孔明挥泪斩马谡
街亭为汉中咽喉要地，马谡没有听从诸葛亮之前的部署，结果兵败丢失了街亭。诸葛亮又气又悔，挥泪斩杀了马谡。

展作出了贡献。孙吴灭亡时，西晋从吴国接收的舟船多达五千余艘。这都说明吴国具有极强的造船能力。

纺织业和冶铸业的发展也较为显著。江南盛产麻布、葛布，华歆北还时，孙权赠以越布、香葛，曹丕也曾遣使向吴求细葛，可见江南所产布、葛的质量居全国上选。江南的丝纺织业原来也很落后，吴时始见起色。诸暨、永安生产的丝因质量优异，被列为贡品，称"御丝"。孙权在后宫设丝绉厂，起初生产者不满百人，孙皓时已发展到了上千人，这些多来自罪犯的女徒专为统治者生产高级丝织品。吴国最大的冶铸基地设在建业和武昌。建业的石城门外有冶城，后来一直作为东晋南朝的冶铸中心。孙权曾在黄武四年（225年）"采武昌山铜铁，作千口剑，万口刀，各长三尺九寸，刀头方，皆是南钢越炭作之"，可见武昌有巨大的冶铸作坊。《宋书·百官志》上称："江南诸郡县有铁者，或置冶令，或置丞，多是吴所置。"这说明孙吴的冶铁业十分普遍，为以后南朝冶铁业的发展奠定了基础。

孙权还致力于海外交通。吴多江湖，东南又沿海，为适应水战和江海交通贸易，造船业较为发达。建安郡侯官是孙吴造船业的中心。选自闽、粤的航海水手经常驾海船北航辽东，南通南海。黄武五年（226年），大秦商人从海道经交趾来到建业（今江苏南京），谒见孙权，谈及大秦的风土民俗。为了加强同南海诸国的联系，黄武五年（226年）孙权遣使朱应、康泰到扶南（今柬埔寨）。他们的访问范围包括东南亚和南亚地区。据说他们经历和传闻的国家有一百几十个，在扶南遇到中天竺的使臣陈宋，"具问天竺土俗"。回国之后，朱应写下了《扶南异物志》一卷，康泰著《吴时外国传》，记述了他们出使扶南等国的见闻。

诸葛亮北伐

诸葛亮恢复与孙吴的联盟、平定南中后，就准备北伐曹魏。这是因为蜀国在当时的三国中是最为弱小的，只有以攻为守，才能图存。

第一次北伐在蜀汉建兴六年（228年）春，他令赵云等作疑兵，摆出由斜谷（今陕西眉县南）攻郿城（今陕西眉县北）的态势，以吸引魏军，自己则率领主力向祁山（今甘肃西和祁山堡）方向进攻。于是陇右的天水、南安、安定等郡相继叛魏降蜀，又收服了姜维，一时关中大震。后来在军事要地街亭的防守中，诸葛亮没有使用宿将赵云以及魏延，而是使用了虽然智谋过人，

历史文献

> 先帝创业未半而中道崩殂，今天下三分，益州疲弊，此诚危急存亡之秋也。然侍卫之臣不懈于内，忠志之士忘身于外者，盖追先帝之殊遇，欲报之于陛下也。诚宜开张圣听，以光先帝遗德，恢弘志士之气，不宜妄自菲薄，引喻失义，以塞忠谏之路也。
>
> ——诸葛亮《出师表》

与诸葛亮多次英雄所见略同，但缺少临阵经验的马谡。派马谡带领五万多人马做先锋，到军事重镇街亭去抵御魏军。魏国的大将军曹真派张郃为先锋，带领五万人来应敌。结果马谡只知死搬兵书教条，违背了诸葛亮的部署，不听从部下王平的正确建议，把军队安排在街亭沿线的山坡上，结果被魏国大将张郃包围在山上，断了水道，蜀军不战自乱，丢失了街亭。赵云等出兵也不利，诸葛亮只得退回汉中。不久天水、南安、安定三郡又叛汉附魏。

战后诸葛亮为了申明法度，挥泪斩杀了马谡，并且自贬三级，行丞相事。此战的后果十分严重，不但使蜀国损失了智谋之士，更重要的是，魏国在原本防守空虚的西线部署了很多的兵力，使蜀汉从此失去了奇袭魏国的机会，使诸葛亮伐魏之战再也没有什么大的建树。

第二次北伐是在同年冬，诸葛亮乘陆逊在石亭打败曹休之机，出散关，包围了陈仓（今陕西宝鸡西南）。攻打了二十多天未破，魏的援军赶到，他不得已又退回汉中。魏将王双来追，被斩杀。

第三次北伐是在建兴七年（229年），诸葛亮进攻武都（今甘肃成县）、阴平（今甘肃文县西北），打败了魏国的援军，攻占了这两郡，留兵据守，自己率部回师。次年魏军进攻汉中，诸葛亮加强防守，又增调援军，再加上连续大雨，子午谷、斜谷等道路不通，魏军撤退。

第四次北伐是在建兴九年（231年）二月，诸葛亮率领大军攻打祁山，开始以木牛流马运送军粮。当时曹真病重，魏军统帅司马懿迎击，诸葛亮割麦于上邽（今甘肃天水境内），准备决战。司马懿追诸葛亮至卤城（今甘肃天水境内），他知蜀军远来，军粮不多，凭险坚守，拒不出战。当时有"畏蜀如畏虎"之讥。五月司马懿与诸葛亮交兵，魏延等将斩获敌甲首三千级，玄铠五千领，角弩三千一百张。诸葛亮想用退兵的办法引诱敌人，但司马懿追赶很谨慎，蜀军一停，他就扎营拒守。六月李严因运粮不济假传刘禅要求退兵

正史史料

（诸葛）亮每患粮不继，使己志不申，是以分兵屯田，为久驻之基。耕者杂于渭滨居民之间，而百姓安堵，军无私焉。相持百余日。其年八月，亮疾病，卒于军，时年五十四。

——《三国志·蜀书·诸曹亮传》

的圣旨，加上蜀军粮草将尽，诸葛亮只得班师，魏将张郃追诸葛亮退兵至木门，中箭身亡。

第五次北伐是在建兴十二年（234 年）春，诸葛亮率领十万大军出斜谷口，到达郿县，在渭水南岸五丈原扎营。此次战役开始后，司马懿屯军于渭水之北。得知诸葛亮出斜谷，他判断蜀军将夺取渭南，于是在渭水南岸背水设防，阻断了蜀军东下之路。司马懿对众将说："亮若出武功，依山而东，诚为可忧。若西上五丈原，诸将无事矣。"不久诸葛亮大军果然进占了五丈原，魏军将士都很高兴。司马懿原先对诸葛亮的战略意图认识不足，错误地认为诸葛亮兵出斜谷后，就应该去占领武功（治今陕西武功西），然后向东迫近长安，而进驻五丈原就不能构成对魏国的威胁。但扬武将军郭淮则认为诸葛亮此举有更为远大的战略企图，其目的在于占领五丈原以西的陈仓、祁山、天水等地，推进其作战基地。为此郭淮判断诸葛亮必争北原。于是在征得司马懿同意后，他率军预先抢占了北原。当诸葛亮派重兵渡河去抢占积石原时，由于郭淮事先作了严密的防备，蜀军只好退回渭南。司马懿在分兵令郭淮抢占积石原的同时，率大军扎营于马冢山，隔武功水（今陕西岐山南的石头河）与五丈原的蜀军对垒，筑营阻拦，却不与蜀军作战。他料知蜀军远来，粮草运输困难，想把蜀军拖垮。诸葛亮也有准备，在渭水分兵屯田，作长期战争的打算。诸葛亮在这次出兵前曾与孙权约定同时攻魏，五月吴军十万攻魏，不胜后撤回江东，所以蜀军只得与魏军独自周旋。八月间诸葛亮积劳成疾，病情日益严重，不久就与世长辞。死后姜维等遵照他的遗嘱，秘不发丧，整军退入斜谷。

诸葛亮的五次北伐虽然竭尽了蜀汉的全部兵力，但仍然未能给魏国造成重大的打击和损害，也就未能实现诸葛亮的战略意图。"出师未捷身先卒，长使英雄泪满襟"，可惜诸葛亮壮志未酬，只能满怀着一腔遗恨而离世。

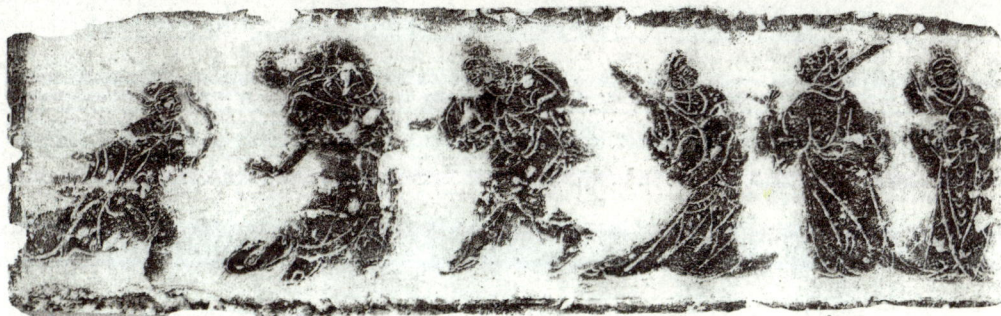

乐舞画像砖

这是东汉末至三国时期的画像砖。画像砖中六个人在奏乐舞蹈，表现了当时人们娱乐的生活场景。

卫温、诸葛直浮海至夷洲

　　孙权得知魏文帝曹丕去世后，于黄初七年（226 年）八月出兵攻魏。命吴左将军诸葛瑾部兵分两路进攻襄阳（今湖北襄阳），他亲自率军进攻江夏郡（今湖北云梦西南）。孙权一路为魏军所败，遂撤兵而走。而诸葛瑾则被司马懿击败，吴将张霸被杀，被斩首千余级。

　　黄初八年（227 年），吴国鄱阳（今江西波阳）太守周鲂用诈降诱敌之计致书魏国扬州牧曹休，表示愿意叛吴归魏，请求曹休派兵接应。曹休中计，率军十万向皖（今安徽潜山），与另外两路魏军同时深入吴地。孙权率军进驻皖口（今安徽怀宁皖水入江处），派陆逊等率兵三万，迎击曹休于石亭（今安徽舒城）。陆逊等三路吴军同时向曹休军冲杀、追击，斩俘魏军一万余人。这就是石亭大战。这样孙权于 229 年称帝。

　　黄龙二年（230 年）春天，魏国征东将军满宠筑合肥新城（在今合肥市西北）。孙权曾多次进攻包围合肥，但是都无功而返。魏在合肥筑造新城，加强淮南的守备，东吴要想在淮南与魏争夺就更困难了。并且魏国在西边襄、樊又一直屯聚重兵防守，而突破不了这道条线，吴国的北面疆域就无从扩大。唯一能做的，就是利用东吴的水军优势，再建造一些大船，进一步向南边海外发展。

　　三国时代，民间传说夷洲、亶洲就是徐福的童男童女繁衍居住的地方，所以孙权决定派兵收取夷洲和亶洲，顺便收取靠近交州的琼崖，这样吴的领土就延伸到了海中。

　　吴黄龙二年（230 年）正月，吴大帝孙权派将军卫温、诸葛直率领万余人的船队赴夷洲（今台湾岛），卫温率船队从章安（今浙江临海东南）启程，在夷洲的南部登陆，征服了岛上的部落之后与之和平相处。当时夷洲生活的土著居民高山族还处在氏族公社阶段，过着原始社会生活，他们分成许多部落。男子承担上山狩猎、下海捕鱼、保卫部落、守护财产的职责；妇女、儿童主要是在部落的管辖范围内采集树种、野果、植物根茎，为全体部落成员准备饭食、烤肉，大家平分食物。

部落首领是酋长，氏族内部完全平等，大家住的都是石房子，在房子周围围上一圈木栅栏。酋长房中唯一特别的就是摆着许多人头骨，因为按照当地风俗，室内陈列的人头骨越多，表示杀死的敌人越多，本领也越大。在氏族部落中，没有法律，只按习惯来处理问题。有事大家召开部落会议共同商议。卫温等人开始在夷洲住了下来，帮助高山族人耕种，并教给他们农业生产技术和铸造技术。但是由于水土不服，许多吴军士兵生了病。由于当地的医疗水平比较落后，吴军所携带的药物也使用完了，病死的人越来越多，一万士兵最后只剩下十之一二。卫温和诸葛直商量后做出决定，俘虏当地一两千人，返回大陆。

卫温、诸葛直回来以后，孙权认为二人是无功而返，很是生气。卫温、诸葛直皆以"违诏无功"之罪，入狱被杀。

司马懿智取公孙渊

魏明帝景初元年（237年）七月，辽东太守公孙渊反叛。他联合鲜卑侵扰北方，并自立为燕王。次年（238年）正月，魏明帝把司马懿从长安召回洛阳，派他率军四万讨伐公孙渊。

公孙渊派士兵赶到辽隧（今辽宁鞍山西），构筑了长壕坚守，与远道至辽东（今辽宁大凌河以东地区）而来的司马懿军相对峙。见敌人拒不迎战，司马懿手下将领们沉不住气了，请求司马懿发起攻击。司马懿却说："敌人坚壁不出，是想把我军长期阻滞在这里，使我军焦躁疲惫。现在我们如果进攻，那就正好中了敌人的计谋。敌人的主力都在这里，那么他们的大营襄平此时一定空虚。我们要直取襄平，出其不意地打败他们。"

司马懿将计划定好之后，在外面插出许多旗帜，假装进攻敌人阵地南部。等公孙渊把全部精锐部队都调到南部准备迎战时，司马懿乘机从敌人阵地北部偷渡辽河，向襄平进发。当魏军到达首山（今辽宁辽阳西南）时，公孙渊派卑衍等阻击，结果被打得大败。魏军乘机包围了襄平。

时值七月，连日大雨，辽河水猛涨，平地水深数尺。很多将领请求移营别处，司马懿传下军令："敢言移营者斩！"并真的斩杀了不服从军令的军士，全军这才安定了下来。这时叛军趁发大水的机会出城打柴放牧，诸将想

司马懿破公孙渊　公孙渊兵败死襄平

公孙渊起兵谋反，却没有坚持多长时间就被司马懿击败，自己也身死于乱军之中。从这场战争中可以看出司马懿的多谋善断。

袭击他们，司马懿也坚决不同意。司马懿平定孟达反叛时，曾经日夜不息地前进，只用了十五天的时间就攻克坚城，杀掉了孟达。而这次同样是长途奔袭，却不慌不忙，诸将都迷惑不解。司马懿说："平孟达时敌人兵少而粮食够吃一年，我们的部队人数是孟达的四倍，粮食却不够吃一个月。只有速战速决才能在那种情况下取胜。再说用四倍于敌的优势兵力使我们具有了极大优势。那时我们之所以不惜牺牲，就是为了同敌人的粮食优势进行竞争啊！而现在的形势正好相反，敌众我寡，敌饥我饱，进攻的条件不具备，急着进攻又有什么用呢？所以我不担心敌人进攻，只担心敌人逃跑。现在敌人的粮食将尽，而我军尚未合围。如果我们掠夺他们的牛马、柴草，就是故意驱使敌人逃跑。用兵打仗应该善于根据情况的变化采取灵活的策略。敌人依仗人多势众和大雨连绵，所以虽然饥困难耐，仍然不肯束手就擒，我们应该装出无能为力的样子稳住他们。如果因为贪图小利而把敌人惊走，那可不是好的计谋。"

司马懿的一席话不仅使大家感到佩服，也使将士安下心来。

这样双方在雨中相持三十多天。不久雨过天晴，司马懿马上命令魏军日夜攻城。强弓劲弩，箭如雨下，公孙渊的守城部队伤亡惨重。而且城中粮食已尽，公孙渊求降不成，率残部弃城突围。司马懿发兵追击，在梁水（今辽宁

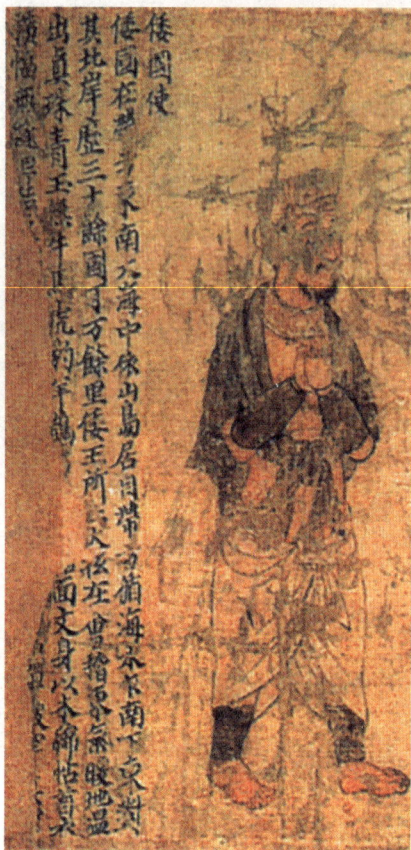

职贡图之倭国使臣

中国三国时期与日本的邪马台国交往颇多，两国已经互通使臣。此图是萧绎所绘制的《职贡图》中的倭国使臣。

太子河上游）斩杀了公孙渊父子，平定了辽东地区。

用兵之道，有"急"有"缓"，司马懿可算是深谙此道。当时公孙渊虽然在兵力上多于魏军，但粮食缺乏；魏军虽然粮草充足，但攻城准备却不充分。加上天降大雨，天气也不利于攻城。司马懿分析，在这种情况下，如果急于进攻，就会迫使敌人凭借优势兵力做困兽之斗或突围逃跑。相反如若拖延一段时间，公孙渊缺粮的问题将日益严重，必然引起军心涣散。那时再攻城，可一举而下。于是他定下缓兵之计，果然大获全胜。

日本卑弥呼女王遣使来魏

2世纪末左右，日本民间出现一位叫卑弥呼的女子。当时日本最大的国家邪马台国大乱，三十多个部落属国互相残杀，争斗不止，无人能统一全国。卑弥呼虽然年纪不大，却极其聪慧，常年从事鬼神之道，倭国人都相信她能呼风唤雨。很快卑弥呼就拥有了宗教权威，各部落首领协商决定推举她为女王。凭借原始宗教的号召力，卑弥呼顺理成章地成了女王。此时的邪马台，正是日本的最初雏形。

当上女王后，卑弥呼住在深宫，绝少露面，也很少接见官员。国事都由其弟弟处理，负责传达女王命令，卑弥呼一直保持着极其神秘的色彩。但南邻狗奴国男王听说邪马台国君是个女子，就想吞并邪马台。卑弥呼从一些到过中国的商人、渔民口中，了解到中国的强大和繁盛。为了避免亡国，她打算结交中国魏朝来巩固邪马台国的政权。三国魏明帝景初二年（238年），邪马台倭国女王卑弥呼派遣使者难升米和都市牛利横渡大海来到洛阳。使者带着牲口、精米、丝织品和金银，表示愿意臣服于魏国，希望魏国能和邪马台女王永世交好。魏明帝欣然答应，授予卑弥呼女王"亲魏倭王"的称号和金印，并赏赐给使者大量丝绸布匹、宝器珍玩，令其带回倭国献给女王。日本与中国的经济文化交流逐渐频繁。从此时到正始九年（248年）的十年间，两国使者往返就有六次之多。

日本列岛的人从来没有见过来自中国的宝物，觉得卑弥呼竟然能和中国拉上关系，还获得了如此罕见的宝物，实属难能可贵。狗奴国的男王听说此事也大为吃惊，出于对中国的敬畏，立刻打消了吞并邪马台的念头。一年后

高句丽墓主人壁画
此壁画中的人物坐在坐榻上，这是汉化的坐具，反映了当时的高句丽与中原文化交流的情况。

魏朝派遣使臣带着魏帝的信函、金印、礼品前往邪马台国，会见卑弥呼女王。卑弥呼回信给魏帝以示感激。当时日本还没有正式文字，女王贺信都是由专人用汉语记录。之后卑弥呼女王又多次遣使向魏国进贡，两国关系十分密切。这是历史上最早的有关日本和中国交好的记录。

卑弥呼以其鬼神之道和卓越的政治才能，统治邪马台国七十余年，在九十多岁高龄时去世。她死后国人十分悲痛。由于女王终身未嫁，没有后代，王位由她的宗室女壹于继承。壹于也略懂鬼道，邪马台国人希望她继承卑弥呼的神秘色彩。壹于继续结交中国朝廷，以鬼道治国。在她死后，一位男主成了国君。中国史书上未见此男主结交后来的晋朝的记载，也没说他会不会鬼道，但卑弥呼女王时代的太平之世一去不复返了。

毌丘俭东征高句丽

公孙渊镇守辽东时，高句丽在外交上采取远交近攻的政策，与公孙氏为敌并且分别与吴、魏建立了关系。太和七年（233 年），东吴曾派遣使者出使辽东公孙渊，后来公孙渊反目，杀死了东吴的使者。使者团中有几个人逃亡到高句丽，假称奉孙权之命而来。从此高句丽与东吴的关系非常密切，东吴还赐予高句丽东川王"单于"的称号。但曹魏当时为了避免高句丽与东吴结盟而对自己不利，便频频派人出使高句丽，恩威并施，欲使其与东吴断交。后来高句丽迫于魏国的压力只得与东吴绝交，斩杀了吴国的使者并送其首级于幽州。公孙氏败亡后，辽东诸郡都并入了魏国。当时魏正忙于与吴、蜀的

高句丽武士
此图描绘的是高句丽武士全副武装与敌人交战的情景。

战争，内部司马氏与曹氏又在争斗，无暇顾及。于是高句丽东川王趁机开始频频侵扰魏地，高句丽大臣沛者得来绝食死谏，劝国王不要与魏国为敌，以免招来亡国之祸，可是东川王却根本听不进去。他攻打辽东几个小城，虽然暂时获得了胜利，但也招来了魏国的报复。

面对高句丽的袭扰，魏国当然不会坐视不理。正始五年（244 年），魏国内部争斗稍缓，就派毌丘俭东征，报高句丽侵扰之仇。毌丘俭率领魏军步骑万人东出玄菟郡，向高句丽进发。高句丽的东川王亲率士兵两万到沸流水迎战。两军对阵，以死相搏，魏军以方阵迎敌。东川王被打得大败，魏军斩首数千级。

东川王只得狼狈逃回丸都城，率少数残军在坚固的丸都城据守。毌丘俭围城后，采用避实就虚的方法，利用山城西北面山体陡峭，上面的守兵不多的形势，从正面佯攻，却在西北偷袭的战法，让士兵带着兵器长绳，偷偷地顺着山崖爬上去，杀死上面的守兵，"束马悬车"，攻破了丸都山城。据《三国志》所载，魏兵"屠丸都"，采取了烧光杀光的策略，唯独对当初劝说国王不要侵犯魏国的沛者得来一家网开一面，"俭令诸军不坏其墓，不伐其树，得其妻子，皆放遣之"。

245 年，毌丘俭再次征讨高句丽，东川逃王奔买沟（今朝鲜咸北会宁）。毌丘俭派玄菟太守王颀紧追东川王，过沃沮千有余里，至肃慎氏南界，刻石记功而还。东川王在逃亡中抑郁而死。毌丘俭东征，是中原王朝对东北地区有史以来最远的一次征讨，魏国势力远至今俄罗斯滨海地区，原属高句丽统辖的朝鲜半岛岭东秽貊地区，也归入了乐浪、带方二郡。魏军两次征讨，每次均俘获高句丽人口数千，将他们迁入内地。高句丽几遭灭顶之灾，侥幸苟延残喘了下来。以后四十余年间，高句丽都不敢再侵扰辽东地区，并频频向魏、晋纳表称臣，双方长期保持着和平友好的关系。

蒋琬、费祎治蜀

蜀建兴十二年（234 年），相国诸葛亮在北伐途中病逝于五丈原，蜀国还没有决定由谁来继任诸葛亮的职位，就发生了其部下杨仪与魏延争夺权力内斗的事件。

魏延曾经跟随刘备攻取益州、汉中，屡立战功，被刘备提拔为镇远将军、领汉中太守。诸葛亮北伐时，曾令魏延自领一军，大破魏国将军费曜、雍州

历史细读

军师官名。《通典·职官》中认为是监军之职，掌监察军务，也参谋军政。始见于东汉，隗嚣曾聘平陵人方望为军师，袁绍也曾请卢损为军师。魏曹操以荀攸为军师，"军国选举及刑狱法制皆使决焉"。蜀以诸葛亮为军师将军。晋避司马师讳改为军司，也用以量节军务所宜，内中尤以太尉军司最为重要。南朝宋齐、以后，此官遂废。

刺史郭淮于阳溪。这证明魏延确实是很善于用兵的。诸葛亮最后一次北伐时，仍以魏延为先锋，在诸葛亮大营前十里驻扎。魏延既勇猛，又善于抚养士卒，但是他性情高傲，其他同僚都对他很忍让，只有丞相长史杨仪对他不肯谦让包容，魏延因此对杨仪十分不满，后来竟持刀威胁杨仪，逼得杨仪"泣涕横集"。杨仪也是一个颇有才干的人，善于筹算粮饷，办事敏捷精细，但却秉性狭傲，不能容人。诸葛亮对他们两个人都颇为器重。

杨仪、魏延不和这件事情，几乎是尽人皆知。诸葛亮也预料到自己死后二人矛盾必定激化，他认为自己死后将没有人能够节制魏延，于是暗地里特地同杨仪、费祎、姜维等商定身后退军之事，"令延断后，姜维次之，若延或不从命，军便自发"。诸葛亮死后，杨仪等准备按照诸葛亮生前的部署，诸营相次退军。魏延听说后大为恼怒，不想就此退兵，于是趁杨仪等尚未动身之时，自己率军径先南归，所过烧绝阁道。同时魏延、杨仪都上表指控对方叛逆。魏延行至南谷口，返身与杨仪等军交战。王平在前抵御魏延，怒叱他说："丞相刚死，尸骨未寒，你就做出这样天理不容之事！"魏延的士兵都知道罪在魏延，因此不肯为他卖命，都四散而逃了。魏延独自携子数人向汉中逃亡，被马岱追上斩首。结果杨仪竟"夷延三族"。

从这些事情可以看出，魏延虽然很能打仗，但为人太过于骄横；杨仪虽然很有才干，但心胸太过于狭隘。因此这二人都没有担当辅政大臣的条件。于是这份大任落在了蒋琬和费祎的身上。蒋琬，字公琰，零陵郡湘乡（今属湖南）人。诸葛亮辅政之后，启用蒋琬，诸葛亮数次北伐，蒋琬在后方筹备粮草物资，使大军无后顾之忧。因此诸葛亮常常说他忠义有雅量，可以托付大业。诸葛亮曾秘密给后主刘禅上表说如果自己去世，应当由蒋琬来接替他的职位。后来诸葛亮病逝于五丈原，新丧主帅，远近危悚，蒋琬出类拔萃，处群僚之右，"既无戚容，又无喜色，神守举止，有如平日，由是众望渐服"。

延熙二年（239年）蒋琬进位为大司马。他在位期间待人宽厚，公私分明，不以个人好恶任用人，其忠厚宽容也受到了人们的称道。蒋琬以姜维为凉州刺史，图谋袭取凉州。又因涪（今四川绵阳）水陆四通，若东北有急，从涪可以奔往接应。蒋琬自汉中还驻涪。但蒋琬素有疾病缠身，至延熙九年（246年），病势转剧去世。

与蒋琬同时主持蜀国政事的是费祎。费祎，字文伟。刘备称帝后，费祎作为太子舍人，迁庶子。后主刘禅即位后，费祎又担任黄门侍郎。诸葛亮很早就认为他是个可造就之材。一次南征回来，群僚到数十里外迎接，年龄职位大多在费祎之上，而诸葛亮特意命他与自己同车而归。因此众人对费祎无不另眼相看。

一次诸葛亮以费祎为昭信校尉，出使吴国。孙权一向喜欢戏谑使臣，吴国大臣诸葛恪等又博学善辩，在交谈中处处刁难费祎，费祎却辞顺理正，最终也没有屈服。因此孙权对他颇为器重，说："君天下淑德，必当股肱汉朝，恐不能数来也。"因为费祎奉使称旨，所以多次出使吴国。建兴八年（230年），费祎由参军转为中护军，后又为司马。当时正是魏延与杨仪相互憎恶争斗之时，费祎常对诸葛亮建议应分别对待二人，使得魏延、杨仪各尽其用，这也是费祎居中调解的功劳。蒋琬向来体弱多病，于是令费祎代为尚书令。延熙六年（243年），晋升其为大将军。

三国蜀延熙七年（244年）春，曹爽发兵十万伐蜀，与征西将军夏侯玄自骆口（今陕西周至西南）进攻蜀汉中。当时汉中蜀军不足，诸将都十分恐慌，想守城不出战。负责汉中军务的蜀前监军、镇北大将军王平力排众议，命护军刘敏率部进占兴势（今陕西洋县北），多设旗帜，虚张声势，自率一部兵力为后援。闰三月，费祎以大将军的身份从成都督军来援助。魏军被阻于兴势，后方军粮供应不上，牛马骡驴大量死亡，蜀涪县援军及费祎援军亦相继到达。曹爽被迫率大军撤退。费祎率军进据三岭（今陕西终南山的沈岭、衙岭、分水岭）截击，魏军苦战，始得退回，失散、伤亡甚重。

费祎与蒋琬在蜀国主政的时间大致相仿，从蒋琬到费祎，虽然他们经常不在成都，但军国大事、庆赏刑罚，都需经过他们的同意，然后才能颁布施行，权限很大。费祎"宽济而博爱"，能得众心，是其优点，但疏于防范，也是其缺点。延熙十六年（253年）末，费祎与臣僚下属举行大会，饮宴之间，魏国降将郭循趁费祎欢饮沉醉之时，以刀刺杀费祎。治蜀的又一能臣就这样死于非命。费祎向来谦虚朴素，家不积财，儿子皆布衣素食，出入不用车骑，和平常人没有什么不同。费祎的治国才能较之蒋琬还是要略逊一筹，虽然在他们主执期间蜀国还算平稳，但他们过世后，蜀国就没有什么能够维持社稷的良材了。

彩绘童子对棍图漆盘
这是三国时期吴国的器皿。虽然已经残破，但还是可以清楚地看到盘上的图案，两个小童舞棍相对，外圈是游鱼和莲蓬。漆盘的色彩明亮。

统一的趋势

姜维屡次北伐

姜维，字伯约，天水冀（今甘肃甘谷东）人。少孤，与母居，喜好儒学大师郑玄的学说。原为曹魏天水郡的中郎将。建兴六年（228年），诸葛亮出军祁山，姜维投降了诸葛亮。当时姜维二十七岁，被封为当阳亭侯。诸葛亮对姜维极为器重，并准备把他培养成栋梁大材。

建兴十二年（234年），诸葛亮卒，姜维统诸军，被封为平襄侯。延熙元年（238年），姜维随大将军蒋琬驻扎汉中。延熙六年（243年），姜维升任镇西大将军，兼任凉州刺史。他曾恩威并用，多次平定了周边各族的反叛。

姜维继承诸葛亮的军事政策，一直主张对外用兵。延熙十二年（249年）秋，姜维督军进攻雍州，驻军在洮城。魏将郭淮与刺史陈泰统兵抵御。而此时南安太守邓艾进围曲城，切断了交通及水源，使曲城蜀军困窘不堪。姜维领兵救援，到了牛头山（今甘肃洮河南岸），被陈泰大军阻拦。郭淮则率军进逼洮水，企图切断姜维的退路。姜维不得已迅速撤回。这时邓艾已经抢占了洮城，姜维遂撤军退走。在这场战争中，魏军料敌准确，处处占得先机，使蜀军一无所获。

蒋琬死后，姜维屡求对外用兵，而处事持重的费祎常常加以节制，每次给他的兵力都不过万人。因此在费祎死前，姜维未能发动大规模北伐曹魏的战争。费祎死后，姜维行动有了较大的自由，常出动数万之众北伐。不久出

姜维
诸葛亮去世后，姜维继续率领军队北伐曹魏。

陇西，破魏将徐质，乘胜拔河关、狄道、临洮三县。

延熙十八年（255年）七月，姜维乘魏大将军司马师病亡之机，出兵数万人攻打魏国的狄道。魏征西将军陈泰命雍州刺史王经率所部进驻狄道，待他率主力自陈仓（今陕西宝鸡东）到达后，再钳击蜀军。但是王经不等陈泰军到达就擅自进攻蜀军，结果伤亡惨重，率领残部万人还保狄道。姜维乘胜包围了狄道城。司马昭命邓艾出任安西将军，与陈泰并力抗击蜀军，并遣太尉司马孚为后援。陈泰与邓艾军会合后，避开蜀军，出其不意地绕过高城岭（今甘肃渭源西北），进至狄道东南山上，燃火击鼓与城内联络，守军见援军到了，士气大振。姜维督军沿山进攻，被魏军击退。

256年，姜维伐魏受挫，退守钟提（今甘肃临洮南）。邓艾判断姜维还会伺机进犯，于是加紧备战。姜维先出兵祁山（今甘肃东南部山地），闻邓艾有备，改从董亭（今甘肃武山南）攻南安（今甘肃陇西东南）。邓艾军抢占了武城山（今甘肃武山西南），然后据险拒守。姜维见地利已失，强攻难克，于是趁夜渡渭水东进，沿山进取上邽。两军战于段谷（今甘肃天水西南），结果蜀军交战不利，死伤甚众。姜维败归，自请贬为后将军。

姜维的这几次伐魏战争都是无功而返，劳民伤财，对蜀汉经济造成了很大的损害，这也是蜀国灭亡的原因之一。

吴魏交恶

魏蜀之间战事不断，吴国也在边界上不时与魏国交锋。吴建兴元年（252年）十月，诸葛恪于东兴征集人力，重建以前未完成的大堤，连结左右两山，并在其间筑城两座，各留千人防备魏军，自己则率兵返回建业。魏认为吴军侵入其疆土，耻于受侮，因此十二月魏王曹芳分兵三路攻吴。吴将丁奉自率三千人疾速突进，下山后改乘舟楫，顺风直下，仅两日即至东兴，占据徐塘（即濡须坞，在今安徽含山西南）。当时天降大雪，魏将胡遵等人正在聚会饮酒，毫无戒备。首先赶到的丁奉见魏军前部兵少，便令众军脱去衣甲，丢弃长枪大戟，只携带头盔和短刀盾牌，率部轻装突袭魏军前部营垒，吕据等部也相继赶到。魏兵远远看见，指点大笑，不加防备。谁料吴兵登上堤岸，擂鼓呐喊，奋勇向前。魏军惊恐溃逃，争渡浮桥，因超载桥断，落水及自相践踏而死者达数万人，魏军前部督韩综、乐安太守桓嘉先后溺死。毌丘俭、王昶等以东兴兵败，皆烧营退走。吴军终获大胜，缴获了大批军需物资。吴主进封诸葛恪为阳都侯，加封荆、扬州牧，督中外诸军事，并赐金一百斤，马二百匹，绢布各万匹。

东兴之战获胜后，诸葛恪便有了轻敌之心，越来越独断专行。

吴建兴二年（253年），诸葛恪又要出兵伐魏。大臣们都认为国力不支，军士疲惫，一致劝阻，但诸葛恪不听。同年三月，诸葛恪不顾众人反对，征发二十万人伐魏。吴地百姓骚动，诸葛恪开始失去民心。诸葛恪于五月回军包围了新城。魏牙门将张特率三千人拒守新城，苦战月余，吴军士卒病亡战死者过半，但仍然未能攻克新城。诸葛恪督师强攻，城池将陷。于是张特行缓兵之计，向吴军伪降，乘夜修补城防工事，继续死守。吴军士卒疲劳，加上天热和饮水等问题，士卒们患腹泻、脚气病的已经达半数以上，死伤随处可见。各营军官所报

丁奉雪中奋短兵
丁奉率领士兵顶风冒雪，轻衣简装突袭魏营，大胜魏军。

病人数目越来越多。诸葛恪认为军官们在说假话，扬言要把他们杀掉，于是谁也不敢再去汇报。诸葛恪为了掩饰自己的过失，更加独断专权。魏国知道吴军已疲病不堪，于是命司马孚、毌丘俭趁势率军急进，合击吴军。诸葛恪被迫撤退后率军在江渚驻扎了一个月，后又想到浔阳去屯垦。直等朝廷屡次召他回去，他才领兵返回。从此百姓对诸葛恪大为失望，怨恨的情绪渐增。

同年八月，诸葛恪回到建业检点名录，把自己出征后选曹奏准任命的各级官员，一律罢免，重新选任。此后诸葛恪的统治愈加严苛，动不动就对他人横加责备，觐见他的人，个个屏息敛气。他还改换宿卫人员，用他亲近的人来担任，并命令部队整装待发，想进攻青州、徐州。

当时孙峻想与诸葛恪争权，便利用诸葛恪为万民所怨、众口所嫌的机会，说他想制造叛乱。同年十月，孙峻和吴主孙亮定下计策，置酒请诸葛恪赴宴。孙峻在宴席上趁机杀掉了诸葛恪。

诸葛恪的儿子诸葛建，当时任步兵校尉，听说诸葛恪被杀，车载其母而逃。孙峻派人于白都追杀了他的另一个儿子诸葛竦。诸葛建欲北投魏国，逃奔了数千里后，被追兵所获。诸葛恪被夷灭三族。

东吴的王位之争

孙权的长子、次子皆早亡，于是立三子孙和为太子。然而孙权宠爱孙和的弟弟孙霸，并且封孙霸为鲁王，制造了兄弟不和的气氛。两人同为王夫人

正史史料

十三年夏五月，日至，荧惑入南斗。秋七月，犯魁第二星而东。八月，丹阳、句容及故鄣、宁国诸山崩，鸿水溢。诏原通责，给贷种食。废太子和，处故鄣。鲁王霸赐死。

——《三国志·吴书·吴主传》

所生，享受一样的政治待遇，宫室、礼秩未分。后来孙权干脆命他们各立门户，由此的地位而大臣中也形成了两派。比较正派的大臣如陆逊等维护太子的地位而公主孙鲁班（孙权宠姬步夫人长女，嫁给大臣全琮）、全琮家族想依靠鲁王捞取政治上的好处，所以拥戴鲁王而诋毁太子，因此在朝中形成了两个权力中心。陆逊、太子太傅吾粲、顾谭等都上书请求孙权削弱孙霸的权力，但孙权却一意孤行，不听劝谏，最后吾粲被孙霸及其党羽反咬一口，惨遭诬陷，死于狱中，顾谭及其弟顾承被流放到了交州，而陆逊被活活气死。陆逊死后，其子陆抗葬父，并还都谢恩。孙权拿出杨竺告发陆逊的20条罪状，陆抗逐一对答，为父亲辩白，孙权才有所觉悟。因此孙权才觉得孙霸一党所言之情不实。而潘夫人与全公主沆瀣一气，一同谮毁太子孙和。

于是孙权就问计于侍中孙峻，而孙峻却是孙权第七子孙亮阵营的。全公主与孙峻又一起诋毁太子，于是年已昏耄的孙权于赤乌十三年（250年），废太子孙和，流放到丹阳故鄣。反对孙权废太子的陈正、陈象遭到族诛，朱据、屈晃各被杖一百。同时孙权又赐死了鲁王孙霸，鲁王的党羽杨竺、全寄、吴安、孙奇等也被诛杀。于是孙权立第七子年仅十岁的孙亮为太子。孙亮，字子明，又称废帝。少年聪明，即位时由诸葛恪、滕胤、吕岱等人辅政。孙权还学汉武帝立幼先杀母的做法，让宫人将孙亮的生母潘夫人缢杀。至此王位之争才告一段落。孙亮虽然聪明，但毕竟年幼，这也是吴国后来出现内乱的缘故。

曹魏大权旁落

曹丕本人文采出众，落笔成章，也实行了一些利国利民政策。比如在他刚继承曹操爵位的时候，下令说："关卡渡口是用来通商旅的，池塘林苑是用来抵御灾荒的。在这些地方设立禁令，课以重税，不符合便民的原则。因此要解除池苑的禁令，减轻关卡渡口的税率，全部恢复为什一税率。"另外针对

车马出行画像砖
这是出土于浙江海宁的画像砖，是东汉末至三国时期的车马出行图像砖，从画面中可以看出当时人们出行时所乘坐的马车的样式。

汉末的历史教训，曹丕还警惕防范后宫和外戚专权。

黄初七年（226年），曹丕病逝，太子曹叡即位，是为魏明帝，改年号为"太和"，司马懿、曹真、陈群、曹休四人为顾命大臣。曹叡脾气禀性与曹丕相似，也做了一些有利于国计民生的事情。比如曹叡常说："刑狱攸关天下性命。"每次朝廷断大狱，曹叡经常亲临旁听。曹叡把对蜀汉作战的军事大权委托给了司马懿。诸葛亮最后一次驻屯渭南与司马懿相持，司马懿以持久战取得了最后的胜利，诸葛亮死在阵中。司马懿因为对蜀汉战争的胜利逐渐掌握了军政实权，同时也获得了巨大的政治声望。

但是曹叡后期滥用民力，大兴土木，追求享受。他在洛阳大修宫殿，建造了昭阳、太极等巍峨壮观的宫室。曹叡为了满足自己的私欲，误农时，重徭役。杨阜、高堂隆等大臣纷纷多次向曹叡进谏。曹叡对付劝谏者自有自己的办法，那就是耐心听完，优待进谏的人，但仍然是我行我素，丝毫不改。就在曹叡造土山，种香草的时候，已经是三朝老臣的司马懿因为长年领兵在外，成为了帝国的军事支柱。整个曹魏时期虽然没有出现宦官和外戚干政的情况，却出现了大臣专权的危险。

239年，魏明帝曹叡驾崩，时年36岁。曹叡原来有三个儿子，即曹冏曹穆和曹殷，但遗憾的是这三个亲生儿子都是早早地夭折了。到239年为止，曹叡的亲兄弟们，曹丕的其他儿子全部都已经死了。此时曹叡既没有亲儿子来即位，也没有亲兄弟来即位，于是就由养子齐王曹芳来继位。曹芳的身世十分神秘，据《魏氏春秋》记载，曹芳是曹楷的儿子，而曹楷是曹操和卞夫

芳林营建
"芳林营建"就是说魏明帝曹叡在位时大修宫室、园林,耗费民力。曹叡之后,司马氏的权力进一步膨胀,开始逐渐地控制了朝政大权。

人所生的孩子曹彰之子,也就是说曹芳是曹操的曾孙。曹叡因为没有儿子,就收养了曹芳当自己的儿子。235年,封曹芳为齐王。曹叡病重,便立曹芳为太子。曹叡病死后,曹芳便继承了帝位。魏明帝去世时,齐王曹芳年仅八岁,曹叡遗命司马懿为太尉,与宗室大臣曹爽共同辅政。齐王即位,司马懿任侍中、持节、都督中外诸军、录尚书事,和曹爽各统精兵三千人,共执朝政。司马懿与曹爽的派系之争也就此展开。不过无论是在军事、智谋还是实力上,曹爽都不是司马懿的对手。

正始二年(241年)四月,孙权分兵四路攻魏,司马懿自请出兵征讨。朝臣们认为,敌兵远来攻坚,当待其自破。而司马懿则认为边界受到敌人的侵袭而坐以待毙,不坚定抗敌,这样做对社稷不利。于是六月司马懿统军增援,他知道南方暑热低湿,不宜长久驻军在此,于是先派轻骑挑战,吴将朱然不敢迎战。司马懿于是检选精锐,摆出攻城的架势。吴军连夜撤退。在三州口(荆、豫、扬三州之接合处),为魏军追及,吴军被歼万余人。而进攻六安、祖中的吴军亦无功而还。七月增司马懿食郾、临颍,前后共四县,食邑万户,子弟十一人皆为列侯。

此前吴国派诸葛恪屯驻宛城,镇守边界的将领深以为苦。司马懿在正始四年(243年)九月,率军出征攻打诸葛恪。军队到达舒城,诸葛恪焚烧积聚,弃城而走。

再看看曹爽进行的几场战役。正始六年(245年)秋八月,曹爽废置中垒、中坚营,把两营兵众统交给他的弟弟曹羲率领,司马懿援引先帝旧例加以制止,曹爽不听。正始七年(246年)春正月,吴兵入侵祖中,曹爽不听司马懿的建议留万余家百姓以避吴兵。结果吴兵击破祖中,所失百姓,数以万计。

历史文献

秋风萧瑟天气凉，草木摇落露为霜。群燕辞归雁南翔，
念君客游思断肠。慊慊思归恋故乡，君何淹留寄他方？
贱妾茕茕守空房，忧来思君不敢忘，不觉泪下沾衣裳。
援琴鸣弦发清商，短歌微吟不能长。明月皎皎照我床，
星汉西流夜未央。牵牛织女遥相望，尔独何辜限河梁。

——曹丕《燕歌行》

正始八年（247年），曹爽用心腹何晏、邓飏、丁谧之谋，把郭太后迁到永宁宫。一时间曹爽兄弟专擅朝政，排挤司马氏的势力。司马懿不能制止，从此与曹爽矛盾渐深。五月司马懿伪装生病，不问政事。随即曹爽等人加紧了篡权的步伐。正始九年（248年）三月，黄门张当私自把内廷才人石英等十一人送给曹爽，曹爽、何晏乘机与张当勾结，谋危社稷。

曹爽及其同党也担心司马懿是装病。同年冬河南尹李胜要到荆州任刺史，行前曹爽派他去暗中查探司马懿的病情。司马懿假装病重，让两个侍婢扶持自己，要拿衣服，因拿不稳掉在了地上，还指着嘴说渴。侍婢献上粥来，他用口去接，汤流满襟。李胜说："众情谓明公旧风发动，何意尊体乃尔！"司马懿故意上气不接下气地说："年老枕疾，死在旦夕。君当屈并州，并州近胡，善为之备。恐不复相见，以子师、昭兄弟为托。"李胜说自己是去荆州而非并州。司马懿故意错乱其辞："君方到并州。"李胜又说："当忝荆州。"司马懿说："年老意荒，不解君言。今还为本州，盛德壮烈，好建功勋！"李胜回来对曹爽说："司马公尸居余气，形神已离，不足虑矣。"过了几天，李胜又对曹爽说："太傅不可复济，令人怆然。"曹爽等从此便不再防备司马懿。司马懿表面装病，实际上也在暗中布置，准备消灭曹爽势力。

嘉平元年（249年）春正月，魏帝曹芳离开洛阳去祭扫魏明帝的坟墓高平陵，曹爽兄弟全部随行。司马懿乘机上奏永宁太后，请废黜曹爽兄弟。司马懿一举收集旧部，关闭各城门发动政变。然后上疏罗列曹爽种种乱法不臣罪状，假皇太后令，免去曹爽兄弟全部官职。曹爽手中无兵，归罪请死。曹爽兄弟及党羽全部被处决，并夷三族。司马懿夺取了魏国的朝廷大权，史称"高平陵之变"。

司马懿非人臣也

王夫之说："魏之亡，自曹丕遗诏，命司马懿辅政始。"

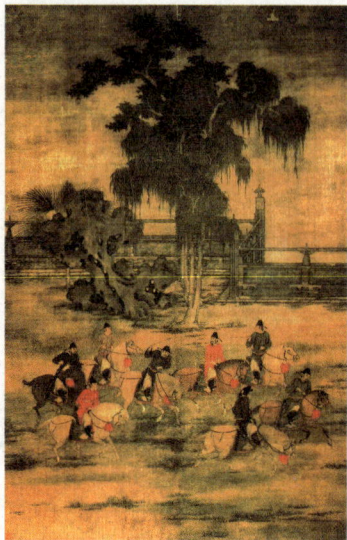

八达春游图

此图作者是五代的赵喦，描绘八人纵马游春的情景，他们以中间一人为主体，相互招呼着、顾盼着。环境似一园林，人物情态轻松自如，与踏青游玩的画题相符。"八达"可理解为指八个人，即是晋宣帝司马懿的八个兄弟，称此八人为"八达"，大概是因为他们的字里都有一个"达"字。

司马懿出身世家豪族，为司马防次子，史书称他年少时聪明且具有雄才大略，博学洽闻，伏膺儒教。东汉末年，天下大乱，司马懿生在乱世中，"常慨然有忧天下心"。建安六年（201年），曹操任司空，听到他的名声后，派人召他到府中任职。司马懿不想在曹操手下干事，就借口称自己有风痹病，身体不能起居。曹操不相信，就派人夜间去刺探消息，司马懿躺在那里，一动不动，真像染上风痹病一般。后来没有办法推辞，被曹操辟为文学掾。曹操称魏王后，任命司马懿为太子中庶子，佐助曹丕，与陈群等同列"四友"，是曹丕智囊团的主要人物。但是曹操早年曾做过一个"三马食槽"的梦，所以曹操在世的时候就对司马懿极不放心，还把自己的疑虑对曹丕说了："司马懿非人臣也，必预汝家事。"但是曹丕却极力保举司马懿，而且还把曹操的怀疑告诉了司马懿。因此司马懿在曹操手下任职时，小心谨慎，勤勤恳恳，"至于刍牧之间，悉皆临履"。建安二十四年（219年），孙权向曹操上表称臣，怂恿曹操自立为帝。曹操没有接受这个建议，司马懿在这个关键问题上早就表示支持曹操，因此曹操才对他由猜忌逐渐转为信任。

魏明帝曹叡在位期间，太和元年（227年）六月，明帝命司马懿驻扎宛城，加督荆、豫二州诸军事。司马懿并没有受到曹叡的重视，曹叡对他并不十分信任。曹真、曹休、夏侯楙这些近亲，陈群、华歆、王朗这些重臣，权势地位都很高，与司马懿不相上下，并且都对他深怀戒心。这样司马懿主动提出来愿为骠骑大将军，自愿乞守西凉等处，到陕西、甘肃一带去练兵。但

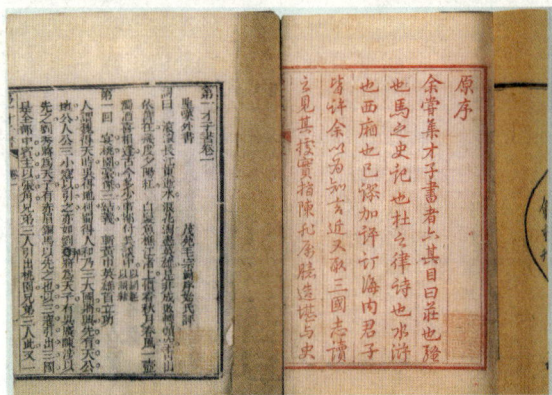

《绣像三国演义》书影
这是《绣像三国演义》的书影,清刻朱墨套印本,收图四十幅,首附红印数十页,镌刻甚精工。《三国演义》是我国四大名著之一,深受人们的喜爱,经久不衰。

此时诸葛亮使用离间之计,使曹叡怀疑司马懿有造反的意图,结果他被削去官职,贬回老家。

正在这时,诸葛亮初出祁山,接连取胜,魏国大都督曹真的大军受困。曹叡不得不下诏让司马懿官复原职,加为平西都督,重新出山前往长安。这时早先降魏的蜀将孟达,被诸葛亮收买,在新城准备叛魏,径取洛阳,并约诸葛亮直取许昌。司马懿截获了孟达和诸葛亮之间的信件,当机立断,首先率兵包围了新城,出其不意地消灭了孟达。曹叡夸奖司马懿有孙膑、吴起一样的军事谋略,并赐给他金钺斧一对,并说:"后遇机密重事,不必奏闻,便宜行事。"

面对诸葛亮的连年北伐,曹叡选择司马懿总摄陇西诸路军马,这样司马懿是真正大权在握了。在与诸葛亮的长期较量中,司马懿取得了赫赫军功,显示出了非凡的才智,同时司马懿的野心也逐渐地膨胀起来。曹叡死后,司马懿与曹爽共同辅政,曹爽是曹真的儿子,他为了夺权,表面上推举司马懿为太傅,私下却行架空之实。司马懿于是称病,不预朝政,消除了曹爽集团的戒心。并最终在"高平陵之变"中一举消灭了曹爽集团。

高平陵事变之后,司马懿独掌朝政,大权在握,司马氏取代曹魏的迹象已经初露端倪。曹芳封司马懿为丞相,将他的封地增加到十二个县,邑二万户,并且授予他奏事不名的特权。该年十二月,朝廷给司马懿加九锡之礼,授予他朝会不拜的特权。司马懿觉得时机尚不成熟,坚持推让了九锡。司马懿在临死前受封为相国、安平郡公。但是他依然认为时机不到,没有接受,而是致力于整个家族权势的加强。司马懿的孙子和侄子都受封为列侯,家族封侯者十九人。嘉平三年(251年)六月,司马懿去世,年七十二岁。

司马懿在抵抗诸葛亮北伐的过程中，渐渐扩大了自己的实力，也为自己赢得了声望，曹氏政权正在一步步地被司马氏家庭所取代。

蜀 亡

在三足鼎立的三个国家中，蜀汉最为弱小，蒋琬、费祎二人虽无赫赫之功，但也能够安稳地保住基业。蜀汉的柱石大臣除了诸葛亮、蒋琬、费祎以外，还有董允。以上四人号为"四相"，也称"四英"。诸葛亮辅政时，把宫中府中视同一体。诸葛亮死后，宫、府之事由蒋、费、董三人共同治理，他们之间都能很好地合作共事。这三人都是诸葛亮精心挑选与培植的辅政大臣。

董允在后主刘禅时，升迁黄门侍郎。诸葛亮北伐期间，董允主持宫省之事，很能匡救补缺。后主对他也很忌惮。董允对刘禅宠信的宦官黄皓数次责备，黄皓很畏惧董允，终董允之世，黄皓的职位不过黄门丞。延熙九年（246年），董允与蒋琬相继病故。大将军姜维虽然官位很高，但经常率兵在外，很少亲理朝政。黄皓操纵国事，主持朝政的董厥、诸葛瞻皆不能矫正，于是蜀国的政治日益败坏。

蜀国政权的败坏，是由于后主愚蠢昏庸，宦官黄皓窃权，投机嗜利的士人依附黄皓。黄皓和右大将军阎宇勾结，阴谋加害姜维，以使阎宇掌管军权。姜维得知后，对后主说了这件事情。后主刘禅则袒护黄皓，说他只不过是一介小臣，何必放在心上，还让黄皓去向姜维致歉。姜维意识到自己失言，害怕被害，便以练兵屯田为借口，远离成都以避祸。

这时蜀、吴二国的政治都很腐朽，内部矛盾重重。而魏国在司马氏的统治下，虽然屡起内争，但国力强盛，人才不减于往昔。魏元帝曹奂景元三年（262年）冬，司马昭欲大举伐蜀，先告谕众人说："自定寿春以来，息役六年，治兵缮甲，以拟二虏。今吴地广大而下湿，攻之用功差难，不如先定巴蜀。计蜀战士九万，居守成都及备他境不下四万，然则余众不过五万。今绊姜维于沓中，使不得东顾。直指骆谷，出其空虚之地，以袭汉中。以刘禅之暗，而边城外破，士女内震，其亡可知也。"次年令钟会都督关中。

景耀六年（263年），姜维上表于后主刘禅，指出了钟会治兵关中，意在图谋攻蜀，建议派兵驻守阳平关和阴平桥头，以事防备。刘禅却听信黄皓的巫鬼之说，认为魏国不会进兵，将姜维的建议搁置在一边，使大臣们根本就不知道这回事，结果朝廷也没有对魏军加以防范。同年夏司马昭大举伐蜀。

蜀国得知魏大举进攻的消息后，才急忙派廖化率军增援姜维，派张翼等率兵前往阳平关，但为时已晚。关口被攻打下来，钟会大军长驱而进，获得了大量的库藏积谷。

这时在沓中屯田的姜维，受到邓艾所部诸军的进逼，又闻钟会已入汉中，引兵且战且走，但诸葛绪已屯驻桥头。姜维乃从孔函谷（今甘肃文县西北）入北道，绕到诸葛绪的背后。诸葛绪怕后路被断，就退后三十里，姜维这才得过桥头。诸葛绪迟一日来不及截击姜维。这样姜维遂还至阴平，合集士众，欲向关城。未到闻关城陷，乃退往白水，遇廖化、张翼、董厥等，合兵守剑阁，以拒钟会。

冬十月邓艾进军至阴平，简选精锐，欲与诸葛绪自江油（今四川江油东）趋成都。诸葛绪不同意，而自引军向白水，与钟会会合。此时钟会要专制军权，于是向朝廷密告诸葛绪畏懦不进，并用囚车将诸葛绪押回洛阳治罪，其军全都归属于钟会。

魏国大将邓艾

邓艾是三国时期魏国的大将，小时家中贫穷，后来得到了司马懿的重用，逐渐成为一名功绩显赫的将军。最后却因为居功自傲，而被钟会等人陷害而死。

姜维此时守在剑阁，列营守险，钟会久攻不下，粮运艰难，军中粮草断缺，想要退兵。邓艾则认为，蜀军已受到了沉重的打击，应该乘胜追击，并提出分兵由阴平小道南进，绕开剑阁，经由江油，出其不意进攻剑阁南边的涪县。他认为此时剑阁守军如果分兵出援，则我主力可克剑阁南进，如果剑阁守军不动，则涪县可为我所得。于是邓艾自阴平行无人之地七百余里，凿山通道，造桥作阁，备历艰险。加以粮运将尽，濒于危殆。邓艾以毡裹身，推转而下，将士皆攀木缘崖，鱼贯而进。当邓艾部队到达江油时，蜀军守将马邈投降。于是邓艾得以继续挺进。

诸葛瞻督诸军前来抗击邓艾，但却不听谋士"速行据险，无令敌军得至平地"的建议，结果前锋很快被邓艾击破。然后他退守绵竹，邓艾以琅邪王诱其投降，诸葛瞻怒斩邓艾的使者，列阵以待邓艾。最终被邓艾击溃，诸葛瞻被杀。诸葛瞻的儿子诸葛尚叹曰："父子荷国重恩，不早斩黄皓，使败国殄民，用生何为！"策马冒阵而死。

蜀汉没有料到魏兵如此迅速，未作城守调度，听说邓艾军已经进入平川，百姓惊扰，奔走山野，不可禁止。后主刘禅接受谯周的建议，遣侍中张绍等奉玺绶以降于邓艾。后主的儿子北地王刘谌拒降自杀。

张绍前来投降，邓艾大喜，报书褒纳。后主派遣人命令姜维投降钟会，又遣尚书郎李虎将民簿送于邓艾，一共有"户二十八万，口九十四万，甲士十万二千，吏四万人"。邓艾至成都城北，后主率太子诸王及群臣六十余人，反绑着双手，诣军门投降。邓艾给他松了绑并焚烧了棺木，表示接受。

姜维并不知道后主投降，引军东入巴郡。钟会进军到涪，遣胡烈等追击姜维。姜维至郪（今四川三台南），得到后主令降之命令，乃命兵士放下武器投降了钟会。钟会厚待姜维等人，皆还其印绶节盖。

姜维知道钟会手握重兵，心怀异志，于是想借机使他谋叛，然后乘机恢复蜀汉，于是故意与钟会交好。钟会向来嫉妒邓艾，于是与监军卫瓘合谋密告邓艾要谋反。

魏咸熙元年（264年），司马昭令以槛车征召邓艾。邓艾战败被囚禁，钟会独统大军，决意谋反，欲使姜维率领五万人出斜谷为前驱。他自将大军随其后。结果事泄，魏军将士忿怒，杀死了钟会，姜维也一起被杀。邓艾被本营将士救出，但卫瓘想起当初自己与钟会一起陷害邓艾之事，害怕邓艾官复原职后会祸及自己，于是斩邓艾父子于绵竹西。

魏咸熙元年（264年），刘禅举家迁往洛阳，被曹魏封为安乐公。司马昭与刘禅宴会间，特别安排了蜀地的乐舞，蜀国旧臣们都因怀乡悲国而伤心落泪，而刘禅却依旧是嬉笑自若。司马昭对旁人说："人之无情，乃可至于是乎！虽使诸葛亮在，不能辅之久全，而况姜维邪！"

蜀自章武元年（221年）夏刘备称帝建国，至景耀六年（263年）冬，刘禅向邓艾投降，共历四十二年。

两 晋

魏晋风度　江南发展　民族融合

　　两晋时期指的是西晋及其后的东晋十六国时期。继魏、蜀、吴三国鼎立之后，265 年，司马氏从曹魏手中取得政权，建立了西晋王朝。西晋在 280 年灭吴，统一了中国。此后直到 316 年西晋灭亡，在这段时间内，经济得到了很好的恢复和发展。

　　晋武帝司马炎在位期间（265 年—290 年），是西晋历史上最繁荣安定的时期，西晋的许多重大政治、经济措施，均在此期间颁行，也收到了一些效果，但同时也埋下了一些隐患。晋武帝即位后认为曹魏灭亡就是因为宗族的地位太低，后来面对司马氏家族的争夺时没有人能帮忙，于是开始大肆分封司马氏的宗族为王。这是他政治生涯中最大的败笔。三国分裂的局势由司马炎所终结的同时，八王之乱和割据混战的种子也已经被他亲手埋下。

　　西晋的统一极为短暂，到 316 年就在北方少数民族匈奴进攻下灭亡了。西晋灭亡以后，北方分裂，出现"五胡十六国"的政权割据状态，西晋皇族司马氏则在江南建东晋政权。"十六国"的兴起很大程度上是因为晋室的衰败和自戕。西晋灭亡后到北魏统一北方的一百多年间，内迁中原的少数民族主要有五个，史称"五胡"即匈奴、鲜卑、羯、氐、羌。其中匈奴大致分布于今之晋、陕、甘地区；鲜卑族散居于今之辽东、辽西、内蒙古一带；羯族居

葛稚川移居图

于山西南部太行山两侧；氐族先居于川、陕、甘交界处，后南入川，东入关中；羌族则由甘、青进入陕西。各族先后在中原和巴蜀地区建立了十六个国家，使北方长期陷入分裂割据的局面，历史上把这一时期称为"五胡十六国"时期。这十六国是成汉、大夏、前赵、后赵、前秦、后秦、西秦、前燕、后燕、南燕、北燕、前凉、后凉、南凉、北凉、西凉。实际上当时的政权并不止十六国。除了以上所述之外，还有代（北魏前身）、冉魏（汉人冉闵所建）、西燕等。

两晋时期的哲学主要是"玄学"，玄学是以道家理论解释儒家经典《周易》为中心而形成的思想流派。《老子》曰："玄之又玄，众妙之门。"当时玄学所谈，主要是《老子》《庄子》和《周易》，即所谓"三玄"。代表人物是王弼、阮籍、嵇康、山涛等人。

西晋末期，玄学没落，乱世之中宗教得以迅速的发展。佛图澄、道安等中外僧人为佛经的翻译和佛教的发展做出了重要的贡献。龟兹僧人鸠摩罗什于后秦时在长安传教，译佛经七十四部，三百八十四卷。东晋僧人法显外出寻求佛法，携回很多梵本佛经，著有《佛国记》。道教的炼丹术十分流行，两晋之际的炼丹术士葛洪撰《金匮药方》一百卷，另有《肘后救卒方》三卷。

医学方面，西晋王叔和收集整理《伤寒杂病论》一书，析为《伤寒论》和《金匮要略》两部，又编成《脉经》十卷，是我国现存最早的脉学专著。

东晋田园诗产生并有所发展，其代表是陶渊明的作品。在书法、绘画方面，东晋的王羲之尤善行书，被后人称之为"书圣"。其子王献之兼精诸体，尤工行、草和隶书，父子二人并称"二王"。东晋的画家顾恺之善画人物，注意点睛传神，他的名作有《女史箴图》等。在史学方面，西晋陈寿作《三国志》，是一部记述三国时期近百年间的重要史事和人物的纪传体断代史。

在科学技术方面，魏晋之际的数学家刘徽用割圆术来计算圆周率，把圆周率求到小数点后第四位，推算出 $\pi=3.1416$。西晋地图学家裴秀，绘有《禹贡地域图》和《地形方丈图》。他还总结前人的制图经验，在《禹贡地域图》序中提出"制图六体"，即绘制地图的比例尺、方位、距离等六项重要技术。这些原则直到明末，一直为我国制图者所遵循。

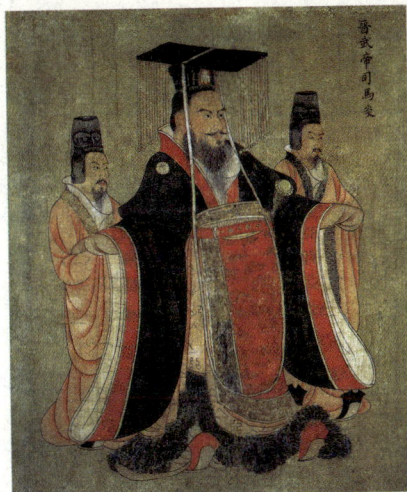

晋武帝：西晋一统

金谷园图：官僚豪奢

曲水流觞：士人雅致

高逸图：清谈玄学

西晋世系：武帝司马炎 >> 惠帝司马衷 >> 怀帝司马炽 >> 愍帝司马邺

东晋世系：元帝司马睿 >> 明帝司马绍 >> 成帝司马衍 >> 康帝司马岳 >> 穆帝司马聃 >> 哀帝司马丕 >> 废帝司马奕 >> 简文帝司马昱 >> 孝武帝司马曜 >> 安帝司马德宗 >> 恭帝司马德文

两晋大事一览表

时　间	事　件
272年	晋武帝派杨肇率军援助战略要地西陵，陆抗平定步阐叛乱。
277年	将扶风王司马骏改封汝南王，琅邪王司马伦改封为赵王，渤海王司马辅改封为太原王，东莞王司马乂改封为琅邪王，汝阴王司马骏改封为扶风正。
278年	西晋羊祜死，杜预接任其职位。
279年	西晋攻打东吴。
280年	西晋攻打东吴，吴帝孙皓投降，吴亡。
290年	晋惠帝立，外戚杨骏辅政。
291年	贾后杀杨骏。
296年	氐族人齐万年于关中起兵。
298年	关中连年饥荒，巴氐豪酋李特率流民入蜀。
299年	江统著《徙戎论》。
300年	赵王司马伦杀贾后。
301年	赵王司马伦废惠帝自立。
303年	李特入成都，旋为益州刺史罗尚所杀。李特之子李雄再次攻下成都。
304年	李雄称成都王，改元建兴。
307年	惠帝中毒死，其弟司马炽继位，是为晋怀帝。
310年	刘渊死。
310年	刘聪杀刘和，继承汉赵帝位。
311年	汉刘曜攻下洛阳，追获晋怀帝。
313年	秦王司马邺在长安即位，是为晋愍帝。
316年	刘曜进兵长安，愍帝降，西晋灭亡。
318年	司马睿称帝，建立东晋，是为晋元帝。
318年	刘曜称帝。
322年	晋元帝死，明帝即位。
324年	晋明帝下令讨伐王敦，王敦病死，兵众溃散。
328年	苏峻之乱爆发。
329年	后赵杀前赵太子刘熙，前赵亡。
330年	后赵石勒称帝。
335年	后赵迁都于邺。
337年	鲜卑慕容皝建燕国，称燕王，史称前燕。
338年	鲜卑拓跋什翼犍继代王位。
345年	东晋任命桓温为荆州刺史。
347年	桓温灭成汉。
349年	石世即位。
350年	冉闵建立冉魏。

时　间	事　件
351年	苻健在长安称天王、大单于，国号大秦，史称前秦。
352年	前燕慕容儁灭冉魏。
354年	桓温北伐前秦，逼近长安，因缺粮退兵。
356年	桓温第二次北伐，入洛阳，留兵戍守而还。
357年	前秦苻坚即位，汉人王猛辅政。
369年	桓温北伐前燕，至枋头粮尽撤退，结果大败。
370年	前秦灭前燕。
373年	桓温图谋篡位不成病亡。
376年	前秦灭前凉。
377年	晋建北府兵。
383年	晋秦淝水之战，前秦大败。
384年	谢安上奏司马曜，起兵北伐，收复中原。
385年	西燕慕容冲称帝，入长安。
385年	谢安去世。
386年	姚苌在长安称帝。
386年	蔡容垂自立为帝，改元建兴，史称后燕。
394年	前秦苻登为后秦姚兴所杀。
394年	慕容垂包围长子。慕容永被俘而死，西燕灭亡。
395年	北魏在参合陂大败后燕。
396年	后燕莱客垂去世，谥号或武皇帝，庙号世祖。
396年	东晋孝武帝司马曜死。
397年	鲜卑秃发乌孤称西平王，筑廉川堡为都，南凉始此。
398年	慕容德自立为燕王，史称南燕。
399年	孙恩起义爆发。
402年	孙恩败死，其妹夫卢循继续统领其众。
402年	刘牢之自杀而亡。
403年	吕隆降于后秦，后凉灭亡。
403年	桓玄废晋安帝，自立为帝，国号楚。
404年	刘裕自京口起兵讨伐桓玄，桓玄挟安帝归还江陵，不久败死。
405年	陶渊明最后一次出仕，为彭泽令，不久就自动解职回家，正始开始了他的归隐生活。
407年	赫连勃勃称大夏天王。
409年	刘裕征伐南燕。
410年	卢循、徐道覆北进，攻长沙、豫章等郡，进逼建康，为刘裕所败。
411年	卢循败死，孙恩、卢循起义失败。
417年	刘裕北伐入长安，后秦灭亡。

西晋统一全国

随着曹魏的壮大，南北抗衡的基础逐渐消失，北方统一南方的条件已经成熟。但统治阶级内部的权力斗争却异常尖锐。

蜀景耀六年（263年），魏国司马昭派邓艾、诸葛绪、钟会率十八万大军分三路攻蜀，很快就进逼成都。后主刘禅出降，蜀亡。

司马昭灭蜀后，还没有坐上皇帝之位就因病而死。咸熙二年（265年），司马昭的儿子司马炎逼魏元帝曹奂"禅让"帝位，自己称帝，国号晋，都洛阳，史称西晋，司马炎就是晋武帝。

太康元年（280年）三月，吴主孙皓向晋投降，吴亡。自190年关东军讨董卓，经过九十年的分裂混战，至此中国又重新走向统一。

名家评史

就全史（指中国全部历史）而言，户口莫少于是时。大体当盛汉南阳、汝南两郡之数。三国晚季如此，其大乱方炽时可想。

——钱穆

西晋建立

司马氏自从司马懿发动"高平陵政变"之后，就掌握了魏国的大权。自此之后，魏国宗室和一大批忠于曹魏的大臣受到清洗，司马师、司马昭兄弟先后专权。灭亡蜀国后不久，司马昭病死，司马昭的儿子司马炎认为时机已经成熟，就取代了曹魏，建立了晋朝。

司马氏代魏

司马氏真正暴露出篡位的野心是在司马师废齐王曹芳这件事情上表现出来的。司马懿病死以后，长子司马师继续掌权。司马氏家族的专权和司马师对曹芳的紧逼，不仅使曹芳极为不满，也遭到了部分大臣的反抗。正元元年（254年），中书令李丰与皇后的父亲、光禄大夫张缉等图谋以太常夏侯玄为大将军，以替代司马师，然后再逐步清除司马氏家族的势力。结果事情败露，凡是牵涉到其中的人都被诛杀。半年后司马师决定检验自身的力量，要废去曹芳，另立新帝。于是逼迫郭太后下令："告于宗庙，曹芳重新归藩为齐王，以避皇位。"司马师马上拿着皇太后的诏令，召集公卿大臣会议。群臣们都大惊失色，但是又不敢作声。于是司马师废黜齐王曹芳后，即改立高贵乡公曹髦为帝。曹髦是魏文帝曹丕之孙，东海定王曹霖之子，即位前被封为高贵乡公。司马师废黜曹芳的盛大演习获得了巨大的成功，也向天下暴露了司马氏家族的篡逆之心。忠于曹魏王朝的力量虽然发动了多次反对司马懿父子的战斗，但规模较大的"淮南三叛"都被司马氏镇压了下去。司马家族通过三次扬州战役，血洗反对派，止息了内争。曹魏的内乱起得急，也消得快，并没有对司马氏家族造成沉重的打击。

魏帝曹髦实在忍受不了司马氏的专横，"见威权日去，不胜其愤"。景元元年（260年），他集合了宫内的禁卫军和侍从太监，吵吵嚷嚷地从宫里杀了

司马师废主立君　司马昭弑杀曹髦
司马师为了进一步掌握大权，废除了齐王曹芳，改立曹髦高贵乡公为帝，进一步将曹髦掌控在股掌之间。曹髦后被司马昭手下杀害。"司马昭之心路人皆知"这句话就是出自魏主曹髦之口。

出来，自己还拿了一把宝剑，站在车上指挥。司马昭的心腹贾充带了一队兵士赶来拦截，双方立时打了起来。贾充手下的兵士一见皇帝自己动手了，毕竟有点胆怯，准备逃跑。贾充手下有个叫成济的，对贾充说："您看怎么办呢？"贾充厉声说："司马公平时养着你们是干什么的！这还用问吗？"贾充这么一说，成济的胆量顿时大了起来，他拿起长矛就往曹髦身上刺去。曹髦来不及反应，就被成济刺穿了胸膛，跌下车来，当即身亡。士兵们一看对方连皇帝都敢杀，顿时一哄而散。

司马昭听说他手下人真的杀了皇帝，也有点慌了，连忙赶到朝堂上，召集大臣们商量。老臣陈泰主张斩了贾充，但司马昭不同意。后来司马昭用郭太后的名义下了一道诏书，给曹髦加上了许多罪状，宣布废为平民，想把曹髦被杀的事轻轻掩盖过去。但是朝中大臣还是议论纷纷，司马昭没有办法，就把罪责一股脑儿推给了成济，下令把这个倒霉的家伙满门抄斩。除掉了曹髦，司马昭从曹操的后代中找了一个十五岁的曹奂接替皇位，即魏元帝。曹奂，本名曹璜，魏武帝曹操之孙，燕王曹宇之子被封为常道乡公。

司马氏父子执政，改变了前两代大兴土木、滥用民力的弊政，继续大力推行富国强兵的战略。可以说曹魏的国力持续增长，但曹氏政权却逐步转移到了司马氏的手中。

名家评史

魏晋统治者的社会阶级是不同的。不同之处是：河内司马氏为地方上的豪族，儒家的信徒；魏皇室谯县曹氏则出身于非儒家的寒族。魏、晋的兴亡递嬗，不是司马、曹两姓的胜败问题，而是儒家豪族与非儒家的寒族的胜败问题。

——陈寅恪

　　灭蜀后一年，即咸熙元年（264年），司马昭进封为晋王，并加九锡。咸熙二年（265年），司马昭建天子旌旗，其世子改称太子。司马昭有两个儿子，即司马炎和司马攸。司马炎是司马昭的长子，字安世，据说生来异相，双耳过肩，双手过膝。可是父亲司马昭并不喜欢这个相貌奇特的长子，而偏心为人忠厚仁慈、喜欢古籍文章、具有儒者风范的小儿子司马攸。司马昭虽然把司马攸过继给哥哥司马师，但依然很想把他立为世子，作为自己的继承人。每次和司马攸在一起的时候，司马昭总是拍拍自己的座位，对他说："这就是桃符（司马攸的小名）以后的座位。"司马炎看到父亲宠爱司马攸，冷落自己，很不甘心。况且自己又是长子，按照历来的规制，王位是应该由他来继承的，弟弟没有这个权利。所以司马炎便和弟弟争夺世子的位置。他在朝中培养自己的心腹，收买司马昭的亲信，慢慢积聚力量。司马昭的手下对立司马攸都表示反对，连司马攸的岳父贾充都支持立司马炎为世子。由于司马炎得到了群臣们的鼎力支持，于是具有政治头脑的司马昭没有意气用事，打消了废长立幼的念头，在这一年十月正式立司马炎为世子。

　　泰始元年（265年）五月，魏帝曹奂下令，允许司马昭享有天子的仪仗。是年八月司马昭病死，享年五十五岁，追谥为文王，司马炎继立为晋王。司马炎于十二月重演了曹丕代汉的"禅让"故事，废掉魏元帝曹奂，自立为皇帝，国号晋，年号泰始。历史上称西晋，都城仍在洛阳。司马炎是为晋武帝。

　　魏自建安十八年（213年）建国，至咸熙二年（265年）名实俱亡，历时五十二年。若自曹丕代汉元年算起，则历时四十五年之久（220年—265年）。

竹林七贤

　　当时司马氏与曹氏争权，因此曹魏末期的政治十分黑暗。面对这种状况，

高逸图

《高逸图》为《竹林七贤图》残卷，作者是唐朝的孙位。图中只剩四贤，从左至右分别是：一为不修威仪、善发谈端的王戎，二为好老庄而性格卓然不群的山涛，三为饮酒放浪、惯作青白眼的阮籍，四为写《酒德颂》的刘伶。

很多文人义士恪守礼仪道德，不愿同流合污，因此当时出现了一些独特的隐士。其中以"竹林七贤"最为有名，所谓"竹林七贤"是指西晋初期的七位名士，即阮籍、嵇康、山涛、刘伶、阮咸、向秀、王戎。他们的活动区域在当时的山阳县，即今河南辉县、修武一带。他们七人常聚在当时的山阳竹林之下，肆意酣畅，故称"竹林七贤"。

这七人是当时玄学的代表人物，虽然他们的思想倾向略有不同。嵇康、阮籍、刘伶、阮咸始终主张老庄之学，山涛、王戎则好老庄而杂以儒术，向秀则主张名教与自然合一。但他们在生活上都不拘礼法、清静无为，聚众在竹林喝酒、纵歌。作品揭露和讽刺司马氏朝廷的虚伪，大都"弃经典而尚老庄，蔑礼法而崇放达"。

嵇康、阮籍、刘伶在政治上对司马氏集团均持不合作态度，其中以嵇康最为激烈，并因此获罪被杀。嵇康，字叔夜，出身于儒学世家，其人才学显著。他表面上旷达洒脱，实际上性格刚烈正直。因为他是曹氏的姻亲，自然对专擅朝权的司马氏极为不满。同时由于性格刚直，他在朝中得罪了司马氏的同党，终因小人进谗言而被司马昭杀害，他的名曲《广陵散》也因此失传。嵇康的《与山巨源绝交书》，以老庄崇尚自然的论点，说明自己的本性不堪出仕，公开表明了自己不与司马氏合作的政治态度，文章颇负盛名。向秀在嵇康被害后被迫出仕。阮咸入晋后曾为散骑侍郎，但不为司马炎所重用。

阮籍与嵇康齐名，曹魏时任尚书郎。但他与当时的曹爽一伙政见不和，因此辞官归家，后司马氏掌权将他重新征用，可司马氏在高平陵之变中杀害了很多政见不同的名士，这使阮籍无意再为司马氏政权效力，因此每天醉酒，"口不臧否人物"。因为不想将女儿嫁给司马炎，于是大醉六十天而拒绝司马昭提亲。阮籍的《咏怀》诗八十二首，多以比兴、寄托、象征等手法，隐晦

历史文献

康白：足下昔称吾于颍川，吾尝谓之知言。然经
怪此，意尚未熟悉于足下，何从便得之也？……间闻
足下迁，惕然不喜，恐足下羞庖人之独割，引尸祝以
自助，手荐鸾刀，漫之膻腥。故具为足下陈其可否。

——嵇康《与山巨源绝交书》

曲折地揭露最高统治集团的罪恶，讽刺虚伪的礼法之士，表现了诗人在政治
恐怖下的苦闷情绪。后人辑有《阮步兵集》。

刘伶是西晋沛县人，他在政治上强调无为而治，但被西晋以"无能"罢
免。他生平嗜酒，整日饮酒放诞，作有《酒德颂》。

山涛、王戎等则是先后投靠了司马氏，历任高官，成为司马氏政权的心
腹。山涛起先"隐身自晦"，但四十岁后出仕，投靠司马师，历任尚书吏部
郎、侍中、司徒等，成为司马氏政权的高官。王戎好清谈，但为人十分贪婪
吝啬，他一直在西晋任高官，置备家产，广收田园。每日拿着牙筹（数钱用
具）在家中数钱，时人都引为笑谈。

由于政治态度的不同，竹林七贤最后各奔东西。

吴末帝孙皓

诸葛恪死后，孙峻于建兴二年（253年）出任丞相。后孙峻在战争期间
病逝，由其从弟孙綝接掌权力。太平二年（257年），废帝孙亮亲政，但施政
常被孙綝掣肘。孙亮对孙綝的独断专权甚为不满，于是密谋诛杀骄横跋扈的
孙綝。永安元年（258年），孙綝派光禄勋孟宗将废少帝孙亮之事告于孙权宗
庙。孙綝发现孙亮想杀死自己，于是废孙亮为会稽王，改立孙休为帝。和孙
亮一起策划政变的大臣都被孙綝杀死。永安三年（260年），孙亮的封地会稽
传出谣言，说孙亮将返回建业复辟，而孙亮的侍从亦声称孙亮在祭祀时口出
恶言。于是孙亮被贬为候官侯，在前往封地途中死去。据《三国志》记载，
孙亮可能是自杀，也可能是被孙休派人毒死的。孙亮死时只有十七岁。

孙休登基后，封孙綝为丞相，孙綝权倾朝野，孙休遂设计诛杀了孙綝。
孙休在位期间，颁布多项制度，嘉惠百姓，促进了东吴的繁荣。孙休好文，
继位后于永安元年（258年）创建国学，设太学博士制度，诏立五经博士，
为南京太学之滥觞，韦昭为首任博士祭酒。他曾想统一南方，于永安七年

彩绘贵族生活图漆盘

这是出土于安徽朱然墓的三国时期吴国的彩绘贵族生活图漆盘。漆盘内的画面分为三部分：上为贵族宴饮，中为梳妆、对弈、驯鹰，下为出游。画面设计科学，布局简洁，富有浓郁的生活气息。

（264年），趁蜀中无主，西征巴蜀，却屡次战败。同年七月，孙休病重，已不能说话，但还能写字。当月即病死，时年三十岁，英年早逝。孙休死后大臣们迎立孙皓为帝。

孙皓，字符宗，东吴的第四代君主。他是孙权废去的皇太子孙和的长子，也是东吴的最后一位皇帝。虽然孙休有几个儿子，但孙休去世时儿子都十分年幼。群臣鉴于蜀汉之亡，认为主少国危，想立一个较年长的君主，所以作为废太子孙和的长子孙皓便被拥立为帝。孙皓即位后，追谥父亲为文皇帝，并为他举行祭祀大典。据《三国志》记载，孙皓初立时，下令抚恤人民，又开仓赈贫，减省宫女，并放生宫内多余的珍禽异兽，一时被誉为明主。

但很快他便变得粗暴骄狂、以暴虐治国，又好酒色，从而使民心丧尽。在孙皓统治时期吴国的政治极端腐败，不仅征收各种名目的苛捐杂税，而且还滥用民力，广营宫室。蜀汉灭亡后，吴国失去了长江上游的屏障，便把都城从建业迁到武昌（今湖北鄂州市鄂城区），长江下游人民溯江供应，疲惫不堪，引起普遍不满和反对，孙皓只好又迁都回建业。沉重的赋调徭役使人民过着"老幼饥寒，家户菜色"的贫困生活。士兵打仗、种田、交税、服役，却"衣不全短褐，食不赡朝夕"，处境更为悲惨。

东吴灭亡

孙皓信用小人，用剥面、挖眼、锯头、斩首等酷刑来虐杀大臣，弄得上下不安，人人自危。在社会矛盾尖锐的情况下，人民纷纷起来反抗。海盐、庐陵、豫章等地，都有农民起义发生。在这种情况下，东吴的统治已经是摇摇欲坠了。而这时的晋武帝司马炎却很有作为。他禁止奢华，提倡节俭，连自己的车驾上拴牛的青丝都换成了青麻，还曾经亲自耕种以鼓励农桑。在政治上他也很宽大，封赏汉献帝刘协以及后主刘禅的后代，对魏废帝曹奂尤其宽厚，允许他继续使用天子的仪仗，上表时也不用称臣。他的这些举动其实也是为了诱降孙皓。

泰始五年（269年），司马炎任命羊祜出镇襄阳，统领荆州的人马，并派其他人分别出镇扬州等地。羊祜到襄阳后，发现军粮不足。这时候东吴在距离襄阳七百里的一个小城中驻有兵马，经常骚扰边境。羊祜先用诡计骗其撤兵，解除了威胁，然后立刻组织军士屯田，开荒八百顷。他刚到襄阳时，军粮不足一百天，几年后就囤积了足够支持十年的用度。同时他对东吴采取怀柔政策，出兵打仗从来不搞诡计（并非不会），尽管人们劝他兵不厌诈。俘获的东吴军民有想回去的一概放还。羊祜出兵东吴时，如果在其境内收割了军粮，事后一定会按照价值送绢补偿。打猎时也禁止晋兵过境，如果发现自己的猎物中有之前被东吴射杀的一律派人送还。后来连东吴的人都尊称其为"羊公"，他去世时甚至为他痛哭。东吴在泰始年间（265年—274年）任命了陆逊之子、镇军大将军陆抗为荆州附近的统帅。

羊、陆两人互相尊敬，经常派使者往来。陆抗有时送给羊祜好酒，羊祜都痛快地畅饮。陆抗对羊祜也相当信赖佩服，他有病时羊祜曾派人送来药，手下人劝他小心谨慎，而陆抗却一饮而尽，并说："羊祜不是这种小人！"同时陆抗告诫手下："他们一心行德，我国如果再政令严酷，那么不用他们动手我们自己就会失败。我们大方向上要安民报国，小事上不要太苛刻。"羊祜、陆抗虽然私下互相敬佩，但在公事上却毫不相让。

泰始八年（272年）八月，两人终于交手，这就是东吴平定步阐叛乱之战。此年八月，东吴朝廷征调镇守西陵的步阐入朝。步阐是步骘的儿子，步家在西陵镇守两代，一下子得到朝廷的调令，以为这是朝廷认为他不称职的惩罚，立刻举兵反叛。他派人把侄子送到洛阳为人质，晋朝也对其加官进爵。十月陆抗出兵平叛，晋朝也命令荆州刺史杨肇增援西陵，车骑将军羊祜进攻江陵，另从巴东地区派水军攻击建平牵制东吴。陆抗将西陵围个水泄不通后，自己驻扎在要道上阻挡杨肇的援兵。陆抗严令自己的部下立刻修筑工事，大家问他为什么不一鼓作气攻克西陵。而陆抗对这一战的艰苦有清楚的认识，他说："这里城池坚固，粮草充足，没那么容易攻克！如果不预先作好准备，北方的援兵来了后里应外合，怎么办呢？"但诸将不同意他的意见，只好进攻，果然没讨到便宜。羊祜的五万大军逼近江陵，陆抗也不以为然，他说："江陵是坚城，不是那么容易攻克的。而西陵的叛乱如果不能平定，整个西部将无法安宁！"他立刻亲赴前线。江陵北方有陆抗专门修建的堤坝，蓄水来阻挡北方强大的步兵。羊祜本来想利用这里的水路运粮，却派人制造谣言说要破坏陆抗建的堤坝来通过步兵。陆抗听说后，立刻命令破坏堤坝。而羊祜只好另外从陆地运粮。十一月陆抗到

陆抗

陆抗是东吴大将陆逊之子，东吴后期著名的将领。曾屡次击退西晋的南侵。其死后东吴就再没有可以与西晋相抗衡的将才了。

羊祜

羊祜在职期间清正而有所作为，军不扰民，发展生产。百姓都十分崇敬他。其死后，襄阳百姓为了纪念他，修建了堕泪碑，以此表达对他的怀念之情。

了西陵后，吴军中发生叛变。

陆抗认为自己的部署已被敌方得知，立刻派精兵加强原来薄弱地方的守备。第二天晋兵果然蜂拥而至，陆抗一声令下吴军迎头痛击。杨肇损兵折将后，不得已在一个月后撤兵。陆抗派了少量的人马虚张声势去追击，却把杨肇吓了个半死，晋兵一败涂地。十二月西陵孤掌难鸣被攻克，攻击江陵的羊祜也被迫撤走。陆抗为此被孙皓加为都护，而羊祜却从车骑将军变成了平南将军，杨肇被撤职。孙皓听到捷报，得意忘形，从此再也不理朝政。泰始十年（274 年）陆抗病逝后，羊祜再也没有什么顾忌了，开始了灭吴的筹划。咸宁二年（276 年），他再度升任镇南大将军后，立刻上表陈述灭吴的主张，司马炎对此相当赞同。但大家大多认为陇西一带才是重点，加上羊祜因为不巴结朝廷权贵而被贾充等人所忌恨，只有张华、杜预等少数人赞同。这件事因此被搁置了起来。咸宁四年（278 年），羊祜病情加重后回到洛阳，司马炎对他相当尊重，长谈之后终于下定了灭吴的决心。因为晋朝大臣的阻挠，司马炎总是不能下决心灭吴，羊祜最终遗憾地去世了，没能看到统一江东。去世前羊祜给司马炎写了一个详细的进攻吴国的军事方案，并举荐杜预代替他驻守边镇。十一月司马炎在他的推荐下任命了杜预为镇南大将军，荆州地区的新统帅。同年羊祜病故，享年五十八岁。

羊祜没有看错人，据《晋书》记载，杜预本人虽没有什么武艺，连骑马都

孙皓遭报

孙皓曾想要将佛寺关闭，因康僧会说法感化才作罢，此图描绘的是孙皓污佛遭报后忏悔减罪的情景。

不会，射箭的技术就更谈不上了。但每有军事行动，朝廷都要召他参谋规划，因为他知彼知己，善于同敌人斗智。在灭吴战争中，吴人最恨杜预，主要是因为他善于用兵，常常给敌人以致命打击。杜预有大脖子病，东吴人就给狗脖子上戴个水瓢，看见长包的树，写上"杜预颈"，然后砍掉，借以发泄对杜预的仇恨。杜预到任后挑选精锐突袭东吴的西陵守将张政，把他打了个措手不及。张政对此羞愧难当，不敢上报。杜预将此事转而上报东吴，孙皓果然把张政撤了职。张政是东吴的名将，这次虽然因为不小心而兵败，但仍然不失为一位名将。这下却被东吴自己解决了。咸宁五年（279年），七年前就开始打造舰船的益州刺史王濬以及杜预等纷纷上表，催促司马炎下决心灭吴。司马炎收到杜预的表章时正和中书令张华下围棋。张华当时便离席而起说："陛下神武，国富兵强；孙皓失政，东吴衰败。这样的机会不能放弃，希望您下定决心吧！"司马炎这时已经完全被说服，并责骂了仍然劝阻他出兵南伐的贾充。当年十一月，晋朝集中了二十万大军，分兵多路以摧枯拉朽之势开始了灭吴之战。

此后在晋平吴的途中虽然还有些反对意见，但司马炎已经坚定了灭吴的决心，战役的进展也很顺利，最终取得了灭吴战争的胜利。

太康元年（280年）初，杜预从荆州向江陵，王浑从扬州向建业，王濬从益州率领水军沿长江直插东吴腹心，势如破竹。王濬也是个名将，他在益州督造了大批战船，船上还造了高墙城楼，人站在上面，可以四面瞭望。

为了不让东吴发觉，造船是秘密进行的。但是许多削下的碎木片掉在江里，顺水漂流到东吴的地界。东吴太守吾彦发现后，敏锐地感觉到事情不妙，连忙向吴主孙皓报告说："这些木片一定是晋军造船时劈下来的。晋军在上游造船，看来是要进攻东吴，我们应该提前作好防守的准备。"

可是孙皓对这一正确的分析并没在有放在心上，只是满不在乎地说："怕什么！我不去打他，他们还敢来侵犯我！"

吾彦没有办法，只得在江面险要的地方打上大木桩，钉上大铁链，把大江拦腰截住。又把一丈多高的铁锥安在水面下，好像无数的暗礁，使晋国水军没法通过。此时王濬得到了杜预的大力援助，给他运来了大批木筏。王濬命令士兵在每个木筏上放上草人，披上盔甲，手拿刀枪，让几个水性好的兵士带领这一队木筏随流而下。这些木筏碰到铁锥，铁锥的尖头便扎在木筏子底下，被木筏扫掉了。然后烧断铁链，乘风破浪直下江南。按照朝廷的命令，王濬攻克建平（三峡附近）后归杜预指挥，到建业后归王浑指挥。杜预看到

正史史料

　　武皇帝讳炎，字安世，文帝长子也。……及晋国建，立为世子，拜抚军大将军，开府、副贰相国。……封魏帝为陈留王，邑万户，居于邺宫；魏氏诸王皆为县侯。追尊宣王为宣皇帝，景王为景皇帝，文王为文皇帝。

——《晋书·帝纪第三》

这个命令后却想到，王濬如果攻破了建平，他的功劳在自己之上，怎么能够指挥得动他；如果攻不破建平，他根本就到不了自己这里。因此攻克江陵后他写信给王濬，要他长驱直入直取建业，实际上是放权给王濬。王濬得到这样的鼓励，立刻顺江而下直奔建业。半路上王浑提醒他，王濬笑笑答道："风大船快，我也停不住啊！"而此时东吴剩下的少量武装一触即溃。晋兵南下时，孙皓就命令丞相张悌率兵三万渡江迎战。由于双方的实力差别过于悬殊，张悌战死。王濬势不可当，其兵甲塞满长江。孙皓先后派出了两支部队抵抗，第一支部队有一万人，结果却望风而降，这时候孙皓手下的人还说晋兵乘的都是小船，我们的大船撞也能把他们撞翻。六神无主的孙皓当即派两万人的部队给了此人，结果这支部队在组建的当天夜里就全都当了逃兵。三月走投无路的孙皓在部下的劝说下投降，东吴灭亡。五月被送往洛阳后，司马炎封他为归命侯，四年后死于洛阳。随着东吴的灭亡，三国的历史也彻底地降下了帷幕。

短暂兴盛中的危机

　　晋武帝在统一全国之后，很快就失去了励精图治的雄心，在他的带领下，朝廷上下都过着一种荒淫奢侈的生活，政治日趋腐败。分封诸王也为日后埋下了隐患，而危机出现的另一个重要原因，则是后继无人。

太康之治

　　自从 280 年灭掉吴国之后，司马炎就把年号改为"太康"，十年间再没有发生大的战争，社会发展得到了一个喘息的机会。

皇甫谧
皇甫谧，字士安，西晋著名学者、医学家。其著作《针灸甲乙经》是我国第一部针灸学著作。晋武帝时多次征召皆不就。

司马炎刚刚坐上皇帝宝座之后，并没有开始过高高在上的奢靡生活，而是审时度势地巩固自己的帝位。他知道父亲司马昭和祖父司马懿对曹氏所进行的残酷杀戮使人们对他也存有戒心，南边的东吴也还没有消灭。为了统一天下，司马炎采取了以仁义治国的方针，赏赐安乐公刘禅的一个子弟做驸马都尉，安抚人心；下诏书准许陈留王曹奂继续用皇帝的仪仗出入，向他上书时也可以不用称臣。

为了发展经济、增强国家实力，司马炎专门颁布诏书，将无为而治作为治国方针。当年他又向地方的郡国颁布了五个诏书：一是正身；二是勤百姓；三是抚孤寡；四是敦本息末，即鼓励农业这个国家之本，压制商业这种末业；五是去人事，也就是精简机构，裁撤冗员。

这种诏书虽然有些作秀的味道，但其中的很多措施确实是当时应该做的。曹操原来实行的利国利民政策，到了魏国末期已经被众多剥削民众的苛政所取代，司马炎这时的诏书即使不能全部施行，也给遭受繁重剥削的百姓带来了一丝希望。

为了恢复和发展经济，晋武帝实行占田制。

晋武帝早在致力于统一全国之时，便力革曹魏积弊，下诏郡国守相务劝农功，务尽地利，大力发展农业生产，收到了初步效果。灭吴之后，改元"太康"，以示天下从此太平康乐之意。为了实现这一目标，他采取了三条重大措施：一是对原吴国地区仍示以宽厚，尽快安定社会秩序；二是对军队进行整编和复员；三是颁布和推行占田制。

占田制并不是政府将土地授给农民，只是承认其占有土地的限额，将其占有合法化。它解除了屯田制下军事管制的强迫劳动，鼓励人民去占田开荒，对士族地主占田则在法律上给予了一定限制。

据载280年西晋有户二百四十六万，282年即激增至三百七十七万，两三年间增加了一百三十多万户，这与西晋初期实行占田制，恢复发展经济，使得大量流民垦占荒土，重新向国家呈报户口具有密切的关系。《晋书·食货志》载："是时天下无事，赋税平均，人咸安其业而乐其事。"这些叙述虽然显有溢美之处，但也多少反映出占田制实行后，太康年间的繁荣情况。

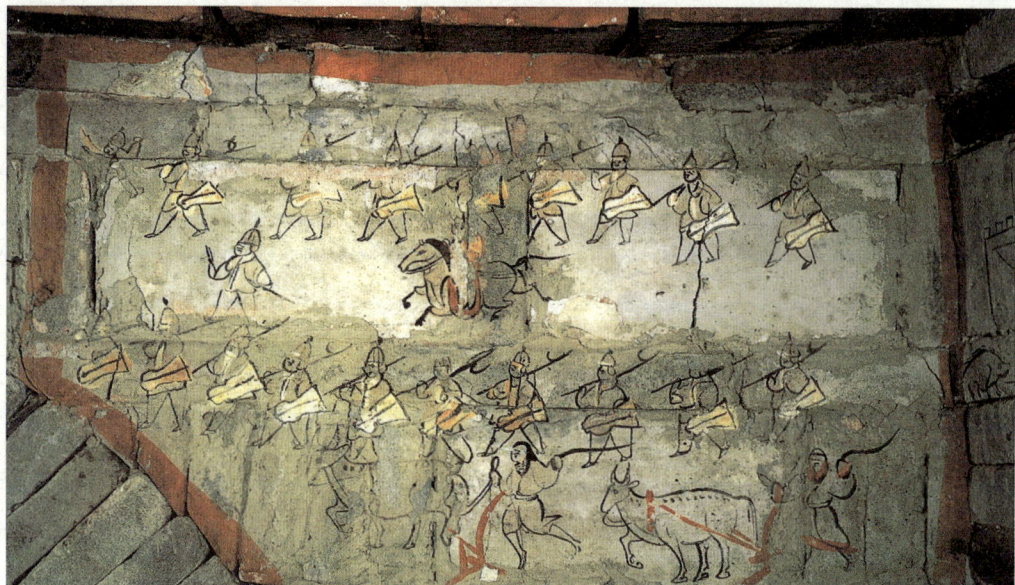

西晋的屯垦、屯营

这两幅壁画分别反映了西晋时期军队屯垦和屯营的情况。屯垦图中手拿戟盾的士兵在操练,骑兵之前持刀兵士作为前导。在牛耕画面中,一耕者披发跣足,身穿窄袖衫和肥大短裤,似为少数民族。屯营图中的右侧有六面旗组成的营门,主将居于中间的大帐中,此图提供了古代军队屯营的形象资料。

历史细读

魏晋时期承袭汉代旧俗，流行单名。以三国西晋这段历史著名人物为例，如刘备、曹操、孙权、关羽、张飞、诸葛亮、司马懿、嵇康、阮籍、羊祜等，都是单名。

分封诸王埋隐患

西晋统一全国后，为了使江山更加稳固，采取了分封诸王的政策。

当初曹爽当政时，曹冏曾上《六代论》，从历史上论述分封的必要性。并指出，如不分封宗室诸王，政权可能转入他人之手。六年后，司马氏果然夺取了曹魏政权。西晋统治阶级也认为没有摘分封制是曹魏灭亡的主要原因。晋武帝觉得要想让江山更加稳固，由同姓诸王屏护才会更加保险，于是在建国初期的 265 年就分封了二十七个同姓王，并不断扩大他们的权力。开始仅允许诸王自选国中长吏，收取封国的租税。继而又以户数多少把诸王分为三等，并开始置军。大国二万户，置上中下三军，五千人；次国万户，置上下二军，三千人；小国五千户，置一军，一千五百人。以后又逐步使诸王都督各州军事、假节，得斩违军令者。这样诸王不仅掌握了封国中的军政大权，并且控制了相当多的军队。

西晋分封宗室的目的是为了藩卫皇室，但后来随着统治阶级内部矛盾的发展，诸王大都卷入了争夺中央统治权力的斗争中，反而削弱了中央皇权的统治。晋武帝在分封同姓王的同时，又大封异姓士族为公、侯、伯、子、男等爵位，他们也有封地，公侯邑亦分三等。其辖下民户数：大国一万户，次国五千户，小国五千户以下。晋武帝完成了分封宗室诸王的政治计划，自以为得计，认为司马氏的统治从此稳固了，其实反而种下了祸根。

277 年，将军杨珧等人又建议说："古时候分封诸侯，是为了藩屏护卫王室。而现在诸位王公都在京城，这就失去了保卫王室的意义。当异姓诸将领居住在国家的边境地区时，应当让皇室的亲戚参与其中。"司马炎觉得有道理，于是下诏书，将扶风王司马亮改封为汝南王，出任镇南大将军，都督豫州诸军事；琅邪王司马伦改封为赵王，督邺城守事；渤海王司马辅改封为太原王，监并州诸军事；东莞王司马仪当时任镇东大将军，假节，都督徐州诸军事，遂改封为琅邪王；汝阴王司马骏因当时任镇西大将军，使持节，都督

晋武帝羊车游宴

晋武帝后期日益骄奢淫逸，后宫美女如云，他每天都为到哪里留宿而发愁。后来干脆赶着羊车在后宫游玩，羊车停到哪里，他就"随遇而安"住下来。

雍凉等州诸军事，遂徙封为扶风王。诸王封国在其都督区内，使他们得以长期留任。如赵王司马伦坐镇邺城达十四年之久。诸王中不担任官职的，都把他们遣返回各自的封国。

异姓大臣中有立过大功的，也都被晋武帝封为郡公或郡侯。贾充被封为重郡公，王沈被追封为博陵郡公，羊祜被封为南城郡侯。

羊祜见到诏书后，坚持推辞不接受。羊祜每当被授予官职和爵位时，经常辞让，他的至诚之心一贯有名，所以羊祜被特别许可不接受分封给他的官爵。羊祜一直掌管着关键的部门，凡是他参与谋划商议的事情，他都把草稿烧掉。由羊祜荐举而做了官的人，自己都不知道是谁推荐的。羊祜常说："在公众的朝廷里授予官职，但是却让别人向你个人谢恩，这样的事情是我所不敢做的。"

诸侯们分封到地方后，慢慢积聚自己的力量，为后来的"八王之乱"埋下了伏笔。

驾羊车游幸后宫

全国统一，再加上大封诸侯，晋武帝司马炎觉得天下已经太平，可以坐享江山了，于是司马炎开始贪图醇酒和美女。其实早在泰始九年（273 年）他就下诏选中级以上文武官员的女儿入宫，第二年又下令挑选下级官员及普通氏族家庭的女儿入宫。他选美女期间，天下人一律不许结婚，要等他挑选后才可婚嫁。他派太监乘车马到全国各地去挑选美女，然后带回宫中。高门大族的女儿们怕被选中，都故意弄得蓬头垢面，穿着又破又脏的衣服，被选中者离开父母时无不号啕大哭。他宫中的姬妾多达一万余人，以致使他每天发愁，不知道到谁那里睡觉才好。于是就乘坐羊车，任凭羊停在何处，他就宿在何处。有些聪明的女子为了得到皇帝的宠幸，便想出一个办法，将竹叶插在门口，并在地上洒上许多盐汁。因为羊生性喜欢吃竹叶，又喜欢吃咸的东西，因此就停下来不走。这些美女也就得到了宠幸的机会。

不久宫里的美女都知道了这个办法，纷纷仿效，以至于每一个门前都插上了竹叶，地上洒满了盐。羊也变得刁猾起来，开始随意走随意停，不再被竹盐所诱惑。美女们没有办法，只好听天由命了。

石崇王恺斗富

大臣们见司马炎变得昏庸荒淫，便找机会劝谏。一次司马炎和众人去洛阳郊外祭祀，回来后司马炎得意地问司隶校尉（当时京城地区的监察官）刘毅："你说我能与汉朝的哪个皇帝相比？"司马炎觉得刘毅肯定会回答汉高祖刘邦、武帝刘彻以及光武帝刘秀之类有名的皇帝，没想到刘毅却说他只能和汉桓帝、灵帝相比。司马炎很不高兴，因为这两个皇帝统治时期是东汉政局最混乱的时候。司马炎不甘心地问道："我怎么会和他们一样呢？"刘毅直言不讳地说："当年汉桓帝卖官，让人把钱都归入了国库。而陛下您现在也卖官，所得的钱却都进了自己的腰包。要这么来说的话，您恐怕还不如桓、灵二帝呢！"司马炎无法狡辩，只好讪讪地替自己找个台阶说："爱卿所言极是。不过在桓帝时没有你这样的直言之臣，但我身边却有，这说明我还是比他们好一些啊！"

不仅仅卖官，司马炎每天的三餐饭就要一万钱，还嫌没有可吃的菜，无法下筷子。而一万钱，在当时足够一千人一个月的伙食。司马炎一次在女婿王济家吃饭时，有一道乳猪非常好吃，司马炎就问王济是怎么做的。王济偷偷告诉他，乳猪是用人的乳汁喂养大的，做的时候又用人的乳汁烹制，所以很好吃。司马炎听了很不高兴，觉得女婿超过了自己，结果宴席没结束就借

金谷园图

石崇十分宠爱他的小妾绿珠，曾经给绿珠修建了一个园林，即"金谷园"。此图描绘的就是石崇在金谷园中寻欢作乐的情景。

故走了。王恺是晋武帝司马炎的母亲文明太后的弟弟，官拜右将军，颇得武帝的宠爱和器重。于是大权在握，欺压百姓，聚敛财富。他与当时的散骑常侍石崇、景献皇后从父的弟弟羊琇三人共称"三大富豪"。他们为证明谁才是最多财富的拥有者，竟然用谁更为奢侈来一比高下。王恺自认为财富无人匹敌，用当时特别贵重的麦糖清洗锅子，而石崇对此不以为然，竟用更为珍贵的石蜡当作柴火焚烧。王恺不甘示弱，用紫纱步障四十里，石崇则用织锦步障五十里。石崇用一种叫椒的涂料涂饰房屋，王恺就用红色的石脂盖过他。晋武帝对此不仅不加管束，而为了使王恺获胜，还曾多次资助他，为他壮威。有一次他赠送给王恺一株二尺多高的珊瑚树，王恺便十分得意地拿出来向石崇炫耀，谁知石崇竟拿出铁如意，几下就将珊瑚树击成碎片。王恺见状勃然大怒，以为石崇是出于忌妒所致。谁料石崇却轻松地说道："这没有什么大惊小怪痛恨不已的，我现在赔给你。"于是便命令他家的仆从取出自家珍藏的珊瑚树，二尺多高的异常之多，三四尺高的竟然也有六七株之多。王恺看见后被惊得目瞪口呆，艳羡万分。后来两人斗得离了谱，石崇开始造假来骗王恺，他的牛车跑得快如飞鸟，原来他故意把车辕弄歪，让牛卡得疼痛难忍，就跑得快了。造假的目的只是为了占点上风，可见当时这些富豪的生活是何等的奢侈、无聊。后来王恺知道了石崇的把戏，便如法炮制，牛车竟跑得比石崇的还快。石崇知道后，竟然残忍地将泄密的人杀死了。

这些世家豪族的心性也极其残忍，例如在请客人吃饭喝酒时，石崇经常让美女劝酒，如果客人喝不完酒，他就杀掉这个美女。有次王导和王敦兄弟俩去他那里吃饭喝酒，而人们都知道石崇的这个"规矩"，本不善饮酒的王导为不祸及女侍，每次都把酒尽量喝尽。但王敦却不吃这一套，总不喝完，使石崇连杀三人。王导埋怨王敦不通人情，王敦却说石崇杀自己人，不必着急。

"太康繁荣"就在这种腐败中走向了末路。

玄学盛行

面对西晋社会又渐入腐朽，当时的士人对黑暗的政治越来越失望，玄学成为名士的主要思想寄托。

玄学盛行于魏晋时期的士人中，"玄"是幽远之意。《老子》曰："玄之又玄，众妙之门。"王弼注："玄者，冥也。默然无有也。""无"是玄学的核心。这就是所谓的"贵无"思想。当时玄学所谈，主要是《老子》《庄子》和《周易》，所谓"三玄"。

魏晋以来，士人对处于统治地位的儒家经学观点早已厌倦，要求用"新"的观点来解释自然、社会或历史现象。由于社会处于战乱状态，自东汉末至司马氏时期，专权已经成为了政治风气。一般士人上进无路，由于党派之争且有生命之虞，因此士人的思想消极，倾向于"玄虚淡泊，与道逍遥"。这些因素都促成了魏晋玄学的产生。

清谈玄学之风，始于曹魏正始时期（240年—249年）。初期代表人物是何晏和王弼，稍晚的代表人物即前面提到的"竹林七贤"阮籍、嵇康等人。阮籍、嵇康由于反对司马氏专权，经常遭受迫害。于是在思想和生活方面，采取了崇尚自然、反对名教、放荡不羁、使酒任性的态度。在政治上崇尚无为，主张国君要无为而治，甚至主张"无君""无臣"。阮籍说："无君而庶物定，无臣而万事理。"

白痴太子

立子嗣问题向来是历代帝王费心头痛的大事，晋武帝司马炎也不例外。司马炎在泰始三年（267年），册立了嫡长子司马衷为皇太子，但司马衷却是个痴呆，因此司马炎心里一直有些犹豫和担心。

司马炎的胞弟司马攸，被封为齐王，为人清和平允，亲贤好施，声名很好。司马炎在内心深处，一直把这位端凝美姿容的弟弟当作最强的竞争对手。司马昭临死时，曾向司马炎、司马攸兄弟讲解汉朝淮南王、魏朝陈思王（曹植）与当兄长的皇帝之间不相容的故事，劝诫二人友爱相扶。母亲王太后在临死前，也流着泪对司马炎说："桃符（司马攸的小字）性急，而你这位哥哥也不慈爱，如果我死了，恐怕你们兄弟必不相容。希望你能友爱自己的弟弟，勿忘我言。"

司马攸获封齐王后，"总统军士，抚宁内外"，有匡济之功。"而时有水旱，百姓则加赈贷，十减其二，国内赖之"，对晋朝以及他自己封地内的官吏、人民恩养有加。降身虚己，待物以信，并不时劝谏晋武帝务农重本，去奢即俭。

晚年的司马炎知道司马攸是众望所归，于是不再让他留在京城，把齐王和他的儿子们都放了外任。司马攸于是上书，乞求自己能为死去的生母王太后守陵，但司马炎不答应。眼见催促赴封国上任的诏书一道比一道急，司马攸又气又急，一下子病倒了。

为了查明弟弟是否装病推脱离京，晋武帝不停地派宫中御医到齐王府邸去诊视。御医们终日在宫中行走，明白武帝的心思，都知道司马炎心中在防备齐王，回宫后都报称齐王身体很好，没有大碍。而真实情况是，司马攸的病势一天重过一天，但催其上路的诏书却日益严厉，没有丝毫回旋的余地。

齐王司马攸生性刚强，虽然已经病得几乎不能走路，仍旧挣扎着换上一身新朝服，梳洗停当，入宫面辞晋武帝。兄弟两人各怀心事道别。辞出数日，半路颠簸辛苦的齐王终于支持不住，吐血而亡，年仅三十六岁。晋武帝得知

女史箴图

此图是东晋画家顾恺之根据西晋张华的《女史箴》一文而画。此书宣扬封建社会的女性道德，描写了古代宫廷侍女的节仪行为，借以劝诫和警示独揽国家大权的皇后贾氏。

皇弟死讯后，才明白司马攸不是装病，恸哭不已。下诏处死了数位为齐王诊病的御医，也借此掩饰自己的过失。

英明的弟弟死了，司马炎不再担心他会篡夺自己的皇位，但对于痴呆的太子司马衷，却始终犹豫不决。恰巧有一天晚上宫中着了火，司马炎到城楼上观看火情，这时司马衷年仅五岁的儿子司马遹却过来拽爷爷的衣服，说夜里危险，不能让光亮照到皇帝身上。司马炎听了又感动又惊讶，如此小的孩子竟有这样的智力。司马炎从此坚定了让傻儿子做太子的决心，希望孙子以后能有大的成就。

这时的晋武帝司马炎，虽然还没有像后来那样荒废国政，但也有诸多缺陷，例如用人不当。他不听人劝告，任用胡烈、牵弘两人到西部打击羌胡入侵，结果二人因为应对无方，剿抚不力，不久后全部战死，陇西一带也混乱起来，司马炎追悔莫及。从此晋朝尽管大力镇压连年动武，也仅仅能保住勉强的和平。边疆不宁是常见的事，这件事本身不是太大的问题，但却对后来的事情有着间接的影响。其一就是统一全国，陆抗病逝后羊祜就建议灭吴，而此时贪图安逸的贾充等人却极力反对，他们反对伐吴的理由之一，就是他们认为应先集中力量平定陇西，因此让东吴多延续了几年；其二就是间接影响了司马炎选太子妃。边疆出现叛乱，朝廷当然要选派有能力的大臣去处理，很多大臣都推荐贾充。贾充是个善于玩弄权术的小人，到了战场上就没有了他的"用武之地"，很多正直的人都看不起他。而此时推荐他的目的实际上是想要把他堂而皇之地逐出京城。

贾充一时之间无法推辞，便找手下人商量对策。手下人就给他出谋划策，说您只有与皇帝结亲这一个办法，即想办法把女儿嫁给太子，这样才能名正言顺地留在朝中。贾充的长女已经嫁与司马炎弟弟齐王司马攸为王妃，次女名叫贾南风。太子司马衷已经十三岁，到了婚娶的年龄，这时司马炎的即将定下卫瓘的女儿为太子妃。这位卫小姐是大家闺秀，富有教养，懂理礼数。与此相反，贾充的女儿贾南风则是貌丑性妒。而且司马炎知道这些。虽然司马炎认为贾南风"丑而短黑"，不宜做太子妃。但善于此道的贾充却有办法，他先行贿司马炎的皇后杨艳，再让自己的党羽在司马炎面前整天吹嘘自己女儿的才德。司马炎的皇后杨艳因为得到贾充的妻子郭槐许多礼物，便提出要为太子娶贾充又黑又丑的女儿十五岁的贾南风为妃。便在司马炎面前说贾南风如何贤良。这样司马炎终于在泰始八年（272 年）二月，将贾南风迎娶为太子妃。司马炎虽然不是无能的君主，却先立了个白痴的太子，然后又给太子找了个黑心的妃子。

太熙元年（290 年）四月，晋武帝命汝南王司马亮和杨骏一同辅政，之后就死于洛阳宫中的含章殿。当时的皇后杨芷为了使其父杨骏单独辅政，就伪造遗诏，封杨骏为太尉，兼太子太傅，统帅军队，并总领尚书，执掌朝政。

内忧外患，分裂在即

西晋门阀世族集团在建国初期就暴露出了其奢侈残暴和腐朽性的一面。晋惠帝继位后，统治集团内部的矛盾愈演愈烈，终于爆发了"八王之乱"。建兴四年（316年）十月，匈奴攻破长安，晋愍帝司马邺出降，内忧外患的西晋终于灭亡。

八王之乱

"八王之乱"历时十六年，不仅使社会生产遭受到严重破坏，百姓的生活陷入水深火热之中，同时也使西晋的国力损失殆尽，无力控制地方和内迁各族，阶级矛盾和民族矛盾也全面爆发。因此在各地流民起义的同时，各族上层分子也抓住时机，起兵反晋，其中匈奴人刘渊起兵最早。

"何不食肉糜"

晋武帝死后，太子司马衷继位，是为晋惠帝。晋惠帝司马衷是有名的白痴，而他的皇后贾南风则是历史上有名的荒淫残忍的皇后。此时的司马衷已经是三十多岁的人了，但因为痴呆，无法处理政事，而且不时还要闹出一些笑话来。

有一次司马衷带了一群太监在御花园里游玩。那是初夏季节，池塘边的草丛间，响起一片蛤蟆的叫声。司马衷呆头呆脑地问身边的太监说："这些小东西是为官家叫，还是为私人叫呢？"太监们面面相觑，不知这问话到底是什么意思。有个比较机灵的太监一本正经地说："在官地里的为官家，在私地里的为私家。"司马衷似懂非懂地点了点头。

有一次各地闹饥荒，地方的官员把灾情上报朝廷，说灾区的百姓饿死很多。司马衷问大臣说："好端端的人怎么会饿死？"大臣回奏说："闹灾荒，没有粮食吃。"司马衷忽然灵机一动，说："没有粮食吃可以吃肉粥嘛！"大臣们听了，个个目瞪口呆。

而贾南风在当太子妃时就十分残忍，一个宫女怀有司马衷的孩子，被贾南风得知，她就亲手将那个宫女杀死。司马炎对此十分愤慨，一度想将她废掉，但因贾充在朝中的地位牢固，权势显赫，因此没能实现。司马衷对这个妻子既害怕又喜欢，凡事都顺从贾南风的意思。

司马炎对儿子的痴呆一直心存不安，总想试试儿子到底傻到什么程度。一次他送给太子一卷文书，里面提出了几件公事，要太子处理。太子虽然痴呆，贾南风却十分聪明。见到这卷文书，马上就明白了皇帝的意思，连忙把宫里的老师请来，替太子做答案。

老师写了一份答卷，引经据典，头头是道。贾南风看了挺满意，可想到皇上是知道太子平常不大懂事的，现在写出这样一份卷子，反倒会引起他怀疑。于是就命太监照着那份答卷另外起草了一份粗较为浅的答案，让太子依样画葫芦抄写了一遍，送给司马炎。司马炎一看，卷子虽然写得不高明，但总算有问有答，可见太子的脑子还是清楚的，因此便打消了废黜太子的念头。

历史文献

钱之为体，有乾有坤。内则其方，外则其圆。其积如山，其流如川。动静有时，行藏有节。市井便易，不患耗折。难朽象寿，不匮象道。故能长久，为世神宝。亲爱如兄，字曰"孔方"。失之则贫弱，得之则富强。无翼而飞，无足而走。解严毅之颜，开难发之口。钱多者处前，钱少者居后。处前者为君长，在后者为臣仆。君长者丰衍而有余，臣仆者穷竭而不足。诗云："哿矣富人，哀哉茕独。"岂是之谓乎？

——鲁褒《钱神论》

贾南风弄权

前面介绍了，晋武帝司马炎临死前，曾遗命汝南王司马亮和杨骏一同辅政，但杨芷皇后为了让自己的父亲大权独揽，擅自修改了遗诏。

太子司马衷即皇帝位，改元永熙，尊杨皇后为皇太后，册立贾妃为皇后。

贾南风一向有着强烈的权力欲望，虽然丈夫是皇帝，自己贵为皇后，但朝中大权皆为太后杨氏及杨骏把持，自己只是以小辈仰人鼻息，心中十分愤恨。贾南风想干预朝政，于是请汝南王司马亮入朝一同参政。

元康元年（291年）四月，司马亮让楚王司马玮入朝，骗司马衷说杨骏要谋反。司马衷哪里辨得清什么真假，命楚王司马玮屯兵司马门，东安公司马繇率禁兵四百人去逮捕杨骏。

杨骏得知内变，急忙召众官商量。但却没有决断，一时不知如何是好。不久被乱兵刺死，家中老幼无一幸免。杨太后的母亲裴氏依罪该斩，杨氏"截发稽颡"，上表儿媳贾后，自称臣妾，哀求饶了母亲的性命。贾后当然不许，当着杨太后的面，杀掉了杨骏的妻子，又把杨太后幽禁，派人断绝饮食，活活将其饿死。

除掉杨骏后，朝臣推举汝南王司马亮和元老卫瓘共同辅政，贾南风没能达到完全掌权的目的。于是她联合楚王司马玮用"诬以谋反"的手段除掉了汝南王司马亮。"八王之乱"的序幕由此拉开。

贾后又以司马玮胡乱杀人为由，一道诏书颁下，又斩了司马玮。从此贾南风专擅朝政，开始肆无忌惮地妄为。

从290年到300年，贾南风在这十年间大权独揽，将朝廷完全置于自己的控制之下，大肆委用亲信、党羽，派他们担任重要的官职。贾南风的族兄贾模和

贾氏南风夺朝政
贾南风，晋惠帝司马衷的皇后，贾充之女。
貌丑而性妒，因惠帝懦弱而专权。

从舅郭彰，分掌朝政。

当时的皇太子司马遹不是贾南风所生。这个司马遹就是在皇宫失火时紧紧拉住司马炎的衣服，不让火光照到他身上的孩子。司马炎十分宠爱他，对大臣夸赞司马遹说："此儿当兴吾家。"

贾南风对此十分忌妒。元康九年（299 年），贾南风将妹妹贾午生下的男婴弄入宫中，说是自己所生。接着到处散布太子的恶行，为废除太子做准备。永康元年（300 年）一月，贾南风以司马衷生病为由，召太子入朝，然后灌醉了太子，让他抄写了一份自己早已拟好的"谋反"诏令。第二天朝会上遍示众人，表示"（司马）遹书如此，今赐死"。

大臣张华和裴颜力保太子无辜。贾南风害怕事缓有变，上表请废太子为庶人，又自拟皇帝诏书"许之"，太子被送往洛阳之外的许昌宫囚禁。贾南风旋即派孙虑等害死了太子司马遹。

朝廷大臣们对此议论纷纷。掌握禁军的赵王司马伦抓住了把柄，派禁军校尉、齐王司马冏带兵进宫逮捕贾南风。

专门玩弄阴谋的贾南风，这一下也中了别人的计。见齐王司马冏带兵进宫，大吃一惊说："你们想干什么？"司马冏说："奉皇上的诏书，特来逮捕你。"贾南风大叫大闹，指望司马衷来救她，但赵王司马伦手起刀落，把她抓起来杀了。

贾南风死后，羊献容被立为皇后。

八王之乱

所谓"八王"，一般指汝南王司马亮、楚王司马玮、赵王司马伦、齐王司

石崇爱妾绿珠

石崇因为不情愿将其爱妾绿珠（中）送给孙秀，结果引祸上身。孙秀引兵前来，最后绿珠坠楼身亡，石崇被杀。

马冏、河间王司马颙、成都王司马颖、长沙王司马乂和东海王司马越。虽然卷入动乱的司马氏不止这八位，但他们在其中作用明显，影响巨大，所以统称为"八王"。

司马衷的兄弟淮南王司马允，在平定贾后之乱后被封为骠骑将军，并兼任中护军。司马允"性沉毅，宿卫将士皆敬服之"。他知道赵王司马伦有篡逆之志，便称病不上朝，密养死士，暗中准备趁机诛除赵王。司马伦很忌惮这位年轻的亲王，便加封司马允为太尉，外示尊崇，实际上是剥夺了他的兵权。司马允于是上表称自己有病，不能接受太尉的官号。司马伦忍耐不住，派御史持诏，要收司马允的中护军印信，并弹劾其大逆不道。

司马允接讨诏书一看，根本不是皇帝司马衷的笔迹。大怒之下，厉声对左右宣言："赵王欲破我家！"于是率七百多勇士起兵，从王府杀奔而出，沿路大叫："赵王造反，我将攻之，佐淮南王者左袒。"一路上归附的人非常多。

司马允本想先入皇宫，把司马衷控制起来，来个"挟天子以令诸侯"。但司马伦的手下王舆派人关紧左掖门，一时攻不进去。不得已，司马允率精兵来围攻司马伦的相府。

当时在宫中值勤的陈准想帮助司马允，便对已经吓得瑟瑟发抖的司马衷说："应遣人举白虎幡，出宫解斗。"司马衷于是连连点头。

白虎幡是麾军进战之旗，驺虞幡才是解斗之旗。陈准本想派人持白虎幡

正史史料

（司马）骏为汝阴王，肜为梁王，伦为琅邪王，皇弟攸为齐王，……皇从叔父辅为渤海王，……权为彭城王，绥为范阳王，遂为济南王，逊为谯王，睦为中山王，凌为北海王，斌为陈王，皇从父兄洪为河间王，皇从父弟楙为东平王。

——《晋书·帝纪第三》

授其弟陈徽，助战司马允。哪知陈准派出执举白虎幡的伏胤，在出门前被司马伦的儿子汝阴王司马虔叫住，说："富贵当与卿共之！"伏胤是墙头草，便携带没有写字的空白诏书出宫，诈称"有诏助淮南王"，没有把白虎幡递送到陈徽手中。

司马允见皇帝的诏使前来，认为一定是派自己讨伐司马伦的圣旨到了，马上让伏胤进来，自己从兵车跳下，跪地接诏。伏胤是禁军军校出身，身手敏捷，抽刀就把司马允的脑袋砍了下来。淮南王司马允左右虽有千人之众，但都束手无策，眼睁睁看着主人被杀。伏胤口宣诏令，表明他是受帝命斩杀司马允。司马允死时，年仅二十九岁。

为了继续抬高赵王司马伦的威望，加紧篡逆的步伐，司马伦的亲信孙秀在朝议上提出，为司马伦加九锡。朝廷本来就掌握在司马伦手中，朝议不过是走个形式，当然得到了大臣们同意。司马伦得了"九锡"，他的儿子们也握有了各路禁军大权。

司马伦及他的几个儿子都是庸愚无识之徒，真正的幕后策划其实是孙秀。永康二年（301 年）正月，孙秀与司马伦再也等待不住了，于是就派司马衷的堂叔、义阳王司马威去逼迫司马衷"禅位"。司马衷虽然愚憨，但也知道身上的玺绶是非常重要的东西，死抱着不肯放手。司马威伸手去夺，几乎把司马衷的手指掰断。

嗷嗷大哭的皇上被司马伦送到了金墉城，被尊为"太上皇"，司马伦即位，改元建始。司马伦一即位，马上把他的同党，不论文官武将，或是侍从、兵士，都封了大大小小的官职。那时候官员戴的官帽上都用貂的尾巴作装饰，司马伦封的官实在太多太滥了，官库里收藏的貂尾不够用，只好找些狗尾巴来凑数。所以民间就编了歌谣来讽刺他们，叫作"貂不足，狗尾续"。

司马伦虽然当了皇帝，但真正的皇帝却是孙秀。所有的诏令都是由孙秀定夺的。孙秀向来与石崇有隙，就向石崇索要他的宠妾绿珠，绿珠美艳且善

历史细读

　　古代的"石"如何换算成现在的重量单位？"石"读（dàn），是古代的计量单位，各个朝代不一样。汉代的时候，十五千克为钧，四钧为石，因此一石就是六十千克。现在粮食都称重量，古代是用斗量的。韩愈的《马说》中有"一食或尽粟一石"，一顿可以吃光一石粟。这里的"石"是粟的重量单位。"十斗为一石"这里的"石"，是容量单位。

吹笛，石崇为解绿珠思乡之情，建了一座极其奢华的"金谷园"。石崇不给，孙秀大军一围，石崇见大势已去，对绿珠说："我因你获罪，奈何？"绿珠流泪道："妾当效死君前，不令贼人得逞！"遂坠楼而亡。孙秀大怒，将石崇和潘岳等人斩首。不久后，许昌坐拥强兵的齐王司马冏、邺城的成都王司马颖传檄讨贼。关中的河间王司马颙本来想帮助赵王司马伦，看到齐王与成都王兵强马壮，遂改变了主意，与二人一起讨伐司马伦。很快就汇集了三十多万大军。

　　孙秀、司马伦听说三王起兵，十分恐惧，派亲信将领张泓、士猗、许超和孙会等人率京中禁军迎战。齐王司马冏在颍阴被张泓打败，孙会、士猗等人在黄桥大败成都王司马颖，杀死数万成都王的兵马。消息传回宫内，孙秀、司马伦大喜，大赏黄桥之功。这样一来，出征的将领地位相同了，谁也不听谁的指挥和调动，自大起来。司马颖在黄桥大败后，趁孙会等人松懈之机突然进攻，大败对方，乘胜长驱渡过了黄河。

　　孙秀和司马伦感到事情不妙，连夜商量对策，手中握有禁兵的王舆却率七百多兵士从南掖门入宫，攻杀了孙秀、许超、士猗等人，然后强迫司马伦发诏："吾为孙秀所误，以怒三王。今已诛秀，其迎太上皇复位，吾归老于农亩。"

　　于是数千甲士又在深更半夜赶到金墉城，将睡梦中的司马衷叫醒，迎回了宫中。事定之后，三王入城，发诏杀掉赵王司马伦和他的四个儿子，捕杀了孙秀等人的亲党。

　　手夺皇帝玺绶的义阳王司马威听到司马伦被赐死的消息后，慌忙逃归洛阳。诸王商议后，觉得司马威的罪行不大，想饶他一死。这时一直呆呆坐在上面的司马衷忽然发话说："阿皮（司马威小名）掰我手指，夺我玺绶，不可不杀。"司马衷的这句话，是他当皇帝以来唯一自己作出的"决定"。诸王当然没有异议，派人杀了司马威。

稽侍中尽忠死节

西晋"八王之乱"时，东海王司马越带着晋惠帝攻打成都王司马颖。结果司马颖大将石超大败司马越。混乱之中，晋惠帝受伤。侍中稽绍赶来相救，后因保护惠帝而亡。

司马冏奏请册立司马衷的侄子、年方八岁的司马覃为皇太子，自己出任太子太傅。司马冏大权在手后，也骄奢擅权，耽于宴乐起来。太安元年（302年），河间王司马颙在李含的怂恿下起兵。双方连战三日，齐王的部队大败，司马冏被自己的长史赵渊执送入宫。司马衷看着他，面露恻然的神情，估计是想到司马冏曾经拥立自己复位，很想饶他一命。但不等皇上发话，司马冏就被牵了出去，立时斩于阊阖门下，传首六军示众。

太安二年（303年）八月，李含被长沙王司马乂所杀，河间王司马颙于是起兵讨伐司马乂。双方在洛阳大战，死伤数万。长沙王手中有司马衷这张王牌，关键战斗皆在军中显耀皇帝旗鼓，一直占据着上风。

成都王司马颖这时投向了司马颙，率兵赶来。关键时刻，本来与长沙王一伙的东海王司马越，害怕城外二王的兵马越聚越多，就半夜冲入司马乂的房中，把俊伟英勇的长沙王捆绑起来，并以皇帝名义下诏免其官职，将其杀死。召成都王司马颖等入城辅政。

永安元年（304年），取得胜利的司马颙、司马颖联盟瓜分果实，司马颖成为皇太弟，司马颙为太傅。但他们都不在洛阳。司马颖耀武扬威地进入京师后，上表请立自己为皇太弟，这一来引起了司马越的不满。东海王司马越镇守洛阳，不愿意受远在邺城的成都王司马颖的指挥，于是奉惠帝之命征讨邺城，双方又打了起来。

两军在荡阴（今河南汤阴）相遇，司马颖的大将石超大败司马越。混乱之中，晋惠帝司马衷倒在了草丛中，脸上中刀，身中三箭，狼狈不堪。只有侍中稽绍赶来相救，将司马衷扶上了车。这时兵士把稽绍从车上拉下，用刀乱砍。司马衷高声叫道："忠臣也，勿杀！"兵士们回答说："奉太弟令，唯不犯陛下一人。"稽绍就这样死于乱刀之下，"血溅帝衣"。

不久司马颖派卢志找到了坐在草丛中号啕大哭的司马衷，把他带到了邺城。人们见到司马衷身上的衣服溅满鲜血，便让司马衷换下血衣拿去清洗。司马衷说："这是嵇侍中的血，不要洗它！"

东海王司马越吃了败仗，让弟弟东瀛公司马腾联合北方的少数民族，合兵南下进攻邺城。司马颖的军队连连战败，卢志便劝司马颖带着司马衷返回洛阳。

当时司马颖还有甲士一万五千多人，逃跑时做护卫绰绰有余。可是司马颖的母亲程太妃因为眷恋邺城，迟迟不愿起身，司马颖也是没有决断。大军见主帅无谋，一哄而散，司马颖和卢志只好带着数十骑，拥着司马衷乘小牛车南奔洛阳，一路上狼狈不堪。

东海王司马越拥着大军追击，很快就入驻洛阳，控制了司马衷，被委任为太傅、录尚书事。司马颖等人逃出洛阳后不久便被范阳王司马虓的属下一网打尽。河间王司马颙削去司马颖的皇太弟的称号，改立豫章王司马炽为皇太弟。永兴三年（306年），司马颙被杀。自此"八王之乱"结束。

司马衷作为一个傀儡，被诸王玩弄于股掌间，天天以泪洗面，经常随乱军颠沛流离，风餐露宿。八王之乱结束后，司马衷回到了洛阳宫里。但他的非人生活却没有结束，大权掌握在东海王司马越之手。

307年，司马越觉得这个傀儡皇帝已经没有什么用处，暗中命令宫人下毒，毒死了司马衷。晋惠帝死后，司马越不敢自己登基，便立了司马炽为帝，是为晋怀帝改元永嘉。

从291年到306年，在长达十六年的时间里，诸王之间互相残杀。尤其是在301年到306年的六年里，发生数次大战，如301年三王伐赵王司马伦，303年二王伐长沙王司马乂，304年东海王司马越伐邺城，304年东瀛公司马腾伐邺城，305年到306年东海王司马越伐关中。西晋诸王之间的这场大恶斗使数十万人丧失了生命，许多城市被洗劫和焚毁。在京城洛阳，十三岁以上的男子全部被迫服役，城内米价贵到一石万钱，不少人因饥饿而死，并掀起了大规模的流亡浪潮。

少数民族进入中原

西晋政权因为内斗而导致经济、军事实力受到了很大削弱，生活在北方的少数民族实力则一天天壮大起来，他们趁机南下侵扰西晋的边境，并且最终进入中原，终于导致了"十六国"的出现。

周处长桥搏蛟

西晋大将周处年少时膂力过人，放浪不羁，经常惹事伤人，横行乡里。一次他遇见一位老者，老者告诉他村中有"三害"，深为百姓所憎恶。于是周处问是哪"三害"，老者说："一为南山上的猛虎，二为大河里的蛟龙（大鳄），而这第三个就是你周处。"周处深受震动。于是他上山杀虎，下河斩龙，并从此重新做人。此图描绘的就是周处搏蛟龙的情景。

巴氏李氏大成国

"八王之乱"期间，由于战祸不断，加之灾荒连年，疾疫流行，赋敛如故，广大人民饥寒交迫，无以为生，只好背井离乡，四处逃亡，从而形成了大规模的流民浪潮。当时全国流徙人口的总数近三十万户，一百余万口，涉及秦、雍、并、冀、梁、益、豫、荆、兖、宁等十余州。流民的生活非常悲惨，他们流移四散，很多人都因饥饿而死，白骨横野。西晋王朝对流民不仅没给予妥善安置，反而采用强迫流民返回故地的极端手段，结果直接引发了流民大起义。

元康四年（294 年），匈奴族郝散等领导的羌、胡族起兵反晋。当时正值关中饥馑，疾疫流行。296 年秋，秦、雍二州氐、羌人民纷纷起兵响应，推举齐万年为领主。齐万年称帝，拥兵七万，威慑关中。西晋派安西将军夏侯骏、建威将军周处征讨，受梁王司马肜节制。周处进兵攻击屯兵梁山（今陕西乾县西北）的齐万年。梁王肜因与周处有宿怨，于是公报私仇断了他的归路。周处被齐万年大军包围，战败阵亡。元康九年（299 年）正月，孟观败起义军于中亭（今陕西武功西），齐万年被俘后遇害。齐万年自起兵到失败共四年（296 年—299 年）。从此遍及各地的流民大起义此起彼伏。江统有鉴于齐万年的起兵，写了《徙戎论》。

元康八年（298 年），关中闹饥荒，略阳（今甘肃天水东北）、天水等六郡的各族民众十余万人流入巴蜀地区乞食。流民队伍中有一个巴氐豪酋、氐族人李特及他的兄弟李庠、李流等。一路上李特兄弟接济挨饿、生病的流民。流民感激、敬重李氏兄弟。巴氐本是川蜀一带的一个部族，曾投奔张鲁，曹

西晋狩猎画像砖
此画像砖形象传神地表现了当时
人们狩猎的情景。

庖厨画像砖
此画像砖反映了西晋时人们烹制
美食的小场景。

操攻下汉中时，将这一部族迁入关中略阳，号为"巴氏"。

流民进入蜀地后，贿赂了朝廷派来调查情况的官员，于是得以留在蜀地。蜀地百姓生活较为安定。流民就分散在各地，靠给富户人家打长工过活。以后流民分散到蜀中各地，朝廷已无法禁止。当时李特进入蜀地，看到了这里的地形后，曾说："刘禅有如此之地而面缚于人，岂非庸才邪？"

当时的益州刺史赵廞本是贾后的姻亲，势力很大，李特到了益州之初得到赵氏的重用。到了永康元年（300 年），贾后失势被杀后，赵廞便起兵击败了朝廷任命的新的益州刺史，自称益州牧、大将军，割据益州。但赵廞虽独据了益州，却不是能成大事之人。李特的三弟李庠在赵廞手下，他骁勇善战，很有威望，赵廞对他心怀忌恨。加之有人煽风点火，说"非我族类，其心必异"，又说"此乃倒戈授人也，宜早图之"。赵廞便找借口杀了李庠。当时李特、李流兄弟都拥兵在外，赵廞又将李庠的尸首交给李特，派人去对他们说："李庠虽然已伏罪被杀，但你们兄弟与此罪无关。"让他们仍然做他的督军。赵廞杀了李庠，又把尸首交还，还留给李特兵权，这让李特十分忿恨。正好赵廞内部发生了变乱，李特便乘机偷袭赵廞的军队，击溃其部下的各部人马，攻入成都，赵廞被手下人所杀。

杨香扼虎救父
西晋的杨香十四岁时随父亲到田间割稻，忽然跑来一只猛虎叼走了父亲。杨香为救父亲，不顾自己的安危，跳上前去用尽全身气力扼住猛虎的咽喉。猛虎终于放下父亲跑掉了。这个故事描述了平民百姓在危急时刻所表现出来的勇敢无畏的精神。

李特向洛阳方面说明了赵廞的罪状。朝廷任命罗尚为益州刺史，进入益州。罗尚不听从左右所提的早日除掉李氏的建议。

于是双方表面上相安无事，但事实上矛盾一触即发。罗尚要把流民赶回关中去。流民们听到官府要逼他们离开蜀地，可家乡正在闹饥荒，回去也是死路一条，于是纷纷向李特诉苦，李特向罗尚请求放宽遣送流民的限期。流民感戴李特，纷纷投奔于他。李特在绵竹设了大营收容流民。不到一个月，流民就聚集了近两万人。其弟李流也设营收容流民几千人。

李特收容流民后，派属下阎式再次请求罗尚缓期遣送流民。阎式来到罗尚的刺史府，看到那里正在调动人马，修筑营寨。他对罗尚说明了来意，罗尚对阎式说自己已准许流民缓期返回故地，并让他回去通知流民。阎式因为有所怀疑，于是告诫他不要因为小人的谗言而与百姓为敌，小看了老百姓。因为百姓看起来软弱，但若逼得他们无路可走，对您是没有好处的。罗尚假惺惺地称自己所说的都是实情，让他回去通告流民。

阎式回到绵竹后，转述了罗尚说的话，但他同时告诫李特罗尚的话不可靠，得要防备他偷袭才好。李特立刻把流民组织起来准备抵抗晋军的进攻。晚上罗尚果然派步兵、骑兵三万人，偷袭绵竹大营。晋军进入营地，见李特大营里没有异样。晋将自以为得计，一声号令，叫兵士猛攻李特大营。三万晋军刚进了营地，只听得四面八方响起了锣鼓声。大营里预先埋伏好的流民，手持长矛大刀勇猛无比。晋军被杀得丢盔弃甲，四散逃窜，晋军主将也被流民们杀死。李特知道晋朝统治者不会罢休，于是六郡流民首领共推李特为镇北大将军，李流为镇东将军。他们整顿兵马攻下了附近的广汉，赶走了那里

历史文献

廪其道路之粮，令足自致，各附本种，反其旧土，使属国、抚夷就安集之。戎晋不杂，并得其所，上合往古即叙之义，下为盛世永久之规。

——江统《徙戎论》

的太守。李特进入广汉后，宣布约法三章，打开了官府的粮仓，救济当地的贫苦百姓。流民组成的军队在李特的领导下，纪律严明。蜀地百姓平时受尽晋朝官府的压迫，在李特的统治下生活倒是安定起来。民间编了一个歌谣说："李特尚可，罗尚杀我。"

罗尚节节败退，只好据江与李特对峙。太安二年（303年），李特渡江攻下蜀郡，罗尚退守太城，向李特求和。李特以为蜀中已定，并不作防备。因为当时军中缺粮，李特便将六郡流民分散到村落就食。李流劝李特说："我们刚攻下此地，人心未稳。现应聚兵一处，以防不测，而不可分散部队。"李特之子李雄也支持李流。但李特却错误估计了形势，说道："如今大事已定，我们安定民众，岂可胡乱猜忌呢？"

罗尚表面上向李特求和，暗地里却勾结当地豪强势力。不久得到了荆州等地派来的援兵，乘着李特的军队分散在各地时围攻李特。李特的军队大败，李特也在乱军中被杀。其子李雄继续率领流民战斗。不久李雄军大败罗尚援军，军队重新振奋起来。李流在当年去世，众人共推李雄为主。李雄的军队攻下成都，将罗尚赶出益州。永安元年（304年），李雄自称成都王，改元建兴，废除晋朝的法律，重新约法七章。当时的晋朝内部正因为"八王之乱"而根本无暇四顾，蜀中得到了暂时的安定。

晋惠帝光熙元年（306年），李雄自称皇帝，国号大成。后来到李雄的侄儿李寿在位时，改国号为汉，所以又称"成汉"，李雄成为"十六国"中第一个称皇帝的人。秦、雍六郡流民起义，是西晋末年流民起义中规模最大的一次。成汉也成为后来的"十六国"之一。

匈奴刘渊称汉王

在中原战乱频发的同时，匈奴却在此时兴盛了起来。

东汉时期，蒙古大草原发生了一次前所未有的大旱灾，持续时间非常长久，"赤地数千里，草木尽枯"。匈奴人"死耗大半"，加上内部战争和与汉朝的冲突

文姬归汉

此图表现的是蔡文姬即将从匈奴回汉时的情景。当初蔡文姬被匈奴人掳到北方，在北方生活了十二年之久，后被曹操以重金赎回。

不断，导致强盛雄武的匈奴汗国陷入了分裂的局面，散裂为南、北匈奴。

北匈奴一直向西迁移，最后立足于东欧，被罗马帝国畏称为"上帝之鞭"。而南匈奴则大部分依附东汉，迁至西河美稷（今内蒙古准格尔旗西北）。216年，曹操发现迁居塞内的匈奴人日益繁盛，便把南匈奴分为左、右、南、北、中五部。

由于汉高祖刘邦曾嫁宗室公主入匈奴，所以匈奴中各贵族就冒姓刘氏，他们在匈奴诸种中地位最为尊贵，因此五部匈奴部帅都是刘姓的匈奴贵族。这些匈奴人移居塞内的时间较长，汉化日深。他们当中的贵族子弟不仅博览群书，还精于骑射，可以说是能文能武的高门士族。

在曹操设置的五部中，刘豹是其中一部的首领。在东汉末年，於扶罗单于死后，其弟呼厨泉单于继任，以於扶罗单于的儿子刘豹为左贤王。日后大名鼎鼎的刘渊，就是这位左贤王的儿子。

刘渊自幼便居于汉地，深受汉文化的熏陶。七岁丧母，年幼的他"擗踊号叫，哀感旁邻"。如此孝道，也显示出刘渊的道德礼仪近乎完全汉化。

青年时代，刘渊就显现出很大的志向，他发奋习武，博览群书，可以说是文武全才，而且相貌不凡。许多相士见到刘渊后，都大惊说："此人相貌非常，吾所未见也。"曹魏咸熙年间（264年—265年），刘渊作为"质子"（少数民族贵族子弟在京城做"人质"）在洛阳居住，当时司马昭很器重他，常邀请刘渊入府做客。晋武帝建立西晋后，王浑、李憙等人都曾向司马炎推荐刘渊。但是很多大臣都认为，重用刘渊，必会为以后带来祸害。尽管司马炎也认为他是难得的人才，但还是没有启用他。

受到几次失意的打击，刘渊有些心灰意冷。一次为友人饯行时说道："王浑、李憙两位是我的老乡，多次在皇上面前举荐我，却招致了谗毁之言。其实我本来就没有当大官的打算，二公好心却成了坏事，唯有您深明我心！自今以后，我恐怕要老死于洛阳城内，与君永诀了！"说完刘渊悲歌慷慨，纵酒长啸，一座之人皆深为感动。刚巧刘渊的一番言语都为晋武帝的弟弟齐王司马攸听到，这位睿智聪明的藩王回朝后就建议司马炎除掉刘渊，以免祸患。幸亏王浑为他说尽好话，刘渊才逃过一劫。

西晋的内乱使统治者自顾不暇，无力再控制内迁各族，这为刘渊的兴起提供了大好时机。外戚杨骏辅政，为了拉拢人心，树立私恩，加封刘渊为建威将军、五部大都督，并封为汉光乡侯。

"八王之乱"期间，刘渊曾在成都王司马颖手下，同时他趁机在五部纠集人马，以观时变。刘渊的堂叔祖刘宣秘密召集五部的上层贵族，与他们秘密盟誓，共同推举刘渊为大单于。刘渊身在邺城，听说自己已被五部暗中遥尊为大单于，欣喜过望。但他表面仍不动声色，假称五部族人有丧事，向成都

西晋的庄园生活

此壁画共五层，出土于甘肃省嘉峪关。第一层为宴饮，第二层为出行，第三层为牛车，第四、第五层为马群、牛群。根据聘选人物的舆服制度，可以推知墓主人为千石至三千石的郡级官吏。

王司马颖请假，说自己要回部落参加葬礼，司马颖没有答应。不过这可不是这位藩王有先见之明，而是当时各王之间争斗激烈，司马颖太想把刘渊留下来当帮手，所以才不放他回去。刘渊见不能成行，又不敢贸然私下逃归，便让属下呼延攸回去，让刘宣等人召集五部并诱引宜阳诸部胡人，齐集兵马，打着声援司马颖的旗号，准备伺机兴兵。

永安元年（304年），荡阴一战，司马颖得胜，把晋惠帝掌握在了自己的手中。高兴之余，加封一直在身边出谋划策的刘渊为冠威将军。但没多久，王濬率十多万人反叛，直扑而来。刘渊趁机说自己要回五部带匈奴之兵助司马颖，司马颖同意。刘渊于是得以回到左国城，并在左国城即汉王位，国号汉，史称"汉赵"。刘宣等人立刻尊他为大单于。短短二十天，刘渊就招集了五万余众，集中于离石（今山西离石）。不久司马颖迎战王濬失利，挟持晋惠帝南奔洛阳。

刘渊不想失约，命令刘景、刘延年等，率步骑两万人，准备进攻鲜卑。刘宣等人再三进谏，说："晋朝发生内乱，自相残杀。这正是我们恢复地位的好时机啊！怎么能带兵帮助他们打仗呢？要抓住机会自立才是！"刘渊却说："要灭掉晋朝，还不是像掰断一根朽木一样容易？但是晋朝的百姓未必会向着我们。我看汉朝立国的年代最长，在百姓中影响最大。我们的上代又是汉朝皇室的兄弟。现在汉朝灭亡了，我们用继承汉朝的名义，也许可以获得

西晋青釉堆塑楼阙人物坛

堆塑楼阙人物坛是丧葬用的明器，其造型是从汉代五联罐发展而来的，流行于三国吴、西晋时期。此罐器腹印贴奏乐舞人，顶部结构复杂，有姿态生动的人物、鸟兽等堆塑装饰。此器物上刻有"造此廦"的字样，说明这类瓷罐是象征地主豪门谷仓的明器。

民心。只有得到民心，才能得到天下。"大家听了，觉得刘渊的话确实有道理，便同意了。于是刘渊宣布自己是汉王，很快就攻下了上党、太原、河东、平原等几个郡，势力越来越大。势力比较小的各族反晋力量也都来归附刘渊。

石勒从奴隶起兵

永嘉元年（307年），刚刚掌握了大权的司马越也意识到刘渊势力壮大的威胁，于是任命刘琨为并州刺史。刘渊获知这一消息，以前将军刘景为使持节、征讨大都督、大将军，在板桥一带拦击刘琨。刘渊起事以来终于首逢对手，刘琨击败了刘景，进驻并州州治晋阳（今山西太原），安抚军民。

此时邺城也发生了战争，在河北一带的成都王司马颖原先的部下汲桑以为成都王报仇的名义，自称大将军，进攻司马腾驻守的邺城。汲桑本不足惧，但他的先锋大将，乃是十六国时期赫赫有名的人物，这个人就是后来的后赵皇帝石勒。

石勒，字世龙，羯族，十六国时期后赵国的建立者。石勒的先祖是匈奴支系羌渠的后代，羯人乃是匈奴别部羌渠的后裔。相比于匈奴，羯人的地位要低得多，羯人的基本社会单位还是以部落存在的。

石勒自小在外闯荡，不但精通骑射，而且胆略超群，这使他的能力超过了其父。石勒的祖父耶奕于、父亲乞翼加（又名周曷朱）都是部落里的小帅，父亲乞翼加虽然武艺出众，但不太会管理部下，而且脾气暴躁，动不动就打骂部下，不得部下之心，将士关系非常紧张。父亲见石勒越来越能干，常常让他代为小帅之职，石勒凭借自己的胆识和能力，很快便赢得了大家的尊重，部落也管理得井井有条。当地的汉人郭敬、宁驱认为此人非同常人，经常给

牛耕图
甘肃嘉峪关画像砖中有许多反映了西晋农业活动的场景，其中牛耕图是最有代表性的一类。

予资助，石勒感激之下，便为他们耕种。

晋惠帝末年，并州饥荒大乱。石勒部落所在的地方饿死了许多人，石勒和族人不得已出外逃生，可却被抓作奴隶卖给了山东茌平（今山东茌平）人师欢。师欢见石勒壮健雄武，又善骑射，深感他与众不同，便打听了石勒的来历，然后填写了一张放免书，除去了石勒的奴隶身份，让他成为一名有人身自由的田佃客。石勒本是名门之后，又曾经率兵作战，如今沦落到一个遭人欺侮的下等人，甚至被卖为奴隶，心中十分不平。为了改变自己的命运，石勒联合另一个朋友牧马人汲桑，先后召集了十八个人组成一支小骑兵队，号称"十八骑"，正式开始了他的戎马生涯。十八骑中包括了汉族和匈奴、乌桓等少数民族的人。

永兴二年（305年），成都王司马颖的旧将公师藩聚众数万在赵（今晋冀豫部分）、魏（今冀鲁豫部分）起兵反晋，石勒便率领着自己的"十八骑"和汲桑一起参加了公师藩的军队。

这时的石勒还没有正式的名字，只有一个小名，汲桑觉得他领兵打仗，应该有个正式的名字，于是就给他取了"石勒"这个名字，因为他的祖先曾经是中亚的石国人。汲桑以石勒为扫虏将军、忠明亭侯，以前锋都督率军进攻邺城。不久公师藩兵败被杀。永嘉元年（307年）三月，石勒和汲桑再度起义。石勒打仗之勇猛，在十六国时期是出了名的。他一战大败晋新蔡王司马腾的将领冯嵩，攻占邺城（今河北临漳西南），长驱直入城中，其部下李丰将惶恐出逃的司马腾杀死于城外。汲桑的军队在城内杀死士族、民众万余人，又火烧了邺城宫室，大火竟然十日不灭。可怜邺城这座曹操曾一度建都的名城，就这样被焚掠一空。

后来在东武阳一战中，司马越的晋军大破汲桑军。汲桑与石勒收拾残兵

牧马图
"牧马"图反映了当时畜牧业的发展。

败将，逃回到了山东。石勒觉得当前汉王刘渊声势正盛，意欲投奔，劝说汲桑同去以图发展，但汲桑不肯。在经过赤桥一带时遭到冀州刺史丁绍袭击，结果大败，汲桑与石勒在乱军中失散，汲桑在逃到平原时被晋军所杀。

石勒投靠刘渊

此时的刘渊已经建国三年，在北方有了自己稳固的根据地，各地的起义军都去投靠他。石勒从山东往山西投靠刘渊，那时刘渊刚迁到山西的新都城黎亭（今山西壶关），石勒率领残兵中途逃至自己的老家上党郡，当时据于此地的也是胡人张背督、冯莫突。石勒便投靠了这支胡人的部队，他很快看出这支部队难成大器，就向张背督等人指出刘渊乃是可以与晋军抗衡的最强的势力，说服这支部队往投汉赵营。

在石勒和被说服的几千兵马经过乐平（今山西昔阳）时，听说这里有一支二千人的乌桓部军队，首领是张伏利度。以前刘渊多次想收服他，都未能成功。石勒想如果自己能把这件事办好，就更能得到刘渊的赏识和器重。于是石勒令其他人率领部下先走，自己只身来到了张伏利度的营帐，表示愿做他手下的一员，终身为他效力。张伏利度很高兴地收下了他，任他为部将。

此后石勒凭借自己的勇气和谋略，不但使张伏利度和他结拜为兄弟，其他的将领对石勒也极为佩服。石勒见时机已经成熟，便在一次开会时将张伏利度绑了起来。他说自己想率领众将士去投奔刘渊，以图更大的发展，如果张伏利度也能去，还奉他为主帅。张伏利度见石勒并没有加害自己的意思，便答应了。

汉王刘渊见石勒说服张伏利度来投奔他，异常高兴，于是任命石勒为督山东征讨诸军事，赐号辅汉将军，封平晋王，张伏利度也封为乌桓王，由石

名家评史

这种清谈，本从汉之清议而来。汉末政治黑暗，一般名士议论政事，起初在社会上很有势力，后来遭执政者之嫉视，渐渐被害，如孔融、祢衡等都被曹操设法害死。所以到了晋代的名士就不敢再议论政事，而一变为专谈玄理。清议而不谈政事，这就成了所谓清谈了。但这种清谈的名士，当时在社会上仍旧很有势力，若不能玄谈的，好似不够名士的资格。

——鲁迅

勒统一率领投奔的全部人马。

光熙元年（306年），山东刘伯根率万人反晋，东莱郡（今山东莱州）大族王弥也参加其中。后刘伯根战死，王弥统其众人，转战于今河北、山东、安徽、河南等地。永嘉二年（308年）五月，兵临洛阳（今河南洛阳东北），使晋廷"京邑大震，宫城门昼闭"。后被晋司徒王衍击败，王弥率余部投奔了刘渊。

永嘉二年（308年），刘渊称汉帝。刘渊得到石勒的相助，同时部队又得到了休整，便积极准备进攻洛阳，消灭腐朽的西晋。

短命王朝的惨剧

不管是西晋还是十六国，这些王朝都非常短命，一方面是因为当时社会动荡不安，另一方面也是因为当时没有任何一支势力拥有统一天下的能力。

晋军主力尽失

在益州称帝的李雄巩固了政权，并且废除了晋朝遗留下来的一些不合理制度。当时李雄不仅有李氏一族的支持，也招揽了不少人才。成国建立初期的局面相当不错，与此产生鲜明对比的便是这个时候还在"窝里斗"的西晋皇室。

上面已经说过在李雄称帝的那一年，也就是晋惠帝光熙元年（306年），东海王司马越册立司马衷之弟司马炽为帝，这就是晋怀帝，年号为永嘉。司马炽是武帝司马炎最小的一个儿子。武帝临死的前一年，将他封为豫章王。八王之乱期间，他洁身自好，不问世事，闭门读书，专心于史籍，因而颇有声望。司马炽在即位之初，遵照旧制，在太极殿东堂听政。每次朝会，司马炽都要和群臣讨论各种国家大事、考证经史典籍，这让十余年没能和皇帝谈论朝政的大臣们十分欣喜，许多大臣都说："今天又看到武帝的时代了！"

而此时的西晋内部又出现了动乱。司马炽在当皇帝前，与中庶子缪播的关系很好，因此在他即位之后，便任命缪播为中书监，并任命他的弟弟缪胤为太仆卿，把他们当作心腹。其舅父散骑常侍王延和尚书何绥、太史令高堂冲，也一起参与朝廷的机密事务。

这样一来，引起了司马越的不满，朝中权力争夺的矛盾一下子尖锐起来。永嘉三年（309年），司马越诬陷缪播等人图谋叛乱，从司马炽身边逮捕了他们，并将他们全部杀死。而司马炽却无能为力，只能叹息流泪而已。

汉赵国见西晋朝廷内乱不断，于是发兵攻伐。晋怀帝永嘉三年（309年），刘渊采纳大臣们的建议，迁都平阳（今山西临汾附近），大赦境内，改元河瑞。汉赵军当时的攻势渐渐形成了灭晋之势。

晋左积弩将军朱诞痛恨司马越的倒行逆施，失望之下叛降刘渊，劝刘渊出兵攻打晋都洛阳。刘渊当即以朱诞为前锋都督，为汉赵军开路，以平晋大将军刘景为大都督，向洛阳方向进发。在连战连胜之后，这年八月，刘渊正式发动进攻洛阳的总攻势。但欲速则不达，汉赵军进攻洛阳的第一次战争以晋军大胜而结束。这年冬天，刘渊以举国之兵力再次向洛阳发动突然袭击。晋军在河南被汉赵军击败，但汉赵军显然未从几个月前的第一次惨败中完全恢复过来。晋护军贾胤等率勇士千余人夜攻刘聪军，两军战于大夏门，刘聪军溃散。洛阳的百姓虽然恨透了腐朽的西晋王朝，但也不愿受匈奴贵族的统治。所以刘渊两次进攻，都遭到洛阳军民的猛烈抵抗，不得不退兵。

但石勒在这一年中却相继攻占了魏郡、邺城和赵郡等地，兵马发展到了十多万人，势力空前壮大起来。

洛阳大战的第二年，刘渊病死，将他的灭晋大业留给了他的后人。

汉赵西晋在洛阳附近的两次大战，均以西晋军的胜利而告终，这使得晋朝的紧张局势得到暂时的缓解。但晋朝颓势已成定局，无力应对汉赵国下一次全面凶猛的进攻了。刘渊死后，汉赵军继续对晋都洛阳用兵，石勒的骑兵在华北平原上所向披靡，渡过黄河攻下襄阳城以及江、汉一带的堡垒三十余个。石勒便想以此为根据地与天下抗衡，参军张宾立刻向他指出当前形势，认为战线已经拉得过长，且江汉一带并不适合石勒的精骑发展，不如北撤。于是石勒北还，途中又先后攻下晋江夏、新蔡、许昌等城，可谓是威震中原。此时在洛阳以东一线出现了一片巨大的沦陷区，洛阳几乎陷于孤立无援的地步。

司马越请求迎战石勒，想拥有大军来建立战功，以此来提升自己的权势。

贵族出行仪仗图
贵族骑马出行，由穿上盔甲、持武器旌旗的侍从簇拥，声势显赫，也反映出北方贵族仍然以骑马为主。

但司马越率四万精兵出讨后，飞檄各州郡征兵，竟然没有一支地方的军队赶来支持，这让司马越又急又气。就在这时，曾经受到司马越排挤的司马苟发出檄文，历数了司马越的罪状，声讨司马越。晋怀帝司马炽自是求之不得，于是密赐手诏命他讨伐司马越。

司马越有所风闻，截获了司马苟所派的使臣和司马炽的诏书。于是司马越与司马苟开战。半个月后，司马越忧愤成疾，病死在项城（今河南沈丘）军中。部将王衍等只得率兵带着司马越的灵柩返回东海（今山东郯城），要回到他的封国安葬。

石勒得知司马越暴死的消息后，率劲骑在苦县宁平城（今河南郸城东北）围攻这数十万西晋军民。石勒派兵士一把火烧掉了司马越的棺枢，并说："此人乱天下，吾为天下报之，故烧其骨以告天地。"石勒军队逮捕了太尉王衍、吏部尚书刘望等多位晋朝高官和皇族藩王，后都被石勒杀死。李恽原本是司马越留在洛阳监视晋怀帝的，由于司马越的失势，他以奔丧为名，带着大批王公官吏逃出洛阳。石勒在消灭了王衍军以后，又击溃李恽军，杀死了随军的晋宗室四十八个藩王和官员。至此西晋的主力军被彻底地消灭了。

智囊团君子营

在攻打常山时，石勒得到了谋士张宾的辅佐，从此石勒的事业如虎添翼。赵郡人张宾，是个相当有才华的低级士人，他经常自叹难逢明主。石勒大军到了河北后，他立即来到石勒军中。当时来投奔石勒的士人越来越多，石勒认识到自己想要成大事，必须要依靠这些在晋朝不得志的士人的帮助。因此在永嘉三年（309 年），石勒让张宾将军中有文化的汉族士人集中起来，组成一个智囊团，专门研究军事作战方面的事宜。他以张宾为谋主，加上不少低级士族，别立一营，号为"君子营"，为石勒出谋划策。石勒在对汉人的利用这点上要远远胜过刘渊。

当永嘉六年（312 年）的时候，汉国已经占据了黄河下游的大片土地。石勒用张宾之计，除掉了与自己有隙的晋朝降将王弥，从而执掌了幽、并二州军事，而他的实际控制范围则早已到达了长江以北地区。下一步准备攻打江南的政治经济中心建业（今江苏南京）。由于晋朝的统治中心还未完全转移到南方，石勒对江南形成的攻势被认为是一举攻灭江南晋朝势力的好机会。然而与历史上的多次南北战争出现的情况一样，北方士兵遇到了水土不服的问题。加上这年的雨季提前来临，进入二月以后大雨连续不止，暴雨冲垮了道路，将石勒的简易军营冲得不成样子。同时瘟疫也开始在军中蔓延，一半的士兵病死。因此士气受到了很大打击，石勒的部将们也是各怀心志，军心浮动。

青釉人骑兽器

这是西晋的青釉人骑兽器。一个圆脸高鼻、大眼短发的人手揪兽角，驾驭着一只怒目龇牙的野兽。从此人戴的高高的帽子推测这是用来插烛照明的灯具。

晋军听说这些消息后，将军队集中在寿春一带，准备进攻石勒的军队。石勒赶忙召集众将士商议对策，张宾直率地说："我们去年就不应该在这里安营扎寨，既然现在大雨不停，那我们就不能在这里待下去了。北方的邺城一带西连平阳，而且又有山河的天然屏障，那是个好地方，我们应该北上去夺取。如果能够成功的话，控制了河北地区，那天下就是属于您的了。晋军之所以要防守进兵，就是害怕我们南下进军，如果我们现在突然撤退走了，他们高兴还来不及呢，根本不会追击我们。现在我们必须先把辎重物资运走，兵马则趁机运动，做出进军的样子来迷惑敌人。等到我们的辎重都运送完了再掉头北上，那样就会平安撤退，开创新的霸业。"石勒听了满心欢喜，擢升张宾为右长史，号为"右侯"。依计而行，果然顺利北上到达了邺城。石勒从此以后更把张宾视为自己的左膀右臂，凡事多多少少都要与张宾交换意见。

第二年石勒终于攻下了邺城，并让石虎镇守邺城。石勒又征询张宾下一步该如何行动。张宾说："如今天下已经大乱，我们不能这样没有根据地到处游击，常言道'得地者昌，失地者亡'。现在看来，附近的襄国和邯郸地势很险要，我们可以选择其一作为我们建都的地点。有了巩固的根据地，再派兵将四处征讨，不用多长时间，霸业便可以建立起来。"

石勒边听边频频点头，于是决定进军襄国。石勒占领襄国后，开始练兵屯粮，以襄国为中心，形成了自己的根据地，势力也逐渐强大起来。

刘聪杀兄夺位

永嘉二年（308 年）攻打洛阳时，刘渊认为汉赵军已对晋军形成了绝对优势，灭晋当在弹指之间，当时竟迫不及待地在蒲子称帝，改元永凤，大赦境内，封长子刘和为大将军，四子刘聪为车骑大将军，族子刘曜为龙骧大将军，其他宗室尽皆封王。异姓按照功勋谋区别，也封为郡县公侯。永嘉四年（310 年），刘渊带着没有攻下洛阳的遗憾在平阳去世。而刘渊无法想到的是，在汉国的内部，一场残酷的帝位之争正在酝酿之中。

刘渊去世后，太子刘和继承了皇位，而兵权却掌握在刘渊的第四子楚王刘聪手中。

刘聪，字玄明，是刘渊的第四个儿子。传说刘聪的母亲张氏怀孕的时候，曾梦见一轮红日钻进怀里，醒来后她对刘渊说起这件事，刘渊告诉张氏这是吉祥的预兆，不要对外面说出去。张氏足足怀了十五个月的身孕，才将刘聪生下来。刘聪出生的那天夜里，家里出现了一道白光，待生下来时，家人发现刘聪的左耳有一抹二尺余长的白毛。

刘聪从小就聪悟好学，博士朱纪见了他以后觉得十分惊奇。十四岁的时候，刘聪就已经通晓经史，综合百家之言能得出自己独到的见解，并且尤其喜欢诵读兵法。在书法方面，刘聪的草书与隶书都写得非常出色；在文章方面，他曾写过百余篇述怀诗、五十余篇赋颂，都是字字珠玑，文才斐然。十五岁时，刘聪开始学习击刺的武术，善于射箭，能够拉开三百斤的弓箭，可以说是冠绝一时。

刘聪身上既有父亲匈奴骁武的遗传，也有母亲汉族诗文积淀的灵性，确是人中龙虎。二十岁时，刘聪在洛阳游学，交结名士无数，当时的大臣乐广、张华都对他大加赞赏。在京城见过大世面后，刘聪回到故地，官至右部都尉，善于抚接匈奴五部士众，族人归心。其父刘渊在成都王司马颖手下效力的时候，刘聪唯恐父亲有个三长两短，自告奋勇在司马颖手下任积弩将军，常常冲锋陷阵，为父亲刘渊争功。

汉赵国一直局促于并州一隅，后来定都平阳（今山西临汾）。刘渊当了皇帝不久就卧病不起，临终时将兵权交给了安昌王刘盛。刘盛年幼时不喜欢读书，只读《孝经》和《论语》两本书，他说："读这两部书能够照着去做，就足够了，哪里还用得着多读却不去做呢？"刘渊因为他忠诚，所以才将重要的职务交给了他。

但刘和性格多疑，平时对属下也没有什么恩德，因此汉赵朝中的实际权力还控制在能征善战的刘聪手中。呼延攸是刘和的舅家人，刘渊临终任命了一批大臣，唯独没有他，这让呼延攸感到既羞愧又愤恨。他对刘和说："先帝

洗烫家禽图

此壁画反映了西晋时期人们准备厨事的情景。两个女佣准备食材，洗烫家禽的场面，十分具有生活气息。在古代只有王公贵族才能经常吃到肉食，普通百姓很少能吃上肉类，所以晋惠帝竟闹出灾民"何不食肉糜"的笑话。

不考虑轻重的情势，使三王子（指齐王刘裕、鲁王刘隆、北海王刘乂）在京城里统领强兵，大司马刘聪拥兵十万在近郊驻扎，陛下不过是在他人那里寄寓的皇帝罢了。应当尽早考虑对付这种情势。"刘和一向对呼延攸深信不疑，马上宣召安昌王刘盛，让他出兵剿灭刘聪。刘盛说："先帝的棺椁还没有安葬，楚王刘聪也没有变节，您就要自相残杀，天下会怎么说陛下呢？请您不要听信挑拨离间的小人的谗言，疑忌自己的兄弟。兄弟尚且都不能相信，那别人谁还值得相信呢？"呼延攸大怒，命令左右随从把刘盛杀了，密谋攻打刘聪。

岂知刘聪早有准备，永嘉四年（310年），还没等呼延攸的军队集结完毕，他就率先下手，收服了呼延攸手下的兵将。在光极殿西室，刘聪亲手杀死了哥哥刘和，并将呼延攸斩首，将首级悬挂在交通要道上。大臣们于是请刘聪继承帝位，刘聪表示北海王刘乂是皇后所生，皇位应该由刘乂继承。但刘乂坚持请刘聪即位。刘聪谦让了一阵后，也就同意了，宣布继承汉赵帝位，并说："北海王以及诸公是因为祸乱困扰还多，看重我年纪大几岁罢了。这是国家的事业，我怎么敢推辞！等北海王长大后，我将把大业交还于他。"于是尊奉刘乂的母亲单氏为皇太后，自己的母亲张氏为帝太后。以北海王刘乂为皇太弟，兼大单于、大司徒。立自己的妻子呼延氏为皇后，封儿子刘粲为河内王、刘易为河间王、刘翼为彭城王、刘悝为高平王。

晋愍帝求降

在石勒大败司马越的同时，刘聪命刘曜进攻洛阳。

在永嘉五年（311年）六月，汉赵大军兵临洛阳城下。几路大军会兵一处，围攻洛阳城。然后攻破了洛阳城门，晋怀帝在出城逃往长安的路上被汉赵军追获。刘曜一把火把洛阳烧成了灰烬。

刘聪俘虏了晋怀帝后，吴王司马晏的儿子秦王司马邺时年十二岁，逃至密州，在长安继承了西晋皇位，是为晋愍帝。建兴四年（316 年）八月，刘聪派大将刘曜率军围攻长安。双方军队僵持了四个月，长安城内粮尽，无法据守。司马邺赤露肩背，口含玉璧，乘坐羊车，出城求降。西晋至此宣告灭亡。西晋自晋武帝司马炎泰始元年（265 年）十二月建立，到晋愍帝建兴四年（316 年）十月灭亡，经历了四个皇帝，一共五十二年。

刘聪再一次面对西晋降帝，对他百般羞辱。不久就杀害了他。

司马邺死后，谥号愍帝。至此黄河以北的中原地区名义上尽归汉赵国所有。西晋曾经完成了全国的统一，前期也曾有过短暂的繁荣，有过创新改革。但在成功面前，西晋统治者没能进一步进取，而是开始懈怠、腐化，在处理统治阶级内部矛盾、阶级矛盾、民族矛盾方面留下了一系列的隐患，终于导致了灭亡。这个历史教训，是极为深刻的。

张轨建立前凉

在西晋混乱亡国的过程中，凉州张轨于建兴二年（314 年）二月被西晋的朝廷任命为太尉、凉州牧，封西平郡公。于是张轨建立了自己的王国，史称前凉。张轨是安定郡乌氏（今甘肃平凉西北）人。

晋惠帝时，张轨在京做官。赵王司马伦夺权后，张轨要求回凉州。301年正月，朝廷任命他为凉州刺史。张轨到任后，大力任用当地有才干的人物作为帮手，如宋配、阴充、汜瑗、阴澹等，妥善安排境内的鲜卑部落，并迅速平定了那些桀骜难驯的大小割据势力，威镇西方，稳定了凉州的局面。永兴二年（305 年），俘获鲜卑十多万人口，安置在河西走廊。永嘉之乱时，晋怀帝被困洛阳，地方各大员无人登门，只有张轨派人送来贡品，连年不断。

洛阳、长安陷落后，张轨专门设了武兴、晋兴二郡，安置关中流民。张轨还下令铸造五铢钱，钱币于是在河西流行起来。晋愍帝占据长安后，张轨派了三千人前去保卫。之后张轨就占据了凉州一带地方。

东晋十六国

　　西晋灭亡以后，司马氏在江南重建政权，史称东晋（317年—420年）。北方则进入了"五胡十六国"的大动乱时期，从刘渊建国到北魏统一北方（304年—439年）的一百三十多年间，各少数民族上层和汉族官僚地主纷纷建立政权，历史上叫作"十六国"时期。"十六国"因北魏崔鸿的《十六国春秋》而得名，"十六国"时期的历史，以秦晋淝水之战（383年）为界，可划分为前后两个时期。

　　秦晋淝水之战前，北方先后出现的政权主要有成汉（氐）、前赵（匈奴）、后赵（羯）、冉魏（汉）、前燕（鲜卑）、前秦（氐）。淝水之战后，北方再次分裂。原来在前秦统治之下的各少数民族上层分子，趁机建立起各自的分裂割据政权，主要有西燕（鲜卑）、后燕（鲜卑）、南燕（鲜卑），北燕（汉）、后秦（羌）、大夏（匈奴），后凉（氐）、南凉（鲜卑）、北凉（卢水胡）、西秦（鲜卑）、西凉（汉）等。

暴虐的刘聪

匈奴刘渊建汉赵，自称汉王，永嘉二年（308年）称帝。刘渊死后，刘聪杀兄夺位，从此之后，刘聪变得更加骄横。

陈元达冒死进谏

刘聪坐上了汉赵的皇帝宝座，又尽占了黄河以北的中原地区，他的性情也变得更加骄横，向来不喜欢大臣的忠言直谏。313年，刘聪把贵嫔刘娥立为皇后，为她建造仪殿。廷尉陈元达恳切地劝谏说："您的父亲刘渊身穿粗布衣服，居住的地方连双层的坐垫都没有，皇后妃嫔甚至不穿绫罗绸缎，拉车的马匹也不喂粟谷，这是爱惜百姓的缘故。陛下即位以来，已经建造了四十多处宫殿，加上一再兴兵作战，军粮运输不停，饥馑、疾病流行，造成人们死的死、逃的逃。但您还在不停地大兴土木，这难道是作为百姓父母的想法吗？现在晋朝的残余势力还在西边占据着关中地区，陛下不但不为这一切担忧，却还在宫廷中建造殿堂，这难道是目前所急需的吗？"

这番话惹得刘聪勃然大怒，骂道："朕身为天子，建造一个殿堂，为什么要问你这样的鼠辈呢？你竟敢胡说八道扰乱大家的情绪，不杀掉你这个鼠辈，朕的殿堂就建不成！"于是向左右随从命令道："拖出去杀了！连他的妻子儿女一起在东市悬首示众，让这群老鼠一起去墓穴里去！"

当时刘聪是在后宫逍遥园的李中堂内，陈元达事先已经料到了刘聪的反应，因此早就在腰间绑了一把大锁。听到刘聪要把他拉出去，陈元达马上跑到园中，用锁把自己锁在堂下的树上，大声呼喊道："我所说的，都是为社稷

锁谏图

相传此画原为唐代阎立本所作。此图描绘陈元达冒死进谏，暴躁的刘聪下令将他全家处斩，后被刘皇后解救的事迹。画面表现的就是陈元达用铁链将自己锁在树上的情景，气氛紧张，人物表情十分传神生动。

大业考虑，而陛下却要杀掉我。我能够与关龙逄、比干同游，这就满足了！"随从们上前拉他，却怎么也拉不动。

这时站在一旁的朱纪、范隆、刘易等人一起叩头，一直叩得头上出血，说："陈元达为先帝所赏识器重，一直尽忠竭虑，知无不言。今天他所说的话虽然有些狂妄直率，但希望陛下能够宽容他。因为直言劝谏而杀列卿，这让后世怎么说呢？"

刘聪听大臣们这样说，一时不便再喊拖出去砍了，于是便阴沉着脸，不置可否。

刘皇后听说后，暗中命令随从们停止对陈元达的刑罚，马上写了一道奏疏给刘聪，说："现在宫室已经齐备，用不着再营建新的，四海还没有统一，应当珍惜百姓的财力。陈元达的直言是社稷的福气，陛下应该加以赏赐。现在反而要杀他，天下要怎么来评说陛下呢？直言进谏的忠臣固然不顾自己的性命，而拒绝进谏的君主也是不考虑自身的性命。陛下为了给我营建宫殿而杀劝谏的大臣，这样使忠良之臣缄口不言是因为我，远近都产生怨恨愤怒是因为我，公私两方面的困窘弊害也是因为我，使国家社稷面临危险还是因为我，天下的大罪都集中到我一个人的身上，我怎么能够承担得起呢？我观察发现，自古以来造成国破家亡的，没有不是从妇人开始的。我心里常常为之痛心，想不到今天自己也会这样，使得后世的人们看我，就像我看古人一样！我实在没有脸面再伺候您，希望您允许我就死在这个殿堂里，来弥补陛下的过错吧！"

刘聪看完刘皇后的奏疏，脸色都变了。过了许久，才慢慢地说："朕近年以来，因为中风伤病，喜怒超过了限度，不能自己控制。陈元达是忠臣，朕却没有看出来。各位能够磕破头让我了解他，确实是深明辅佐之臣的职责。我的惭愧藏在心中，怎么敢忘掉呢？"说完，叫陈元达上来，把刘皇后的奏疏拿给他看，并说："在外有像您这样的人辅佐，在内有像皇后这样的人辅佐，我还有什么可忧虑的呢？"又赏赐给在场劝谏的人不同数量的稻谷与布帛，把逍遥园改称为纳贤园。刘聪对陈元达说："你本该怕朕，现在反倒是朕怕你了！"一出直谏纳谏的好戏就此收场。

刘聪执政时期，重新制定了汉赵国的百官制度，除中央机构沿袭刘渊建国初的旧制外，还创立了一套胡、汉分治的地方行政体制，置左、右司隶，各领民户二十余万，每万户置一内史，共设内史四十三人，用以统治汉人。又设大单于，大单于之下设左右辅，各领六夷十万落，每万落置一都尉，用以管理胡人。刘聪以其子刘粲为丞相、领大将军，封晋王，以中山王刘曜为大司马。刘聪所建立的这套行政机构，形式上是对曹操匈奴五部分治法的继承和大范围的应用，但实际上却有很大的不同。刘聪的百官建制仍然保存了大单于的职能，大单于的地位仅次于皇帝，担任大单于的大都是皇位的继承者。在刘氏的统治机构中虽然也吸收了一部分汉人，但大权基本上都掌握在匈奴贵族手中。

刘聪日益残暴骄奢

刘聪虽然攻克了洛阳、长安，消灭了西晋政权，但他实际所能控制的地方东不逾太行，南不越嵩、洛，西不过陇坂，北不出汾、晋。在中原地区曹嶷据青、齐，石勒据河北，鲜卑拓跋部据代北，皆各据一方。

但刘聪显然没有意识到这一点，自从灭掉西晋之后，他渐渐骄奢起来，虽然有陈元达冒死进谏，但并不能改变他的所作所为。每次用餐时必须准备珍馐美味，而且一定要有新鲜的鱼。左都水使者刘摅有一次送鱼蟹来迟了，被枭首在东市。宫殿也装饰得穷奢极丽，由于给两位妃子的宫殿没有按时修好，他又杀死了监工大臣。到汾河去观鱼，他又彻夜不归。刘聪喜好出外游猎，早晨出去夜里才回来，回来后点起几千支蜡烛，用来延续白昼的欢乐。

刘聪本人骄奢淫虐，朝廷内外也没有一点纲纪。刘聪的母亲因为刘聪刑罚太过严厉，三天不吃饭以示警告。刘聪的次子、大将军刘敷屡次哭着劝谏，刘聪大怒说："你想要我死吗？天天用哭声来烦扰人！"刘敷于是积忧病死了。

刘娥皇后去世后，靳准有两个女儿，都是沉鱼落雁的美色，分别叫靳月光、靳月华。靳准早就有意凭借着两个女儿以谋取高官，美人计已经筹划多时。见时机成熟后靳准便将两个女儿献给了刘聪，第二天刘聪便封二女为贵嫔，后又将靳月光册封为皇后。

虽然备受宠爱，但是后宫佳丽众多，靳月光也不能天天见到刘聪。时间一长，靳月光便耐不住寂寞了，于是找了几个美少年入宫打发时间。不料这件事被陈元达探听得一清二楚，他将靳月光的秘事收集了许多证据，写在奏折里交给了刘聪。刘聪怒火中烧，痛骂了一番靳月光，将陈元达的奏折掷在靳月光脸上。靳月光看完奏折后，不敢分辩，哀乞刘聪的饶恕。刘聪大怒之下拂袖而去，靳月光当晚便服毒自尽了。

刘聪本来是一时气愤，听说靳月光自尽了，赶忙跑去。见到靳月光的脸色凄惨无比，刘聪便抱着尸体大哭了一场，从此将靳月光的死归咎于陈元达，无论他再有什么规谏，刘聪都置若罔闻。

从此以后，刘聪命儿子刘粲为丞相，一切国事都让刘粲决定，自己不再理朝政。太监王沈的养女，容颜美丽，刘聪想立她为左皇后。尚书令王鉴、中书监崔懿之、中书令曹恂进谏，刘聪非常生气，对刘粲说："王鉴口出狂言，侮谩尊上，不再有君臣上下的礼节，应该快快定他的罪！"刘粲于是收捕了王鉴等人，没有审讯就将他们送往刑场斩首。

皇太子谋杀皇太弟

刘聪杀兄即位后不久，因为自己是超越兄弟次序而当的皇帝，于是封北海王刘乂为皇太弟。之前的皇后呼延氏一直将北海王视作眼中钉，不断地劝说刘聪除掉皇太弟，刘聪心里也暗暗下了决心。刘乂的舅父感到事情不妙，哭着进言刘乂希望他自己请求撤销皇太弟的封号，以免召来杀身之祸。刘乂却认为自己皇太弟的名号是天经地义的。大祸临头还如此不自知，这位皇太弟的命运也就可想而知了。

刘聪把国家大事都交给了儿子刘粲，很明显有传位于子的意思。恰值有一次天落红雨，使刘乂所居住的延明殿周围一片殷红，形同上天降血。古人迷信，刘乂心中不由得感到厌恶和恐惧，忙把东宫属官卢志、崔玮、许遐等几个汉族儒官请进宫来，商议对策。卢志等人劝说刘乂派刺客杀死刘粲。大将军刘骥连年征战在外，城内没有可以抵战的悍将，只要

曹子建七步成章 曹丕乘乱纳甄氏
曹丕继位后，一次命曹植在七步内作诗一首，做不到就行以大法（处死）。而曹植应声说出六句诗来，这就是著名的《七步诗》。诗中豆和豆萁比喻兄弟本为手足，不应该互相猜忌与怨恨。刘聪对刘乂也是如此。

名家评史

　　曹魏东晋之百余年间，乃中国社会之率乱时期，亦为对抗礼教之反动时期。此反礼教运动与反专制之潮流汇合，遂蔚为一种以放浪人生观为基础之无君论。

——萧公权

发兵鼓行冲向云龙门，宿卫将士肯定会倒戈奉迎，那么举事必能成功。卢志等人远虑深谋，把情势分析得头头是道。但皇太弟刘乂政治经验极其缺乏，没有勇气行此大事。没几天刘乂手下的东宫舍人荀裕上告了卢志等人劝刘乂谋反的事情。刘聪大怒，把刘乂软禁了起来。

　　刘粲早就对这位挡在自己前面的小皇叔恨得牙根痒痒，至此更是杀心顿起。几天后刘乂正在府中呆坐，忽然丞相刘粲手下的将军王平闯入，一脸焦急和凝重，通告他说："奉皇上诏旨，京城内有人想叛乱，请诸王宗室裹甲执兵，以备非常！"刘乂不敢怠慢，连忙命令东宫府臣卫士全身披挂，各执兵器，在府内集结，等待命令，准备为皇上效死。

　　刘粲则奔赴皇宫禀报刘聪说，皇太弟刘乂手下着甲衣准备作乱。刘聪大吃一惊，令刘粲马上率军包围东宫。刘粲拘捕了听命于东宫的氐、羌酋长十多人，严刑拷问，把他们的头颅都枷锢于高木格之上，烧红铁器炙灼双目。这些酋长们忍受不住刑罚，于是只得招认自己和皇太弟共同谋反。

　　于是刘聪下令，诛杀东宫所有的官员，平素与皇太弟亲近、交厚的人也一律格杀勿论，废黜皇太弟，改封为北部王。不久刘粲就让靳准杀死了皇太弟。刘聪听说皇太弟的死讯后，悲恸痛哭地说："我们兄弟仅剩二人却不能兼容，怎么才能使天下人知晓我内心的情感呢？"

　　由于皇太弟刘乂有大单于的头衔，平时在京中的氐族和羌族贵族均是他所掌属。因此皇太弟死后，氐族、羌族反叛的人很多。刘聪让靳准代行车骑大将军职务，征讨平定了叛乱，并将刘粲立为皇太子。

晋室南渡

　　司马睿于318年在江南建立起了东晋政权。东晋的建立离不开王导等一大批士族地主的支持，因此东晋皇帝并没有将朝廷大权集中到自己手里。

曲水流觞

"曲水流觞"是古代习俗，每年的阴历三月初三在河边举行祭祀仪式。人们把酒杯放在弯弯环绕的水渠里，随波逐流，停在谁面前谁就喝下酒。晋穆帝永和九年（353年），谢安、王羲之等四十一人，在三月初三这一天会于会稽山阴兰亭，宴游赋诗，成集后由王羲之作序，即《兰亭序》，文中记载了"曲水流觞"之事。

司马睿建康登基

317年是一个多事之秋。匈奴的汉赵政权正在发生内乱，而一直在江南的原西晋皇族司马睿却等来了晋愍帝司马邺被害的消息，于是在以王导为首的江南士族的支持下顺理成章地在建康登基称帝，史称"东晋"。海内大乱之时，唯独宗室琅邪王司马睿的江东一带稍稍平静一些。他在镇东司马王导的劝告下，召辟贤才，延揽俊杰，总算使晋朝有了一块最为安全的喘息之地。当长安陷落的消息传到江南后，镇守建康（今江苏南京）的司马邺的堂叔、琅邪王司马睿，于317年称晋王，年号建武。第二年（318年）即帝位，年号太兴，是为晋元帝。

司马睿在西晋皇族中，地位和名望并不高。他曾经参与讨伐成都王司马颖的战役，但是由于作战失利，便离开洛阳，回到封国。晋怀帝即位后，司马睿被封为安乐将军都督扬州诸军事，来到了江南。司马睿带去了一批北方的士族官员，其中最有名望的是王导，司马睿对王导可谓言听计从。司马睿刚到建康的时候，常常因为喝酒而耽误事情，王导对此进行劝说，司马睿就命令人斟上酒，接过酒杯后把酒倒掉，从此便戒了酒。

江南的一些大士族地主嫌司马睿地位低，不怎么看得起他，也不来拜见他。因为这个，司马睿心里很不踏实，要王导想个办法。王导有个堂兄名叫王敦，当时在扬州做刺史，很有势力。王导把王敦请到建康，两人一商量，

历史细读

门阀士族形成于魏晋。曹丕推行九品中正制，成为世家官僚垄断选举的工具，司马氏对世家官僚采取笼络和放纵的政策以取得他们的支持。西晋建国后，继续实行这一政策，因而出现了"上品无寒门，下品无士族"的典型的门阀政治局面。门阀士族拥有特权，并与庶族保持着严格的界限。在政治上，他们累世做职闲望重的高官；在经济上，按官品占有大量土地和人口，且不向国家纳租服役；社会地位高人一等，不与无特权的庶族（又称寒门）联婚和同乘共坐。他们注意门第，垄断政治，排斥庶族寒门。庶族即使做了官，依然会受到士族的歧视。

想出一个主意来。每年的三月初三是当地的禊节，百姓和官员都要到江边去"求福消灾"。

这一天王导让司马睿坐上华丽的轿子到江边去，前面有仪仗队鸣锣开道，王导、王敦和从北方来的高官、名士，一个个骑着高头大马跟在后面，排成了一支十分威武的队伍。在江边看热闹的人很多，大家看到这种从来没有见到过的大排场，都轰动了。江南有名的士族地主顾荣听到这个消息，赶忙来看。结果看到王导、王敦这些有声望的人都对司马睿非常尊敬，大吃一惊，怕自己怠慢了司马睿，赶紧出来排在路旁，拜见司马睿。自那以后，江南大族纷纷拥护司马睿，司马睿在建康就站稳了脚跟。

永嘉南渡后，北方的士族地主纷纷逃到江南来避难，王导劝说司马睿把他们中间有名望的人都吸收到王府来。司马睿听从了王导的意见，不但拉拢了江南的士族，又吸收了北方的人才，巩固了地位，心里十分感激王导。

"王与马，共天下"

司马睿登基那天，王导和文武官员都进宫来朝见。司马睿一见到王导，便从御座站了起来，把王导拉住，要他一起坐在御座上接受百官的朝拜。这个意外的举动让王导大为吃惊，他连忙推辞。后来王导每次上朝，司马睿都要起立相迎。

司马睿刚开始统治江东时，认为自己能够得到这个皇位，全靠王导、王敦兄弟的力量，所以对他们特别尊重，并重用他们。让王敦总领征讨军事，王导担任尚书，负责机要政务，王氏兄弟的门生子弟也各自占据了显要的职位。

王导在内执政，而王导的堂兄王敦则在外掌兵，王氏家族逐渐掌握了朝政大权。当时民间流传着一句话，叫作"王与马，共天下"。意思就是王氏家族同皇族司马氏共同掌握着东晋的政权。

不久司马睿在稳定了皇位后，开始不满"王与马，共天下"的局面。掌握了军权的王敦自恃有功，而且宗族势力强盛，越来越骄横跋扈，也开始不把司马睿放在眼里。司马睿看出了王敦的骄横，因畏惧而憎恶，于是提拔刘隗、刁协等人作为自己的心腹，开始逐渐抑制和削弱王氏家族的职权，王导也逐渐被疏远。中书郎孔愉说王导是个忠贤的人，有辅佐王室的功勋，应当加以任用，结果被司马睿贬黜。司马睿暗中进行军事部署，试图最终全面排清王导家族势力。

刘隗性格刚烈，不徇私情，当时的名士多被他弹劾，但司马睿总是加以宽容，因此大家都把怨恨集中到刘隗身上。南中郎将王含是王敦的哥哥，因为家族的势力强大而地位显赫，骄横放纵，一次请求安排参佐以及郡守县令等官职就达二十人左右，而且大多不称职。刘隗于是弹劾王含，事情虽然被压了下来，但王氏家族从此对他深怀忌恨。

王导见司马睿疏远了自己，却没有不满，依然听任自然，安守本分，性情非常淡泊，对于职位的升降也能妥善处理。但王敦却心怀不满，给司马睿上疏，为自己和王导鸣冤叫屈，言辞之间颇多怨恨。因为重要的奏表都是王导先看的，因此王敦这些诉说委屈的奏折都被王导扣了下来，加封后退还给了王敦。王敦不甘心，不断指使心腹向司马睿进言，盛赞王敦和王导的功劳。

司马睿对此很是反感，一天晚上召见谯王司马承说："以王敦近年来的功劳，现在的职位已经够大了。但他的索求却没有止境，现在该怎么办呢？"谯王说："陛下不早点处置他，以致到了今天的地步，王敦必定会成为国家的祸患。"

刘隗于是为司马睿出主意，派自己的心腹去镇守各地。适逢王敦上表，要让宣城内史沈充代替甘卓任湘州刺史。司马睿对谯王司马承说："你看，王敦叛逆的行为已经昭著了，照这样的情势下去，不会很久，朕就要遭受惠帝那样的命运了。湘州占据着长江上游的地势，控制着荆州、交州、广州的交会处，一旦被王敦的人控制，后果不堪设想。"

谯王说："那就请陛下让我去吧，这样既不用王敦的人，也没用刘隗的人，王敦也说不出什么。只是湘州经历了一番大的寇乱之后，人口稀少，物产凋敝。如果让我去治理，得等到三年之后，才有能力参加战事。如果不到三年，即使粉身碎骨，也不能有太大的帮助。"司马睿非常高兴，下诏说："自从晋王室建立基业以来，任命方镇大员，都是宗亲和贤良并用，现任命谯王为湘州刺史。"长沙人邓骞听说此事后，叹息说："湘州的祸乱，恐怕由此而生了！"

采桑与狩猎
此壁画表现了人们采桑和狩猎的情景。

于是谯王走马上任，行至武昌，王敦设宴招待他，并说："大王平素是德才兼备的读书人，恐怕不是将帅之才。"谯王笑着说："即使是一把钝刀，也是可以割一下的！"王敦不以为然，对属下说："谯王不知畏惧，还要学人家说些豪言壮语，可见他不通军事，不会有什么作为。"于是听任谯王赴任。

当时湘州土地荒芜，官府和人民均财用短缺。谯王带头节俭，尽力安绥和抚恤民众，很有能干的名声。湘州在谯王的治理下，慢慢地发展了起来，后来成为东晋稳固的后方。

经营江南

早在洛阳陷落时，荀藩奉立秦王司马邺在长安继位，他们传檄四方，要求各地藩国出兵勤王。司马睿在这时被委任为镇东大将军、兼督扬江湘广交五州诸军事的职务。司马睿对于西晋朝廷的征召不以为意，他的主要精力集中在经营江南方面，根本无心北顾。

由洛阳外流的官僚士族以及中原地区的广大汉族人，为了逃避胡人的杀戮，除一部分以坞堡自守，一部分北迁辽东、西亡凉州外，绝大部分人纷纷南下。

人口的南迁，往往是以一个个大宗族为中心的集体迁徙，这些北方来的士庶侨民具有强大的势力。为了争取他们的支持，司马睿接受了王导的建议，大量吸收这些人参与政权。他先后委任了很多北方士人担任朝内外的主要官

职，使北方侨人士族在江南政权中明显地处于优势地位。同时司马睿还在长江南北设置了许多侨置州郡县，安置流亡人口。

对于北来侨民，为了照顾他们日后还乡的情绪，司马睿没有把他们编入土著民户的永久性户籍即黄籍之中，而是专门为他们设置了一种临时户籍叫白籍。白籍侨户受到优待，长期享受减免租税赋役的待遇。通过这些措施，司马睿很快就取得了北方侨人士族的支持，并使他们成为了自己政权的支柱。但是司马睿的这种做法也带来了一定的恶果，造成了江南地区郡县制度和户籍制度的混乱，并为大族侵吞人口提供了便利条件。

在南迁的人流中，既有门阀大族，又有心怀复国的有大志之士，还有许多著名的僧人、道士等，其中较为著名的是研究医理、方剂的炼丹术士葛洪。他于东晋成帝咸和元年（326年）南下广州。葛洪先后撰《金匮药方》一百卷，另有《肘后救卒方》三卷，为我国医学事业做出了贡献，也为当时受疾疫流行困扰的百姓提供了许多治病良方。他撰写了许多有关儒、道以及医药方面的著作。其中的《抱朴子》一书，"内篇"二十卷，谈"神仙方药，鬼怪变化，养生延年，禳邪却祸之事"，为道家思想。"外篇"五十卷，是政论性著作，为儒家思想。葛洪反对祈祷派道教，攻击张角等人。他把道教与儒家思想结合了起来。

在南迁众人中心怀复国大志的当推祖逖为第一人，他多次上书给司马睿，坚决要求出师北伐。祖逖的要求使司马睿左右为难，因为在江南建立起一个偏安的小朝廷，是司马睿和王导的共同理想，根本无意于北伐。但是司马睿

历史细读

　　东晋初年，为了安置南下的北方流民，政府设置了侨州郡县。流民在侨州郡县里可以不缴纳赋税，也不服徭役。后来为了明考课、定税收，政府开始实行土断。即整理户籍，清查隐匿漏户，居民不分侨旧，一律在所居郡县编入正式户籍，取消对侨人的优待，一律充作政府的赋役对象。

又不能直接拒绝祖逖的要求，这样做会激怒一部分有着光复中原志向的人士。最后司马睿只得对祖逖采取敷衍的态度，一方面大造声势，鼓励祖逖北伐，任命他为奋威将军、豫州刺史；另一方面则既不供给武器铠甲，也不调拨士兵，只给了祖逖一千人的粮廪和三千匹布，由祖逖自己去招募军队。

祖逖北伐

　　在石勒建立后赵政权时，南方的祖逖开始为北伐做积极的准备。

　　祖逖出身范阳逎县（今河北涞水北）的世家大族。曾与其好友刘琨同任司州主簿，他们"闻鸡起舞"，相互砥砺，成为一时美谈。永嘉五年（311年）刘曜率汉军攻陷洛阳时，祖逖率亲邻几百家避难南下，甘苦与共，被推为流徙的首领。抵达泗口（今江苏清江北）后，当时还是镇东大将军的司马睿任命他为徐州刺史，不久升任为军咨祭酒，移居京口（今江苏镇江）。祖逖对司马睿等人苟且偏安的行为非常不满，主动上书要求北伐。司马睿虽然任命祖逖为奋威将军、豫州刺史，但令其自行招募士兵、自造兵器。

　　永嘉七年（313年），在极端困难的条件下，祖逖率领跟随自己南下的队伍百余家，毅然从京口渡江北上。船到中流，祖逖眼望着面前滚滚东去的江水，感慨万千。想到山河破碎和百姓涂炭的情景，想到困难的处境和壮志难酬的愤懑，他敲着船楫朗声发誓道："祖逖不能清中原而复济者，有如大江！"意思是说，若不能平定中原，收复失地，就决不再回江东！表达了他收复北方失地的坚强决心。

　　祖逖渡过长江后，暂驻淮阴，起炉冶铁，铸造兵器。同时又招募到二千多名士兵，并在淮阴自造了大量兵器。祖逖的北伐得到中原人民热烈的响应和支持，南迁的人们都是迫于战乱才背井离乡的，无不希望早日重返故土，因此祖逖的军队所到之处，人人欢迎支持，迅速收复了许多失地。

　　祖逖领导的北伐军相继收复了黄河以南的大片土地，他曾大败石虎的进攻，进入河南，收复了很多地方。使"石勒不敢窥兵河南"。石勒慑于北伐军的威力，转而采取守势，下令幽州官府修葺祖氏坟墓，成皋县修葺祖逖母亲的坟墓。并写信给祖逖，请求互通使节、互市贸易。祖逖听说后，因碍于当时的形势，没有回信。但派人专程道谢，并和石勒约定和好，听任双方互市，收利十倍。于是官方和私人都富足起来，兵马也日益强壮，为中原地区人民争取到了难得的和平生活。

祖逖的目标是收复中原。就在祖逖准备继续进军河北，完成统一大业之时，晋元帝司马睿听说祖逖在河南深得民心，屡建战功，担心祖逖力量过大难以控制，将来不利于自己的统治，便于321年七月任命戴渊为都督兖、豫、幽、雍、冀、并司六州军事、征西将军，出镇合肥。一是可以制约王敦，同时也以此来节制祖逖。

闻鸡起舞

祖逖与好友刘琨经常谈论时事到很晚，同床抵足而卧。一天晚上，祖逖正朦胧入睡，突然听到了荒鸡（古人把三更以前鸣叫的鸡叫荒鸡）的叫声。于是叫醒刘琨，取过双剑和刘琨对舞起来。从此以后，两人只要听到鸡叫声就起身习武，于是便有了"闻鸡起舞"的故事。

祖逖认为戴渊是南方吴人，虽然有些名望，但并无远见卓识。而自己目前已经过了艰难困苦的阶段，收复了河南，而戴渊却不费气力即来统御，心中颇为不快。这时传来王敦跋扈，朝廷内部矛盾日益尖锐的消息，眼看内乱将起，北伐还有什么希望！祖逖心力交瘁，忧愤成疾。

不久祖逖听说好友刘琨在幽州被鲜卑人杀害，而司马睿跟王敦正在明争暗斗，便在忧愤中死于军中，终年五十六岁。

祖逖、刘琨死后，东晋内部连续发生内乱。朝廷因忙于平乱，无暇北顾，石勒趁机占领了河南，晋军被迫退到淮南，祖逖北伐的成果化为乌有。

匈奴势力的消失

318年匈奴汉赵国靳准发动政变，平阳城内刘氏男女老幼全部被杀。坐镇长安的刘曜遂自立为帝，并派兵族灭了靳氏，次年改国号为赵，建都长安，史称前赵。东晋成帝咸和四年（329年），刘曜兵败被杀，前赵灭亡。匈奴汉赵、前赵政权共三世，立国凡二十六年。

刘曜改汉为赵

司马睿虽然在西晋灭亡的时候号称要出兵北伐，却迟迟不见一点的实际举措，唯有驻守在豫州一带的祖逖与石勒的军队有小规模的军事冲突。而想要在沦陷区维持抗汉赵势力的刘琨与段匹磾结为兄弟，准备利用段氏鲜卑的力量继续施行他"以夷制夷"的策略，但这一次他却受到段氏鲜卑内部的排挤和猜忌，最终自己也被段匹磾杀害。

而此时北方的汉赵政权也发生了一系列的事件，先是靳准叛乱，紧接着是汉赵政权的分裂。

却说刘聪整天沉溺在后宫成千上万的粉黛中，由于纵欲过度，他渐渐感到体力不支，躺在光极殿寝室里，每天都听见鬼哭的声音。光初元年（318年）七月，喜酒好色的刘聪病重暴死。

刘聪死后，其子刘粲继位。刘粲耽于酒色，每日游宴于后宫中，军国大事都交给靳准处理。靳准早就有谋逆之心，此时大权在手，又备受刘粲的信任，于是开始扫除朝中的障碍。靳准对刘粲说："听说诸位大臣想行伊尹、霍光故事，废掉皇上，奉大司马刘骥（刘聪另一个儿子）为帝。陛下如果不先发制人，臣下恐怕祸患就在须臾之间了！"

刘粲起先不信，但禁不住靳准的女儿、自己的宠妃靳月华日日夜夜在耳边煽动，便下令诛杀了上洛王刘景、济南王刘骥、齐王刘劢、昌国公刘颢、吴王刘逞等人。一天之内，把兄弟辈的刘氏亲王杀了个干干净净。为了安心享乐，刘粲封靳准为大将军、录尚书事，决断一切军国大事。靳准矫诏，任命堂弟靳明为车骑将军，靳康为卫将军，把皇宫禁卫部队完全控制在自己手里。

光初元年（318年）九月，靳准亲率精兵，全副武装冲入光极殿，把正在后宫玩乐的刘粲杀死。

刘曜当时是相国，镇守长安。听说靳准叛乱，亲自率领军队由长安出发，赶赴平阳。行至赤壁（今山西河津西北的赤石川），遇到了从平阳出逃的太保呼延晏与太傅朱纪。他们劝刘曜称尊号，刘曜遂即帝位，宣布国号为"赵"，史称前赵。这样由刘曜建立的前赵国便取代了同是匈奴刘氏所建的汉赵国。

刘曜是汉赵国开国之主刘渊的族侄，因为父母早亡，自幼便被刘渊收养。刘曜从小聪慧过人，八岁时一次跟随刘渊上山打猎，忽遇暴雨，刘曜与同行者避于树下。这时一个炸雷震树，所有人都仆倒在树下，唯独刘曜神色自若。刘渊十分惊异，说："此吾家千里驹也。"

刘曜身长九尺三寸，垂手过膝，白眉，目有赤光，须髯不过百余根，但皆长五尺。不仅仪态不凡，而且性格"拓落高亮，与众不群"。读书志于博览，不求精思章句。射箭的本领最大，能洞穿一寸厚的铁板，被称为"神射手"。

元熙元年（304年），刘渊汉赵国初建，刘曜已崭露头角，为汉赵国建威将军，率兵相继攻克泫氏（今山西高平）、屯留（今山西长子）、中都（今山西太原），为汉赵国在并州的发展奠定了基础。光初元年（318年），当时汉赵的大将石勒驻守在河北，刘曜于是封石勒为大将军，同石勒成犄角之势，进攻平阳。

不久靳准被堂弟靳明所杀，靳明送传国玺给刘曜，准备投降。当时石勒的实力已经十分强大，想要与汉赵分庭抗礼。听说靳明要投降刘曜后大怒，派主力急攻平阳，靳明向刘曜求救。刘曜收归了靳明的部众不久，平阳被石勒攻占，刘曜立脚不稳，不敢马上同石勒翻脸，于是授石勒为太宰、领大将军、加殊礼，以河内二十四郡封石勒，想以此先稳住石勒，以便腾出手来对付关、陇地区的敌对势力。

前赵末代皇帝刘曜

当时关中、陇右一带有很多氐、羌等少数族人未予归附，常同西晋残余势力联合进攻刘曜，给刘曜政权造成了严重威胁。刘曜建前赵称帝后，对关陇和并州的晋朝残余势力和氐、羌、巴、羯等少数民族进行了大规模的征服战争，把被征服的各少数民族部落数十万人迁徙至赵都长安。

刘曜自己称帝，表示他是北方汉、胡各族的正统统治者，他的儿子刘胤是大单于，统治胡人。刘曜在前赵国积极推行儒学，在长安设立太学和小学，聘请著名学者传授儒家文化，当时学生多达一千五百余人。

320 年，刘曜部下长水校尉尹车，联结巴氐酋长徐库彭反叛，刘曜先杀死了尹车，又囚禁了徐库彭等五千人，然后将其全部斩首。这一举动引起了巴、氐族人的强烈义愤，共推巴、氐归善王句渠知为领袖，举行起义。一时间羌、氐、巴、羯三万余人，尽皆响应。刘曜打算亲征，光禄大夫游子远以为兴师动众，劳民伤财，不如智取，于是刘曜命游子远出征。游子远知道这些人之所以反叛，其实是被严政苛法所逼。于是下令赦免那些叛逆人员的家属，放他们回原籍，准许他们按照原来的方式自谋生业，不予干涉。结果才到雍城（今陕西凤翔），那些听到大赦消息的人就纷纷投降，降者竟达十余万人。然后进军安定，氐人、羌人也闻风归顺。只有句氏宗党五千余家据城固守，后也被游子远发兵讨平。

归赵侯印

归赵侯印是北朝十六国前赵官印。方形印台，铜质马钮。印面篆刻阴文"归赵侯印"四字。十六国时期战乱不断，朝代更换颇繁，统治者对归降投顺者多加笼络。此印文比较严谨，凿刻结构齐整，有曹魏官印的遗风。

重装甲马画像砖
这件出土于河南邓州的重装甲马画像砖，证明了当时已经建立起了防御力极强的骑兵队伍。

接着刘曜开始大举用兵凉州张氏政权。张轨死后，由张茂继立。刘曜出兵凉州时，张茂正为凉州刺史。刘曜大军长驱进入西河，戎卒二十多万人，临河列营，百余里中，钟鼓之声，沸河动地，"自古军旅之盛，未有斯比"，凉州为之震怖，张茂遂以牛羊、金银、女妓、珍宝、珠玉及凉州特产贡献刘曜向其称藩，刘曜署张茂为西域大都护、凉王等职，旋即班师。

刘曜在短时期内就征服了关、陇地区，但兼并易而固守难。在刘曜统治关陇期间，虽然也起用了一些有学识的汉人做官，也在长安开办学校，遣经学之士以教之，但他始终没有一套成型的治国安民的政治措施。刘曜初入关中时，对部下的规谏还听得进去，等到平定了巴、氐叛乱不久，就开始对大臣们的进谏听不进去了。

刘曜非常宠爱从洛阳抢来的晋惠帝的皇后羊氏，虽然此时羊氏已经三十多岁了，但毕竟是大家闺秀，又曾母仪天下，风韵非一般女人可比。刘曜把她纳为自己的妃子后不久，便册封她为皇后。

曾经有一次刘曜问羊氏说："我比起司马家的孩子，怎么样呢？"羊氏回答说："陛下是开基的圣主，他是亡国的昏君，怎么能够相提并论呢！他贵为帝王时，只有一个夫人、一个孩子和他自己三个人，竟然都不能庇护。我在那时实在是不想活了，以为这世界上的男人都是这样。自从做了您的妻子，才知道天下自有大丈夫。"刘曜从此更加宠爱她，日夜将她带在身边。羊氏因此有机会常常干预国事，在为刘曜生下了三个儿子后死去。

不久长安附近的终南山山体滑坡，有人进献山崩时发现的一方白玉，上

彩绘季札挂剑图漆盘
魏晋年代出土的漆器数量非常少，因此很珍稀。这个漆盘真实生动地表现了春秋时吴国公子季札挂剑的故事。季札遇到喜欢自己所带之剑的徐君。季札归来时，徐君已经去世，空有良剑，不见故人，于是系剑亡人树上，与地下的徐君共享拥有良剑的快乐。

面有"皇亡，皇亡，败赵昌"等字。当时群臣皆贺，认为是赵王石勒的败亡之征。刘曜听后非常高兴。

当初靳准遍杀匈奴刘氏宗亲时，刘曜在京城的世子刘胤趁乱逃出，躲在匈奴的黑匿郁鞠部。本以为这位世子早已在靳准之乱中遭到屠害，谁料四年过后，一直流离于匈奴黑匿郁鞠部的刘胤忽然返回，"风骨俊茂，爽朗卓然。身长八尺三寸，发与身齐，多力善射，骁捷如风云"。父子相见，抱头痛哭。

此时刘曜与羊皇后所生的儿子刘熙为皇太子。刘胤归来后，经过苦难磨炼，处世谦逊，文武兼备，又是匈奴刘氏"先帝"御封的世子。因此刘曜就想废掉刘熙，重新立刘胤为储君。

刘曜在朝堂之上提出要改立太子，大臣们议论纷纷。刘胤听见父亲的话进身泣诉说，自己会尽心辅佐弟弟。面对刘胤如此明白的表示，大臣又对改立太子有异议，加之羊皇后尸骨未寒，刘曜最终下不了易储的决心，只得封刘胤为永安王，同时命皇太子刘熙在宫中对刘胤行家人之礼（正式场合，刘胤虽然年长，仍要向弟弟皇太子刘熙下拜。但在宫内，刘熙应该向刘胤行拜见兄长之礼）。

后赵灭前赵

318 年十月，刘曜建立前赵政权，封羯人石勒为大司空、大将军。

刘曜知道石勒骁勇善战，不是自己所能控制的，因此并不信任他。后来刘曜将石勒的左长史王修杀死，气得石勒暴跳如雷，趁机对下属说："我为刘氏江山出生入死，屡立战功，没想到他们恩将仇报，反而要拿我开刀。原来我还盼望着能够封王，现在看来只能由我自己封自己为王了。"大兴二年

名家评史

魏晋六朝是一个转变的关键，划分了两个阶段。从这个时候起，中国人的美感走上一个新的方面，表现出新的理想。那就是认为"初发芙蓉"比之于"错采镂金"是更高的美的境界。

——宗白华

（319 年），石勒在襄国（今河北邢台）称赵王，史称后赵。前赵和后赵之间的大战在所难免。

石勒自称赵王后的第四年，张宾病故。石勒悲痛欲绝，以后每当他与身边的谋臣意见不合时，他总是想到张宾当初的好处，慨叹道："右侯离我而去，让我和这些人在一起谋划大事，岂不太残忍了吗？"

尽管失去了自己一生中最得力的助手，石勒还是花了几年的工夫，先后消灭了幽州的段匹磾、青州的曹嶷，又乘着东晋的豫州刺史祖逖病故的机会，攻下了淮北的豫州、兖州、徐州之地，与东晋划淮而治。这样一来，石勒终于得到了机会转过头来对付他真正的对手刘曜了。

325 年，石勒命侄子石虎领兵攻打前赵的石梁和并州。刘曜亲率大军于金谷屯营，士卒无故大惊，大军连夜奔溃四散，刘曜只得退归长安。成和三年（328 年），石勒派石虎领兵突袭前赵。石虎围攻黄河东边的蒲坂城（今山西永济），直接威胁到了前赵的都城长安。

刘曜领兵十万御驾亲征，同时派刘胤守卫长安都城。后赵的中山公石虎面对刘曜亲率的十万大军，心中畏惧，率军引退。刘曜在高侯（今山西闻喜）追上了石虎，大败石虎军，大将石瞻被杀。一时间形势对刘曜非常有利，但此时刘曜却向后赵的洛阳包围过去。他想拿下洛阳之后，再北上消灭后赵。他没有挟必胜之威进攻后赵的都城襄国，耽误了上天赐予他的大好机会。

石勒本是又气又急，听说了这个消息后却欣喜异常，知道刘曜没有什么大的军事谋略。328 年后赵诸军齐聚于成皋（今河南荥阳），共步卒六万，骑兵两万七千人。刘曜因胜而骄，并没有积极备战。不久后赵前锋杀至洛水，包围了刘曜。两军交锋，石勒大获全胜，刘曜在退兵时马陷石渠，摔在冰上，身上被创十余处，无奈被生俘。

刘聪在位时，刘曜与石勒曾多次协同作战，可谓是患难与共。这时刘曜支起肘子，向石勒问候道："石王！曾忆重门之盟否？"（即回忆两人在河内

鲜卑兵士俑
这是十六国时期的鲜卑兵士俑，两个兵士俑全身披甲，造型威武勇猛。

凤鸟形金步摇冠饰
这件凤鸟形金步摇冠饰是步摇上面的配饰。

合作，进攻晋军的旧事）石勒倨然高座，良久下令医生为刘曜医伤。眼见刘曜的伤势日有起色，石勒让刘曜给长安城内的皇太子刘熙写信，劝他们尽快投降。虽已被俘，刘曜仍旧具有匈奴人的血性，他只写了几个字给太子刘熙说："与诸大臣匡维社稷，勿以吾易意也！"石勒看了这封信后，便派人杀了刘曜。

第二年春天，长安落入后赵手中。不久石虎领兵与前赵军队决战，将皇太子刘熙俘获连同刘胤等文武官员全部被杀害。匈奴刘氏经此劫难，损失惨重，宗族势力大大削弱。

匈奴族建立的汉赵、前赵政权，自刘渊于晋惠帝永兴元年（304年）称汉王起，至329年前赵灭亡共三世，立国凡26年。

事实上两个赵国都想先在本国范围内建立一个新的秩序，双方都采取了重视教育制度的措施。刘曜开办太学，并选拔优秀的学生和教师进入这样的国立最高学府。同时接受大臣们的建议，吸取汉国衰败分裂的教训，停止了大修宫室的工程，将资金用于军资和民用。应该说，相比于他的前任皇帝刘聪，刘曜还是作了一点努力来改变国内疲敝的现状的。但最终他还是败在了石勒的手中。至此晋成帝咸和五年（330年），石勒暂时统一了中国的北部，与东晋以淮水为界，形成了南北对峙的形势，达到事业顶峰的石勒在襄国称帝。这个出身卑贱、年轻时做过奴隶的羯族人，终于登上了万乘之尊，傲视天下。石勒是十六国期间很有魄力的帝王，后赵在十六国中是一个版图辽阔、实力强盛的国家。

历史细读

　　鲜卑是中国古代东胡部落联盟的一部分。秦汉时期，游牧于西剌木伦河附近，依附于匈奴。后北匈奴西遁，鲜卑部落占领了蒙古沙漠以北的匈奴故地。东汉后期，檀石槐建立了强大的部落联盟，兴盛一时。曹魏初年轲比能建立部落联盟，但亦在轲比能死后即告解体。魏晋之际，东部鲜卑分成慕容部、段部、宇文部等，慕容部在十六国时期建立了前燕、后燕等诸国。

鲜卑族慕容氏的兴起

　　前燕（337年—370年）是鲜卑慕容氏建立的政权。慕容氏在西晋时期就是东北塞外的强大部族。337年，慕容皝自称燕王，迁都龙城（今辽宁朝阳）。慕容皝之子慕容儁继位后，灭了冉魏，先后迁都蓟（今北京西南）和邺。352年称帝，成为据有黄、淮河之间广大区域，在北方与前秦对峙的强大政权。370年，被前秦所灭。

鲜卑辽东三部

　　汉灵帝年间，东汉朝廷发动了最大的一次也是唯一的一次"北伐鲜卑"的战争，汉军联合南匈奴分三路进攻鲜卑的三部，结果被檀石槐的三部军队打得大败。东汉当时又开始了内乱，从此对檀石槐只能是消极防御，此时的鲜卑在北方达到了全盛。可惜檀石槐死后，各部落纷纷叛乱，鲜卑各部又重新处于分裂混战的状态。而且各部之间也常常是战乱不休。

　　辽东是鲜卑人崛起的地方，也是历来鲜卑势力最为强盛的地区。到了三国时期，辽东已经形成了以三大家族为中心的三部，他们按地理位置自东向西分别是宇文鲜卑、慕容鲜卑和段氏鲜卑。辽东鲜卑的形势是三国相争，情形与当时魏、蜀、吴三足鼎立之势很相似。慕容鲜卑位于辽东鲜卑的中部。曹魏初年，慕容家族的首领莫护跋率领其部内迁到辽西一带，莫护跋助司马懿讨伐公孙渊有功，被封为率义王，后在辽西的昌黎大棘城北（今辽宁义县西北）建国。当地人常戴一种叫作步摇冠的帽子，莫护跋束起自己的头发，也戴起了这种帽子，他部落里的人看到莫护跋，就都叫他步摇。由于口音不纯正，这个称呼传来传去，就被传成了慕容，莫护跋就真的把慕容作为自己的姓氏。

角抵　高句丽
这是出土于吉林集安县角抵墓（4世纪）墓室东壁的壁画，高130厘米，宽150厘米。图绘一大树下两力士赤膊，着短裤，头部各置对方肩上，手抓对方腰带，作奋力角抵状。画右一白发长髯老者，拄杖而立，似为这场摔跤比赛的裁判。画中人物姿态生动，情趣盎然，风格朴拙，是高句丽风俗壁画的代表作。

　　莫护跋的孙子慕容涉归的时候，因为征讨立了功，被晋武帝封为鲜卑大单于，慕容部又迁到了辽东郡的北部，这才开始受到汉文化的影响。慕容涉归死后，他的弟弟慕容耐乘机夺取了本该属于涉归之子慕容廆的单于之位，并且派人谋杀慕容廆。慕容廆亡命到辽东的汉人家中，不久慕容耐被手下人所杀，慕容廆被重新迎接回来成为慕容部的首领。

　　慕容廆年少时就是个很引人注目的人物，曾经被人誉为"命世之器，匡难济世"之才。慕容廆的确也有成就一番大事业的打算，宇文部和慕容部结怨已久，所以慕容廆做的第一件事就是讨伐宇文鲜卑。慕容廆上书晋武帝，请求支持，晋武帝不希望出现边乱，没有准许他的请求。慕容廆大怒，领兵闯入辽西汉人的聚居地进行抢掠，晋武帝集中了全幽州的兵力讨伐慕容廆，慕容廆难以抵挡，大败而归。之后慕容廆又进军东北面的夫余国，收编了夫余国的部众，大大增强了自身的实力。

大棘城一战成名

　　慕容部处于宇文和段氏两大部族之间，面对这两部的实力都比自己要强大的对手，精明的慕容廆一面向晋武帝请降，取得晋朝授予的官职，一面暂时用金钱来对付两部的连年进攻。慕容廆还娶了段氏鲜卑单于的女儿为妻，通过和亲来缓解双方的关系。

　　从292年到302年，这十年间，移居大棘城的慕容廆极少用兵，在那里教部落里的人种田，订立起与汉人相似的法令法规，致力于将自己的部落从游牧变换成农耕。同时重用汉人，制定相应的对外政策，积蓄力量静静地等待着机会的来临。

　　慕容廆终于等来了他企盼已久的机会。在慕容廆寂静无声的十年间，宇

历史细读

大单于原是匈奴君主的尊号。十六国时期由于不少政权实行胡汉分治，因而在官制上也存在两个体系。胡族系统仍然尊称为大单于，属于少数民族官员的一种虚衔。一般大单于是由君主自兼或者由太子（世子）兼领，实际等于副王。如匈奴刘渊建立的汉国就以皇太子为大单于。

文鲜卑却在一直不停地对外征伐。晋惠帝太安元年（302年），宇文鲜卑的首领宇文莫圭统一了塞外的东胡各部，自称单于，成为塞外最强大的一支力量。而此时南边的慕容部成为他下一个目标。宇文莫圭派其弟宇文屈云进攻慕容部边境各城，意欲一举消灭慕容部。但慕容廆这十年可不是在悠闲地贪图享乐，他此时早已经是知己知彼，于是亲率大军迎战宇文屈云的别部首领素延，首战便击败了对手。素延这个人虚骄狂傲，原本看不起慕容廆，一看首战失利，马上气急败坏地大发雷霆，于是他很快集结了十万人的军队进攻慕容部，一夜之间把大棘城围了个水泄不通。

看到外面人山人海的围兵，大棘城中慕容廆镇定自若地面对手下人的惊恐情绪，对他们说："素延的兵虽然多，但却毫无章法可言，已经在我的算计之中了。诸位只管拼力一战，没什么好愁的！"这样一来振奋了士气，慕容部军队趁着敌人不备之时，立即出城迎敌。素延的军队虽多，却乱作一团，溃败得一塌糊涂，被慕容部的军队一直追出了上百里，俘获和斩首的士兵数以万计。宇文屈云的军队也不得不退回塞外，远远地避开慕容廆的风头。慕容廆一战成名，附近的一些名士纷纷投往他的麾下。慕容廆为这些士人按照各自的来源地专门设立郡县收容他们。慕容廆对待士人的方法是因才而用，有见识谋略的做谋主，文章写得好的做枢要工作，而在儒学上有所造诣的人就授予他们祭酒的职务，慕容部落迅速繁荣起来。

晋元帝在江南称帝，东晋主动派人拜慕容廆为龙骧将军、大单于，慕容廆没有接受。将军鲁昌劝他与东晋通使，从而可以以东晋皇帝的命令讨伐各部，既可名正言顺地消灭异己，又可获取天下人心。慕容廆觉得有道理，于是派遣使者通过海路前往建康，尊奉东晋为正统。东晋的平州（即今辽宁一带）刺史崔毖镇守辽东，看到慕容廆的势力日益强大，加之慕容廆在其管辖范围之内却不听使唤，于是决定消灭慕容部。晋元帝大兴二年（319年），他暗中联合了高句丽、段氏鲜卑和宇文鲜卑，共讨慕容廆。面对三国军队的攻势，慕容廆任凭三国的军队围攻，闭门固守国都大棘城。三国的军队攻打得疲乏了，也未见一点攻进城内的起色。这时慕容廆乘机派人带着牛肉美酒出城，假装是崔毖命令属下犒劳宇文部的军队。这样其余二国怀疑宇文部与崔毖是同谋，深恐对己不利，当即就领着自己的部队退走了。

宇文部首领宇文悉独官恼羞成怒，独自带领本部数十万士兵攻打大棘城，连营三十多里，大棘城形势相当严峻。此时慕容廆将自己的长子慕容翰在徒河的军队招回，准备合兵一处，共商破敌良策。没想到其子慕容翰却偏偏按兵不动，同时派人向慕容廆说："悉独官举国来犯，敌众我寡，只可用计，不可力胜。现在城中的守军用于防守已经足够了，我请求把手下这支军队留在外面充作奇兵，等候时机进攻敌军，然后内外夹攻，宇文部必败。如若合兵一处，则悉独官可以毫无顾忌地专心攻城，那样我们就无计可施了。更何况未战先怯，士气也会大受影响。"慕容翰的建议得到了慕容廆部下们的支持，慕容廆就听任慕容翰留在徒河。

悉独官得到这一消息，就先分派数千骑兵突袭慕容翰。慕容翰得知，使计派人冒充段氏鲜卑的使臣，诱使宇文部骑兵闯进了慕容翰事先设下的埋伏之中。结果悉独官的几千骑兵全部被慕容翰的伏兵消灭。慕容翰乘胜追击，同时把战况告知了守在大棘城中的慕容廆。慕容廆的世子慕容皝以精锐部队突然出城直取悉独官的营寨，悉独官仓皇应战，两军才一交锋，慕容翰的骑兵已经杀到，火烧了宇文部大营。宇文部的军队惶恐不知所为，整个战场陷入一片火海之中，只有悉独官独自一人逃回国内。宇文部经过此战元气大伤，此后再也没有恢复过来。

慕容廆身后之乱

慕容廆花了四十九年的时间苦心经营，把慕容部从一个弱小的部落发展成为辽东最强大的势力。在打垮宇文部后的几年中，慕容鲜卑战无不胜。东北崛起的国家高句丽两次想要进犯辽东，都被慕容廆的儿子慕容翰和慕容仁击退，高句丽从此对慕容鲜卑不敢再犯。慕容廆乘段氏鲜卑兄弟争位之机派世子慕容皝带兵攻打，大获全胜。这时关东的石勒已经对慕容廆有所耳闻。石勒当时正在对抗前赵刘曜，但对于慕容鲜卑的力量又不得不加以防备，于是对慕容廆遣使通和。但慕容廆自称已尊奉东晋为皇族正统，把石勒的使者扣押下来送往建业。石勒大怒，马上派人联络与慕容鲜卑有世仇的宇文鲜卑。这时宇文悉独官已死，在位的是他的儿子宇文乞得归，石勒就加封乞得归官爵，命他去攻打慕容廆。宇文乞得归也真听话，不掂量一下自己的实力，就带兵攻打慕容部，结果一战即溃。慕容部的军队追着乞得归的残兵败将，攻进了宇文鲜卑的国都，将城中的百姓全部迁回本部。

后赵铜钱
这是后赵石勒时期的铜钱，又称为"后赵丰货"。石勒统治时期，后赵的社会经济得到了一定的发展。

晋成帝咸和八年（333年），慕容廆病逝，世子慕容皝继位。慕容翰虽为长子，且战功显赫，颇得人心，只因是庶出而没有被立为世子。慕容翰意识到慕容皝继位后自己的危险处境，就带着自己的儿子投奔段氏鲜卑去了。段氏鲜卑的首领段辽欣喜不已，对慕容翰委以重任。

慕容翰出逃不久，慕容鲜卑就发生了不可避免的一场内乱。慕容皝的两个弟弟慕容仁、慕容昭一直很受慕容廆的喜爱，慕容皝忌恨已久。当时正在守备东部边境的慕容仁回来奔丧，暗自与弟弟慕容昭商量说："我们从前与慕容皝的矛盾不小，现在他即位以后执法严厉，无罪的时候尚且担惊受怕，何况有罪呢？"两人定计里应外合，慕容仁举兵，慕容昭为内应，共同废掉慕容皝。

慕容皝得到消息后，当即赐死了慕容昭，派弟弟慕容幼、慕容稚等人讨伐慕容仁。结果慕容幼、慕容稚兄弟都被慕容仁擒获，辽东一带慕容皝的守将或降或走，慕容仁占据了整个辽东郡，与西面的慕容皝相抗衡。因此慕容部一分为二，以段氏鲜卑为首的其他鲜卑部族纷纷支持援助慕容仁，辽东一带的几大势力暂时重归于均衡态势。

羯族的后赵政权

后赵（319年—351年）是石勒建立的。319年，石勒在襄国称赵王，灭前赵后改称皇帝，迁都邺城（今河北临漳西南），史称后赵。后赵全盛时期的统治区域南过淮河，北及燕代，西起河西，东到大海，是与东晋对峙的大国。石勒死后，其养子石虎从石勒子石弘手中夺得帝位。由于他荒淫暴虐，穷兵黩武，各种社会矛盾日益尖锐。石虎死后，诸子争立，互相残杀。

后赵皇帝石勒

石勒统一北方后，天下形势是：后赵居北，其疆域相当于曹魏；东晋在东南，领土与东吴相仿；西南是李氏的成国，取得了汉中和宁州。还有一些周边小国，主要有并州北部拓跋氏的代国，凉州的张氏政权，以及辽东一带慕容氏、段氏等鲜卑部族。

石勒为人宽宏大量，在他建立后赵政权之后，将老家武乡的乡亲们请到了襄国。但小时候的一个伙伴李阳没有来，原来他在年轻时曾和石勒为争夺沤麻用的池塘而多次打架，现在怎么也不敢去见做了赵王的石勒。石勒又派人专程去请他，等李阳到了石勒的宫殿，石勒高兴地拉住他的手说："以前你打过我，我也打过你，咱们抵消了，现在仍然是好朋友。"然后石勒任命李阳做他的参军都尉，李阳感动不已，从此成了石勒手下的一员战将。

后赵太和三年（330年），在大臣们的劝说之下，石勒自称大赵天王，儿子们全部封王，众大臣也依次加官晋爵。九月石勒正式称帝，改元建平，立妻子刘氏为皇后，世子石弘为太子，任命中山公石虎为太尉、尚书令，并进升爵位为王。

石勒称王后，删定律令，减轻百姓一半田租，严禁兵士欺侮"衣冠华族"士人，并在襄国都城内立小学十余所，崇文敬教，并铸造后赵国自己的丰货钱。

石勒并不是好大喜功、奢侈浪费的君主，他对自己的地位和功绩也有自知之明。建平三年（332年），石勒设国宴款待高句丽使臣，酒到半酣，石勒问中书令徐光："你看我能和前代哪个皇帝相提并论呢？"徐光说："陛下您应该超过汉高祖刘邦和魏武帝曹操。自三王以来，没有可以相比的，比您高的仅仅是轩辕黄帝。"石勒笑道："人应该有自知之明，我没有那么大的功绩。假如我能够遇到刘邦，我会向他俯首称臣的。如果遇到汉光武帝刘秀这样的人，我倒可以跟他一争天下。大丈夫做事要光明磊落，怎么能像曹操和司马懿那样，欺负孤儿寡母篡夺人家的天下呢？"大家听了，对石勒莫不心悦诚服。

石勒同样重视教育，尽管石勒自己不识字，但是却十分重视读书人，他在身边的汉族士人的帮助下对汉文化有一个比较完整的了解和认识。他还命令部下凡捉到读书人，一律不许杀死，一定要让他自己亲自处理。石勒十分提倡儒家的经学，他在国内建立了一所太学，十余所小学，要他部下将领的

石勒命儒生读史

后赵石勒在位期间，在襄国设立太学、小学，选取朝中权臣贵族的子弟入学，积极吸取汉族文化，使得后赵在石勒时期得到平稳的发展。

子弟进学校读书，还建立了保举和考试的制度。并亲自去到太学、小学考试学生，按照经学程度的高低给予赏赐。还用经学进行考试，作为评定九品的标准。凡是各地保举上来的人经过评定合格，就选用他们做官。

石勒时期龟兹僧人佛图澄为石勒、石虎所敬重，尊为"大和尚"，他们利用佛图澄传播佛教，以加强对广大劳动人民的思想统治。佛图澄前后有门徒将近万人，所到州郡，兴立佛寺，共有八百九十三所。

石勒严禁部下提到"胡""羯"等字。但是为了安抚汉族士人，有时候也没有严格执行禁令。一次汉族官员樊坦被任用做官，进宫朝见的时候，穿了一身破破烂烂的衣服。石勒吃惊地问他："你怎么穷到这种地步？"樊坦忘了禁令，回答说："刚刚碰到一批羯贼，把我的家当都抢光了，连一件像样的衣服都没有留下。"石勒笑着说："羯贼这样乱抢东西，太不应该。我来替他们赔偿吧！"樊坦这才意识到自己犯了禁令，吓得浑身发抖，连忙向石勒请罪。石勒则笑着说："我这个禁令，是对付一般百姓的。对你们这些老书生，我不怪你们。"说完真的赔给樊坦一些衣服钱财，还赏给他一辆车、一匹马。

还有一次，有位饮酒大醉的羯人骑马闯入王宫，石勒大怒，立即责问卫队小队长汉人冯翥："君王威行天下，王宫之内，为何有人敢于入？作为守卫值班的军官，你为什么不能阻止来人！"惶惧之间，冯翥忘了忌讳，回答说："刚才那个醉胡乘马驰入，速度很快，我向他喊叫了半天，那个羯胡也听不懂我说什么。"自己话音刚落，冯翥忽然意识到自己刚才犯了"国讳"，叩头出血，以求宽恕。谁料石勒只是笑了笑说："胡人确实难以和他们讲话沟通。"

因为石勒不识字，便常找一些读书人把书讲给他听，一边听，一边还发表自己的见解。一次他让人给他读《汉书》，听到有人劝汉高祖封旧六国贵族后代的历史，就说："唉！刘邦采取这样错误的做法，还怎么能够得天下呢？"讲书的人马上给他解释，后来由于张良的劝阻，汉高祖并没有这样做。石勒点头说："这才对啦。"

残忍嗜杀的石虎

石勒的后赵国看似是当时最强大的国家，但其内部潜藏的危机却是最为严重的，究其问题所在，还是石勒实行的民族压迫政策。但石勒毕竟是一代

汲水壁画
在这幅十六国时期的壁画中，一个女子正在井边上汲水，表现了当时人们生活的一幅场景。

英雄，对付汉人的两手政策，总算是得到了汉族士人的拥护。隐患尽管存在，北方毕竟进入了战乱后一个短暂的休养生息的时期，后赵初期的景象一派兴盛。但继他之后的统治者却做不到这一点。石勒在位期间，大将石虎就以残忍嗜杀而令人胆寒。

石虎，字季龙，后赵国主石勒的侄子，自小由石勒之父抚养，比石勒小十几岁。石虎少年时代赶上晋末的大动乱，四处颠沛流离。后来西晋的刘琨为了笼络石勒，派人找到石勒的母亲和石虎，一并送回给正在葛陂准备进攻建邺的石勒。石勒当时很感激，但拒绝了刘琨要他归降晋朝的要求。

石虎被刘琨送入石勒营中时，刚满十七岁。石虎这个人生性暴虐，天天手持着弹弓、骑匹快马在军营里游荡，逮谁弹谁，上下怨恨石勒大怒，向母亲禀告，要处罚这个四处给自己惹事的小魔头。母亲为石虎求情说："快牛为犊子时，多能破车。还是忍耐一下吧，石虎长大些就会变好的。"

老太太的话似乎很灵验，一年后石虎"稍折节"，待人接物长进了不少。他"身长七尺五寸，矫捷便弓马，勇冠当时，将佐亲戚莫不敬惮"。其实石虎凶神恶煞的性情并没有什么改变，只是对于石勒来讲，这个侄子变得"有用"了，一下成了手下的得力大将。由于作战勇敢，石勒任命石虎为征虏将军，并且封他为中山王。

石虎后来娶了将军郭荣之妹为妻，但不久就杀掉了结发之妻，续娶清河大姓崔氏的姑娘，后又将其杀害。不仅杀妻，凡是军中诸将有勇略气力的，以及和自己不和的人，石虎总是找碴杀掉对方，酷虐霸道。石勒对他屡次斥责、教导，均于事无补，石虎仍旧我行我素。

正史史料

（石季龙）性残忍，好驰猎，游荡无度，尤善弹，数弹人，军中以为毒患。……军中有勇干策略与己侔者，辄方便害之，前后所杀者甚众。

——《晋书·载记第六》

石虎虽然杀人虐众，却为石勒冲锋陷阵，功劳甚多。并且他在指挥方面也很有才干，"御众严而不烦，莫敢犯者。指授攻讨，所向无前"。为此石勒愈加对其宠任，委以专征大权。

石勒做了几年皇帝，开始考虑起接班人的问题。石勒选的太子是他的二子石弘。这个石弘与其父大不相似，好文不好武。石勒很担心，说："当今天下并不太平，不能偏文轻武。"于是专门安排当时的名士传授太子兵法和剑术，然而还是改不了石弘的本性。石勒常对中书令徐光慨叹说："大雅（石弘的字）暗弱，一点儿也不像将门之子。"徐光安慰他说："汉高祖马上取天下，而孝文帝沉静少言，却能守成天下。圣人的后代，应该是不好残杀的，这是天道啊。"石勒听后这才高兴起来。

石虎篡位

石勒称帝的后期，后赵右仆射程遐（太子的舅舅）向石勒进言说中山王石虎不仅勇悍，而且有权谋武略，性格凶暴残忍，长期握有兵权，恐怕将来会对太子石弘不利。

石勒则认为中山王石虎与他是骨肉至亲，现在天下还没有安定，太子石弘需要石虎的辅佐。因此石勒反而怀疑程遐是想专帝舅之权。

石勒不听，程遐退下后，将此事告诉了中书令徐光。一次徐光看到石勒很不高兴，便问他为什么事发愁。石勒说东吴、西蜀还没有平定，恐怕后人不把他当作承受天命的君王看待。徐光借机劝说石勒这是不忧虑心腹之患，却反倒忧虑四肢之患。指出中山王石虎功高盖主，而且性情不仁，他才是最大的祸患。石勒听后开始命令太子参与国事，而且凡事可以自己做主，只有征伐斩杀方面的大事才呈报给石勒。石勒虽然做了一些小的调整，石虎的权力因此受到了一些限制，但却没有实质性的改变。

太子的权力略有增长，中山王石虎的门庭却日益冷清。这样一来，石虎便快快不乐。建平四年（333 年），石勒去邺城巡视刚刚落成的沣水宫，中途

铜虎子

这件十六国时期的铜虎子，精致考究，是非常难得的精品。花纹流畅多变，形体塑造的恰到好处。铜虎子威武大气，颈后和前腿后方都有长鬃，颈后的长鬃还作提柄使用，尾巴翘起，匍匐在地，威仪大方。

彩绘陶灯

这是出土于陕西咸阳平陵乡的十六国时期彩绘陶灯。灯柱为圆筒形，圆形座外撇，顶端的灯碗与灯柱相连。灯柱的上部一周有四个插灯碗的小圆孔，两个左右对称的带柄灯碗插入孔内，同时可有五盏灯使用。具有较强的时代风格。

回来时得了重感冒。不久石勒派使者到东晋，表示愿意和晋朝重新修好，但晋成帝司马衍却不领情，下诏焚烧了使者带来的礼物。石勒一气之下病情加重。石虎乘机封锁消息，假传诏书不让石勒的儿子们来看望，大臣们也禁止入内。到了七月，石勒口授了一份遗嘱说："我死后三天就可以下葬，在这几天不准禁止民间的嫁娶、祭祀、饮酒、食肉，各地的守将和官吏不准来奔丧。送葬时不许太浪费，只准用普通的车辆。坟墓中也不许陪葬珍珠、金银和宝物。我死之后，儿子们要吸取东晋司马氏兄弟内斗导致国破家亡的教训，互相谦让，和睦共处。"石虎点头答应。几天之后，后赵的建立者，戎马一生的石勒病逝，终年六十岁。

石勒死后，石虎劫持了太子石弘，并收捕了程遐、徐光等大臣，文武官员纷纷逃散。石弘大为恐惧，要让位给石虎。石虎却不接受，下令将程遐、徐光等人斩首。石弘流泪对其生母程氏说："恐怕先帝子孙很快就要被杀个精光了！"石弘即位后，石虎自任为丞相、魏王、大单于，划分了十三个郡作为自己的封国，并总领朝廷大小政事。这样石虎就成了实际上的准皇帝，石弘虽身为皇帝，却已无威严可言。

石勒的妻子刘太后与彭城王石堪商议对策，石堪于是轻骑奔袭兖州，准备引兵讨伐石虎。石虎得知后，抓住了石堪，并杀死了他。这样刘太后的图谋败露，石虎将她废黜并杀了她。刘太后很有胆识谋略，石勒生前也经常和她共同决断军事。她辅佐石勒建立功业，有很大的功劳。不久忠于石勒的宗室河东王石生在关中起兵，石朗在洛阳起兵，都声言要讨灭石虎。石虎不敢怠慢，自率步骑七万人直趋洛阳，一战便擒获了石朗。不久石生也被部下斩首，献于石虎。

石虎虽然残暴蛮勇，却不失经国大略。他先是击降了西北的氐、羌部落，又平定了关中地区，广立威权，这样石虎便下令废石弘为海阳王。石弘为人慈爱文弱，出宫之日，群臣、宫人莫不痛哭流涕。没过几天，石虎派人将其杀死于崇训宫。石弘死后，石虎改元建武。建武元年（335年），石虎把国都从襄国迁到邺城，下令把洛阳先前象征西晋王朝威权的铜驼、翁仲、九龙等巨大青铜礼器仪物全都迁移到邺城，以壮声威。石虎又下令在邺城南投石于河，兴建"飞桥"，"功费数千亿万，桥竟不成"。赵国境内，"众役繁兴，军旅不息。加之久旱谷贵，金一斤值米二斗，百姓嗷然无生赖矣"。至此石勒中晚期所施行的与民休息的政策，被破坏得荡然无存。

兴亡交替

石勒死后，社会矛盾日益尖锐。石虎实行残暴统治，而且穷兵黩武。350年汉人冉闵夺取了其政权，自立为帝，改国号为魏，史称冉魏（350年—352年）。

337年，鲜卑族慕容皝自称燕王，史称前燕。352年慕容儁灭冉魏后称帝。370年，前燕被前秦所灭。

351年，氐族苻健称天王，国号秦，史称前秦。

历史细读

　　魏晋南北朝时期，在服装上对各阶层人们都有严格的等级规定。其尊卑之别靠服饰的面料、形制、颜色等来体现。例如帽子，有冠、冕、弁、帻、巾、帽等。"通天冠"为皇帝所戴，平冕、远游冠、缁布冠、进贤冠、武冠、高山冠、法冠、长冠等为王公贵族们所戴。建华冠、方山冠、巧士冠等为舞人、宦者所戴，却敌冠、樊哙冠等为殿门卫士所戴。

各国势力的此消彼长

　　西晋灭亡后，司马睿在南方建立了东晋政权，而各少数民族也相继进入北方地区。他们在建立了政权之后，互相攻伐，混战局面始终不断，而各个政权都没有能够具备统一的力量，于是出现了各国势力此消彼长的局面。

慕容皝建立前燕

　　鲜卑慕容部在慕容廆死后就陷入了内乱，慕容仁得到了周边其他鲜卑部落的支持，与慕容皝各据一方，这也给了辽东大族段氏可乘之机。段辽与慕容仁结成同盟，要灭掉慕容皝。在柳城之战中慕容部大败，差一点全军覆灭，慕容部危在旦夕。这时随段辽大将段兰一起出征的慕容翰眼见慕容部将要覆灭，于心不忍，力劝段兰不要冒进，应先撤退。段兰听从了他的建议退兵。

　　重新休整之后，慕容皝第二年出兵征讨慕容仁，一举攻下襄平。又过了两年，晋成帝咸康二年（336年）的春天，慕容皝趁海水结冰之际，踏冰行军，突袭慕容仁驻地平郭城外七里处，慕容仁手下将士此时心怀异志，仓促上阵迎战。这时大将慕容军率本部投降了慕容皝，慕容皝军士气大振，进军大破慕容仁。慕容仁逃走，却被叛变的部下拿获献给了慕容皝，慕容皝先斩杀了慕容仁手下叛将，再赐慕容仁一死。这样慕容家的兄弟之争终以慕容仁的失败而告终，慕容皝统一了慕容部。

　　而此时段兰也开始后悔当初没有乘胜消灭慕容部，以致现在后患无穷。于是再次领军数万进攻慕容皝的柳城，宇文部的宇文逸豆归也在同时进犯慕容皝的安晋。慕容皝此时已无后顾之忧，亲率大军前往迎敌，两部的军队望风而逃。

北燕玉云纹剑首
这件北燕时期的玉云纹剑首出土时与残存的剑身在一起。这种玉质的剑首始见于春秋晚期，到了南北朝时期还在沿用。从这件文物上我们可以了解南北朝时期玉剑首的形式。

此战过后，段辽已经不能与慕容皝相抗衡，屡次进犯皆被打退，段氏逐渐由攻势转入守势。晋成帝咸康三年（337年），慕容皝建立前燕，称燕王，以封弈为国相，立慕容儁为太子。

今是友，明为敌

段氏的屡次进攻使慕容皝决定在称王后的第一件大事就是要消灭段氏。

石虎后赵建武三年（337年），从东北的辽东传来消息，慕容皝在兼并了慕容仁的势力之后，再次统一了慕容部，慕容皝自称燕王。慕容皝派使臣向后赵称藩，约定共同消灭段氏鲜卑。石虎早有意向吞并辽东，马上就答应在第二年出兵。

晋成帝咸康四年（338年），后赵石虎为了扩充本国的军事力量，在国内新召集勇士三万人。可段辽却在此时派大将段屈云攻打后赵的幽州，于是石虎以水路舟兵十万，陆路步骑兵七万，分两路讨伐段辽。石虎派姚弋仲等人为冠威将军，统步骑十万为先锋，从陆路讨伐段辽。

慕容皝则亲自领兵攻掠段氏的令支以北（今河北省东北部）诸城。其作战路线十分诡异，这使段辽的军队始终难以与之正面交锋，段辽决定追击慕容皝，慕容翰却劝他争取与慕容皝联合对付后赵。他怪慕容翰当初贻误了战机，这次不听，亲自带着本部兵马追击慕容皝。而此时慕容皝的伏兵早已埋伏在那里等候已久，结果段辽又吃了大败仗而南逃。

这时在南线，后赵大军已长驱直入蓟城，段辽所属各郡守将望风而降。段辽困守令支城，但此时令支城中已不可久驻，于是段辽只得与身边所剩的唯一一员大将慕容翰挥泪告别。

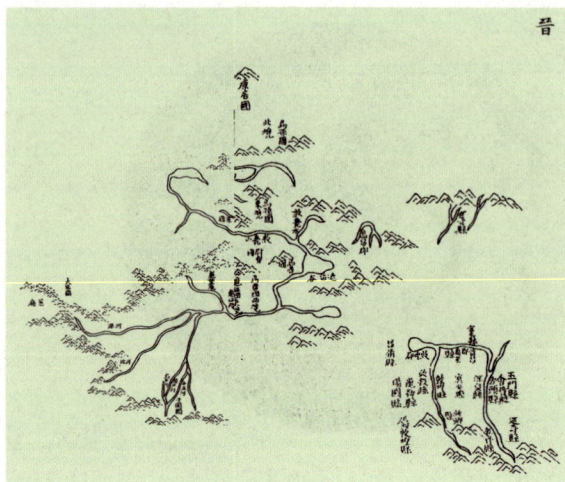

晋西域图
这是两晋时期中国西域地区的区域示意图。

段辽与慕容翰分手后，为躲避石虎的追赶北逃密云山，慕容翰则往东北塞外投奔宇文部。而石虎的前部轻骑兵由将军郭太、麻秋率领，在密云山一带擒获了段辽的母亲和妻子，段辽投降了石虎。石虎进入令支城，按照功劳大小大肆封赏，将段氏的遗民分别迁往司、雍、兖、豫四州。

后赵国和前燕国的合作这时却出现了裂痕。讨伐段辽取胜后，石虎怪燕国的慕容皝说话不算数，独自为战，不和后赵会师一处共同讨伐段辽，便以此为理由进兵征讨慕容鲜卑。大和尚佛图澄及太史令赵揽等人固谏，请石虎不要连续用兵，石虎不听。

石虎出兵攻燕的行动让燕人惊恐不安。慕容皝在本族大将和汉人谋士的支持下决心坚守城池，严阵以待。声势浩大的后赵军队向前燕的国都棘城杀来，士兵总数多达数十万人，附近的前燕郡县向后赵投降的城堡达到三十六座。后赵大军从东西南北四个方向向棘城发起猛攻，城内的前燕士兵军心浮动。慕容皝的部下玄菟太守刘佩请求自带一支敢死队出城迎击后赵军，用胜利来稳定军心。这支敢死队在后赵军阵中冲杀了一阵之后"斩获而还"，前燕守军深受鼓舞，士气重新振作了起来。两军在棘城内外相持了半个多月，城头的前燕军由鲜卑大将慕舆根指挥，每日从早到晚全力抵抗攻城的后赵士兵。慕容皝左右一些意志不甚坚定的人劝说慕容皝降赵，慕容皝十分干脆地斥责道："孤方取天下，何乃降人乎！"

战争的时间一拖长，远师劳顿的后赵大军坚持不下来了。石虎见无法攻克棘城，无奈之下下令全军撤退。石虎自率数十万大军撤退时，被慕容皝的儿子慕容恪在城门拖树枝扬尘的二千骑兵吓得肝胆俱裂，弃甲而逃，奔回襄国。各路后赵兵马被杀三万多人，唯独石虎的养孙石闵一部边打边撤，有条不紊，无一人损失。以后几年燕赵之间的战争不断。

石虎虽出兵受挫，败给了慕容皝，但这并不妨碍他一统天下的野心和征伐的步伐。他又想攻伐昌黎，运谷三十万斛于海岛，准备食储。又运三百万斛谷于高句丽，派兵将大集海滨屯聚。同时他还下令在青州造船千艘，以备海战之用。不仅北讨，石虎也派军队南征。石闵在荆扬地区一路大胜，杀东晋兵一万多人。胡亭一役，后赵军掠去七万户晋民凯旋。

后赵统治的地区在西晋末年战乱和前后赵之争中破坏最为严重，兵事频兴之时，后赵境内的天灾不断。先是冀州八郡闹蝗灾，饿死数万人。又逢大旱，一年内后赵境粮食减产，多达几万人冻饿而死。当时的人口已是极为稀少，急需休养生息。水旱蝗灾如此严重，但石虎想的却是如何早日统一天下，对百姓是一轮又一轮的横征暴敛，强征入伍，加上连续几年的自然灾害，后赵百姓可谓是苦不堪言，饥民遍野。百姓穷窘绝望，卖妻鬻子以充军调。在后赵境内，道路两旁上吊自杀的人比比皆是。石勒时期创造下的良好局面已不复存在。

温峤

温峤，字太真，太原祁县（今山西祁县）人，东晋名将。温峤生于西晋，从小以孝悌闻名。开始为司隶都官从事，后举秀才。历官东阁祭酒，补上党潞令。晋元帝即位，任长史。晋明帝时，拜中书令。晋成帝时，为江州刺史。卒赠侍中、大将军，谥曰忠武。

王敦武昌叛乱

东晋大将军王敦听说祖逖死去的消息之后，认为天下已无人可敌，于永昌元年（322年）正月在武昌举兵发动了叛乱。他给晋元帝司马睿上疏，罗列了刘隗的种种罪状，表明自己起兵不是造反，而是"清君侧"，是为了维护司马氏的统治。司马睿勃然大怒，下诏讨伐王敦，并悬赏说，谁能杀掉王敦，封为五千户侯。

王敦起兵之时，派使者告诉梁州刺史甘卓，约他共同顺长江向下游进发，甘卓同意了。可等到王敦登船时，甘卓却不来了，还派参军孙双到武昌劝阻王敦不要谋反。王敦愤恨不已，又派遣参军向谯王司马承游说，请谯王出任军司。结果谯王只是唉声叹气，说自己统领的地方土地荒芜，人民稀少，势力孤单，后援断绝，不能打仗。

王敦见状，只得派先锋独自进攻长沙，自己则向石头城进兵。长沙的城墙、护城河不完善，物资储备也不充足，人心惊恐。有人劝说谯王向南投靠陶侃，或者退守零陵、桂林。谯王不肯，环城固守，发誓要以身殉职。不过

不卖的卢

庾亮家中养有一匹"的卢"马。这种马额头上有一道白杠,一直延伸到嘴边。《相马经》上讲,"的卢"马不吉利。仆人乘它,会客死他乡;主人乘它,会被杀头。于是有人就劝庾亮将马卖掉。他说:"我卖掉它,一定会有不懂马的人买它。那样就会害了人家,我怎么能做这样的事呢?"

王敦看得没有错,谯王的确缺乏军事才能。不久后其城池就被王敦的部将魏乂攻破,谯王也被俘获,不久就被杀掉了。

王敦到达石头城后,守将周札投降,王敦不战而胜。司马睿于是令刁协、刘隗、戴渊率领兵众进攻石头城,结果大败。太子司马绍听说以后,打算自己率领将士与敌人决战,他坐上军车正要出发,却被臣下温峤死死抓住马勒头说:"殿下是国家君位的继承人,怎么能逞一己之快,轻弃天下而不顾呢!"司马绍执意要出征,温峤抽出剑斩断了马的鞍带,把司马绍硬生生地拽了下来。

王敦聚集军队闯入了皇宫,放纵士卒劫掠财物,皇宫、朝廷里的人奔逃离散。司马睿拉着刁协、刘隗的手,命令二人出逃,以避灾祸。刁协出行至江乘,被人所杀,把首级送给了王敦。刘隗则投奔了后赵,在任太子太傅时死去。王敦在建康城中又杀了戴渊等一批反对他的大臣,然后才退回荆州。

晋元帝司马睿见兵败已成定局,只得宣布实行大赦,任命王敦为丞相、都督中外各军、录尚书事、江州牧,赐封武昌郡公。

王敦得志以后,越发暴虐傲慢,四方贡献的物品大多送入他的府第,将相及地方的文武大员,全都出自他的门下。王敦任用沈充、钱凤为谋主,只对他们二人言听计从。

司马睿见无法动摇王氏的势力,自己虽然名为天子,号令却不出宫门,渐渐忧愤成疾,卧床不起。想到大臣中只有司徒荀组对自己比较忠顺,就任命他为太尉,兼领太子太保,打算让他参与朝政,钳制王导。不料荀组受任不久就因病而死,司马睿更加忧伤,病势加重。永昌元年(322年)闰十一月己丑日晚,司马睿病死于建康宫中的内殿,时年四十七岁,遗诏由太子司马绍继位,也就是晋明帝。

晋明帝初年,王敦一族更是掌握了东晋王朝的军事大权。但晋明帝算是拥有大智慧的明君。明帝太宁二年(324年),王敦病重,明帝列举王敦的罪状,下诏讨伐王敦。王敦命其兄王含为元帅,率兵五万再次攻打建康。王含被击败,王敦一怒之下而死,王含则兵败被杀,王敦之乱平息。这时候东晋王朝内患已除,皇帝英明,本该是有大作为的时候。然而仅仅过了一年,二十七岁的晋明帝司马绍就忽得暴病而亡。

正史史料

成皇帝讳衍，字世根，明帝长子也。太宁三年三月
戊辰，立为皇太子。闰月戊子，明帝崩。己丑，太子
即皇帝位，大赦，增文武位二等，赐鳏寡孤老帛，人
二匹，尊皇后庾氏为皇太后。秋九月癸卯，皇太后临
朝称制。司徒王导录尚书事，与中书令庾亮参辅朝政。

——《晋书·帝纪第七》

庾亮掌权

晋明帝年仅五岁的儿子司马衍继位成为东晋的第三任皇帝，是为晋成帝。
这个年仅五岁的孩子，由母亲庾太后抱着听政，庾太后的兄长庾亮任宰相，
执掌朝政。

明帝在临终时曾下遗诏，命王导与庾亮一同辅政，但真正的权力此时却
都集中在庾亮一人手里。庾亮，字符规，"美姿容，善谈论，性好庄、老"，
是魏晋风度中的一个楷模人物，《世说新语》中常常提及此人。但在政治上，
庾亮却是个刚愎自用、心胸狭窄的人。

王导主持朝政时，宽和驭下，深得众心。到了庾亮执政时，却苛刻任法，
颇失人心。同时庾亮对拥军在外的陶侃、祖约、苏峻等大将深加猜忌，整日
里盘算如何提防这三个人。

陶侃时为荆州刺史，拥有荆、湘、雍、梁四州之众。祖约任豫州刺史，
统管其兄祖逖北伐后占领的大片地盘。这两个人见明帝遗诏中的大臣名单里
没有自己，都怀疑是庾亮从中作祟，删除了他们两人的名字。此外历阳内史
苏峻，在征讨沈充、钱凤的过程中立了大功，手中又拥强兵数万，也存骄盈
之心。

为了防备这三个外臣，庾亮派和自己关系不错的老友温峤任江州刺史，
镇守武昌。又任命王舒为会稽内史，以为声援。同时又派人大修石头城，以
防万一。

咸和元年（326年），庾亮执政才半年多，就借口南顿王司马宗谋反，派
禁兵去上门逮捕他。司马宗性格固执，拒战反抗，不久兵败被杀。其兄西阳
王司马羕也被降封为县王，已被封为虚官大宗正的前右卫将军虞胤也被贬为
桂阳太守。庾亮此举并不是出于公心，因此大失天下之望，都认为他是在
翦除宗室势力，以巩固自己的威权。

东晋风流图

此图描绘的是土羲之坐于岸边水榭之上，溪山环抱，景色怡人。表现出了东晋士人那种超然脱俗的心境。虽为东晋重臣王导之侄，但王羲之并无意于政治，而是痴心于书画文章。

司马宗、司马羕兄弟一直都与苏峻关系很好。事发后司马宗手下有个亲信跑到苏峻处匿藏，庾亮派人去抓捕，苏峻隐匿不交，惹得庾亮恶从心起。

六岁的晋成帝司马衍对外面所发生的事情一无所知。有一天学习功课完毕，忽然想起了什么，便问庾亮："从前常常在殿中看见的那位白头发老头子去哪里了？"司马羕、司马宗两个宗室王，对成帝来讲是曾叔祖辈，宗室元老，都在朝会大殿上专门设有座位。

于是庾亮告诉外甥："那个人要谋反，已经被杀掉了。"

小皇帝一听，立刻哭了起来。因为平日里司马宗对他很好，常常抱着他在宫内游玩。司马衍边哭边说："舅舅你说别人做贼，便杀了他；如果别人说舅舅你做贼，又该怎么办呢？"庾亮一听这话吓了一跳，脸色都变了，不知如何回答这位六岁皇帝的问话。庾太后在旁边也听见了，很是生气，用牙尺敲打司马衍的脑袋，怒斥他说："小孩子怎么说这种话？"显然是看见哥哥被儿子说得一脸惊惶，心中不安，只好斥责儿子。

苏峻叛变

庾亮跟镇守历阳（今安徽和县）的大将苏峻不和，下令征调苏峻当大司农，想以此剥夺苏峻的军权。苏峻遂起兵叛变，东晋再一次陷入内乱。

咸和三年（328年）二月，苏峻率兵到达蒋陵的覆丹山。陶侃对庾亮

说："苏峻知道石头城有重兵戍守，不敢直接前来，必定会从小丹杨南道徒步而来，应当埋伏兵众截击，可以一战而擒获他。"可是庾亮不听。苏峻果然从小丹杨前来，因迷了路，夜间赶行，军队各部混乱。庾亮听说后才感到后悔，但为时已晚。此时苏峻的军队已经逼近都城，京城内的官员大多遣走家人向东避难，只有左卫将军刘超把妻子儿女迁居到宫内。

朝廷下诏让卞壸率军出击，结果大败，死伤数以千计。苏峻乘风势纵火，烧毁了朝廷的官署。卞壸在战斗中背部受伤，伤口尚未愈合，又支撑着身体率领左右侍卫苦战至死。他的两个儿子卞眕、卞盱也跟随在父亲身后，先后战死。他们的母亲抚摸着尸体痛哭说："父亲是忠臣，儿子是孝子，还有什么遗憾的呢？"

苏峻的军队很快进入台城，王导赶忙让侍中褚翜去保护皇帝。褚翜立即进入内室，抱着司马衍登上太极前殿。王导和陆晔、荀崧也赶了过来，共同护卫着司马衍。当时百官逃奔离散，宫殿上悄然无声。苏峻的兵众进来后，只看见王导这几个大臣抱着晋成帝司马衍坐在宝座上。苏峻叱令褚翜退下，褚翜站立不动，呵斥他说："苏峻来觐见皇上，军人岂能侵犯逼近！"这句话竟然使苏峻的士兵不敢上殿，转而冲进后宫，宫女及太后左右的侍人都被掠夺一空。

当时官府拥有布匹二十万匹，金银五千斤，钱币亿万，绢数万匹，其他物品价值与此相当。这些财物都被苏峻尽数耗费用光，掌管皇帝饮食的官员只能用大火烧剩下的数石粮米，熬粥给司马衍吃。不久苏峻矫诏称令大赦天下，唯有庾亮兄弟不在赦免之列。而王导因为素有德行和名望，还让他保持原职，位居自己之上。

温峤听说建康失守，号啕痛哭。此时庾亮已逃到了寻阳，宣布太后诏令，任命温峤为骠骑将军。温峤素来看重庾亮，庾亮虽然战败奔逃，温峤还是分出了部分兵力交给庾亮，二人准备起兵讨伐苏峻。

温峤派遣督护王愆期到荆州，邀请陶侃与自己同赴国难。

陶侃到达寻阳后，大家都说陶侃准备诛杀庾亮以向天下人谢罪。庾亮甚为恐惧，便采用温峤的计谋，去见陶侃叩拜谢罪，援引过错，自我责备，风度举止很是恭敬。陶侃也因此敞开了心胸。

苏峻听说陶侃等人起兵，于是逼迫司马衍迁居石头城。各路军队刚到石头城，就想与苏峻决战。陶侃说："叛贼气势正盛，难以与之争锋。应当待以时日，用智谋战败他。"此后多次交战均无所建树。监军部将李根请求修筑白石垒，陶侃便下令连夜筑垒，一个晚上便竣工了。双方就这样相持不下，苏峻多次出击，虽然获胜，但架不住时间一长，粮食开始短缺。在一次进攻中，苏峻意外坠落马下，立时被斩首，剐割肢体，骨骸也被焚烧。三军将士都高呼万岁，苏峻余部遂大败。

东晋内乱前后经过了八年，此时才勉强安定了下来。东晋上下不考虑收复失地，却把心思都用在内斗上。这就为北方觊觎已久的割据势力提供了可乘之机。

有兴必有亡

随着各国势力的此消彼长，一些强大起来的政权开始为统一而努力，其中有的获得了暂时的成功，有的国家则在战争中亡国。

王导、庾亮、庾怿

咸和六年（331年）冬祭祀太庙时，晋成帝司马衍下诏，把祭祀剩下的胙肉送给王导，并且令他不用下拜谢恩。王导非常惶恐，以有病为由，推辞不敢接受。

当初因为司马衍即位时年纪尚小，王导又是三朝元老，因此每次见到王导，司马衍都要下拜。给王导下手诏，第一句话也是"惶恐而言"。庾亮给郗鉴写信数说王导不遵循君臣之礼，但是郗鉴却把庾亮的言语告知了王导。王导身边的人都劝王导秘密地加以防备，王导却说："我和庾亮休戚与共，像这种庸俗的传说，不应当由智慧之人的口中传播。如果庾亮来到都城任职，我就头戴方巾，归隐还乡，有什么可惧怕的呢！"王导于是给陶侃写信说："庾公是皇上的大舅，你可要好好辅佐他呀！"

庾亮想要收复中原失地，上表奏请任命桓宣为都督沔北前锋诸军事、司

畜牧画像砖

这件画像砖描绘了牧童放牧牛羊的情景，原画像砖旁还题有"畜牧"二字。

州刺史，镇守襄阳。朝廷同意了庾亮的要求，并任用建威将军陶称为南中郎将，进入沔中。

庾亮上疏说："蜀地的汉国很弱，而北方胡虏仍然强大，我想率十万大军迁移镇守石头城，派遣各军罗列分布在长江、沔水一带，作为北伐的准备。"司马衍把疏章交给朝中大臣们讨论，王导请求同意这一行动，而郗鉴、蔡谟却表示反对，说："物资财用不足，不能大举行动。"

朝廷中大臣大多数与蔡谟的观点相同，于是司马衍下诏，不允许庾亮迁移镇守地。庾亮非常失望，一年后便郁郁而终了。

庾亮死后，他的弟弟豫州刺史庾怿受到了重用。庾怿因为讨厌王氏族人，便想暗中除掉他们。庾怿给江州刺史王允之送去酒，说是犒赏他。王允之是个非常聪明的人，觉得庾怿不会无缘无故地对自己好起来，于是便把这些酒拿去让狗试喝，狗饮酒后果然死亡。王允之于是将此事秘密奏报给晋成帝司马衍。

司马衍说："我大舅庾亮曾经导致国内大乱，小舅庾怿难道也想这样吗！"于是叫来庾怿教训了一番。庾怿于是服毒自尽。

慕容皝统一辽东

慕容皝打败段辽后，慕容翰转而投奔了鲜卑宇文部，当时鲜卑首领是宇文逸豆归。然而宇文逸豆归却是个嫉贤妒能之人，不但处处提防慕容翰，还有除掉他的意图。慕容翰只得装疯卖傻，并且让宇文逸豆归信以为真。而此

历史细读

氐族是中国古代的少数民族。从先秦至南北朝时期分布在陕西、甘肃等地，从事畜牧和农业。魏晋时期建立了仇池、成汉、前秦、后凉等政权，大量接受了汉族的文化和生产技术。

时的慕容皝也需要慕容翰归国辅佐他，于是派人到宇文部去探听慕容翰的消息，向慕容翰表示了希望他回国的意图，正巧这时的慕容翰也想归国。于是慕容翰等到宇文逸豆归放松了警惕后，便带着儿子回到了慕容部。

本就立于不败之地的慕容皝得到慕容翰相助，更是如虎添翼。慕容翰与慕容皝因此制定了战略计划，也就是要先征服其后方高句丽、宇文部等势力，然后再找机会以图中原。为了使自己的战略得以实施，慕容皝派使者向东晋朝廷称臣，并要求封自己为大将军、燕王。他还上书晋成帝，在信中以忠臣自居，并指斥朝中掌握重权而不把皇帝放在眼中的大臣。朝臣们大都认为自汉朝以后便没有封异姓王的事情，而大将军从来都是在朝中任职，没有派在"边城"的道理。庾亮死后，当时的东晋执政者是庾亮的弟弟庾冰和庾翼。慕容皝直接给晋成帝讲了历代外戚专权的危害，指明庾氏兄弟专权，是国家的祸患。并说自己是说别人所不敢说的话，是为皇帝着想。因此晋成帝对慕容皝的看法与朝臣们就不同了，"永嘉之乱"以后，东晋皇帝的权威尽失，慕容皝的一番进言倒是让他心中颇有同感。而且以当时慕容部的实力，采取这种友好的态度是最为适宜的。于是成帝以慕容皝对他"忠心耿耿"为由，决定给予慕容皝以封赏。庾冰也因为慕容皝的信感到惊惧，于是也就同意了。这样慕容皝在自称燕王后，终于得到了东晋皇帝的一个名正言顺的封号。

晋成帝咸康八年（342年），慕容皝开始准备讨伐高句丽和宇文部。在慕容翰的建议下，慕容皝决定先攻高句丽再取宇文部。从辽东进攻高句丽有南北两条路，北边的一条平坦宽阔，而南边的一条则险峻狭窄。慕容翰带领主力部队从高句丽意想不到的南路进军，果然碰到的防守部队只是高句丽的老弱残兵，他们很快就溃散了。高句丽国王高钊单骑逃走，自己的母亲和妻子都被燕军俘虏，前燕军队直接占领了高句丽的国都。慕容皝一时找不到高钊，于是虏其父棺椁后回师。高钊果然于半年后派他的弟弟来向慕容皝称臣进贡，换回其父的遗骨。而他母亲则依旧以人质的身份被扣留在前燕。

高句丽投降后，慕容皝开始着手对付宇文部。宇文部自从宇文逸豆归掌

李势女

桓温的妻子南康凶悍长公主司马兴男，是晋明帝司马绍的嫡长女，性格豪爽刚烈，善妒。桓温平蜀后，纳了成汉皇帝李势的女儿（也有说是李势的妹妹）为妾。南康长公主得知后，拔刀要去杀掉李氏。至其居所，见李氏正在窗前梳头，"姿貌端丽，徐徐结发，敛手向主，神色闲正，辞甚凄惋"。公主见状，丢掉手中刀子上前抱住李氏说："你啊，我见到你也感到很可爱，更何况那个老家伙哩！"于是很善待李氏。

权后日益衰微，而慕容翰曾经在宇文部寄居良久，对那里的山川地形都十分了解。于是晋康帝（晋成帝之弟）建元二年（344年），慕容皝以慕容翰为先锋大将，三路大军一齐向宇文部进发。宇文逸豆归一面向远在南方的石虎求救，一面派猛将涉奕于带领精兵迎战。慕容翰趁单独决斗的机会与慕容霸诱杀对方主将涉奕于。宇文部的众士兵一见主帅被杀，不战自溃。前燕军队乘胜追击，攻克了宇文部的都城。宇文逸豆归还没等到后赵的援兵，就败逃漠北，最终老死他乡。宇文部至此消亡。

慕容皝终于完成了统一辽东的大业，但前燕在最后一场战争中也遭受了很大的损失。慕容翰在战争中被宇文氏的箭射伤，回到国内后一直在家中疗伤，闭门不出。这时有人诬告说慕容翰准备谋反，慕容皝由于始终猜忌慕容翰，就不管是真是假，以此为名，赐死了慕容翰。可怜雄才大略、有勇有谋的慕容翰一生漂泊，最后还是含恨死在了自己的兄弟手中。

桓温灭成汉

342年，晋成帝司马衍一直感到身体不适。到了夏天，病情突然加重。因为自己的儿子年龄尚小，司马衍宣布立自己的同母弟琅邪王司马岳为皇位继承人。三天之后，司马衍病死于建康宫中西堂，时年二十二岁。同月司马岳即皇帝位，是为晋康帝。司马岳即位后，封晋成帝的儿子司马丕为琅邪王、司马奕为东海王。

当时东晋王朝面对的形势是北方的后赵与西南的成汉结盟，赵、汉之间保持着友好的使节往来，而东北的前燕和西北的前凉则在表面上仍然奉东南

尸毗王本生

北凉石窟北壁中层,是莫高窟壁画著名本生故事画,即尸毗王割肉饲鹰救鸽。"尸毗"是古印度阎浮提洲国王。被割肉的小腿抬起,尸毗王目视血淋淋的伤口,使割肉主题一目了然。周围较小的画面描写了鹰追鸽、鸽向尸毗王求救、眷属痛苦等情节。

的东晋为正统。东晋当时所忌惮的是后赵与成汉结盟,于是想要先灭掉其中一方,成汉除有险峻的地形作为依靠外,比后赵的实力要弱许多,东晋便把成汉作为讨伐的首选目标。

屯守蜀中的李雄,素以宽厚著称,刑法简约。成汉在他的统治下正在稳步地发展,成为一块福地,很多人都慕名前来投奔。

但这种境况并不能持久,玉衡二十四年(334年),李雄死亡。李雄死后其子嗣们开始了对王位的争夺。李雄所立太子李班并不是自己的亲生儿子,而是李雄的哥哥李荡之子。李班虽是一个仁孝之人,但却很迁钝。李雄死后,他虽然继承了王位,却一心只在殡宫中服丧,整日为李雄哭泣,将朝中政事都交给他的叔父建宁王李寿处理。

李雄的亲生儿子车骑将军李越本就对父亲不立亲子不满,奔丧回成都后,看到李班这个情景,就和他的弟弟安东将军李期暗中策划杀死了李班,奉李期为皇帝,改元玉恒,这也就是成汉幽公。

李期即位后,荒淫无度,滥杀无辜。李期的哥哥李霸、李保无病而死,宫中传说是李期毒杀的,这引起了大臣们的恐惧和不安,成国的局势开始急转直下。成幽公玉恒四年(338年),李期正准备对付李寿,李寿却假造了成

历史细读

古代帝王起驾时扈从中仪仗队的名称，仪式随着出行的目的不同而有所差别。汉朝以后亦用于后妃、太子、王公大臣等。

都来信，说李期要加害于他。将士们都十分愤怒，于是李寿便以将军李弈为先锋，率军从驻守的涪城前去攻打成都。很快就打败了已失去民心又未曾设防的李期，李期上吊自杀而死。李寿消灭了李期后，即皇帝位，改国号为汉，改元汉兴。因为这个汉国就是从前的成国，为了和西汉、东汉、蜀汉等其他诸汉区别开来，历史上把李寿的这个汉国称为"成汉"。

而此时的成汉已成亡国之势。李寿大肆修建皇宫，又从各郡迁徙大量老百姓入成都，充实国都的人口，而且严刑滥杀。蜀中民不聊生，怨声载道。太子李势于成汉汉兴六年（343 年）即位后，残忍昏庸有胜其父。大将李弈对李势不满，从晋寿起兵谋反，攻打成都。由于李势的倒行逆施，严刑重罚，以至于蜀中有不少老百姓都跟随了李弈。李势亲自登城防御，才将李弈消灭。

由谁来担任将领来攻打成汉呢？此时东晋继王敦之后的又一个权臣桓温登场了。桓温，字符子，谯国龙亢（今安徽怀远西北）人，出身世族，自幼豪爽好赌，且嗜杀擅战，是东晋的名将、权臣。后来娶了晋明帝司马绍的女儿南康长公主为妻，成了晋明帝的大女婿。

当时桓温与在朝中执政的主战派庾翼有交往，庾氏兄弟一直主张讨灭成汉、后赵。此时东晋皇帝之位也已经传到了第五任晋康帝之子，穆帝司马聃的手里晋穆帝即位的时候只有两岁，由当时的褚太后临朝听政，中书监何充控制了朝中的大权。何充对桓温很是赏识，让他接替庾翼担任荆州刺史、安西将军。

此时桓温认为灭掉成汉的时机已经成熟，就在晋穆帝永和二年（346 年），上表东晋朝廷准备伐汉。桓温以袁乔率领二千士兵为先锋，出兵西征。成汉一见东晋大军来进攻，也赶紧大举发兵应战，但与桓温交手的李福、李权等人的军队非败即降。大将昝坚手下的士兵也都不战自溃。桓温乘势攻到成都城下，放火焚烧城门，成汉的士兵无心再战，纷纷出降。李势只好开东门走出成都城，然后向桓温递上降表，到桓温军中投降。桓温灭成汉的战争前后算起来也不到半年，成汉灭亡的这一年是晋穆帝永和三年（347 年）。东晋至此重新控制了益、梁、宁三州，同时占有吴、蜀两地。

玉盏

魏晋南北朝时期很少能在墓中看到立体玉器，这是一件北燕时期极为难得的玉盏。

石虎诸子骨肉相残

在桓温灭亡成汉之时，后赵石虎正和前凉交战，自顾不暇，无力南顾。前凉王张骏此时已经去世。

张骏是前凉政权的君主，他是前凉明王张寔之子，前凉成王张茂之侄，在位二十二年。324年，张茂病死，张骏在前凉都城武威继位，年号太元。先前晋愍帝司马邺曾任命张骏为凉州牧、领护羌校尉西平公。前赵刘曜又使人拜张骏为凉州牧、凉王。张骏极力扩大版图，先后击败龟兹、鄯善等国，称霸西域，军力强盛。又发展经济，减轻刑罚，人称"积贤君"。张骏长期据守凉州，对于先后占据其东邻关中地区的前赵、后赵两个政权始终没有归附也不敌对，而后赵始终把东晋当作自己的主要对手，所以前凉国内的政局是当时几个割据政权中最为稳定的一个。晋穆帝永和元年（345年），张骏自称假凉王，对外仍然奉东晋为正统。按照晋时的官职制度在国内设立类似的官吏，前凉实际上已经成为西北一个独立的王国。

张骏在称王的第二年就死了，所以石虎趁着张骏去世的时机打算消灭前凉。此时张骏的儿子年仅十六岁的张重华已继任前凉假凉王，石虎以为这个张重华很好对付，可是没有想到，张重华在大敌当前时却显示出了另一番帝王的风度。当大敌来临之时启用谢艾，授予其五千兵士作为先锋，大破石虎的军队。石虎损兵折将不少，却没有占得一点便宜。后因为他的宫廷之中内乱不断，无奈之下只得退兵。

石虎一向宠爱太子石邃，但石邃当上太子后日益骄淫残忍。河间公石宣、乐安公石韬也都得到石虎的宠爱，石邃恨之如仇敌。石虎也渐渐变得喜怒无常，对石邃谴责斥骂，鞭打杖击，甚至一月之中多次发生这种事情。石邃于是称病不理政事，并与手下李颜等人密谋要到冀州杀死河间公石宣。石虎得知消息后，把石邃幽禁在东宫。过了一段时间，石虎心头的气渐渐消了，下诏赦于是赵人百里内悉入城,胡羯去者填门。(冉)闵知胡之不为己用也,班令内外赵人,斩一胡首送凤阳门者,文官进位三等,武职悉拜牙门。

——《晋书·载记第七》

石邃,在太武东堂召见他。石邃上来朝见,非但不谢罪,而且只点了个头便转身回去了,石虎的呵斥他也置之不理。石虎勃然大怒,下旨杀死石邃,改立石宣为天王皇太子。

但石虎没有就此接受教训,下令石宣、石韬皆有"生杀拜除"的权力。后赵司徒申钟进谏,说太子石宣与石韬两人分政,肯定会因争权生成嫌隙,势必造成乱国害亲的后果,但石虎听不进去。348年,石虎某日心情不好,因小事迁怒太子石宣忤旨,高声骂道:"我后悔不立石韬为太子!"左右太监不大工夫就把话传了出去。石宣闻之愤怒,石韬闻之则喜悦。石韬自恃石虎的宠爱,因此故意与石宣作对。秋季石宣与他的亲信杨坯、牟成、赵生密谋,趁石韬在东明观夜宴后宿于佛家精舍之机,派人杀死了石韬。

石虎怀疑石宣杀了石韬,把石宣扣留起来,审问赵生,赵生供出了整个事情的经过和缘由。石虎听后更加悲痛愤怒,便把石宣囚禁在贮藏坐具的仓库中,用铁环穿透他的下巴颏并上了锁,又拿来杀害石韬的刀箭,让他舔上面的血,石宣的哀鸣嚎叫声震动宫殿。

佛图澄对石虎说:"石宣、石韬都是陛下的儿子,今天如果为了石韬被杀而再杀了石宣,这便是祸上加祸了。"石虎没有听从佛图澄的劝说。他命令石韬所宠爱的宦官郝稚、刘霸把石宣伤害到和石韬一样。然后又在柴堆四周点火,浓烟烈焰冲天而起,烧死了石宣。之后石虎也因此得了大病。

石宣死后,石虎听从张豺的建议立年仅十岁的儿子石世为太子,其母刘昭仪为皇后。石虎说:"我要用三斛纯净的灰,洗涮我内脏的秽恶。否则我为什么专生凶恶无赖的儿子,年龄一过二十岁就要杀害他的父亲!如今石世方十岁,等到他二十岁时,我已经老了!"不久石虎病情恶化,任命彭城王石遵为大将军,燕王石斌为丞相,执掌国事,任命张豺为镇卫大将军,一同辅佐朝政。

刘皇后和张豺一起假传诏令,杀了石斌。不久石遵从幽州来到邺城,刘

历史细读

魏晋南北朝时期，周边少数民族大量内迁。其中匈奴进入今山西汾水流域。东部的乌桓、鲜卑，从东北的辽河流域，一直发展到河西走廊。甘、青、滇、黔边境的氐族、羌族人，也进入关中。西晋时期，中原地区的西北诸郡，住满了少数民族。

皇后传诏，让他在朝堂接受任命，给他配备了三万宫中的亲兵，没见石虎便让他回去，石遵流着眼泪走了。两天后石虎去世，石世即位，尊奉刘氏为皇太后。刘氏临朝听政，任命张豺为丞相。张豺辞让不肯接受，请求任命彭城王石遵、义阳王石鉴为左右丞相，以此来安抚他们，刘氏听从了。

彭城王石遵在返回的途中听到了父亲病亡的丧讯，返回国就杀了张豺。石遵即皇帝位，废黜石世，贬刘氏为太妃。过了不久，又杀死了他们。

冉魏的建立与灭亡

石闵（？—352 年），原姓冉，字永曾，小名棘奴。父亲冉瞻本是乞活军（一种兵民混合的组织，以家为单位）首领陈午帐下的一个少年兵。石勒破陈午后，俘虏了年仅十二岁的冉瞻。石勒命石虎认冉瞻为义子。冉瞻战死后，石虎于是把冉闵当作自己的孙子一样养育，随他姓石。

石闵"幼而果锐，及长，身长八尺，善谋略，勇力绝人"，一直是石虎帐下的得力勇将，被封为游击将军。在石虎进攻燕国的慕容鲜卑时，二十多万军队全线崩溃，唯独石闵一军大胜，由此功名大显。当年虽然石虎收冉瞻为养子，但身为汉人的冉瞻心中对石虎还是心存芥蒂，石闵也不例外。

后赵石遵称帝后，石闵在出兵平息沛王石冲的叛乱中立下了大功。石遵怕石闵在朝中势大，想诛杀石闵，但从小看着石闵长大的太后郑氏不忍心，对石遵加以劝阻。

石闵闻讯后，与李农等人率军把石遵赶到琨华殿后用乱刀砍死，同时被杀的还有太后郑氏等人。于是石闵尊石鉴为皇帝，不久石闵发动政变杀死了石鉴。

石闵深知羯人、胡人不会为自己所用，便颁下了一道《杀胡令》："汉人斩一胡人首级送凤阳门者，文官进位三等，武职悉拜牙门，士兵升牙门将。"后赵自石勒在襄国称赵王（319 年）至冉闵夺取政权（350 年），历时三十一年。

于是石闵在 350 年年初即皇帝位，国号大魏，史称冉魏。石闵自己恢复冉姓，立其子冉智为皇太子，以李农为太宰，封为齐王。

冉闵称帝后不久，据守在襄国的后赵新兴王石祇称帝。六夷胡人由于冉闵杀胡之事，纷纷承认石祇的政权，接受他的封号，与冉魏为敌。石祇特别器重能征善战的羌人姚弋仲。而姚弋仲有他自己的打算，他想回到羌人的发源地关中地区，以图进一步的发展。但姚弋仲碰上了同以关中为发源地的氐人领袖蒲洪，蒲洪由于对后赵的待遇不满意，早就派使节向东晋请降，东晋朝廷准备北伐，蒲洪被任命为持节和征北大将军。这时蒲洪改姓符氏，自称三秦王。姚弋仲和符洪都想乘着关东大乱空虚的良机，先一步进入关中，创立基业，为了抢占关中双方在关东打了起来。结果符洪击退了姚弋仲，占据了主动权，开始为前秦的兴起做准备。可是战场上得胜的符洪不久却被后赵降将麻秋毒死，符洪临死前告诫其子符健说，关东的局势混乱，他没有能力在乱局中立稳根基，应该迅速进入关中发展才是长久之计。符健遵从父亲的遗命，向东晋告丧，同时率部众向关中进发。

外敌来势汹汹，冉闵此时却把矛头对准了身边的人。他首先对李农下手，杀了李农及其三个儿子。如此一来，李农手下的"乞活军"大为愤慨，这些一直分散在各地的"乞活军"，虽然身为汉人也不再为冉闵卖命了，从而使冉魏失去了重要的支持力量。但英勇善战的冉闵却还是在战争中一路获胜。350年八月，石祇派石琨进攻邺城，双方战于邯郸，石琨大败。刘国等人又与后赵将军张贺度等人联军，在昌城集结准备再次大举攻邺。后赵大将张贺度虽是沙场老将，但仍不敌冉闵，大败而归。此时的冉闵，正处于他人生的巅峰，开始沉浸在纵横天下的快感当中。不久石祇向慕容燕国以及羌族的姚弋仲处乞军求援，姚弋仲即派其子姚襄率二万八千士兵来救，慕容儁也派将军悦绾率三万兵来赴。

冉闵率全军出战，结果一败涂地，仅率领十余骑逃回了邺城。而冉闵的儿子冉胤被先前配给他指挥的一千胡人杀死。但不久冉闵即恢复了元气，大败了石祇的大将刘显，并成功劝其投降倒戈，杀掉了赵王石祇。可是不久驻军襄国的刘显觉得冉闵威胁已远，宣布称王，进攻冉闵辖下的常山。冉闵率八千精骑驰救常山，一仗就打败了刘显，并把石勒经营数年的襄国宫室付之一炬，迁其民于邺城。冉闵虽然屡战屡胜，但他自从称帝后就专注于平乱和征伐，军队疲乏，缺少粮食，只能率军四处游击，掠夺粮食。

永兴三年（352 年）五月，燕王慕容儁派慕容恪、慕容霸等人深入中原，进击冉闵以及其他后赵的残存势力。冉闵刚一称帝，慕容部就意识到南下进攻后赵的时机已经成熟。当时慕容皝已死，继承王位的是慕容儁。不久慕容儁把都城迁到蓟城，中原士大夫们纷纷前往归顺，慕容儁就这样轻而易举地

东晋富且昌宜侯王夫延命长织成履
富且昌宜侯王夫延命长织成履出土于东晋墓室，
底部用麻线编织，其他部分用红、白、黑、蓝、黄、
土黄等九种色丝按照履的成型。以"通经段纬"
的方法编织花边以及"富且昌宜侯王夫延命长"
等文字，可见当时织染技术的水平已经很高。

东晋侍女俑
这件东晋侍女俑是墓葬中的明器。侍女俑身份
应该是仆人，表情逼真，反映出了人物心理的
变化。

使自己处于中原争霸战中的有利地位。冉闵的大将军董闰和车骑将军张温久
经战阵，劝谏冉闵要避其锋芒，但冉闵并不在意，十分轻敌。而慕容部却正
好相反，十分小心谨慎。

双方刚刚开始交战时，冉闵屡战屡胜。但鲜卑军中却有慕容恪这样的智
勇双全的人物。他利用"连环马"，诱使冉闵步军于平地决战。慕容恪的"连
环马"，人马即使死掉了，仍旧是用锁连在一处的，这样就形成重重障碍，阻
挡了冉闵及其兵众的突围。三面受敌之下，冉魏寡不敌众，激战半日，魏军
悉数英勇战死。冉闵虽被围数重，最后仍向东跑出了二十多里地。本来冉闵
就可以马上脱险了，但这时他所乘的朱龙宝马却忽然倒地而死，冉闵被重重
摔在了地上。鲜卑骑兵于是一拥而上，生擒了他。慕容儁把冉闵送到龙城后
处斩了他。冉闵的皇后董氏及太子冉智均被生俘，送往蓟城，数位冉魏高官
自杀殉国。冉魏立国三年，即宣告灭亡。

前秦兴起

西晋灭亡后，游牧民族成了黄河以北广大地区的主角，他们相继建国称
王称帝。前面提到氐族贵族三秦王苻洪死后，他的儿子苻健带领余部前往关
中。第二年，即 351 年占据了关中，以长安为首都，称天王、大单于，改元

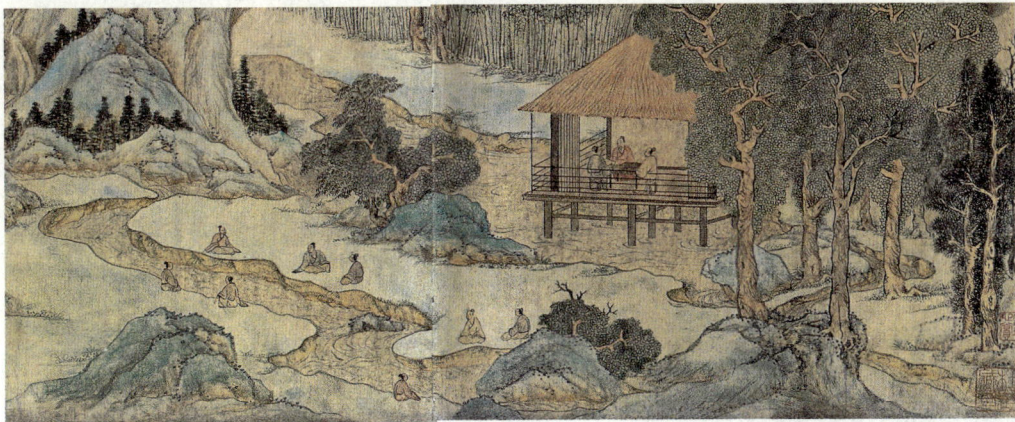

兰亭修禊图

明代画家文徵明的兰亭修禊图，描绘的是东晋穆帝永和九年（353 年），王羲之与谢安等四十一人，在浙江兰亭修禊的故事。修禊是古代于春秋两季在水边举行祭祀的一种风俗。王羲之等人临曲水而洗涤，每人都作了诗文，王羲之作了序，记述兰亭周围山水之景和聚会时欢乐的心情。

皇始。翌年称帝，建国号大秦，即前秦。他的儿子苻生继位后，嗜酒残暴，肆行杀戮，是中国历史上有名的暴君。357 年六月，苻生被苻健的侄子、东海王苻坚废为越王，后被杀死。十六国时期出现了七十多位君主，但是真正有所作为、并统一了整个北方的是前秦皇帝苻坚。

东晋北伐

桓温灭亡了成汉以后，手握兵权，在东晋朝中声望日高。而此时晋穆帝司马聃年幼，主持朝政的是太后褚蒜子。因为有权臣王敦叛变的先例，桓温也就成为了东晋皇室心中的一个隐患。后赵国内纷争时，桓温几次上书要求北伐，晋穆帝却在这时任用殷浩，与谢尚一同主持北伐。希望借此来削弱桓温的势力。

殷浩虽然具有名望，可是却不懂军事，而且并不积极准备北伐，一上来就开始壮大自己的势力，首先对付驻守在历阳的姚襄。姚襄是姚弋仲的儿子，此时已经投降了东晋。姚弋仲死后，姚襄在与占据关中建立前秦的苻健的战斗中失利，军队损失了大半。由于姚襄与谢尚的关系很好，他本人又博学善谈，在江东士大夫中很受欢迎。殷浩囚禁了姚襄派往东晋作为人质的几个弟弟，而且一再指使刺客刺杀姚襄。谁知这些刺客倒很敬重姚襄，反而都把实情向姚襄和盘托出。殷浩一心要除掉姚襄，但在与姚襄的对阵中却总是失败。

殷浩与姚襄不和，但开始北伐前秦时却还任用他作为先锋，结果姚襄

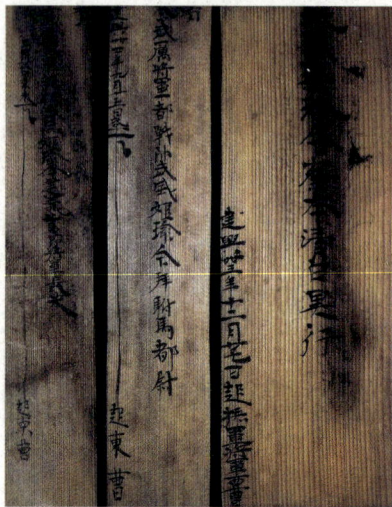

十六国木牍《得示帖》

这是出土于武威的十六国时期的木牍，上面文字仿王羲之的书法《得示帖》。

倒戈，东晋损失惨重，被羌族人打得大败，死伤了一万多人马，连粮草武器也全部丢失。东晋朝廷无可奈何，于永和十年（354年）正月，将中军将军、扬州刺史殷浩废为庶人，朝政大权再次尽落入桓温之手。东晋重新启用桓温进行北伐。但事隔几年，北伐的最佳良机已经失去，桓温所面临的北方局势已经很难打破，而收降了原后赵关东大部分地区的慕容儁和征服了关中各个军阀割据势力的苻健已经先后在晋穆帝永和八年（352年）称帝。

晋穆帝永和十年（345年）二月，桓温领征西大将军，统率晋军四万，从江陵出发，分兵三路，进攻前秦（都长安）。三月桓温先头部队攻克上洛（今陕西商州）和青泥（今陕西蓝田南），俘秦荆州刺史郭敬，司马勋攻掠前秦之西边部分地区。前凉秦州刺史王擢也举兵响应，进攻陈仓（今陕西宝鸡东）。东晋大军压境，前秦国主苻健派兵五万在峣关抵抗，苻健派太子苻苌、丞相苻雄、淮南王苻生、平昌王苻菁、北平王苻硕率军五万屯于蛲柳（今陕西蓝田南）抗击东晋军。四月桓温率军在蓝田（今属陕西）与秦军交战。淮南王苻生骁勇善战，单骑突阵十数次，杀伤东晋将士甚众。桓温督众力战，击败了秦军。将军桓冲在白鹿原（今陕西蓝田西灞河、浐水之间）又败苻雄军。桓温军边战边进，进抵长安城东灞上（今陕西西安东北），苻健只好带领残兵逃回长安坚守。桓温胜利进军，长安附近的郡县官员纷纷向晋军投降。桓温发出告示，要百姓安居乐业。百姓欢天喜地，都牵了牛，备了酒，到军营去慰劳东晋将士。

战争进行到这个时候，顺阳太守薛珍力劝桓温进军长安，桓温不从，因而贻误了战机。前秦适时组织反攻，斩东晋士卒万余人。桓温驻兵灞上，想等关中麦子熟了的时候，派士兵抢收麦子，补充军粮。可苻健料到桓温的打算，就把没有成熟的麦子全部割光，使得桓温颗粒无收。

远道而来的桓温断了军粮，被迫撤军，随军迁徙关中三千余户百姓。苻苌等紧随追击，桓温屡败。及至潼关时，逃亡及战死以万计。九月桓温还至襄阳。虽然没有消灭前秦，但总算是打了胜仗，桓温升任征讨大都督。

桓温退回东晋之后，很快便恢复了元气。此时羌豪姚襄降而复叛，北返中原，占领了许昌至洛阳之间一大块地盘。同时前秦和前燕正受内乱困扰，桓温觉得这正是进军河洛一带的大好机会。

于是东晋朝廷让桓温担任征讨大都督，去讨伐姚襄。桓温把姚襄打得大败，随即进驻洛阳。这是东晋立国之后，晋军第一次也是唯一一次回到故都。但是一心偏安的东晋君臣不敢也不愿返回故地。此时前秦正受苻生苛政的磨难，前燕慕容氏内部不稳，这次向北进军是最好的也是最后的一次机会。可惜的是，无论是皇帝还是士族，都赞成偏安江南。于是大好时机就这样白白地丧失了。

桓温主持的第三次北伐，目标是前燕政权。桓温率五万步骑从镇地姑孰出发，兵分东西两路，从水路进入黄河。前燕大将慕容垂率领八万大军前来抵御，再次被桓温击败。但是部将袁真一直打不开石门一带的水道，桓温行进到枋头一带时因为得不到军粮接济，只得烧毁船只，向南撤退，途中被前燕的精骑追击，大败而归。这次的失败主要是桓温对将领的能力估计不足，如果当时听从郗超的计策，就不会发生军粮不济的情况。

苻生暴虐，苻坚取而代之

苻健在关中减轻赋税，发展生产，优待士族，尊崇儒学，各方面都有了一些起色。苻健死后，儿子苻生即位。苻生小时候失去了一只眼睛，性情非常暴烈。一次因祖父苻洪开他的玩笑说了他的瞎眼，苻生拔出佩刀就刺自己的瞎眼。但苻生长大后却是击刺骑射各种武艺都冠绝一时。太子苻苌死后，苻健因为谶文中有"三羊五眼"的字样，就立了苻生为太子。

皇始五年（355年）苻健去世，谥号为景明皇帝，庙号为高祖。苻生即位，宣布改年号为寿光。丞相雷弱儿性格刚烈耿直，因为赵韶、董荣败坏朝政，便经常在朝廷公开议论他们。赵韶、董荣便向苻生进谗言，诬陷雷弱儿。苻生于是杀掉了雷弱儿及其九个儿子、二十多个孙子。各羌族部落因此对前秦产生了离心。

苻生继位两年来，不但没有丝毫改进，残暴的行为反而是变本加厉。喝酒不分昼夜，有时一连数月不临朝处理政事。进上的奏章不审阅，常常搁置不理，有时在醉酒后处理政事。周围的人因此就常干奸诈之事，赏罚失去标准。由于少了一只眼睛，他非常忌讳说"残、缺、偏、只、少、无、不全"一类的词，因误说了这些字眼儿而被杀死的人，不计其数。

苻生曾经问周围的人说："自从我统治天下以来，你们在外边听到些什么？"有人说："圣明君主主宰天下，赏赐得当，刑罚严明，天下人只有歌颂太平盛世了。"苻生愤怒地说："你向我献媚！"于是就把他拉出去杀了。第二天他又问相同的问题，有人对他说："陛下的刑罚稍微过分了一点。"苻生又愤怒地说："你诽谤我！"把这个人也杀了。有功的臣子和皇亲国戚几乎被他诛杀殆尽，群臣们能够保全一天，就如同度过了十年。

前秦的东海王苻坚，一直被时人称誉，大家忍受不了苻生的残暴，都劝

历史细读

东晋桓温第一次北伐关中，驻军灞上。王猛披着粗布衣服拜访他，此时的桓温名震动天下，王猛在他面前却一面侃侃而谈当世之事，一面旁若无人在衣襟里摸虱子。这就是典故"王猛扪虱论天下"。桓温觉得他与众不同，便问道："我北伐战功显赫，可为何三秦豪杰无人归附呢？"王猛说："您现在与长安近在咫尺而不渡灞水，百姓不知道您的意图，所以不至。"桓温沉默不语，过了一会儿说："长江以南没有人能和你相比！"

符坚取而代之。符坚是前秦开国君主符洪的孙子，符雄的儿子，符健的侄子。符坚的父亲符雄因辅佐长兄创业有功，被封为东海王。符雄死后，符坚继承了东海王的爵位。符坚生下来时，后背有红色的纹理，隐约看上去是"草付臣又土王咸阳"八字。符坚从小聪颖不凡，目有紫光，符洪非常喜欢这个孙子，称他为"坚头"。

当时有个善于相面的人，在路上看到符坚长相奇特，就上前拉住他的手说："这里是皇帝巡行的街道，你们在此玩耍，不怕司隶校尉把你们捆起来吗？"符坚回答说："司隶校尉只捆有罪的人，不捆玩耍的孩子。"相面人对随行的人说："这儿有霸王之相。"

寿光三年（357年）六月的一天，太史令康权对符生进言说："昨天晚上同时出现了三个月亮，彗星进入太微星座，又连着井宿。自从五月上旬以来，天空阴云密布，又不下雨，一直到今天。将要出现臣下图谋主上的灾祸了。"符生十分愤怒，认为这是妖言，把他活活摔死了。

符坚在几年之内南征北战，得到了不少英豪的支持和帮助，力量进一步壮大起来。符坚身边亲信的尚书吕婆楼向符坚推荐了自己的门客王猛。而正是这个王猛，帮助符坚成就了他的大业。

本来由于符坚在朝中威望颇高且手握兵权，符生一直没有敢动符坚兄弟。但符生一天夜里对服侍他的婢女说："符坚、符法兄弟也不可信赖，明天我就把他们除掉。"婢女连夜把这一消息告诉了符坚以及他的哥哥清河王符法。符法和符坚看到箭在弦上，当晚便率兵闯入王宫。抓住符生，废黜符生为越王。不久就把他杀了，定谥号为厉王。

符坚于是就去掉了皇帝的称号，称为大秦天王，在太极殿即位。

王猛扪虱
此图描绘的是王猛一面与桓温侃侃而谈，一面旁若无人地在衣襟里摸虱子的情景。

任用贤能，富国强民

苻坚即位时，前秦还处于一片混乱之中。关中本来就是各民族杂居的地区，民族仇杀此起彼伏。前秦在战乱中建国，法律制度都不健全。苻生又实施残暴统治，当时水旱灾害时常发生，致使千里秦川豪强横行。

苻坚继位后，果断处斩了帮助苻生作恶的佞臣董荣、赵韶等二十余人，提拔重用了一批精明廉洁的汉族士人参与朝政，其中最有影响的就是寒门出身的王猛。

王猛少年时家贫如洗，为了糊口，靠贩卖畚箕为生。王猛为人严谨，博学多才。吕婆楼向苻坚推荐了王猛后，二人一见如故，苻坚大有当年刘备遇到诸葛亮之感，即位后当即拜王猛为中书侍郎。

当时京师的西北门户始平县豪强横行，苻坚于是派王猛为始平县令前往治理。王猛执法严明，雷厉风行，下车伊始就把一个作恶多端的奸吏当众打死，致使奸吏的狐朋狗党联名上告，并勾结执法官将王猛逮捕，押送到长安狱中。苻坚却认定王猛是治理乱世的干才，当即赦免王猛，对他更加信任。一介寒士汉人王猛，接连得到苻坚的重用和提拔，让一些前秦的元老显贵妒火中烧。姑臧侯樊世，是随苻健入定关中的氐族豪帅。他居功自傲，当众侮辱王猛，并发誓要把王猛的头砍下来挂在城门上。

苻坚得知后，决定杀一儆百。于是苻坚故意说，要把公主嫁给已经与樊世的女儿订婚的杨璧，偏偏樊世不知好歹，抵触苻坚。苻坚大怒，斩樊世于马厩。

之后王猛又逮捕胡作非为的苻坚妻弟，斩首示众，陈尸街头。随后又和御史中丞邓羌通力合作，全面查处扰民乱政的权贵，接连诛杀了二十多个不法的贵戚豪强。于是京城内外百官震肃，豪强贵戚无不谨身守法，社会风气

宣文君授经图

《宣文君授经图》描绘了苻坚时期的一则历史故事。前秦苻坚立国之后，听说太常卿韦逞的母亲宋氏相当有学问，她还费心保存了世传的家学《周官音义》，便封年纪已经八十的宋氏为"宣文君"，让她向一百多名学生传授《周官》，成为一时美谈。

大为好转，出现了路不拾遗、夜不闭户的良好秩序，老百姓拍手相庆。苻坚看在眼里，喜在心头。他深有感触地说："现在我才知道天下有法制的好处了。"

随着吏治的整顿，恣意妄为、贪污受贿等腐败现象日趋消除，社会风气和社会治安大为好转。苻坚开始设立学校办教育，培养治国人才。他自幼学习汉族文化，仰慕儒家经典，为扭转氐族迷信武力、轻视文化知识的落后观念，积极恢复了太学和地方的各级学校，广修学官，招聘满腹经纶的学者执教，并强制公卿以下的子孙入学读书。苻坚每月到太学一次，考问诸生经义，品评优劣，勉励他们刻苦学习。

苻坚还亲自挑选品学兼优的学生，让他们到各级权力机构任职。同时规定，俸禄百石以上的官吏，必须"学通一经，才成一艺"。如果不通一经一艺，则一律罢官为民。由于苻坚的大力倡导，并同官吏的选任相结合，前秦很快就出现了劝业竞学、养廉知耻的风气。不仅培养了官僚后备队伍，提高了统治阶层的文化素质，同时也促进了民族间的文化交流。

农业经济的恢复。苻坚即位后，前秦的经济形势也极其困难。由于战乱不息，天灾连年，国库空竭，民生凋敝。为了迅速扭转百废待兴的萧条局面，苻坚决定偃甲息兵，大力发展农业生产。

永兴二年（358年），前秦广大地区遭遇大旱，苻坚下令减少自己的膳食，撤销歌乐，后宫皇妃以下的宫女改穿布衣，不再穿绫罗绸缎。文武百官也相应地减少俸禄，以示与民共休戚。同时还指令开发山上的矿产林木，解除限制河流湖泊渔业的禁令，使国家和老百姓共同分享。停止一切军事行动，使人民获得休养生息。由于苻坚的措施得力，虽然遭遇大旱，却没有引起大的饥荒灾难。

为了解决关中地区少雨易旱的问题，苻坚下令官府征调了豪富童仆三万人，开发泾水上游，凿山起堤，疏通沟渠，灌溉梯田和盐碱地，使荒芜了多年的田地又重新长出了五谷，老百姓深受其利。苻坚还亲自耕作，他的夫人苟氏也到近郊养蚕，以劝勉农民积极从事农业生产和丝织。苻坚又多次派遣使臣到各地巡视，抚恤孤寡老人。朝廷屡次发诏劝课农桑，推广先进的生产技术，奖励努力种田的农民。后来前秦再次遭遇大旱灾，苻坚考虑到农民歉

历史细读

城外的市集即是草市。魏晋南北朝时期繁华的都市外面都有草市。最初的草市大概是在都城旁边的牲口草料市场，后来买卖范围扩大，逐渐由定期的乡村市集发展为市镇，由非官方市场集镇慢慢纳入官市系统。

收，就下令减免部分租税，节约官府开支，适当降低官俸，并规定不是当务之急就不要征派徭役了。

由于苻坚把发展农业作为基本国策，使得前秦的经济恢复得很快，几年后便出现了安定清平、家给人足的新气象。史载从长安到各州郡，都修了通道驿亭，游人和商贩沿途取给十分方便。

前秦通过以上改革，基本上完成了封建化的过程，社会经济也有了进步，出现了"人思劝励，号称多士，盗贼止息，请托路绝，田畴修辟，帑藏充盈，典章法物，靡不悉备"的局面。从而为前秦统一北方奠定了政治和物质基础。

前燕亡国

北方地区当时的形势是，后赵大将张平仍然拥兵并州六郡，而此时的前燕的南部疆界从黄河推进至淮河以北地区。在西面僻处凉州的前凉国自张重华于东晋永和九年（353 年）病亡后，国内发生了王位之争，结果国力基本消耗殆尽，此时也是苟延残喘。所以当时较有实力的三部就是前燕、前秦和东晋。

前秦与其他两国比起来，疆域最小，实力也并不强大。但励精图治的苻坚在王猛的辅佐下，一步步地壮大起来。而与此正好相反，前燕内部此时却再次陷入危机。

前燕皇帝慕容儁登基时年纪还很小，大权落在了慕容恪手里，这引起了太师慕舆根的不满。因此慕舆根企图变乱，结果却未成功，后被打入天牢秘密处死。安定了民心之后，慕容恪开始向外图谋发展。

当时东晋打败姚襄后占据了洛阳，慕容恪认为洛阳战略位置非常重要，一旦东晋加强防御对自己没有好处，于是和慕容垂率领数万精兵突袭洛阳。慕容恪亲自播鼓，前燕军队声势大振，士兵都拼命地往前冲杀，终于攻进城里，双方展开了激烈的巷战。东晋守军后继无援，死伤殆尽，前燕在付出巨大的伤亡代价后终于攻下了洛阳。慕容恪以洛阳为基地，继续痛打东晋，不久又进攻兖州和宛城（今河南南阳），东晋守军都不战而降。在一连串胜利的鼓舞下，慕容恪又派兵进攻襄阳。可当燕军刚杀到襄阳城下时，慕容恪病危，燕军只好匆忙回国。

慕容恪死后，不久四世托孤的老臣阳骛也死了，四个顾命大臣只留下一个贪心的慕容评。慕容恪临终时向君主慕容儁推荐慕容垂。慕容垂有勇有谋，慕容皝在位时曾经有过立慕容垂为世子的打算。当初慕容儁在位时就对这个皇弟十分忌恨，曾经和皇后可足浑氏连手陷害慕容垂，对慕容垂的妻子用刑，迫使她承认自己丈夫的"叛逆之行"，结果没有达到目的，慕容垂的妻子却被折磨致死。但慕容垂始终没有谋叛或是投奔别国。然而慕容儁却和他的父亲一样，惧怕慕容垂。而慕容评与可足浑氏也预谋除掉慕容垂。慕容垂恐被慕容评谋害，无奈之下于前燕建熙十年（369年）十一月，携子出逃投奔前秦。

慕容垂并燕提秦

淝水之战后，前秦苻坚带领残军投奔慕容垂。慕容垂盛情款待，并交出自己的士兵。

逼走了慕容垂后，前燕又向前秦索要之前割给前秦的虎牢以西之地（东晋桓温曾趁慕容儁死而攻打前燕，当时前燕向前秦求救并割了虎牢以西之地给前秦为条件以向前秦求救，前秦出兵两万前往援助），慕容儁即帝位后，苻坚早就有了灭燕之心，于是以此为借口开始进攻前燕。

苻坚掌握了战机，在前燕朝政败坏，内部矛盾加剧，且又连年与东晋作战、军队战斗力大为下降之时发动进攻。前秦建元五年（369年）十一月，前秦辅国将军王猛统领将军梁成、邓羌等率步骑三万，并且命前燕降将慕容垂为向导进攻前燕。王猛大破慕容臧于荥阳，洛阳守将慕容筑因援军不至，在王猛争取之下于次年正月以城降。此战是前秦统一战争中的一个转折点，此后前秦就开始转入了对前燕的攻势。前秦军占领洛阳、荥阳两战略要点后，王猛留邓羌屯金墉（今河南洛阳东北，晋洛阳故城西北隅），自率军返长安。四月苻坚令王猛统领杨安、张蚝、邓羌等十将，率步骑六万进攻前燕，苻坚亲送王猛到霸东，同时继续集结兵力，准备亲自率领以为后继，攻克了整个河东之地。

慕容儁为挽救危机，派遣其太傅慕容评率众四十余万以救二城。王猛在作战指导上，采取政治攻心与武力打击相结合，以及地道攻城、迂回夜袭等战法。前燕军大败，全军溃散，慕容评单骑逃回邺城。于是王猛进兵围攻邺城。苻坚令王猛围而不攻，阵前休整，候主力到达后合力攻城。同时令李威辅佐太子留守长安。又令阳平公苻融屯洛阳，对东警戒，确保后方。而自率精兵十万驰赴邺城。燕军大将慕容桓被迫放弃内黄（今河南内黄西北），北逃至龙城（今辽宁朝阳），燕军全线崩溃。初七日前燕散骑侍郎余蔚（一说徐蔚）等夜开北门，迎接前秦军，邺城随即陷落。

慕容儁等逃往龙城，被前秦军追起赶俘获；各州郡牧守先后投降，自此前燕遂亡。

前秦统一北方

在王猛的辅佐下，苻坚励精图治，使前秦的国力变得日益强盛。再加上其他少数民族政权日益腐朽，终于使前秦有了统一北方的可能。

桓温的野心

在北方前秦灭了前燕，而南方的东晋统治集团此时也是矛盾丛生。桓温长期掌握东晋的军事大权，随着权力的不断增大，桓温的野心也在一步步地膨胀。在北伐之前，桓温已经迫使晋廷给他加殊礼，位在诸侯王之上。有一次桓温抚枕而叹道："既不能流芳百世，不足复遗臭万载耶？"从前桓温是以忠勇之士刘琨、温峤为榜样的，到这时也发生了变化，把王敦当成了榜样。有一次他路过王敦墓，对着墓冢称慕不已，说："可人，可人！"可见此时的桓温已经动了篡位的念头。

枋头败归后，桓温威望大减。有个心腹官员知道他的野心，于是向他献计说，用废立的办法可以重新树立威权，提高自己的威信。那就先得学西汉霍光的办法，把现在的皇帝废了，自己另立一个皇帝。

那时候晋穆帝已经死去，在位的皇帝是晋废帝司马奕。太和六年（371年）十一月，桓温带兵到建康，寻找借口逼褚太后下诏废黜司马奕，派散骑侍郎刘亨进宫收缴了国玺，逼司马奕离宫。把司马奕废了之后，另立司马昱当皇帝，这就是晋简文帝。简文帝以往只是喜好清谈，没有什么实际的治国能力。桓温当了宰相，大权在握，带兵驻在姑孰（今安徽当涂），司马昱形同傀偶。

后来不久，晋简文帝病重时，在大臣的支持下，遗诏由太子司马曜继承皇帝之位，这就是晋孝武帝。当时小皇帝司马曜只有十岁。

原来满心期待着简文帝临终前会把皇位禅让给自己的桓温大失所望，便以进京祭奠简文帝为由，于宁康元年（373年）二月率军来到建康城外，准备杀大臣以立威。桓温到达建康那天，随身带领的将士，都是全副盔甲，手里拿着明晃晃的武器。朝廷官员到路边去迎接时，看到这个情景，吓得变了脸色。

桓温请两个最有名望的士族大臣王坦之、谢安到他官邸去会见。王、谢

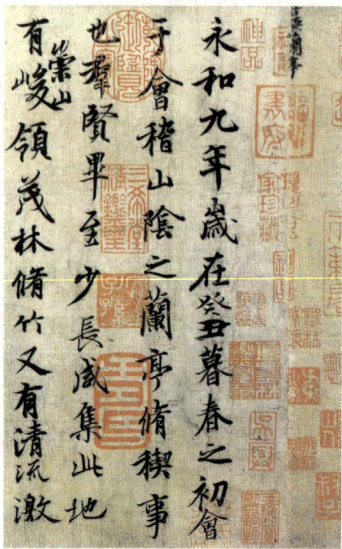

冯承素摹《兰亭序》

谢安与当时的名士王羲之等经常一起游山玩水。王羲之的著名书法作品《兰亭序》就记述了当时文人雅集的情景。作者因为当时兴致高涨，所以写得十分得意，据说后来再写已不能及。据传其真迹已经为唐太宗李世民陪葬了。此为冯承素摹《兰亭序》。

两人早已听说桓温事前在客厅的背后埋伏了一批武士，想杀掉他们。王坦之非常害怕，问谢安怎么办。谢安神情坦然地说："晋祚存亡，在此一行。"王坦之硬着头皮与谢安一起出城来到桓温营帐，紧张得汗流浃背，把衣衫都沾湿了。

谢安却十分镇静地对桓温说："我听说有道的诸侯设守在四方，明公何必在幕后埋伏士卒呢？"

桓温听后，只得尴尬地说："我也是不能不防备啊！"说着就命令左右把后面埋伏好的士兵撤去。由于谢安的机智和镇定，桓温始终没敢对二人下手，不久就退回了姑孰。迫在眉睫的危机，被谢安从容化解了。桓温看到都城建康的士族中反对他的势力不小，因此不敢轻易动手。同年三月，桓温得了重病，这位"不能流芳百世，也要遗臭万年"的一代枭雄，抱憾而死。

谢安东山再起

谢安，字安石，陈郡阳夏（今河南太康）人。曾祖谢缵，在曹魏时担任过长安典农中郎将。祖父谢衡，是西晋有名的儒学家，"博物多闻"，"以儒素显"，任过博士祭酒、太子少傅、散骑常侍一类的文官。父亲谢裒（一作褒），永嘉之乱时随兄携家南渡，在东晋政府中担任过侍中、吏部尚书等要职。

谢安出身于这样的名门世家，因此从小受家庭的影响，在德行、学问、风度等方面都有良好的修养。当他四岁时，谯郡的名士桓彝见到他大为赞赏说："此儿风神秀彻，后当不减王东海（即王承，东晋初年名士）。"当时的宰相王导也很器重谢安，青少年时代的谢安就已经在上层社会中享有较高的声誉。

然而谢安并不想凭借出身、名望去猎取高官厚禄。东晋朝廷先是征召他入司徒府，接着又任命他为佐著作郎，都被谢安以有病为借口推辞了。后来拒绝应召的谢安干脆隐居到会稽的东山，与王羲之、许询、支道林等名士高僧频繁交游。出则渔弋山水，入则吟咏属文，挟妓乐优游山林，就是不愿当官。

当时担任扬州刺史的庾冰仰慕谢安的名声，几次三番地命郡县官吏催逼，谢安不得已，勉强赴召。仅隔了一个多月，他又辞职回到了会稽。后来朝廷又曾多次征召，谢安仍然予以回绝。这曾激起了不少大臣的不满，接连上疏指责谢安，朝廷因此作出了对谢安禁锢终身的决定，后经皇帝下诏才赦免。然而谢安却不屑一顾，泰然处之。

临戴进谢安东山图

成语"东山再起"即是东晋谢安辞职归隐东山（今浙江上虞境内），其后复职为相的故事。图中表现谢安携妓外出郊游的情景。

　　谢安虽然屡屡不愿出山，但当时的士大夫却都对他寄予很大的期望，以至时常有人说："谢安石不肯出，将如苍生何？"他的妻子刘氏，眼看谢氏家族中的谢尚、谢奕、谢万等人一个个都位高权重，只有谢安隐退不出，曾对谢安说："夫君难道不应当像他们一样吗？"谢安掩鼻答道："只怕难免吧。"谢安能说出这句话，说明他当时对时政并不是一点都不关心，只是出于对谢家家族整体利益的考虑，隐忍东山而已。

　　升平三年（359年）谢万被废黜，升平四年（360年）谢尚辞世。此时谢家在政治舞台上，再没有可以支撑谢家家族的力量。同年谢安为家族考虑，被迫步入仕途。因谢安一直隐居东山，故历史上有"东山再起"之说。该成语现今已是广为应用，但多半指失败之人蓄势再起，倒已经与本意有些出入了。

　　桓温死后，谢安被任命为尚书仆射兼吏部尚书，与尚书令王彪之一起执掌朝政。数月后中书令王坦之出任徐州刺史，谢安又兼总中书省，实际上总揽了东晋的朝政。谢安为了缓和矛盾，稳定政局，实行了着眼于长远，以和谐安定为重的执政方针。他重用桓温的弟弟桓冲，让他担任都督徐、豫、兖、青、扬五州诸军事和徐州刺史，负责镇守京口，后来又转为都督七州诸军事，兼任荆州刺史。桓冲也认为自己的德望不及谢安，主动提出镇守外地，心甘情愿地以镇守四方为己任。桓冲和谢安关系的缓和，实际上使得东晋朝中最大的隐患暂时消除了，两家的其他成员虽然也有些看法，却不能改变大势。

名家评史

（魏晋时期）文化界的各方面，都向着解放自由的路上走，各自建立各自的新生命。不仅文学绘画是如此，就是书法，也是遵循一致的路线发展的。我们只看看由汉隶楷书变到王羲之父子那样如行云流水般的行草，那种解放自由的精神，活跃的个人主义的情感与生命，真是再明显也没有了。

——刘大杰

两人同心协力辅佐晋孝武帝，东晋王朝出现了难得的团结气氛。

当时前秦在苻坚的治理下日益强盛，东晋军队在与前秦的交战中屡遭败绩。谢安派自己的弟弟谢石、侄子谢玄率军征讨，接连取得胜利。又命谢玄训练出战斗力很强的北府兵，为抗击前秦作好了准备。

凉州风雨飘摇

随着经济实力的恢复，苻坚接连征服了前燕、前凉，瓦解了代国，使前秦变得空前的强盛。

建元十一年（375 年），王猛得了重病，苻坚亲自为他到南、北郊以及宗庙、社稷坛祈求神灵。然后到王猛的宅第看望他的病情，见王猛已无好转的可能，便向他询问后事。

王猛临终前告诫苻坚说，晋朝虽然偏居长江以南，但他们是正宗相沿，上下安定和睦。自己死了以后，希望苻坚不要把晋朝作为图谋的对象。鲜卑、西羌，才是最主要的敌人，应该逐渐消灭他们，以使江山安定。说完这些，王猛就病逝了。

苻坚亲自参与装殓王猛，三次前往痛哭，并对太子苻宏说："这是上天不想让我统一天下吗？为什么这么快就夺走了我的王猛呢？"但苻坚对王猛的临终遗言却并没有放在心上，前燕灭亡后，投降前秦的鲜卑贵族都被苻坚封了高官。

建元九年（373 年），桓温病死，苻坚下令发兵进攻东晋益州，占领了三十年前成汉的故地。

王猛去世后，凉州欲脱离前秦的管制。前凉实力虽小，但在张重华的治理下国内安定，又拥有名将谢艾，要想消灭它并不太容易。不过好景不长，张重华的母亲马氏和张重华的异母哥哥张祚勾搭成奸。丑事败露后，二十七岁的张重华羞愤难当，竟被活活气死。张祚趁机篡夺了王位。张祚害怕前凉重臣或宗室发动政变推翻他的统治，尤其对谢艾更是又恨又怕，就设下圈套将谢艾给杀害了。谢艾被杀引起了人们的公愤。不久驻守枹罕的前凉宗室张瓘率领大军进攻姑臧，姑臧城里的军民没人肯为张祚出力，等张瓘兵临城下时，大臣宋混发动政变，把张祚困围在宫里，结果宫里侍卫也要捉拿他。张祚走投无路，躲进了御厨房，被御厨们杀掉了。

张瓘、宋混等拥立张重华的儿子、年仅六岁的张玄靓为凉王。张瓘自封为大司马，宋混自封为仆射。不久二人闹翻，张瓘征召外兵来姑臧捉拿宋混。宋混则抢先一步带领两千名凉州兵进攻张瓘的官邸。张瓘被迫自杀，大权被宋混把持。宋混死后，权力传给了其弟宋澄。不久张瓘的弟弟张邕发动政变，杀了宋澄，和张天锡一起重新把持朝政大权。张天锡不想与侄子共同执政，他发动政变进攻张邕，逼迫他自杀后，自封为冠军大将军，单独把持朝政。不久就处死了傀儡小皇帝张玄靓，自立为大都督兼凉州牧。

凉州经过这几场动乱后，统治早已经是风雨飘摇。张天锡见前秦王猛已死，他竟然不自量力地认为吞并中原的时机到了。于是暗地里训练将士，准备进攻前秦。苻坚听说后，就派遣两名使者前去责问张天锡。张天锡杀了前秦使臣，公然与前秦对抗，苻坚便以此为借口开始征讨前凉。

376年八月，前秦十三万军队进攻前凉的汉人政权。凉州本来地方就小，而此时张天锡一意孤行，内部屡屡出现分裂，手下或叛或降，前秦军轻而易举就打败了凉州军，活捉了五千名凉州重甲步兵。苻坚派遣使者把这些俘虏都放了回去，凉州看到前秦的强大，前凉军哗变，张天锡被俘，前凉灭亡。

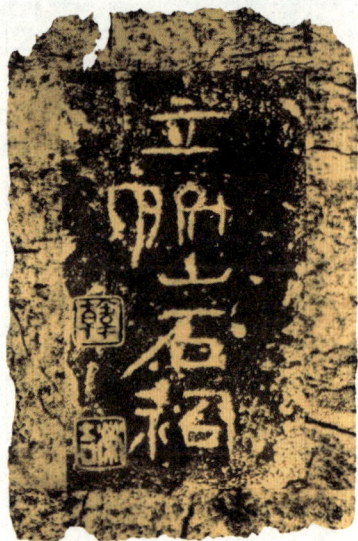

前秦广武将军碑（局部）

《广武将军碑》，亦作《苻秦建元四年产碑》，刊于东晋十六国时期的前秦苻坚建元四年（368年）。隶书，字体古朴雅拙，天趣浑厚。前秦石刻极少，仅此碑与邓太尉碑两例，因此十分珍贵。

苻坚统一北方

前秦消灭了前凉，接收了前凉在西域的领土，北方就只有河套鲜卑拓跋部建立的代国了。鲜卑拓跋部自拓跋猗卢死后，部族四散。经过一段动乱后，东晋咸和四年（329年），拓跋猗卢的侄孙拓跋翳槐被各部拥立为代王。拓跋翳槐为了稳定内外形势，决定与刚刚统一北方的后赵结好，便把弟弟什翼犍派往后赵作人质。什翼犍在襄国（今河北邢台西南）做人质整整十年，使这个鲜卑人有机会更多地了解和接受汉族文化。

东晋咸康四年（338年），拓跋翳槐死后，群臣欲将拓跋什翼犍的弟弟拓

历史细读

　　酒泉丁家闸墓群的五号墓前室壁画中描绘了天上、人间、地下三个境界,广布于自墓的四壁直至顶部的多层的长卷式的构图中。发掘时间是 1977 年,这是首次发现的十六国时期的大型墓室壁画。

跋孤推立为代王,拓跋孤拒绝了。他亲自前往襄国,向石虎表示愿意代替什翼犍为人质,让什翼犍回国。石虎被拓跋孤的义气所感动于是,让他们兄弟一同回到故国。此年(338 年),什翼犍受其兄长代王拓跋翳槐遗命,即位于繁畤(今山西繁畤),改元建国,当时他年仅十九岁。什翼犍即位后,按照在后赵时了解的中原制度,着手设置文武百官,分掌政务。他任用燕凤、许谦等汉人,制订了一系列的法律,一改以往部落中杂乱无章的状况,做到号令严明,政事清简,得到了附近百姓的拥护,纷纷前来归附,部众一下子达到了数十万人。

　　拓跋什翼犍即位后做的另一件大事,就是向前燕慕容皝请求联姻,娶了慕容皝的妹妹为皇后,密切了与前燕的关系。通过这一联姻,什翼犍的王位在燕国的庇护下得以巩固。然后迁都云中盛乐宫(今内蒙古和林格尔西北),在故城南面修筑了新的盛乐城,一度衰落的代国又重新呈现出欣欣向荣的气象。建国四年(341 年),匈奴铁弗部首领刘虎侵犯代国西境,被什翼犍击退。此后什翼犍先后与汉国、后赵及燕国并立,确立了代国在战乱之中屹立不倒的地位。

　　与什翼犍同时的就是拓跋部西面的近邻铁弗部的首领刘虎。

　　所谓"铁弗",即父亲是匈奴人,母亲是鲜卑人的混血儿所形成的民族。刘虎在刘聪时期便以宗室身份被委任为安北将军、丁零中郎将,居于新平(今山西定襄一带)。什翼犍建国四年(341 年),刘虎不愿坐视拓跋部的强大,亲率本部人马袭扰代国边境,遭到什翼犍大军的重创,此后拓跋部和铁弗部争斗不止。不久刘虎去世,什翼犍把女儿嫁给继位的刘虎之子刘务桓,实现了与铁弗部的和解。

　　建国十九年(356 年),铁弗部首领刘务桓病死,其弟刘阏头继立,暗中谋划反叛,被什翼犍发觉。什翼犍当即采取了两项对策,他一面把手下的刘悉勿祈兄弟十二人全部遣返回去。刘悉勿祈是刘阏头的侄子,什翼犍遣返他们是要利用他们搅乱刘阏头的内部,引起自相猜疑,很快引起了刘阏头势力的分化。另一方面，什翼犍亲率军队西巡，迫使刘阏头因畏惧而投降。刘阏头见什翼犍大兵压境，只得请降。什翼犍于是兵不血刃，干净漂亮地瓦解了反叛势力。两年后的建国二十一年（358年），阏头部属又发生内乱，这次部众全都归附了当初什翼犍遣返的刘悉勿祈。刘悉勿祈死后，其弟刘卫辰继立，什翼犍又把女儿嫁给刘卫辰，藉此笼络和控制了刘卫辰。

但刘卫辰并没有真的被拉拢过来，他于建国二十八年（365年）反叛，什翼犍于是亲征，刘卫辰遭什翼犍痛击而逃遁。什翼犍痛恨刘卫辰的反复无常，在两年之后主动出击，讨伐刘卫辰。这个时节虽已入冬，但黄河尚未全部结冰。什翼犍命令部下用芦苇搓成粗绳，拦截浮在水面的流冰，很快就使河面的冰合拢在一起，不过冰一下子还不坚固。什翼犍又吩咐把苇草散洒在冰上，冰与草相连结，犹如浮桥，军队顺利地渡过黄河。刘卫辰没有料到代国军队突然到来，仓皇西逃，什翼犍收降了刘卫辰部落大部，胜利而归。

建国三十四年（371年）春，其族人长孙斤谋反，在宴席上刺杀什翼犍。什翼犍之子、代国世子拓跋寔以身护驾，与长孙斤搏斗，被刺伤胸部，不治身亡。两月后拓跋寔的遗腹子出生，便是后来的道武帝拓跋珪。拓跋寔后被其子拓跋珪追谥为献明皇帝。

而此时走投无路的刘卫辰逃往前秦，苻坚正是求之不得，他遣送刘卫辰回到朔方（即河套一带），给他兵马守卫。名义上是让铁弗部复国，实际上却将前秦势力推进至河套地区，一举两得。建国三十八年（375年）的十月，降秦的刘卫辰向苻坚求援。建国三十九年（376年），苻坚派出步骑兵二十万，对拓跋鲜卑发动了大举进攻。此时什翼犍身患重病，已无法亲率军队抵抗，拓跋鲜卑连战连败，只好率领着主力部属躲进阴山之北。继而转回漠南，什翼犍被他的庶长子拓跋寔君杀害，时年五十七岁。代国也宣告灭亡。

北魏骑马吹角俑
图中器物是陪葬陶俑。只有关中地区还维持着随葬俑群的习俗。这件陶俑是北魏早期作品，极具代表性。一吹长号角的骑士正在鼓气吹号，明显可见吹号人着胡服，长号角亦已成为北方游牧民族的乐器。

夫妻对坐石刻画
这张北魏时期的石刻画，表现了当时北方游牧民族的坐姿，即垂足而坐。这种习俗也渐渐地融入汉人生活，也使新式家具胡床、方凳等企汉人中逐渐流行起来。

　　此时什翼犍的孙子拓跋珪只有六岁，被母亲藏到部将刘库仁的帐篷里躲过了大屠杀，因而得以幸免。刘库仁知道自己实力弱小，就向前秦军投降，并请前秦帮助消灭反叛势力。苻坚出兵消灭了代国的反叛势力后将代国分为两部分，以黄河为界，河西归刘卫辰，河东归刘库仁。刘库仁在军营里秘密抚养拓跋珪，等着他长大以后报仇雪恨。

　　而此时原本令苻坚头疼的两个部落也被收服了。这样苻坚用六年时间，统一了北方。

统一反成分裂之势

　　383 年，苻坚在淝水之战中大败，前秦政权随之分崩离析，北方重新陷入了分裂混战的状态之中。384 年，前燕贵族慕容垂首先建立后燕，羌族姚苌自称秦王。次年苻坚为姚苌所杀。苻坚本想一统全国，却不想南进的失败反而招致了前秦的灭亡。

淝水之战

淝水之战是继赤壁之战后中国历史上又一次以少胜多的著名战役，前秦八十万军队不敌东晋几万人的军队，原本已经统一的北方也在此战之后重新陷入了分裂的状态。

苻坚一意孤行

苻坚虽然失去了最得力的助手王猛，但他在南征北战中依旧无坚不摧。在灭亡前燕之后，前秦军乘胜进军，又消灭了前凉、代国等割据势力。这时前秦帝国已经掌握了北至大漠，东至高句丽，西至凉州、南至淮河一线的广大地区，苻坚进而把东晋作为自己的下一个目标。

苻坚在王猛生前对他是言听计从，但是他却没有听王猛临死前留下的忠告。在统一北方之后，前秦的国力大增，长安成为国际化的大都市，朝廷里也尽是些羌、氐、鲜卑等各族官员。前秦各族官员、百姓在苻坚的统领下，形成了一个极具包容力的大熔炉。这一切也助长了苻坚消灭南朝，一统天下的野心。建元十八年（382年），苻坚大会群臣，议大举攻晋之事。但是当时北方刚刚安定，百废待兴，民众皆不愿再战。

在前秦统治集团内部，对于是和是战也分歧甚大。苻坚问计于弟弟阳平公苻融，苻融力谏伐晋的危险，并且劝告说，凡是主张晋不可伐的人都是忠臣。太子苻宏、幼子苻诜、爱妾张夫人，都劝谏苻坚不可伐晋。苻坚一时举棋不定。这时慕容垂、姚苌私下劝苻坚伐晋，请他"圣心独断"。苻坚大喜，认为可以和他们共定天下。不久东晋将军朱绰焚践沔北屯田，掠前秦六百余户而还。这次事变大大激怒了苻坚，使他不顾一切地决意出兵。

苻坚决定攻打东晋后，派他的儿子苻丕和慕容垂、姚苌等带领十几万大军，分兵几路进攻东晋的襄阳。四月前秦的军队抵达沔水以北，东晋守将梁州刺史朱序依靠汉水天险，认为前秦的军队没有舟船，很难顺利地渡江而来，未作防备。不料石越却带领五千骑兵在隆冬季节星夜趟水过河。十几万军队一齐向襄阳内城杀了过来，朱序惶恐惊骇，固守中城。襄阳城危在旦夕。朱序的母亲韩氏听说前秦的军队将要到达，亲自登上城墙察看是否坚固。行至西北角，认为这里不够坚固，就率领女仆及城里的成年女子一百多人，在城墙里边又斜着修筑了一道城墙。襄阳人称这段城墙为"夫人城"。

东晋守将朱序固守襄阳，秦兵十余万攻城不下。苻坚大怒，限苻丕第二年春攻下襄阳，否则自杀，不许生还。苻丕听从姚苌的意见，把汉水、沔水一带的百姓迁徙到许昌、洛阳，阻塞晋军转运的通道，断绝援军。

东晋玉双螭鸡心佩

这件东晋早期的玉双螭鸡心佩的两面饰纹相同，都是镂雕的双螭虎，一大一小，呈现出如流云的形态。鸡心佩始于汉代，这件是魏晋时期的代表作。

襄阳的守将朱序宁死不降，坚壁清野，与前秦打持久战。此时桓冲拥有兵众七万人，由于害怕前秦的强大，不敢救援襄阳。符丕督兵力攻，被朱序屡次击败，只好后退。朱序以为秦兵已退，不再设防，部将李伯护贪图重赏，投降了符丕做内应。379 年，符丕攻破襄阳，朱序被俘。前秦花了将近一年的时间，才把襄阳攻了下来。符坚认为朱序能够为晋国坚守襄阳，是个有气节的忠臣，就把他留在前秦国并授予了官职，但此举却为自己留下了后患。

符坚兵败淝水

东晋太元八年（383 年）八月，符坚大举出兵，平民每十丁出一兵，富家二十岁以下的从军子弟，都给羽林郎官号，富家子弟来从军的有三万余骑，下令兵分三路前进。符坚令符融率慕容垂等带领步骑二十五万为前锋，令姚苌督率蜀兵顺流而下，符坚自己带领步兵六十万、骑兵二十七万。

此时东晋王朝，经过东晋孝武帝司马曜和执政的谢安等人的励精图治，政治较为稳定，经济上出现了"谷帛殷阜"的繁荣景象。谢安之侄谢玄在京口招募北方流民及其后裔组建的"北府兵"皆为"劲勇"，刘牢之等将领以"骁勇"著称。所有这些，都为东晋抵御前秦的进攻奠定了基础。

前秦出兵的消息传到建康，司马曜和京城的文武官员都着了慌，大家都盼望宰相谢安拿主意。当时东晋由谢安、谢石主持朝政。东晋与前秦相比虽然国力弱小，但是当时桓温之乱已平，东晋政局暂时安定了下来。孝武帝也不甘束手待毙，决意效法孙权与北军决一死战。为对抗北军，孝武帝以谢安为统帅，派遣都督谢石、徐州刺史谢玄、豫州刺史桓伊、辅国谢琰等以水陆军八万人，前往救援江北重镇寿春。

谢安推荐自己的侄儿谢玄镇守广陵（今江苏扬州），掌管江北的各路人马。谢玄也是个军事人才，他到了广陵以后，就招兵买马，扩大武装。当时有一批从北

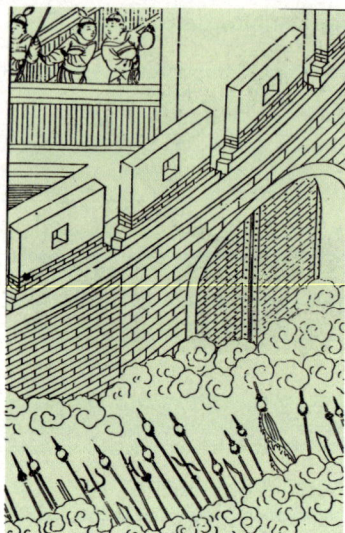

朱序母

面对前秦的大军，东晋襄阳守将朱序率将士死守襄阳城。他的母亲勘察到西北角处城墙不牢固，于是领着一些女子在城墙后又建起了一道城墙。后来西北角的城墙果然被攻破，兵众们转移到新的城墙上防守，这道新墙即被称为"夫人城"。

方逃难到东晋来的人，纷纷应征。他们中间有个彭城人叫刘牢之，从小练得一身武艺，打仗特别勇猛。谢玄派他担任参军，叫他带领一支精锐的人马。这支人马经过谢玄和刘牢之的严格训练，成为百战百胜的军队。由于这支军队经常驻扎在京口（今江苏镇江），京口又叫"北府"，所以把它叫作"北府兵"。

谢玄手下的北府兵虽然勇猛，但是前秦的兵力比东晋多十倍，谢玄心里终归有点紧张。出发之前，谢玄特地到谢安家里去告别，请示一下这个仗怎么打法。哪里知道谢安听了像没事一样，轻描淡写地回答说："我已经有安排了。"谢玄回到家里，心里仍不大踏实。隔了一天，又请他的朋友张玄去看谢安，托他向谢安探问一下。

谢安一见到张玄，也不跟他谈什么军事，马上邀请张玄到他山里的一座别墅去。到了那里，还有许多名士先到了。张玄要想问，也没有机会。

谢安请张玄陪他一起下围棋，还跟张玄开玩笑，说要拿这座别墅做赌注，比一个输赢。张玄是个围棋高手，平常跟谢安下棋，他总是赢的。但是这一天，张玄根本没心思下棋，勉强应付，当然输了。下完了棋，谢安又请大伙儿一起赏玩山景。整整游玩了一天，到天黑才回家。

这天晚上，谢安把谢石、谢玄等将领，都召集到自己家里，把每个人的任务一件件、一桩桩交代得清清楚楚。大家看到谢安这样镇定自若也增强了信心。荆州刺史桓冲见谢安兵力少，又派一些没有经验的年轻人去指挥，认为此次肯定是要失败了，因而很是担心。

很快寿春失守，水军部队只得在离洛涧（今安徽淮南东）二十里处驻扎下来。苻坚得知前秦军攻下了寿春（今安徽寿县），苻融就在寿春，于是撇下大部队，只带少数亲兵兼程赶到寿春督战。据记载苻坚一日与苻融一同登上寿春城头瞭望，看见晋军军容整齐，士气高昂，不由得心中大惊。面对晋军的严阵以待，苻坚也不敢贸然出击，于是就派遣曾是晋臣的降将朱序渡河去劝降。朱序到达淝水东岸之后，不但没有劝说谢石投降，反而将前秦军虚实相告。并且劝谢石说，趁前秦兵没有到齐，应该迅速打败它的前锋，这样大军就会溃散。谢石等人听从了朱序的计谋，派遣谢玄、谢琰以精兵数万，在淝水岸边列阵。

谢玄遣刘牢之率精兵五千攻打洛涧，前秦兵溃败，抢渡淮水，士卒淹死达一万五千人。谢石又派遣使者告诉苻融说，希望前秦军略退以腾出战场，符融将计就计，想趁晋军半渡而击之。不料前秦后军见前军退却，以为前军已败，结果阵脚大乱，争相后退。符融起初还来回驱驰，不料想其马突然失蹄，落马跌死，于是全军遂溃散。这时朱序在秦军阵后大呼道："秦兵败了！"前秦兵顿时奔逃溃散，符坚制止不住，又被渡河的晋军射伤。前秦军在奔逃的路上听到风声鹤唳，都以为追兵来了，昼夜不敢停息，死亡大半。符坚收拾溃兵，到洛阳时只有十几万人。

当晋军在淝水之战中大败前秦的捷报送到时，谢安正在与客人下棋。他看完捷报，便放在座位旁，不动声色地继续下棋。客人忍不住问他，谢安淡淡地说："没什么，孩子们已经打败敌人了。"直到下完了棋，客人告辞以后，谢安才抑制不住心头的喜悦，跳跃入室，把木屐底上的屐齿都碰断了。

谢玄大败前秦军

谢玄（343年—388年），东晋名将。字幼度，陈郡阳夏（今河南太康）人，宰相谢安侄子。此版画表现的是谢玄在淝水之战中大胜前秦军队的情景。

淝水之战进一步确定了早已存在的南北对峙的局面。东晋的胜利，使南方避免了一场大的混乱和破坏，经济文化得以继续发展。前秦的失败，使一个主要靠政治、军事强力维持的北方统一政权迅速瓦解，在统一政权掩盖下的各种矛盾又充分展开。

北方再度分裂

淝水之败后，前秦元气大伤，被前秦征服的各民族鲜卑、羌等部族酋豪等纷纷趁机谋取再次独立，建立割据政权。384年，前燕贵族慕容垂首先建立后燕，羌族姚苌随即自称秦王。符坚虽然采取了一些政治措施，军事上也大肆镇压，但是终因兵力不足而失败。第二年长安又发生饥荒，使得前秦的局势更是雪上加霜。不久慕容冲在长安造反，直接危及到符坚的安全。东晋太元十年（385年），符坚与战不利，只好撤出长安，流转于关中一带，最终在五将山被姚苌遣将军吴忠包围。吴忠擒获符坚后，将其囚禁于新平。姚苌因向符坚求玉玺不可得，便将符坚缢死于新平佛寺中，符坚死时年仅四十八岁。而慕容家族先是有慕容垂逃回前燕故地，慕容宗族的子弟跃马披甲，遍地狼烟。羌族的姚苌等人也重新崛起，丁零、乌桓相继起叛。从这之后的半个多世纪（384年—439年）里，各族上层分子先后在北方建立了十三个政权，北方再度陷入分裂和混乱之中。

关东地区先后出现的国家有六个：即鲜卑慕容垂建立的后燕（384年—

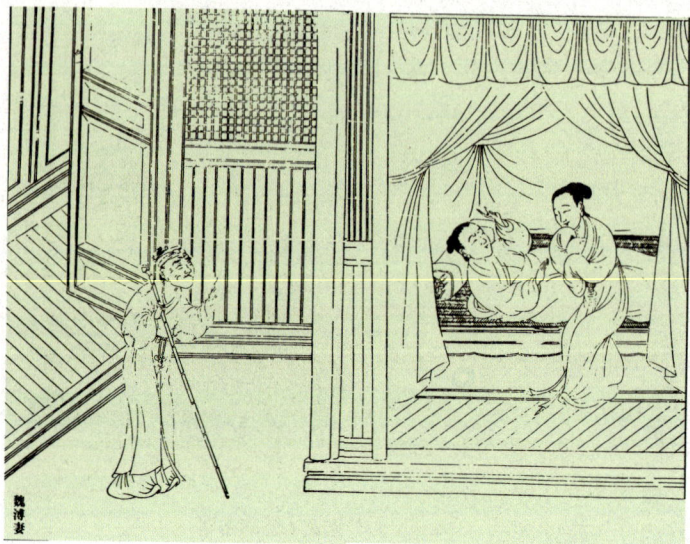

魏溥妻
此版画描绘的是一个烈女故事。钜鹿人魏溥的妻子房氏，是慕容垂统辖下贵乡太守常山房湛的女儿，她十六时丈夫魏溥得病而死，她割耳明志，立誓不嫁。

407年），都中山（今河北定州）；鲜卑慕容泓建立的西燕（384年—394年），都长子（今山西长子）；鲜卑拓跋珪重建的代国，后称魏（北魏，386年—534年），都盛乐（今内蒙古和林格尔）；鲜卑慕容德建立的南燕（398年—410年），都广固（今山东益都）；汉人冯跋建立的北燕（407年—436年），都龙城；还有丁零翟辽据滑台（今河南滑县）建立的翟魏（388年—392年）。关中地区则有羌族姚苌建立的后秦（384年—417年），都长安；匈奴铁弗部赫连勃勃建立的大夏（407年—431年），都统万城（今陕西横山）。河西走廊民族复杂，先后出现了五个国家，即鲜卑乞伏国仁建立的西秦（385年—431年），都苑川（今甘肃榆中）；氐人吕光建立的后凉（386年—403年），都姑臧（今甘肃武威）；卢水胡沮渠蒙逊建立的北凉（397年—439年），都张掖；鲜卑秃发乌孤建立的南凉（397年—414年），都廉川堡（今青海乐都）；汉人李暠建立的西凉（400年—421年），都敦煌。

慕容垂志在复燕

在淝水之战中，前秦的军队只有慕容垂率领三万兵马全身而退，他率部护送苻坚回到前秦国都。途中很多人劝慕容垂乘机杀掉苻坚复国，慕容垂念及当初苻坚的收留之恩予以拒绝，把苻坚安全护送回国都。但慕容垂一回到长安就想要回到前燕旧部复国，于是向苻坚请战以平定边境起事小国为名率军出征。前秦的大臣都劝苻坚说，国家现在需要有大将把守，以防发生变乱，而且放走慕容垂他一定不会再回来。但苻坚却认为慕容垂在淝水战后没有叛他而去，这次也不会。于是应允慕容垂请求，让他率兵出战。

慕容垂逃出樊笼，如鱼得水。而权翼则秘密派兵在慕容垂经过的桥下设下埋伏，慕容垂起了疑心，改道从凉马台扎草筏渡河而去。十二月慕容垂至安阳，派参军田山拿信去见镇守邺城的长乐公苻丕（苻坚之子）。苻丕虽怀疑其欲叛前秦，但仍然前去迎接。慕容垂将兵败之事详细告诉了苻丕。苻丕走后，慕容垂与前燕旧臣暗中联络，准备重建燕国。当时洛阳附近的丁零人翟斌起兵叛前秦，苻坚便派慕容垂前去平叛。同时派苻飞龙同行，以便监视慕容垂的行动。

慕容垂想入邺城参拜宗庙，亭吏阻拦，慕容垂怒杀亭吏。石越对苻丕说："慕容垂杀吏焚亭，反形已露，终为祸患。趁他现在将老兵疲，可袭而取之矣。"可是苻丕却优柔寡断地说："淝水之战后众叛亲离，慕容垂护送君王，这样的功劳是不能忘记的。"没有听从石越的建议。

慕容垂留慕容农、慕容楷、慕容绍在邺城，行至安阳汤池，以兵少为由，于河内募兵，几天时间便募得八千人之多。

平原公苻晖遣使责备慕容垂，让其立即进兵，慕容垂便对苻飞龙说："现在敌寇已经距离不远，我们应当昼止夜行，以攻其不意。"苻飞龙觉得有理，便同意了。一天夜里，慕容垂派慕容宝率兵在前，慕容隆率兵跟随自己，并把氐兵分散编入队伍，与慕容宝击鼓为号，一起行动。半夜里鼓声响起，慕容垂部前后合击，全歼了苻飞龙部氐兵。

此时翟斌又来归附慕容垂。慕容垂决定北取邺都，据之而制天下，遂回师向东。

慕容垂军至荥阳，称燕王，封官拜爵后，亲率二十余万军队，从石门（今河南荥阳石门）渡黄河，长驱攻打前秦邺城。苻丕退守中城，燕军久攻邺城不下，右司马封衡建议引漳水灌城。到了七月邺城仍未能攻下，翟斌恃功骄纵，索求无厌，渐有叛心。慕容宝请求将其杀掉，慕容垂认为时机还不成熟，因此没有同意。翟斌还想担任尚书令，慕容垂没有答应。翟斌大怒，暗中与苻丕联络，让其派丁零兵决堤放水，以解除邺城被淹的危险。事泄后慕容垂杀了翟斌兄弟，余者皆免。

前秦邺城守军长期被围，粮草渐尽。慕容垂只留出苻丕西走之路。苻丕急忙向东晋谢玄求援，谢玄派刘牢之、滕恬之等救援邺城，并从水陆运米二千斛接济苻丕。四月刘牢之于邺城击败慕容垂，慕容垂退至新城，不久又从新城北退。刘牢之没有把这个消息告诉苻丕，单独率兵追击，苻丕闻后也发兵继后。慕容垂认为："秦、晋相恃为强，一胜则俱豪，一失则俱溃，非同心也。今两军相继，势既未合，宜急击之。"刘牢之急行军二百里，在五桥泽

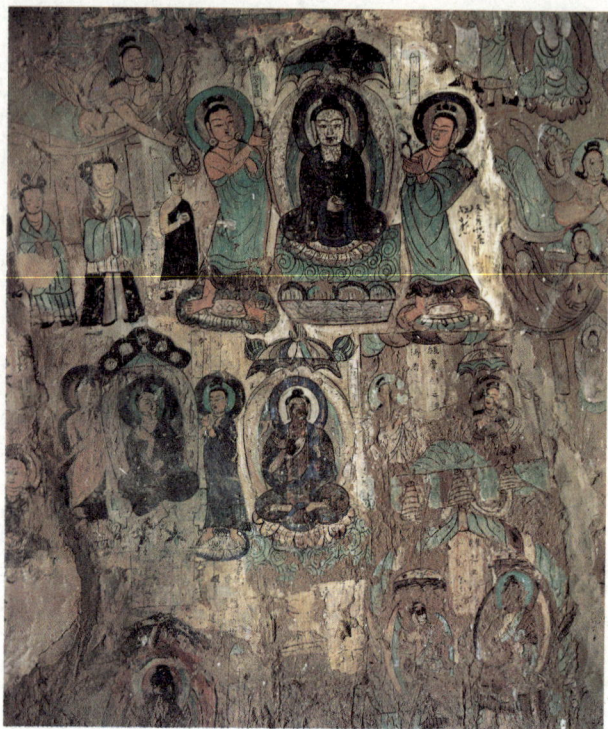

西秦说法图
这是西秦时期的壁画，画面主要部分是上方的一佛两菩萨说法图，佛坐于莲座上，下面有漩涡纹水波，两菩萨双手拱于胸前侧身而立。这是一组保存相对完整的十六国时期的珍贵壁画。

（今河北广宗北）抢夺后燕战备物资时，被慕容垂打得大败，死亡数千人。刘牢之旋被召回。时邺城守军粮尽，无力坚持。符丕率众西出寻找粮食，双方继续对峙。

姚苌自称大秦王

慕容垂包围邺城的同时，时任北地长史的慕容泓招募了几千名鲜卑人，自称大将军，推举慕容垂为丞相，驻屯华阴（今陕西华阴）。前秦灭前燕后，符坚任慕容泓为北地（今陕西渭水之北）长吏，镇守今陇东一带。符坚淝水战败后，给前燕宗室恢复燕国创造了条件。华阴离长安只有百十里路，符坚对慕容泓的起兵非常气愤和恐慌，急忙派将军张永率领步骑五千讨伐，结果被慕容泓打败。符坚又任命巨鹿公符睿为卫将军，又派左将军窦冲和龙骧将军姚苌为副将一道出征。

姚苌，字景茂，南安赤亭（今甘肃陇西西）人，羌族，十六国时代后秦（384 年—417 年）的建立者。姚苌为姚弋仲之子。据说姚弋仲一共有四十二

正史史料

（姚）苌曰："燕因怀旧之士而起兵，若功成事捷，咸有东归之思，安能久固秦川！吾欲移兵岭北，广收资实，须秦弊燕回，然后垂拱取之。兵不血刃，坐定天下，此卜庄得二之义也。"

——《晋书·载记第十六》

个儿子，姚苌为其第二十四子。姚苌成年后曾追随其兄姚襄转战中原多年，参与机要，初步显露了一些军事才能。

东晋永和十二年（356 年）八月，姚襄在伊水（今河南洛阳南）被东晋征西大将军桓温击败，不得不退回关中。在关中时姚襄又与前秦发生冲突，双方交战多次。升平元年（357 年）五月，姚襄被前秦名将邓羌以诱兵之计击杀于三原（今陕西三原），姚苌被迫投降了前秦。苻坚即位后，看中了姚苌的军事才能，封其为扬武将军。此后数年之中，姚苌多次以副将身份随同王猛出征，屡有战功。

再回过头来看苻睿、姚苌进兵攻打慕容泓的情况，部队刚一上路又接到急报说平阳太守慕容冲也造反了，慕容冲招募了两万军队，对前秦的蒲坂发动了进攻。苻坚只得把窦冲调去讨伐慕容冲，还带走了苻睿两万人。慕容泓听说苻睿、姚苌来讨伐他，就带着部下准备投奔关东的慕容垂。苻睿一见敌人要逃跑，下令乘胜追击。姚苌劝阻说："鲜卑人都有想回故土的打算，所以都纷纷造反，最好把他们都放走算了。要知道即使倒提着老鼠的尾巴，老鼠也会咬到人手的。他们发现自己处于绝境时，必然会做困兽之斗，万一失败了，秦王那里也不好看。"

苻睿不听，姚苌知其必败无疑，就带着自己的手下尾随在后面。慕容泓在半路设下埋伏，冒失的苻睿战死在华泽。慕容泓于是逃走了。姚苌收殓了苻睿的尸体就赶紧向苻坚请罪。苻坚听说爱子被杀，大为愤怒，要将姚苌治罪，姚苌逃往渭北陇西。当地羌族豪强与之一起造反，此时关中和陇西豪族率领五万余人来归，并推姚苌为主。姚苌于是与苻坚决裂，自称大秦王，也建立秦国，史称后秦。

姚苌建立后秦后，其部下曾劝说其东取长安，立足关中。但是当时后燕主力也在关中，后秦若东进势必与其发生冲突。姚苌充分考虑了当时的形势，决定暂时避开后燕的主力，转而向西发展和巩固自己的势力。

后秦胶纸

此图为后秦时期的胶纸，长 28.7 厘米，宽 13.2 厘米。出土于新疆维吾尔自治区吐鲁番。此纸表面涂了一层淀粉糊，是迄今所发现的世界最早的表面施胶纸。这种加工纸结构紧密、表面平滑，可塑性、抗湿性、不透水性都较好。有利于书写和绘画。

前秦灭亡

符睿被杀，姚苌又造反，慕容泓打消了投靠慕容垂的念头，又杀回长安。被窦冲打败的慕容冲也率领八千骑兵前来投奔慕容泓，慕容泓的部队很快就达到了十几万人马。于是慕容泓在华阴称济北王，建立燕国，史称西燕。他遥奉五叔慕容垂为丞相、都督陕东诸军事、大司马、冀州牧，仍号吴王。

符坚困守长安，看见前燕贵族背信弃义，把慕容儁叫到面前大骂慕容家族忘恩负义。虽然如此，符坚仍不忍诛杀慕容儁等人。慕容泓称帝不久便被大臣高盖等所杀，众人便拥立慕容冲为主。长安城外，慕容冲率军歼灭秦军数万，占据了阿房城，步步逼近。慕容冲是慕容泓的小弟，曾随哥哥慕容儁等一同迁往长安。慕容冲十二岁时前燕国亡，其十四岁的姐姐清河公主被符坚纳入后宫，符坚见清河公主生得天生丽质，便纳为妃子。随后又将慕容冲接入后宫，作为娈童伺侍符坚。一时间姐弟二人宠冠当世。后来经丞相王猛劝谏，符坚才将慕容冲迁出皇宫。而此时慕容冲就在城外攻打符坚，符坚派人给慕容冲送去一件锦袍，想以此来使他念及从前之情。慕容冲却说：“孤家现在以天下为任，怎能看重这一件小袍子的恩惠呢？如果你束手来降，我们慕容家对待你也不会比你从前待我们家差。”符坚气得大呼后悔当初没有听从王猛、符融的劝告，使鲜卑族人如此猖狂。

慕容儁在长安城内秘密召集鲜卑数千人准备暗杀符坚，消息泄露，符坚诛杀了慕容儁父子及其宗族，城中鲜卑人不论少长男女全被杀光。

慕容冲在长安城外围城日久，城中乏粮，以至于出现了人吃人的惨剧。符坚倾尽最后家财设宴款待群臣，打仗的将军也分不到几片肉吃。即使塞进嘴里也不敢咽下，回到家“吐肉以饴妻子”。建元二十一年（385 年），慕容

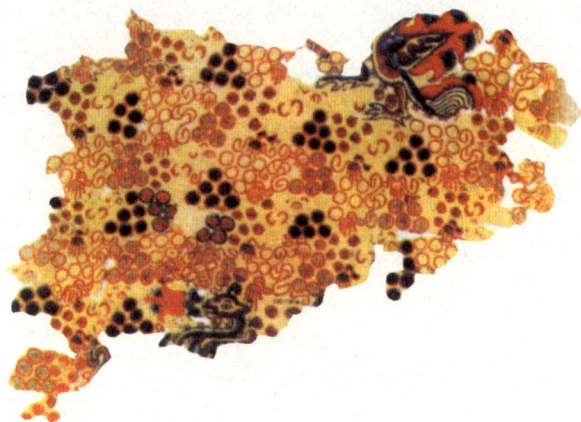

刺绣瑞兽葡萄纹样
下图为北凉刺绣纹样，风格细密，图案受
到波斯文化的影响。

冲在阿房城内称帝，改元更始。五月慕容冲集中全部人马向长安发起猛烈的
进攻，苻坚全身甲胄，亲自督战，飞矢满身，血流遍体。最后全城陷落，苻
坚奔逃，慕容冲占据了长安，纵兵大掠，死者不可胜计。

姚苌称帝不久陇西之地就全部被其平定，后秦兵锋于是转回了东方。建
元二十一年（385年）五月，苻坚逃到五将山，姚苌派兵包围并俘获了苻坚，
将他送到了新平。姚苌派人向苻坚索要传国玉玺，并让苻坚把帝位禅让给他。
苻坚大骂姚苌是忘恩负义的叛贼，说他不配拥有玉玺这样的圣物。姚苌羞愤
不已，派人把苻坚缢死在新平佛寺。其子苻诜以及夫人张氏等人皆自杀。

东晋太元十一年（386年）四月，姚苌趁西燕军撤退的机会，一举攻占
了长安。接着姚苌在长安称帝。姚苌在长安称帝的行为使他一下子成为了关
中各股势力进攻的目标。当年七月前秦王苻丕迁徙到了渭北地区，任命苻登
为大将军，意图夺回长安。不久东晋扬威将军冯该杀死了苻丕。氐族人推苻
坚族孙苻登为主，从枹罕起兵，与姚苌等人展开了激烈的争战。苻登为人善
战，特别愤恨杀掉苻坚的美人。此后数年，苻登和姚苌在关中和陇西地区展
开了拉锯战。苻登于东晋太元十一年（386年）称帝，立苻坚神主于军中，
每次战斗前都要预先向苻坚神主致礼。手下将士都在铠甲上刻上"死休"二
字，示以必死之心。苻登求战心切，率铁骑万余人在姚苌大营环驰，"四面大
哭，哀声动人"。姚苌就下令三军回哭。

太元十六年（391年）三月，苻登进围长安，连战连捷。但麻痹之下，
遭姚苌夜袭，苻登只好退守郿城（今陕西眉县东）。此仗使苻登元气大伤，难
以再对后秦构成威胁。不久苻登委任的右丞相窦冲叛乱，自称秦王。苻登率
兵进攻，窦冲向姚苌求援，苻登又损失了一路兵马。后秦虽然暂时摆脱了危

险，但是姚苌因带病出征致使病情加重，终于不治。当年十二月，姚苌死于长安，其子姚兴袭位。符登闻讯大喜，率全部氐军向关中挺进。后秦新君姚兴率军迎战，大败符登，符登单骑奔亡雍州。留守胡空堡的符登的儿子符崇与符登的弟弟符雍，听说符登战败，竟然出逃，致使余众溃散。符登还至胡空堡，无所投靠，只得逃往平凉。姚兴追击，符登拼死一搏的决战于山南。两军接战，符登大败被杀，时年五十二岁。

至此，前秦自符健于东晋穆帝永和七年（351年）称帝，至晋孝武帝太元十九年（394年）符登被杀，共历五世，四十四年。

东晋的反攻

淝水之战结束后，东晋在东线和西线都展开了反攻。东线方面，谢玄在得胜后进驻寿春，384年一月，他派刘牢之向北攻克谯城。西线方面，桓冲于二月去世，但在去世前，他也趁前秦兵败，派部将郭宝山兵新城，很快新城、魏兴、上庸三郡纷纷投降。四月谢安派竟陵太守赵统进攻襄阳，一举收回了这个汉水上游的重镇。从379年就失去的襄阳城，终于又回到了东晋手中。五月谢安又命令梁州刺史杨亮领兵五万，进军巴蜀。各地捷报频传，西线的桓冲虽然去世，但是并没有耽搁东晋的反攻大计。于是淝水之战后的大规模北伐，也跟着拉开了序幕。

不过北伐遇到了一个很大的问题，那就是粮草的运输。东晋时期，南方的骡马非常少，连司马曜、谢安他们出行都是乘坐牛车，没事从不骑马。南方跟北方打仗，主要的运粮手段，就是走水路，最厉害的兵种，也是水军。由于这个客观因素，历来的北伐战争，碰到的最大难题，就是怎么保持粮道的畅通。这也是为什么南方人北伐，绝大多数都选在夏秋时起兵的原因。当年桓温北伐不能完胜，一方面是他不愿意过多折损实力，另一方面就是粮运的问题。

384年八月，谢安上奏晋孝武商司马曜，起兵北伐，收复中原。这时水道已经畅通，出兵的时机终于来临了。下游在出兵之前，豫州刺史桓石虔的母亲突然去世了。桓石虔因给母亲守孝，不能出征，下游的北伐大任，就落在了谢玄的肩上。

384年，谢玄从广陵带北府兵北上，兵到下邳，准备夺回淮北的彭城。前秦的徐州刺史不战而逃。谢玄立刻渡过淮河，占领了彭城。九月谢玄派刘牢之进攻前秦兖州刺史张崇。张崇也是闻风丧胆，当即弃城而逃。于是谢玄收复了兖州。这时的谢玄和北府兵已经是名震天下，北府兵所到之处，黄河南岸所有的坞堡，纷纷投降。这样东晋与前秦"划淮河为界"的日子，也一去不复返了。

东晋双体舫船
这是东晋顾恺之的《洛神赋图》局部，画面中描绘的是东晋的双体舫船。

　　兖州收复时已经是十月份，天气寒冷，运粮的水路就成了问题。于是经过一番筹划，谢玄采用了督护闻人奭的计谋，拦住吕梁的河水，建立七个坝汇集支流河水。这样即便天冷水势不足的时候，也一样能行船运输。解决了后顾之忧，谢玄毫不耽搁，立即起兵，向青州进军。十月谢玄派遣淮陵太守高素进攻前秦青州刺史苻朗。苻朗是苻坚的侄子，谢玄的大军刚到琅邪郡，他就弃城出降。谢玄一举收复了青州。

　　谢玄乘胜渡过黄河，进兵冀州。他先派刘牢之、郭满分别守住要冲，自己则带领着颜雄、刘袭继续向河北进军。苻丕派桑据镇守黎阳，谢玄命刘袭趁夜突袭，一举拿下了黎阳。

　　到这时兖州、青州、司州、豫州都已经收复，于是朝廷下令，命谢玄都督徐、兖、青、司、冀、幽、并这七州的军事。

　　谢安东西并举进兵中原的策略，把淝水之战前东晋下游以淮河为界、上游以汉水甚至长江为界的疆域，一下子提到了以黄河为界。桓石民收复了洛阳，谢玄甚至渡过黄河，打到了冀州。整个黄河以南地区，重新归入了东晋的版图。紧跟着西线再度告捷，十二月收复梁州。385年四月，蜀郡太守任权攻克成都，又收复了益州。

　　此次北伐，东晋把握住了时机，进军一直十分顺利。在东晋历史上的几

历史细读

　　东晋南朝人在取名的时候往往喜欢在名字里用上"之"或"道"字。这是由于当时道教十分盛行所造成的。"之"字是天师道的标识，当时人们崇信天师道，就纷纷以"之"字命名。例如众所周知的王羲之、顾恺之、檀道济，等等。

次北伐战争中，这一次，是成果最丰硕的了。经过了这次北伐战争，东晋的疆域也达到了建国以来的最大范围。

北方的混战

　　苻坚在淝水一战大败后，北方狼烟四起，从前依附前秦的部族蜂拥叛乱，大家打得不亦乐乎。慕容垂趁苻坚兵败之际收复了前燕的失地，恢复了燕国（史称后燕）。慕容垂立国后，灭掉了同是慕容氏的西燕。此时北魏兴起，拓跋珪不甘屈服于后燕，于是北魏与后燕之间也兴起了一场大战。

慕容垂灭西燕

　　苻坚被姚苌杀害后，苻丕即皇帝位，退出邺城，燕军乘机进入邺城，后燕攻邺城之战结束。慕容垂让慕容和镇守邺城，同慕容农率众讨伐余岩。余岩战败投降，被慕容农所杀。慕容垂随即率步骑三万反击高句丽，收复了辽东和玄菟二郡。慕容垂以慕容农为使持节、都督幽、平二州、北狄诸军事、幽州牧，镇守龙城。十二月慕容垂定都中山。

　　太元十一年（386年）正月，慕容垂自立为帝，改元建兴，史称后燕。六月慕容垂派慕容楷等攻打前秦苻定、苻亮等部。慕容楷先写信给众人，陈述利害，苻定等遂降。八月慕容垂留太子慕容宝守中山，自率范阳王慕容德等向南略地。

　　西燕的慕容冲占领了长安后，鲜卑官兵迫切要求东归故里，而慕容冲贪恋长安的荣华富贵，不愿东归。这样西燕君臣之间产生了严重的分歧。东晋太元十一年（386年）二月，左将军韩延在官兵的一致要求下，带兵杀死了慕容冲，拥立将军段随为燕主，改元昌平。段随继位后不到三十天，就被慕容氏宗室慕容恒和慕容永所杀。之后西燕内部又经过多次为了争夺权力的宫廷政变，直到慕容永杀死了西燕君主慕容忠，自称大将军、大单于，雍、秦、梁、凉四州牧，河东王，因为他执法较为宽平，西燕内部的矛盾才有所缓和。慕容永是前燕开国君主慕容廆之弟的孙子，同慕容垂是堂兄弟。得知慕容垂已在中山称帝，故于 386 年六月向慕容垂称臣。当时前秦尚未灭亡，前秦国君苻丕仍然率军据守平阳。十月慕容永占据了长子，反叛后燕，自立西燕皇帝，改元中兴。

后燕和西燕皆为鲜卑慕容部所建，两国均以复兴前燕相标榜。但后燕主慕容垂认为，西燕主慕容永仅是前燕宗室的疏属，而自己则是前燕主慕容廆的子孙，决心于有生之年除掉他。于是慕容垂发兵进攻西燕，连破西燕军，并包围了台壁。慕容永带领五万精锐与慕容垂交战。慕容垂运用计谋，把慕容永诱进埋伏圈，很快就将西燕军队打败，慕容永逃回长子。394 年，慕容垂包围了长子。八月慕容永向东晋求救未成，后又向北魏求援，北魏国君拓跋珪早就想趁机南下，于是派大将拓跋虔、庾岳率领五万骑兵救援西燕。可是北魏军队还没赶到长子，慕容永的堂兄慕容大逸豆归就已打开城门，迎接后燕军队入城，慕容永被杀死，西燕灭亡。

西燕自 384 年慕容泓开国到慕容永被杀共历七帝、十一年。这十一年间，西燕四迁国都，七易国主。西燕最盛时的疆域有今陕西西安地区、山西南部与河北西南部，共八郡，七万六千八百户。

东晋持盾武士俑
此武士俑表情喜悦、平和，右手拿盾，左手手指弯曲。服饰上身衣服稍窄，下身衣服较为宽大，有利于保持平衡。

塞外强国北魏

代国灭亡之前，什翼犍的大臣长孙斤曾经谋反，在朝会时拔刀直奔御座，想刺杀什翼犍。当时身为嫡子的拓跋寔徒手与其格斗，结果被长孙斤刺中肋部，伤重而死。代国灭亡时，拓跋寔的儿子拓跋珪年纪尚幼，被生母贺氏带着逃走，归依刘库仁部。后来苻坚兵败淝水，北方的各部族乘乱纷起，刘库仁的儿子刘显要杀掉拓跋珪，多亏贺氏足智多谋，带着儿子逃回娘家，依附拓跋珪的舅舅贺讷。不久贺讷的弟弟贺染干见这个外甥越来越得众心，便想方设法要杀掉拓跋珪，但皆未得逞。

东晋太元八年（383 年）十月，刘库仁被部将慕容文所杀。刘库仁之子刘显准备一举除掉整个鲜卑族贵族集团，由于计谋泄露，拓跋珪逃脱。刘显

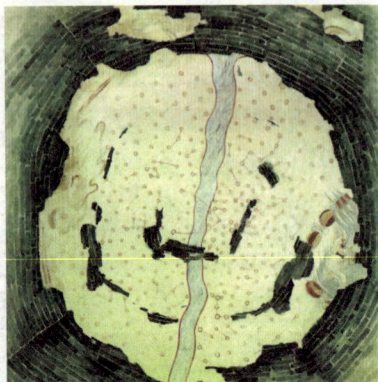

北魏洛阳元墓星象图

本图表现了银河和恒星等天体系统。银河贯穿南北，表示的恒星有三百多颗，并均用朱色绘出。还以不同的符号区分恒星大小，星座和亮星之间用线相连接。此地图对天体表示形象逼真，对常见星及星座从图上很容易识别，如北斗、紫微、紫微左垣、紫微右垣、轩辕、北河、南河等。它是我国已发现的最早的星图之一。

北魏胡人顶杆杂技俑

此杂技俑出土于北魏平城(今山西大同)贵族墓中。杂技是西域传入中原的民间技艺，这种顶杆杂技在北魏时期的表演者多为小孩。

此举迫使鲜卑贵族再度联合起来。拓跋珪与出逃的代国旧臣长孙犍、元他等迁徙到贺兰山（今宁夏银川附近）一带，并在这里暂时安顿了下来。

拓跋珪是什翼犍的嫡长孙，颇得众人拥护，于东晋太元十一年（386年）正月在牛川即代王位，改元登国。当时汉人崔玄伯、邓渊、王德等人帮助代国制定国家制度、天文历法。同年改国号为魏，史称北魏，拓跋珪改称魏王，复以长孙嵩为南部大人，以叔孙普洛为北部大人。

当时拓跋珪有个叔父名窟咄。拓跋窟咄起初被前秦军抓到长安，出逃后投奔了慕容永。慕容永以其为新兴太守。这一年八月，刘显遣弟刘亢埿与窟咄联合，向北魏国南部进攻。当时北魏国新立，人心不稳，敌人大兵压境下多有叛乱。拓跋珪不得已率部退回阴山，以地利固守，同时向慕容垂求援。慕容垂令其子慕容麟率步骑前来相助。当年十月，北魏国与后燕联军在高柳（今山西大同阳高西北）大破拓跋窟咄。拓跋窟咄投奔刘卫辰，被刘卫辰杀死，拓跋珪于是悉收其众。当年十二月，慕容垂遣使封拓跋珪为上谷王，被其拒绝。次年北魏与后燕再一次联合击败了刘显势力。

北魏自此基本光复了原代国的领地。其后数年，拓跋珪历破库莫奚、高车、贺兰、纥突邻、纥奚诸等部。随着北魏的扩张，其与北方另一股强大势力、自己的盟友和潜在敌人后燕的矛盾也在逐渐加剧。

历史细读

从许多东晋南朝时期的绘画以及人物雕塑作品中我们可以看到，那时的人们都喜欢穿着宽大的衣服，特别是袖子都是又长又宽。这是由于受到玄学、清谈之风的影响，当时的士人喜服寒食散，为了方便散去药力，于是都喜欢穿宽袖广衫。从中也可以看出当时社会的奢侈风气。

灭后燕主力

西燕慕容永在都城被围之际，一面向晋朝求援，一面向当时还是后燕附庸国的北魏乞求救助。拓跋珪知道唇亡齿寒的道理，派兵去救援西燕。可还没等北魏的军队赶到西燕的国都，慕容永的西燕就已经灭亡了。

早些时候，拓跋珪曾派弟弟向后燕进贡，慕容氏的年轻贵族们知道北魏多良马，就扣下其弟当人质。拓跋珪做事也很刚狠，坚决不向后燕献马，致使两国的关系陷入断绝的地步。

既然已经撕破了脸皮，自己又发兵来救西燕，索性一不做二不休，拓跋珪便不时派兵袭扰后燕国的边境。这样一来，慕容垂于建兴十年（395年）五月向北魏用兵，派太子慕容宝和慕容农、慕容麟带领八万名士兵向北魏国都平城（今山西大同）进军。连战连胜，锐不可当。

当时很多人都劝说慕容垂不可冒进攻打北魏，但慕容垂并没有听进这一番良言，仍派慕容宝率兵灭北魏。想让这位太子以兵胜立威，日后更加顺理成章地承继帝位。

拓跋珪把部落国人全部迁移，西渡黄河千余里，以避后燕军兵锋。后燕军一路皆胜，几乎没遇到什么抵挡，只差渡河一举攻灭北魏国了。

395年冬，拓跋珪率兵于黄河南岸迎战。慕容宝整军准备渡河决战，两军在黄河两岸相持了十多天，忽然暴风大起，数十艘船只漂往南岸。北魏国俘获了后燕军甲士三百多人，但全部都予以释放，让他们归回后燕军阵垒。慕容宝出发时，慕容垂已经得了重病。拓跋珪让放回去的人说慕容垂已经死了，慕容宝应该早点回去争夺帝位。慕容宝听到后，非常忧惧，兵士也心中骇动。

魏、燕两军继续相持了几十天，赵王慕容麟手下的将领慕容嵩认定慕容垂已死，想杀了慕容宝，拥戴慕容麟为皇帝。结果事情败露，慕容嵩等被杀，因此慕容宝、慕容麟兄弟两人暗中也互相猜疑。这样一来就使得军心涣散，慕容

孝子棺　北魏

这是北魏时期的石刻线画，画面表现的是孝子郭巨的故事，体现了北魏受汉文化的影响之深。

宝便于半夜时分烧掉战船撤离战场，连夜逃回。

当时黄河尚未结冰，慕容宝认为魏军没有船不会追击，就没有部署掩护的军队，大军缓慢撤退。哪知寒流忽至，一夜暴风，黄河便结了冰。拓跋珪亲自引兵从冰上过河，不带辎重，只挑选了精锐骑兵两万人急追后燕军。

后燕军行至一个叫参合陂的地方，慕容宝认为已经远离了北魏军，因此索性命令军队在原地休息。自己也跳下马鞍，躺在草地上睡起觉来。后燕军一觉醒来，起营将要东还，突然看见山上静静站立着大批北魏军，顿时僵住了。拓跋珪纵兵实然从山上冲杀下来，后燕兵被淹死和被人马践踏而死的就有万余人。太子慕容宝、赵王慕容麟等人单骑逃出。拓跋珪大获全胜，把俘虏的近五万后燕兵全部活埋。

建兴十一年（396 年）三月，慕容垂以古稀之年，亲自率领后燕大军秘密离开中山，越过青岭，经过天门，开山劈路，出其不意地穿过云中，攻陷平城，俘虏了北魏三万多人。

这下轮到北魏王拓跋珪肝胆俱裂了，只想马上逃跑，但一时之间又想不出来往哪个地方逃窜才好。就在此时，北魏峰回路转。慕容垂在离开中山时，身体就已欠佳，攻陷平城后马上带着战利品撤离。后燕军经过参合陂，慕容垂见到去年被北魏杀害的几万名后燕兵的尸骨堆积如山，伤感之情油然而生。那些被活埋掉的后燕军的亲人，顿时放声大哭，声震山谷。慕容垂听到哭声，悲伤、气恼、懊丧、忿愤之情一齐涌上了心头，口吐鲜血，病情加重。在距平城三十里的地方旧病复发。走到上谷之沮阳时，已经奄奄一息，十分吃力地口授了几句临终遗言："现在国家多难，丧礼从简。为了防止强敌伺机捣乱，到京师以后再发布讣告。"说完就故去了，时年七十一岁。谥号成武皇帝，庙号世祖。

历史细读

幅巾是平民戴的头巾，方便实用。魏晋时期由于名士都崇尚玄学，任性放达的风尚使很多人开始不戴冠帽而戴头巾。这一点在很多当时的绘画以及石刻中都可以看出。

拓跋珪听说慕容垂已死，想马上引军追击，但又怕慕容垂是假死。因慑于这位老英雄的威名，拓跋珪退至阴山等候消息。慕容宝见父亲驾崩，慌忙退军回国继位。

拓跋珪见慕容垂真的死了，再无惧怕，为了取得中原，乘机于皇始元年（396年）八月，亲率四十万大军伐燕。慕容宝把皇宫里的珍宝全都拿出来，招募兵士抵御。拓跋珪率军东进，直指后燕国都中山，首先攻取了常山（今河北正定南）。拓跋珪亲率大军攻中山不克，他觉得急攻伤士，久围则费粮，遂率军向南。

397年拓跋珪扎营于巨鹿，慕容宝派勇士万余人袭击北魏营。后燕军夜到北魏营，凭借风势放起大火，烧得北魏帝来不及穿衣戴帽，光着脚就击鼓迎战。天亮后北魏国将士以骑兵攻击慕容宝的军队，后燕军大败，万余人被斩首，十二万后燕军将士逃入山中，忽遇大风，冻饿而死。慕容宝败下阵来，派西河公库傉官骥率兵三千帮助慕容详守卫中山。

此时后燕不断发生内乱，慕容详在中山城自立为帝。七月慕容麟率众潜袭中山，杀慕容详自立。慕容麟率两万骑兵进驻新市（今河北新乐西南），遭拓跋珪攻击。慕容麟战败，率数十骑逃奔邺城。拓跋珪乘势攻入中山，后燕投降的公卿尚书及将士有两万多人。拓跋珪攻克中山后，派骑兵三万人增援拓跋仪进攻邺城。永康三年（398年）正月，后燕范阳王慕容德从邺城率户四万，南徙滑台（今河南滑县东）。拓跋仪率军进入邺城，随即追慕容德至黄河而归。北魏伐后燕之战结束。同年慕容宝被自己的舅舅兰汗诱杀于龙城。至此后燕已不是北魏的对手了。不久后燕分裂为辽东的北燕和山东的南燕，慕容氏从此一蹶不振。

399年，魏军大破高车三十多个部落，俘获了七万多名军士，缴获马匹十多万，牛羊一百四十多万头。在以后的八九年之中，北魏四处兴兵，征伐不已，成为北方地区的强国。

花链饰带

此为鄯善米兰第五号寺院仙墙下部的一条饰带，描绘一组人物肩负 S 形的大花链。花链的每一凹凸处均有一半身人物像，有裸体的孩子，有供养人，也有僧徒。此种主题与构图形式在古罗马帝国早期的石棺雕刻与犍陀罗的浮雕之中常有出现。

吕光征伐西域

龟兹僧人鸠摩罗什于后秦时到达长安传教，译佛经七十四部，三百八十四卷。他的弟子中著名的有道生、僧肇、道融、僧叡等，合称"什门四圣"。

鸠摩罗什的父亲出身天竺望族，后来到了西域的龟兹国，罗什即出生于龟兹。七岁随母出家，研习佛法。善于辨析义理，应机领会，独具神解，讲经说法，名声大震。其神思俊才，传遍了整个西域，每年举行讲经说法，西域诸王都云集闻法，并长跪在鸠摩罗什的法座旁边，让鸠摩罗什踏着登上法座。鸠摩罗什的名声不仅远播西域，也东传至中原。

苻坚建元十三年（377 年），太史上奏说："在外国边野，出现一颗闪亮的明星，未来应当有一位大德智人来到我国。"前秦苻坚久仰鸠摩罗什的大名，在心中早已有迎请的想法。于是苻坚说："我听说西域有位鸠摩罗什，襄阳有释道安。那位外国的大德智人，一定是鸠摩罗什吧！"

苻坚所说的释道安是著名高僧佛图澄的弟子，他博学多识，对佛教经典具有很深的造诣。起初在北方传教，后赵末年，中原大乱，他到了东晋的襄阳传教，以后又移居长安。他在襄阳时，为佛教僧徒制定了"戒律"三条。在襄阳和长安时，又致力于佛教经典的整理工作。这两件事对于当时和后代中国的佛教都产生了重大的影响。

鄯善国前部王和龟兹王弟，曾一同前来朝见苻坚，说西域有丰富的珍珠宝贝，应该派兵讨伐。在前秦苻坚建元十七年（381 年）二月，西域的车师前部王和鄯善王曾来到长安朝见苻坚，请求发兵征讨不服前秦的西域诸国，

龟兹国王与大臣像

龟兹是西域古国，中国唐代安西四镇之一。汉代时归附，魏晋时龟兹遣使入贡。本图右侧第一人有双环项光，身分最高，应是国王，跟随在他后面的两人应是大臣。国王穿大领长衣，大衣为半袖，有肩盖，腰部系珠带，下穿窄口裤和黑皮靴。左手所持物已残失，腰下挂短刀和短剑，刀鞘宽大。身后佩长剑，仅可看见剑柄。两大臣服装及所佩刀剑均与国王的不同。

依照汉朝制度在西域设置都护。是年九月，苻坚任命手下的爱将氐族人吕光为都督西域征讨诸军事。次年正月，吕光与姜飞、彭晃、杜进等将领以鄯善王和车师前部王为向导，率步兵七万和精锐骑兵五千，从长安出发。

临行之前，苻坚在建章宫举行饯别宴，对吕光说："帝王顺应天道而治国，爱民如子，哪有贪取国土而征伐的道理呢？只因为怀念远方的大德智人罢了！我听说西域有一位鸠摩罗什大师，他深解佛法，擅长阴阳之理，是后学的宗师。我非常想念他。贤哲之人，是国家的大宝，如果你战胜了龟兹国，要赶快护送他回国。"

吕光家族是西汉皇后吕雉的族人。吕光青年时期为人深沉、持重，喜怒不形于色。王猛感到吕光是个人才，能成大器，便把他推荐给苻坚，后逐步被提拔为鹰扬将军。吕光不负王猛和苻坚的厚望，他追随苻坚南征北战，在战争中大显身手，赢得了前秦大臣的交口称赞。吕光的西征大军阵容强大，仅将军一级的高级官员就有姜飞、彭晃、杜进等。另外，陇西、冯翊、武威、弘农等郡有名望的人物如董方、郭抱、贾虔、杨颖等也作为助手参加了西征军。前秦建元十九年（383年）一月，淝水之战前，吕光告别苻坚，离开长安，前往征伐西域。

前秦军队穿越了三百余里沙漠，进兵至焉耆，焉耆等西域小国闻风而至。吕光的军队刚出发，鸠摩罗什就告诉龟兹王白纯说："龟兹国运衰微了，将有强敌从东方攻来。你应该恭敬迎接，不要派兵反抗。"但是龟兹王不听劝告，负隅顽抗，结果被打得一败涂地，龟兹王白纯也被杀死。西域诸国畏惧吕光的威名，纷纷归降前秦。于是吕光相继讨平了西域三十六国。

后凉建立与灭亡

在淝水之战进行的同时，吕光也在西域地区鏖战。经过一年多的征战，吕光统一了西域全境。吕光意气风发，平复龟兹国后，便立白纯之弟白震为龟兹国王。太安元年（385年）三月，吕光用两万匹骆驼驮着一千多种珍奇的西域货物，带着一万多匹西域骏马撤离了西域。吕光掳获鸠摩罗什，看他年纪尚小，不知道他的智慧高深，就把他当凡夫俗子来戏弄。几番的恶意欺负，鸠摩罗什都胸怀忍辱，丝毫没有怒色。最后吕光感到惭愧，才停止了自己轻慢的行为。

吕光率军返国，中途在山下扎营休息。鸠摩罗什说："不可以在此地停留，否则全军将士必定狼狈不堪，应该把军队转移到高原上。"吕光没有理会鸠摩罗什的建议。果然晚上大雨滂沱，山洪暴发，将士被淹死了数千人。此时吕光方才暗自感到鸠摩罗什的神异。

鸠摩罗什又对吕光说："这地方不宜久留，推算时运和定数，你应赶快率兵回国，中途一定可以发现福地，适合居住。"吕光听从了鸠摩罗什的建议，迅速率军离开。当大军到达凉州（今甘肃武威）时，苻坚已在淝水之战中惨败，中国北方又回到四分五裂的状态之中。

凉州地处边陲，消息十分闭塞。386年九月苻坚已被姚苌杀害的消息才传到凉州，吕光令所有凉州人都为苻坚披麻戴孝。一个月后，吕光自称凉州牧、酒泉公，并自立为帝，国号凉（史称后凉），建元为太安。

386年，吕光在临洮一举击败原前凉国主张天锡的儿子张大豫。387年十二月，攻克张掖城。接着吕光率领两万骑兵攻取了酒泉。随后率军前往凉兴（今甘肃安西）截击王穆，王穆单骑逃走被杀。至此凉州全部及河西大部地区均为吕光所有。

395年七月，吕光率十万大军进攻西秦，西秦国主乞伏乾归投降了吕光，并把儿子敕勃作为人质留在西平。麟嘉八年（396年）六月，吕光升号为天王，建国号为大凉，改年号为龙飞，史称后凉。后凉这时达到全盛时期，统治疆域同前凉略同。

龙飞二年（397年）正月，吕光攻打临洮、武始、河关，西秦大为震惊。大将吕延不听劝阻，麻痹轻敌。乞伏乾归伏击，吕延战败，被斩首。吕光埋怨沮渠罗仇、沮渠麹粥护卫不力，将二人斩首。四月沮渠罗仇的侄子沮渠蒙逊起兵反凉，其堂兄沮渠男成也起兵响应。八月吕光的散骑常侍、太常郭麿联合尚书仆射王详，推举田胡王乞基为君主，也共同起兵反凉。吕光派吕纂去讨伐郭麿，郭麿大败。此时凉州人张捷、宋生等聚众起兵反凉，郭麿又与他们共推后将军杨轨为盟主，联合击凉，与吕光决战。六月杨轨兵败，转而

北凉乐伎与百戏图
这是一幅出土于甘肃酒泉丁家闸的北凉墓壁画，画面表现的是伎乐演奏的情景。"百戏"是诸般杂技的总称。

投降了王乞基。郭麐听说杨轨败逃，于是投降西秦。后凉将军吕弘放弃张掖，率军东走。段业进入张掖城后欲追击吕弘，沮渠蒙逊劝阻他说："归师勿遏，穷寇勿追，此兵家之忌呀。"段业不听，结果大败而回。

承康元年（399年）十二月，年老多病的吕光因为屡次失败而恼怒，病情加重，传位给太子吕绍，自称太上皇。吕光告诫吕纂、吕弘好好辅佐吕绍，不要听信任何谗言。不久吕光病死，时年六十三，在位十年。

吕光死后，吕绍即位。诸子并没有遵循他的遗言，开始互相攻杀夺权。吕绍被吕纂逼迫自杀，吕纂又被吕弘杀死。最后吕隆被立为天王，改元神鼎。吕隆是吕光弟弟吕宝的儿子。为了建立自己的威名，但凡豪望、名流，乃至宗亲大臣不顺己者，吕隆全部杀掉。结果使得后凉朝廷内外人人自危，生产也受到严重的破坏，人民生活更是无法维持，姑臧城内甚至出现了人吃人的悲惨景象。此时后秦国主姚兴派大将姚硕德率兵向后凉进击，当时投降后秦的乞伏乾归也率兵跟随出征。401年七月，姚硕德从金城渡过黄河，直趋广武（今甘肃永登）。

秦军顺利地进至姑臧，吕隆派辅国大将军吕超、龙骧将军吕邈率军迎敌。后凉战败，吕邈被杀，一万多人被后秦军斩杀，吕隆据城固守。后凉巴西公吕伦见后秦军队无法阻挡，率东苑二万五千兵众向后秦投降。九月吕隆派使者出城向姚硕德投降。姚兴命其为凉州刺史，继续镇守姑臧。不久吕隆又与南凉的秃发傉檀和北凉的沮渠蒙逊互相攻杀。后怕被他们消灭，于后秦高祖姚兴弘始五年（403年）八月迁往长安，被姚兴拜为散骑常侍、建康公，后凉灭亡。

后凉自386年吕光称王至吕隆投降后秦，共历四主十八年。弘始十八年（416年）一月，吕隆因参与姚愔的叛乱，被姚泓杀死。

姚兴得到鸠摩罗什的时候，他已经五十八岁了，姚兴以国师之礼待鸠摩罗什，大兴佛教。次年请他到西明阁和逍遥园翻译佛经。鸠摩罗什译有《中论》《百论》《十二门论》《大品般若经》《法华经》等。关于翻译的总数，据《出三藏记集》卷二载，共三十五部，二百九十多卷。

东汉明帝时，佛法传至中国，历经魏晋诸朝，汉译的经典渐渐增多。但是翻译的作品多不流畅，与原梵本有所差距。鸠摩罗什羁留凉国十七年，对于中土民情非常熟悉，在语言文字上能运用自如，又加上他原本就博学多闻，兼具文学素养，因此在翻译经典上，自然生动而契合妙义。

东晋衰落

淝水之战后，北方重新分裂，东晋的外部威胁解除了。然而东晋统治阶级并没有利用这个有利时机改革内政，收复中原，而是加紧争权夺力和对人民的压迫与剥削，使社会矛盾进一步激化。手握重兵的将领纷纷发动叛乱，虽然这些叛乱被镇压了。但是东晋的衰落已经不可避免。

东晋内乱

晋孝武帝司马曜重用司马道子辅政。司马道子最宠信的就是中书令王国宝，王国宝的父亲是王坦之，岳父是谢安。但王国宝"少无士操"，为人谄险，谢安"每抑而不用"。王国宝因此十分痛恨谢安。后来司马道子娶了王国宝的堂妹为妻，于是王国宝鼓动司马道子弄权，诋毁谢安。趁着司马曜因为谢家权势太盛而感到害怕之际，总是说谢安的坏话。

晋孝武帝太元十年（385年），谢安去世，时年六十六岁。谢安一死，东晋朝中的权力就更集中于会稽王司马道子手中。由于当时孝武帝与司马道子的生母皇太妃李氏还在世，司马道子"恃宠乘酒，时失礼敬"。"帝（孝武帝）益不能平，然以太妃之故，加崇礼秩"。孝武帝觉得司马道子权势过大对自己构成了威胁，于是下诏任外戚王恭为南兖州刺史，坐镇北府，同时任世族殷仲堪为荆州刺史，以制约司马道子的权力。孝武帝后来封自己的二儿子司马德文为琅邪王，而改封司马道子为会稽王。王国宝闻知孝武帝疏忌司马道子，就开始疏远司马道子。司马道子大怒，两人翻脸。

　　司马道子非常好酒，一次宾客满坐，司马道子喝醉了。当时桓温的儿子桓玄也在座中，频频举杯，司马道子忽然在大庭广众之下高言："桓温晚年想造反，是不是这样啊？"桓玄闻言，忙跪伏殿中，满脸流汗不敢抬头。桓玄心里怨恨司马道子，种下了日后谋反篡晋的根子。

　　太元二十一年（396年），孝武帝司马曜死亡，白痴皇帝司马德宗即位，是为安帝，第二年改年号为隆安。这位皇帝还不如西晋惠帝，不仅"口不能言"，"至于寒暑饥饱也不能辨"。幸亏其同母弟琅邪王司马德文恭谨聪敏，司马德宗登基之后，十岁的司马德文一直陪侍着他。

　　司马道子独揽军政大权，王国宝又马上重新谄附司马道子，司马道子被他的语言迷惑，再次倚为心腹。王恭入朝拜孝武帝坟陵之余，劝司马道子不要亲近小人。司马道子起先还对王恭客气，但王恭"每言及时政，辄厉声色"，司马道子渐生相图之意。王恭一走，司马道子把东宫卫兵全部调配给王国宝指挥。王导之孙右仆射王珣也被朝廷拜为尚书令。王国宝、王绪兄弟掌权后，"纳贿穷奢，不知极纪"，又不断劝司马道子削夺王恭和荆州刺史殷仲堪的兵权，致使内外扰动。

　　王恭闻信，派人联络殷仲堪，准备讨伐王国宝等人。桓玄也鼓动殷仲堪起兵。殷仲堪是陈郡世家大族出身，入朝为官后，孝武帝很信任他。但是殷仲堪虽有美誉，却并非将帅之才。

　　建康方面，司马道子听说王恭、殷仲堪有异动，马上宣布内外戒严。王绪劝王国宝假借司马道子之命，杀掉王珣、车胤，再乘机裹胁安帝和司马道子，发兵讨伐王恭和殷仲堪。但王国宝却没有胆量去做，怯懦的司马道子为了平息二藩起兵，"乃委罪（王）国宝"，派人把王国宝、王绪逮捕入狱。又称诏赐死王国宝于狱中，杀王绪于闹市。

　　王恭罢兵，退还京口。殷仲堪虽然声援王恭，但是一直犹豫未敢真正发兵，因此趁势率兵还镇。事情时暂告一段落。

　　豫州刺史庾楷对朝廷割四郡交由王愉掌管不满，派儿子庾鸿鼓动王恭说司马尚之兄弟有篡夺帝位之心，比王国宝还要危险，不如先下手为强，除掉他们。王恭也怀疑司马尚之兄弟对安帝不利，便听从庾楷之议，于隆安二年（398年）通使殷仲堪、桓玄，联合再次起兵。司马道子将军事托付给十七岁的儿子司马元显。晋廷遣谯王司马尚之将兵讨伐庾楷。虽然二次起兵声势很大，但王恭、殷仲堪、桓玄之间并不团结。殷仲堪以手下的南郡相杨佺期为

谢安

谢安是东晋的重臣之一，但他与王导有很多相像之处，并没有弄权或取而代之之嫌。

石头城图

在今南京市西清凉山上，三国时孙吴就石壁筑城戍守，称石头城。

先锋，率水军五千先行。桓玄领兵继之。殷仲堪自带两万军，殿后而行。

安帝隆安二年（398 年）八月，杨佺期、桓玄兵船刚至湓口，王愉一箭未发，就仓皇逃往临川。庾楷一战即溃，单骑奔归桓玄。桓玄有智谋勇力，在白石大获全胜，与杨佺期连兵直逼横江。司马尚之、司马恢之兄弟大败。晋军各路皆退，只得回兵固守石头城。

王恭两次起兵依仗的都是其手下南彭城内史刘牢之。刘牢之在淝水之战中率五千"北府兵"一举击溃苻坚手下名将梁成两万之众，临阵斩杀梁成及数名前秦大将，奠定了东晋在淝水大战中最终大胜的基础。淝水之战后，刘牢之又率兵北伐，进屯鄄城，"河南城堡承风归顺者甚众"。但后来五桥泽一役，为慕容垂所击败，刘牢之勉强得脱。此后刘牢之因为不救廪丘被围的友军而被免官。

王恭重新任用刘牢之，但只以爪牙武将任命他，"（刘）牢之负其才能，深怀耻恨"。司马元显得知此事后，派人劝说刘牢之弃王恭，答应以王恭的职位转授予刘牢之。不久王恭派刘牢之出征。刘牢之随即向朝廷投降，同时又指示其子刘敬宣和女婿高雅之率劲兵倒戈。王恭没有准备，立时军溃，只得独骑向曲阿方向奔逃。中途被抓，押送都城建康。王恭未及入城，便被司马道子下令在建康东北郊的倪塘斩首。司马道子封刘牢之为都督兖、青、冀、幽、并、徐、扬州晋陵诸军事，完全取代了王恭的职位。

司马道子又以朝廷名义，提拔桓玄为江州刺史，以杨佺期代殷恢为雍州刺史，以桓修为荆州刺史，同时罢黜殷仲堪为广州刺史。如此离间，使得殷、桓、杨三人心中各怀疑虑，皆起相图之心。桓玄自恃自己有才能地位，对寒人出身的武将杨佺期总有不屑之意。而杨佺期为人骄悍，暗中劝说殷仲堪杀掉桓玄。殷仲堪因为暗忌杨佺期兄弟勇健，怕杀了桓玄没人能够牵制杨氏兄弟，所以一直没有行动。最终三个人"各还所镇"，不再进兵，这样东晋又化解了一次重大的政治危机。

南北文化的发展

在南方的东晋，田园诗产生并有发展。其代表人物就是陶渊明。他是陶侃的曾孙，陶侃曾官至大司马，他的父辈也做过太守、县令，但到了他这一代，家境已衰。他年少时抱有大济苍生之志。二十九岁时才担任一些小官，无法实现他的远大抱负，官场上派系之争以及一派阿谀奉承的风气，使陶渊

陶渊明故事图（局部）

此图故事取材于萧统的《陶渊明传》，全卷分为十一段，分别是采菊、寄力、种秫、归去、无酒、解印、贳酒、赞扇、却馈、行乞、灌酒。描绘了陶渊明弃官归田后过着清苦生活的几个情景。每图都以陶渊明为中心，配以必要的人物道具，各有题名。

明对黑暗的政治气氛很是失望。他无法忍受内心的压抑，不愿与这些人同流合污，于是将思想感情倾注于田园生活上。义熙元年（405 年），任彭泽（今江西湖口东南）县令，因不肯"为五斗米折腰"迎接郡里来的督邮，自动解职回家。受老庄思想和隐逸之风的影响，他对恬静、闲适的田园生活更加怀念。四十一岁时便结束了仕隐不定的生活，全身心地回归自然。从此过着悠闲的田园生活，直到病死。

陶渊明亲自下田参加劳动，闲时读书写诗。他的田园诗代表作有《归去来兮辞》《归田园居》等。诗歌表达了他不随俗浮沉、不追逐名利的心境。他晚年所写的《桃花源诗》表现了他不满意剥削无度、战无宁日的社会，描述了一个幻想中的世界，一个人人自食其力、无剥削、无压迫、平等、安乐、幸福的社会。在这个社会中，"相命肆农耕，日入从所憩"，"春蚕收长丝，秋熟靡（无）王税"，"怡然有余乐，于何劳智慧"。陶渊明的诗歌和人品，对后世文人产生了深远的影响。

东晋书法上的集大成者是王羲之与王献之父子。王羲之曾从师多人，后博采众长，一变汉、魏以来质朴的书风，成为新体，后人称之为"书圣"。其书法真迹已无存，唐人双钩廓填的行书《姨母》《丧乱》等帖，犹可传真。其子王献之兼精诸体，尤工行、草和隶书，与其父齐名，被称为"小圣"。绘画方面，东晋顾恺之善画人物，注意点睛传神。他的名作有《女史箴图》，是唐人临摹本，为传世珍品。

史学上有东晋袁宏撰的《后汉纪》三十卷。东晋常璩撰的《华阳国志》，记录了从远古到东晋穆帝永和三年（347 年）期间巴、蜀地区的史事，是研

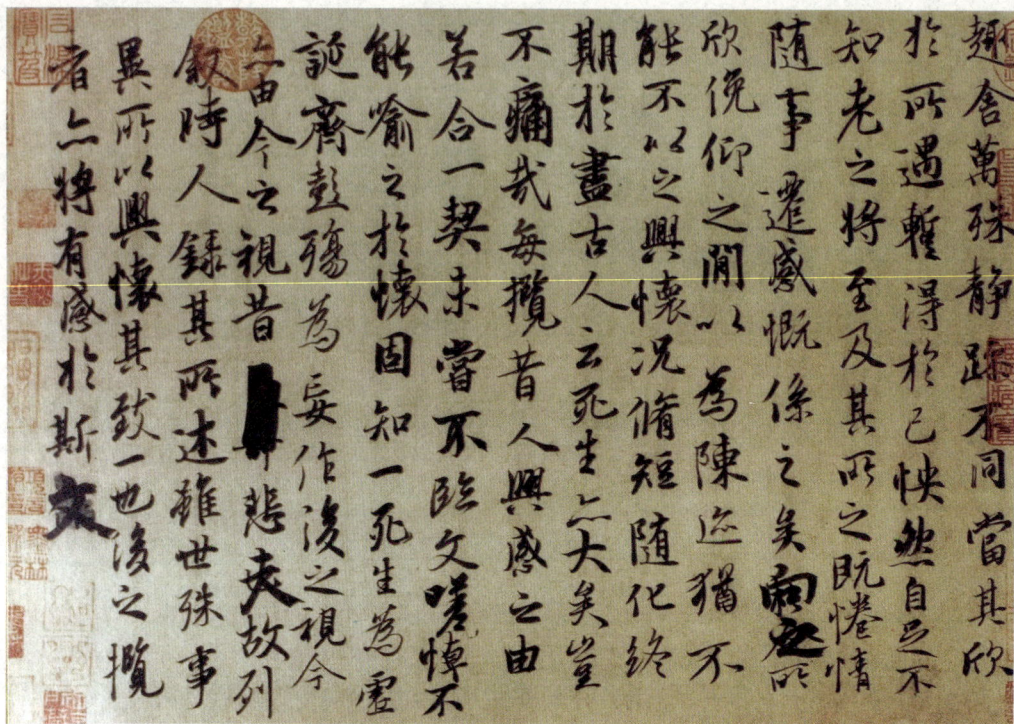

《兰亭序》摹本

谢安、王羲之等在会稽山阴兰亭，宴游赋诗，成集后由王羲之作序书写，即《兰亭集序》。此序共 28 行，324 字，序中有二十多个"之"字，无一雷同，各具独特的风韵。被后世称为"天下第一行书"。传世摹本自元代郭天锡后，一般多称为冯承素手摹本。

究四川及西南少数民族史地的重要资料。

而在北方，则呈现出胡汉文化冲突、交融的景象。从东汉初年到东晋时期，匈奴逐步汉化。刘渊汉化程度很深，建立的政权也称"汉"。后赵羯族人石勒，汉化程度也很深，采纳汉人的治理方略，重用汉人张宾为谋主。他设立太学和郡国学，用儒家经学培养包括羯族将领子弟在内的人才。前秦国的苻坚更是汉文化的极力推崇者，他重用汉族寒门士人王猛，按照汉法改革政治，发展经济、文化。

民族的同化总是双向进行的，胡人汉化的同时，也是汉人接受胡人文化的过程。汉人在生产、生活中潜移默化地吸收了胡人的习俗。这种变化，从东汉末年已经开始。《后汉书·五行志》载道："灵帝好胡服、胡帐、胡床、胡坐、胡饭、胡箜篌、胡笛、胡舞，京都贵戚皆竞为之。"由于皇帝的倡导，京都的达官贵人都竞相仿效，兴起了汉人胡化之风。这种风气到五胡十六国时期达到了高潮。十六国时期，随着骑马民族的南下，把畜牧业及与其有关的生产技术带到了中原地区。胡语、胡歌、胡乐、胡舞、胡戏给中原文化增添了新的活力和色彩。北方汉人子弟也以学习胡语为时髦之举。久而久之，北方汉语中便充斥了"胡虏"之音。

在与外国交流的过程中，天竺国曾经赠送给凉州刺史张轨许多乐器，其中有笛子、琵琶、箜篌、五弦琴、铜鼓、皮鼓等，还带来了天竺调等乐曲。吕光远征西域，又将筚篥、腰鼓、答腊鼓等，以及龟兹乐曲传入了中原。

宗教方面，自西晋以后，许多文人死离逃散，玄学受到打击。南北各族统治者设法巩固他们的统治，各族劳动人民亦想使自己的希望有所寄托，于是佛教在南方和北方获得了迅速的发展。许多西域的僧人东来传教，也有中国人外出求法的。后赵石勒、石虎尊龟兹僧人佛图澄为"大和尚"。佛图澄前后有门徒将近万人，兴立佛寺共有八百九十三所。佛图澄的弟子释道安博学多识，对佛教经典造诣高深。他起初在北方传教。后赵末年，中原大乱，他到东晋的襄阳传教，以后又移居长安。释道安的弟子慧远为东晋著名僧人，后世净土宗人尊之为初祖。

自中国西去求法的有东晋僧人法显。法显从长安西行，自海上归来，携回很多梵本佛经。归国后撰《佛国记》，记录了他的旅行见闻。

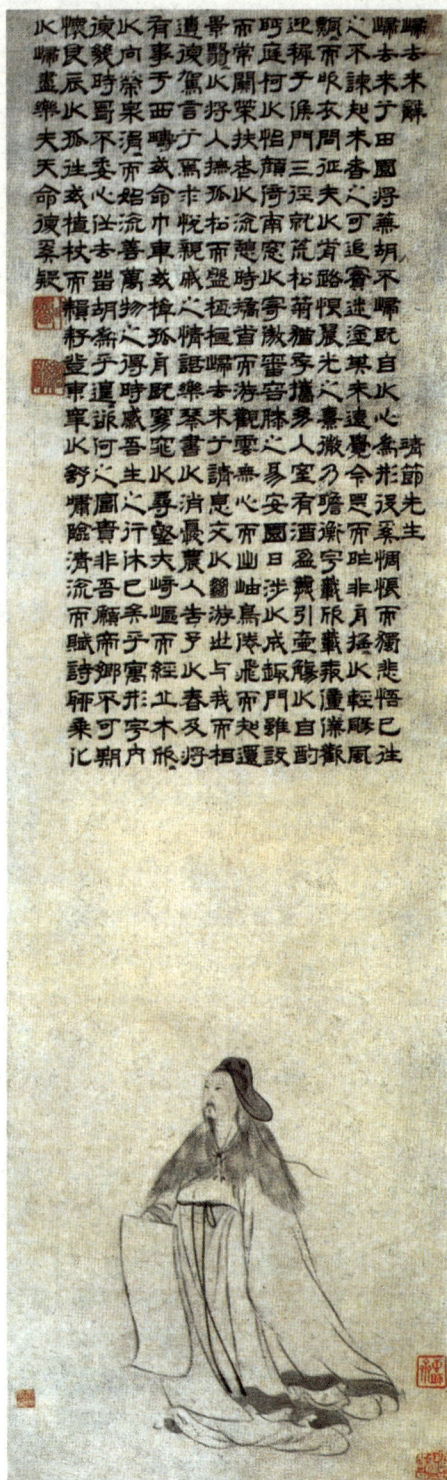

陶渊明画像轴
陶渊明，名潜，字元亮。浔阳柴桑（今江西九江）人。

刘裕专权

就在镇压孙恩、卢循起义期间，东晋统治集团内部一直争斗不已。402年，桓玄起兵叛乱，攻入建康，杀死司马道子父子及北府兵将领刘牢之等。403年，桓玄逼迫晋安帝司马德宗退位，自己做了皇帝，建立桓楚。

桓玄作乱之初，靠的是北府兵的支持，东晋的大多数士族也对此持默许态度。但是桓玄称帝之后，企图除掉北府兵将领，夺取北府军权，这就引起了北府兵的反抗。北府兵将领刘裕团结北府兵中上级军官，密谋推翻桓玄。

404年，刘裕在京口起兵，声讨桓玄。桓玄兵败，逃到江陵，不久被杀。刘裕恢复了东晋政权，迎回晋安帝，改元义熙（405年—418年）。刘裕辅政，掌握了东晋的全部军政大权。

征孙恩、平桓玄

刘裕，字德舆，小名寄奴，彭城（今江苏徐州）人。据史书记载，他是汉高祖刘邦的弟弟刘交的后代。刘裕生下来不久，母亲便死了，是姨母抚养了刘裕。长大后的刘裕胸怀大志。他识字不多，依靠贩卖鞋子维持生计，又爱好赌博，因此被同村的人轻视。

东晋朝廷内忧外患不断，晋安帝隆安三年（399年）年底，孙恩因民心思动，乘机起事。琅邪孙氏是世家大姓，世代信奉"五斗米道"。孙恩的叔叔孙泰一直师从杜子恭，学习"方术"，以此诱骗百姓钱财。后被流放到广州。王恭起兵反晋时，孙泰以讨伐王恭为名，眩惑士庶，阴谋作乱后被告发，司马道子派人杀掉了他。孙恩因此怀恨在心，逃至今舟山群岛。孙泰被杀后不久，孙恩就在极短时间内聚众数万人，杀掉吴中八郡的数位地方官。其中就有王羲之的儿子王凝之及王凝之诸子、谢氏子弟谢邈和谢冲等人。

义军得到广大农民和奴客的拥护。东晋派卫将军谢琰（谢安之子）和北府名将刘牢之率北府兵镇压。刘牢之征讨孙恩，把刘裕征召来任参军事。孙恩的军队逼近海盐，刘裕率军与他对抗，在海盐的旧城址上修筑阵地。孙恩几乎每天都对刘裕的阵地发动进攻，但每次都被刘裕击败，孙恩手下大将姚盛也被杀死。

孙恩与刘裕多次交战失利，损失很大，后改向沪渎进军。刘裕马上放弃了这座城池，追击孙恩，再次把他打得一败涂地。孙恩屡战屡败，在陆上站不住脚，只能退回海上做海盗，不时袭扰周边城市，但势力已大不如前。后在元兴元年（402年）三月，孙恩最后一次登陆，战败后投海而死，义军乃推其妹夫卢循为首。

后来东晋的桓玄举兵叛乱，俘虏了晋安帝司马德宗。桓玄矫诏将掌权的司马道子赶出京城，贬逐到安成郡居住，不久又赐给他毒酒令其自杀。司马道子的儿子们，以及庾楷、张法顺等人，全部被押到建康城的街市上，斩首示众。桓玄剥夺了刘牢之兵权，刘牢之自杀。

桓玄废黜了晋安帝司马德宗，自立为帝。此时北府兵将领刘裕得知刘牢之的死讯，突然率军打了回来，一仗便击败桓玄，迎接晋安帝司马德宗复位。桓玄灭亡后，最大的赢家当属刘裕。由于迎接晋安帝复位，对晋室有"再造"之功，东晋朝廷封刘裕为侍中、车骑将军、都督中外诸军事，使持节、徐青二州刺史如故。

此时的刘裕，对于皇帝赐给他的封号表示出诚惶诚恐的样子，这并不是假装，因为当时刘裕资历较浅，虽然新立大功，但没有多少势力基础。而且桓玄的灭亡，也让刘裕清楚地看到，冒险称帝是件多么危险的事情。刘裕是个聪明人，他在接受了册封后，移镇京都之外，遥控朝廷。这样既保证了自己军权在手，又远离了京城这块是非之地，可以进退自如。

灭南燕、亡后秦

此时逃到岭南的孙恩的妹夫卢循等"遣使贡献"，作出服从朝廷的姿态。东晋朝廷便任命卢循为广州刺史，以徐道覆为始兴相。

卢循派人送给刘裕一大篓"益智粽"，意思是说刘裕缺少智慧，应多吃这种粽子补补脑子。刘裕也是市井出身，当然明白其中的含义，便回赠了卢循一大坛"续命汤"中药，其中意思是说先让你多活些时间，等我有时间再去消灭你。

东晋内部就这样得到了暂时的平静。刘裕于是派使臣出使后秦，以平等的姿态示好，并要求归还原为东晋领土的南乡诸郡。后秦的姚兴深受儒家文化的影响，竟然出人意料地答应并交还给刘裕一大片土地。后秦群臣纷纷进谏，姚兴坚持己见，反驳说："天下善恶的标准是一样的。刘裕出身寒微，能够诛杀桓玄，兴复晋室，内整庶政，外修封疆。对于对这样的人，我怎能因为吝惜数郡之地而不成其千秋美名呢？"于是后秦尽还汉水以北十二郡给东晋。

雪夜访戴图

此图是元代画家张渥所绘，描绘晋代王徽之在雪夜里乘小舟去访问他的朋友戴逵的故事。王徽之到达后没见到面就返回，他却说："乘兴而来，尽兴而返，何必见面？"画中王徽之坐在船舱，缩颈袖手看书，神态生动。王徽之和王凝之都是王羲之的儿子，王羲之有七子。

历史细读

部曲原为军队编制及地主私兵之称。东晋南朝时，部曲渐用于生产，成为私家奴仆，但身份略高于奴婢，经"自赎"或主人"放遣"，即成平民。唐以后再无此称。

当时后燕正遭国变，国主慕容熙被杀。胡夏的赫连勃勃和后秦的姚兴兵戎相见。南燕国主慕容超也趁乱进攻东晋淮北的宿豫城。南燕这次攻伐东晋，不是为了开拓疆土，而是因为慕容超喜好声色之娱，想从东晋的汉人中拣选少男少女，送入教坊司学习音乐，以供自己娱乐。

409年四月，刘裕率大军自建康出发讨伐南燕，一路经过的每处战略要地，刘裕均派精兵筑城守御，唯恐南燕出奇兵突袭断绝补给之路，重蹈当初桓温北伐的覆辙。

慕容超听说刘裕北伐，决定待晋军过了大岘关，出现在平原地区时，再发挥铁甲精骑的长处，冲践敌军，将其一举成擒。就这样刘裕未见南燕的一兵一卒，顺利通过了大岘关。刘裕把南燕前锋公孙五楼打得大败。两军在平原交战，南燕的铁骑本来很强劲，但没想到晋军使用了兵车坚阵，骑兵冲荡践踏的优势完全发挥不出来，反而被兵车上的晋兵以利矛捅死在车前，侥幸跃过兵车的，又被阵内的晋兵刀砍斧剁。晋军以四千人对敌四万，由于燕军人数众多，双方一直未能分出胜负。于是刘裕派遣檀韶、向弥与胡藩绕过燕军正在战场上厮杀的主力，突然向临朐发动进攻，一举克城。同时刘裕又派人四处散布晋军已有众多援军自海道赶至战场的消息。慕容超身为皇帝，此时正在临朐的大本营中，城内守军总共才有两三千人。眼见城陷，慕容超单骑逃至段晖的军营内。当燕军听到大批晋朝援军从海上来攻的消息时，再也坚持不住，纷纷扭头奔逃。晋军乘胜追击，慕容超侥幸逃过一劫，但他的玉玺、御辇以及全套皇帝仪仗，全部都成了晋军的战利品。

刘裕穷追不舍，第二天就攻陷了广固的外城，逼使慕容超龟缩于内城死守。此时南燕只求后秦来救援这一条路了，于是慕容超派遣韩范出使长安借兵。后秦的姚兴正在与胡夏国赫连勃勃相互攻伐，见南燕乞援，姚兴派使臣威胁刘裕说如果晋军不退兵，将遣十万铁骑帮助慕容超。刘裕听了使者威胁的话，不以为然地让他回去告诉姚兴说："我们大军本来打算灭掉燕国之

王懿执法犯颜

义熙十二年（416年），刘裕兴兵征讨后秦。在消灭后秦的战争中，王懿因功升任太尉咨议参军。灭后秦后，朝中文臣武将都支持刘裕迁都洛阳，进而收复整个北方的想法。唯有王懿顶着冒犯刘裕的危险，提醒刘裕应以安顿后方为重，免为政敌所乘。刘裕听从了他的建议，为自己后来掌握时局创造了条件。

后，休整三年再来消灭姚兴。现在既然你们嫌等得太久，那就成全你们。"

很快慕容超兵败，刘裕一举荡平了南燕。

410年，卢循、徐道覆等人再次起兵攻打长沙，进逼建康，刘裕将其击败。卢循于次年战败身死，孙恩、卢循起义宣告失败。之后刘裕开始进攻后秦。这个由羌族贵族姚苌建立起来的政权，曾经多次威胁东晋。在这之前的正月，后秦国王姚兴派兵攻打东晋的雍州（今湖北襄阳），被雍州刺史赵伦之击败，为晋提供了北伐的借口。二月后秦国主姚兴病死，太子姚泓即位，兄弟争位相残，关中骚乱。四月西秦主乞伏炽磐侵犯后秦的过境。六月并州匈奴部落聚众叛乱。同时夏国赫连勃勃也乘机起兵侵扰后秦的边境。后秦因此内外交困，国力大减。

刘裕以其长子刘义符和亲信刘穆之等留守建康（今江苏南京），亲率大军，兵分五路征讨后秦。派龙骧将军王镇恶、冠军将军檀道济率步兵为前锋，从淮河一带出兵向洛阳方向进攻，自己亲自率领水军沿着黄河进军。王镇恶、檀道济进入后秦境内后，连战皆捷，然后进逼洛阳，姚洸出降，后秦军四千余人被俘。

那时北魏的势力已经发展到了黄河北岸。刘裕率水军自淮、泗入清河，准备逆黄河西上。北魏因滑台丢失而对刘裕采取了更加严密的防范措施，不肯借道，还在黄河北岸集结了十万大军，威胁晋军。刘裕的水军沿着黄河前进，有时因为风高浪急，晋军的船只被水冲到北岸，因而受到魏兵的攻击。

历史细读

清商乐是三国两晋南北朝时期发展起来的音乐。它是由相和歌发展起来的，清商乐在北方得到曹魏政权的重视，设置清商署。两晋之交清商乐流入南方，又与吴歌、西曲相融合。在北魏时，这种南北融合的清商乐又回到北方，从而成为流传全国的重要乐种。

刘裕派水军上北岸去攻打魏军，魏兵即逃。等晋军回到船上，他们又在北岸骚扰。弄得晋军来回奔跑，无法顺利进兵。

刘裕派遣一名军将率领七百兵士、一百辆兵车登上北岸，沿岸摆开一个半圆形的阵势，两翼紧紧靠着河岸，中间鼓出，当中的一辆兵车上竖了一根白羽毛。因为这种布阵形状像个月钩，所以名叫"却月阵"。

魏兵远远观察着晋军的布阵，没有敢动。不一会只见晋军中间车上有人举起白羽毛，两侧就涌出了二千名兵士，带着一百张大弓，奔向兵车。魏兵集中三万骑兵向河岸猛攻晋阵。晋军阵上一百辆兵车上的弓箭齐发，仍旧挡不住魏军的进攻。没料到晋军在却月阵后面，另外布置了一千多支长矛，装在大弓上。这种长矛约有三四尺长，矛头十分锋利。当魏军正向晋军猛攻的时候，晋军士兵们就用大铁锤敲动大弓，长矛即向魏军飞去，每支长矛就能射杀魏兵三四个人，三万名魏军一下子就被射死了好几千人。其他魏军不知道晋军阵后还有多少这种武器，吓得抱头乱窜，全线崩溃。晋军又乘胜追击，杀死了大批魏军。

刘裕打退魏军后，打通了沿黄河西进的道路，顺利西进。那时候王镇恶和檀道济带领的步兵，已经攻下了洛阳，在潼关和刘裕水军会师。后秦姚绍再一次遣将率众二千进趋黄河以北九原（今山西新绛北），设立河防，以断绝檀道济、王镇恶的粮援，被沈林子击败。姚绍发病身亡。东平公姚赞代姚绍行使兵权，引兵攻袭沈林子，被沈林子击败。八月二十三王镇恶军攻姚丕，大破之。姚泓与姚赞引兵来救，遇姚丕部败退，自相践踏，不战而溃。姚泓单骑还宫，王镇恶自平朔门（长安北门）攻入长安。姚泓出降，后秦灭亡。

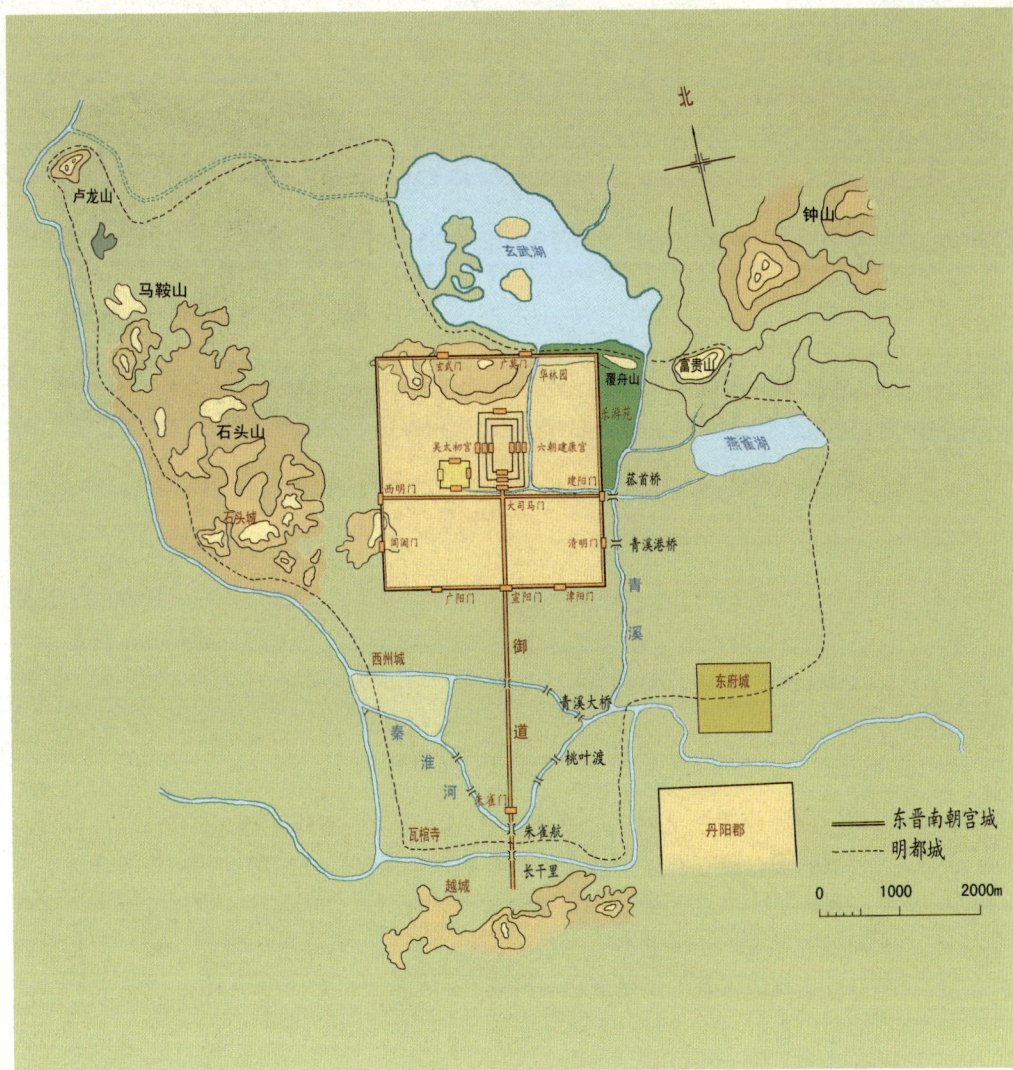

东晋南朝建康城平面想象图

建康故城位于今天的江苏南京市。作为六朝古都，三国吴，东晋，南朝的宋、齐、梁、陈先后在此建都，是六朝的政治、经济、文化中心。建康，原名金陵。秦置县，名秣陵。东汉建安十七年（212年），孙权在此筑石头城，改称建业。晋统一，仍名秣陵。太康三年（282年），分秣陵北另置建邺县。后避晋愍帝司马邺讳更名建康。东晋南朝相承不改。

南北朝

南北对峙　文化的交融　崇佛与灭佛

拓跋珪即位之初，北魏还较弱小，后来拓跋珪在盛乐和河套地区屯田，发展农业，任用汉人为谋士，对外称臣于后燕以获取援助，使得北魏在大漠争雄中处于有利的地位。拓跋珪联合后燕，先后攻降贺兰部、独孤部、库莫溪部等部落，击败高车、匈奴刘卫辰，获得了草原霸主地位，不久北魏因后燕强迫其献良马而与后燕反目。395 年北魏军在参合陂（今内蒙古凉城东北，一说在今山西阳高）尽歼后燕军主力。397 年攻占后燕都城中山。398 年，拓跋珪正式称帝，北魏一跃而成为北方最强大的国家。424 年太武帝拓跋焘即位，他在汉人地主官僚崔浩和道教首领寇谦之的支持下，制定了"后文先武，以成太平真君"的治国大纲，并进行了一些汉化的初步改革。北魏国力进一步增强，在对夏、柔然的战争中多次取得胜利。431 年夏灭西秦，同年吐谷浑灭夏。太延二年（436 年），北魏灭北燕。太延五年（439 年），北魏灭北凉，统一了北方。

南朝包括四个连续的封建政权，即宋（420 年—479 年）、齐（479 年—502 年）、梁（502 年—557 年）、陈（557 年—589 年），它们都建都于建康。东晋末期，皇权日益旁落，武将出身的刘裕掌权后，对内整顿吏治，重用寒人，实行"土断"，抑制兼并，整顿赋税制度。对外于义熙六年（410 年）灭南燕，义熙九年（413年）平定了在益州割据的谯纵。义熙十三年（417年）又灭后秦。这样刘裕在统治阶级中树立了威望，取代东晋的条件日益成熟。不久，刘裕果然灭晋自立。

就在刘宋国力强盛之时，北魏也日渐强大起来。北魏太武帝拓跋焘于439年统一了北方，国势蒸蒸日上。双方经常发生战争。泰常七年（422年），北魏攻克滑台。泰常八年（403年），北魏攻克虎牢。使刘宋失去了两个河南重镇。元嘉七年（430年），刘宋为了夺回河南失地，派兵五万北伐，结果失败。此后二十年间，双方虽相安无事，但均有攻灭对方、统一全国的意图，于是在450年爆发了第二次元嘉北伐。

南朝时期佛教盛行，范缜发展了魏晋以来的无神论思想，对佛教进行了批判。范缜又著《神灭论》，进一步阐明了无神论观点。佛教的发展和寺院的增多使得土地被大量兼并，户口逃匿，隐瞒不实。这对封建国家的赋税征收和徭役征发都很不利，封建国家与寺院之间的矛盾日益尖锐。北魏太武帝拓跋焘、北周武帝宇文邕都曾下令焚经毁像，迫使僧人还俗，这是对佛教的两次沉重打击。

魏晋南北朝时期的民歌出了许多传世之作。南北对立的状态，使民歌的发展带有地区性的特点。南方的民歌有吴歌和西曲之分，多以表述情爱为主要内容，以婉转缠绵为其特色。北曲包括了北方少数民族如鲜卑、吐谷浑等民族的民歌，多反映社会现实、北国风光，特色是慷慨爽朗。

南朝齐、梁时的刘勰，撰文学理论专著《文心雕龙》。他主张文学应当反映现实，不应当片面地追求形式，文学的发展受社会情况及其发展的制约等。《文心雕龙》总结了齐、梁以前的文学发展状况，把文艺理论和文艺批评推向了一个新的阶段，它是我国古代文学批评史上的光辉著作。南朝梁人钟嵘撰《诗品》三卷，选择自汉到梁部分诗人及其作品进行评论。他批评了片面追求声律及以用典为贵的风气。

魏晋南北朝时期的艺术有很大的发展，其中的石窟寺艺术是雕塑艺术的杰出代表。山西大同的云冈石窟，始凿于北魏文成帝拓跋濬之时。每座石窟寺都是一座巨大的艺术宝库。敦煌石窟、云冈石窟和龙门石窟，在世界艺术史上都占有极其重要的地位。

八达春游图

伎乐天：交融中的文化、艺术

胁侍菩萨：佛教兴盛

骑兵作战：对峙中征伐不断

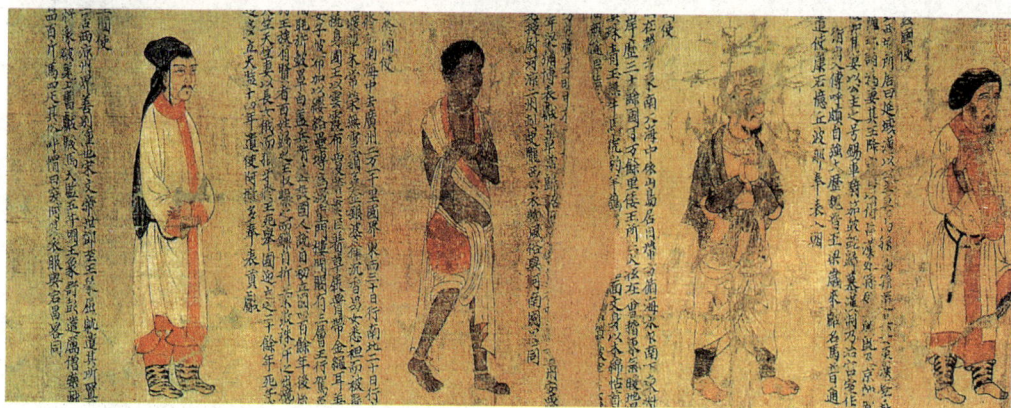

职贡图：中外友好交往

南朝：
宋世系：武帝刘裕 >> 少帝刘义符 >> 文帝刘义隆 >> 孝武帝刘骏 >> 前废帝刘子业 >>
　　　　明帝刘彧 >> 后废帝刘昱 >> 顺帝刘準
齐世系：高帝萧道成 >> 武帝萧赜 >> 郁林王萧昭业 >> 海陵王萧昭文 >> 明帝萧鸾 >>
　　　　东昏侯萧宝卷 >> 和帝萧宝融
梁世系：武帝萧衍 >> 简文帝萧纲 >> 元帝萧绎 >> 敬帝萧方智
陈世系：武帝陈霸先 >> 文帝陈蒨 >> 废帝陈伯宗（临海王） >> 宣帝陈顼 >> 后主陈叔宝

北朝：
北魏世系：道武帝拓跋珪 >> 明元帝拓跋嗣 >> 太武帝拓跋焘 >> 南安王拓跋余 >> 文成帝拓跋濬 >>
　　　　　献文帝拓跋弘 >> 孝文帝元宏（拓跋宏） >> 宣武帝拓跋恪 >> 孝明帝拓跋诩 >>
　　　　　孝庄帝拓跋子攸 >> 长广王拓跋晔 >> 节闵帝拓跋恭 >> 安定王拓跋朗 >> 孝武帝拓跋脩
东魏世系：孝静帝元善见
北齐世系：文宣帝高洋 >> 废帝高殷 >> 孝昭帝高演 >> 武成帝高湛 >> 后主高纬 >> 幼主高恒
西魏世系：文帝元宝炬 >> 废帝元钦 >> 恭帝元廓
北周世系：孝闵帝宇文觉 >> 明帝宇文毓 >> 武帝宇文邕 >> 宣帝宇文赟 >> 静帝宇文阐

南北朝大事一览表

时　间	事　件
422年	刘裕死，少帝刘义符继位。
423年	北魏拓跋焘继位，是为太武帝。尊崇道士寇谦之。
424年	南宋政变，废杀皇帝刘义符，改立刘义隆，是为宋文帝。
425年	胡夏赫连勃勃死，其子赫连昌继位。
426年	谢晦反抗刘宋朝廷失败，被杀。
427年	拓跋焘率领大军攻克统万城。
439年	北魏统一北方，十六国结束。
440年	北魏太武帝听信寇谦之的话，到道坛受符箓。
445年	《后汉书》作者范晔因为谋反之罪被杀。
446年	太武帝拓跋焘在全国范围内灭佛。
452年	太武帝拓跋焘被宗爱所杀。
453年	刘宋太子刘劭杀宋文帝自立。后刘骏杀刘劭。
455年	波斯萨珊王朝遣使来华。
460年	北魏开凿云冈石窟。
462年	祖冲之奏上《大明历》。
465年	北魏献文帝拓跋弘即位，十二岁，丞相乙浑专权。
471年	北魏拓跋宏即位，是为孝文帝。
476年	北魏献文帝拓跋弘被毒死。
476年	北魏冯太后称太皇太后，再次临朝称制。
479年	萧道成称帝，国号齐，是为齐高帝。
482年	齐高帝死，太子萧赜即位，是为齐武帝。
484年	北魏开始施行"班禄"制。
485年	北魏颁行均田制。
493年	北魏始凿龙门石窟。
494年	北魏孝文帝迁都洛阳。禁士民胡服。
495年	北魏禁止在朝廷讲鲜卑语。
496年	北魏定族姓，改拓跋氏为元氏，其余鲜卑诸姓均改为汉姓。
500年	雍州刺史萧衍在襄阳起兵。

时　间	事　件
501年	齐南康王萧宝融即位，是为和帝。萧衍入建康。
502年	萧衍称帝，国号梁，是为梁武帝，齐亡。
515年	北魏孝明帝立，胡太后临朝称制。
523年	北魏沃野镇民起义。六镇起义开始。
528年	北魏尔朱氏之乱。
534年	高欢立元善见为帝，是为东魏孝静帝。
535年	宇文泰立元宝炬为帝，是为西魏文帝，定都长安。
541年	宇文泰颁布六条诏书。
547年	北魏杨衒之撰《洛阳伽蓝记》。
548年	南朝发生侯景之乱。
549年	侯景陷台城，梁武帝萧衍死亡。侯景立萧纲为帝，是为简文帝。
550年	高洋废东魏孝静帝自立，国号齐，是为齐文宣帝，都邺，史称北齐。
551年	南朝侯景废简文帝，立萧栋。又废栋自立，国号汉。
552年	南朝王僧辩、陈霸先克建康，侯景企图逃跑，被部下杀死。
552年	高洋命人用毒酒毒死了东魏孝静帝。
552年	萧绎在江陵称帝。
553年	萧纪发兵攻江陵，兵败被杀。
556年	宇文泰死亡。
557年	宇文护逼迫西魏恭帝禅让，立宇文泰之子宇文觉为大周天王，建立北周。
557年	陈霸先废梁敬帝而自立，国号陈，是为陈武帝。
560年	宇文护毒杀北周明帝，立宇文邕为帝，是为北周武帝。
577年	北周武帝率兵入邺，北齐灭亡。
578年	北周武帝去世，宇文赟即位，是为北周宣帝。
578年	宇文赟杀皇叔齐王宇文宪。
579年	北周宣帝传位于太子宇文阐，是为北周静帝。
581年	杨坚逼迫北周静帝禅位，代北周建隋，是为隋文帝。
589年	隋灭陈，全国归于统一。

南北对峙之势

东晋司马氏政权日渐衰落，终于在 420 年被权臣刘裕建立的刘宋政权取而代之。北方鲜卑拓跋部日渐强盛，首领拓跋珪及拓跋焘通过连年的征战，终于在 439 年再次统一了北方。此时的南北势力比较均衡，哪一方都没有足够的实力统一全国，形成了南北对峙之势。

刘宋政权的建立

元熙二年（420 年），刘裕废东晋恭帝司马德文，自立为帝，国号宋，是为宋武帝。东晋政权共历十一帝一百零四年之后灭亡。

东晋灭亡，刘裕建宋

刘裕因为一直忙于战事，便任命刘道怜监留府事，刘穆之兼右仆射。朝廷的事情，无论大小，都由刘穆之决定。他又任命刘钟领石头城戍事，扎驻在冶亭。

刘裕灭掉后秦之后，留下十二岁的儿子刘义真镇守长安，自己则回建康去夺取东晋的帝位。

刘裕写密信给东晋宗室司马休之府中的韩延之，希望他背叛司马休之，为自己效力。韩延之回信拒绝了刘裕，言辞平和坚定地述说了为臣之道。刘裕看后对他十分钦佩，说："做别人的属下，就应当这样啊！"不久韩延之因为刘裕的父亲名叫刘翘，字显宗，就把自己的字改成显宗，并给儿子取名叫韩翘，表示绝不做刘氏的臣下。

很快两军对阵，鲁轨、司马文思统领着司马休之的军队四万人，依傍着陡峭的江岸排下战阵。刘裕军队的士卒，没有人能够攀登上去。刘裕披挂起铠甲，打算亲自攀登。谢晦上前抱住刘裕，刘裕怒不可遏地拔出佩剑指着谢晦说："我要杀了你！"谢晦说："天下可以没有我谢晦，但是却不可以没有您啊！"刘裕叫建武将军胡藩登岸，胡藩有些疑虑。刘裕命令身边的侍从去把他抓来，打算杀了他。胡藩看着来人说："我正打算去进攻贼兵，没时间前去受教！"于是用刀尖在江岸上掘出小洞，仅能容下脚趾，他便踩着飞身跃上江岸，后边跟着他向上爬的人渐渐多了。登上江岸之后，便直奔向前，拼死一战。司马休之的军队无法抵挡，渐渐向后撤退。刘裕军队因此趁机猛攻，司马休之的部队完全溃败，刘裕于是攻克了江陵。

刘裕大权在握，但还是想当真正的皇帝，于是害死了司马德宗。之后伪造遗诏，立司马德文为帝，是为晋恭帝。

不久之后，刘裕命令傅亮草拟好禅位诏书，入宫逼迫晋恭帝司马德文誊抄。司马德文强作欢颜地对左右说："桓玄篡位，晋朝那时已经失国，多亏刘公出兵讨平，恢复了晋朝，才得以再延续了近二十年。今日禅位，我心甘情愿，没有什么可以怨恨的。"说完提笔抄誊诏书，交给了傅亮。然后携同后妃等眷属凄凉出宫，被刘裕降封为零陵王，迁居秣陵（今江苏江宁），由冠军将军刘遵考带兵监管。

名家评史

西晋以后，"新学"乃特盛行江左。这样，晋朝末年的思想、南北新旧之分，真可算判然两途了。因此南北朝的名称，不仅是属于历史上的政治区划，也成为思想上的分野了。这种风气的影响不仅及于我国固有学术的面目，就是南北佛教因为地域的关系也一致地表现了不同的精神。最后，北朝统一了中国，下开隋唐学术一统的局面，因此隋唐的学风尚是遵循北朝的旧辙。

——汤用彤

元熙二年（420年）九月，刘裕命令张伟携毒酒一瓶，去毒杀晋恭帝司马德文。张伟不忍谋害故主，但又怕回去后难以交代，就自己喝下毒酒自杀了。刘裕又派褚淡之假意去探望褚皇后，命令自己的亲兵暗暗跟在后面。褚皇后听到兄长来了，出外相见。亲兵趁机越墙进入司马德文室内，将毒酒放在他面前，逼他快饮。司马德文摇头拒绝说："佛教说人凡自杀，转世不能再投人胎。"兵士便将他挟上床去，用被子蒙住他的脸面，用力扼死了他，然后跳墙而去。司马德文被杀后，谥号为恭帝，葬于冲平陵（今江苏江宁蒋山西南）。刘裕率领文武百官亲临朝堂，哭泣哀悼了三天，东晋灭亡。

刘裕自立为帝，改国号为宋。登基典礼结束后，刘裕乘着皇帝的车驾从石头城进入建康宫。东晋旧臣徐广悲痛不已，在祭坛放声大哭。侍中谢晦忙将他拉到一边说："徐公如此，未免有点过分了吧？"徐广说："您是宋朝的佐命大臣，我是晋室的遗老，悲欢之情，当然是各不相同了。"

刘裕宣布大赦天下，凡是行为不道德、受过舆论抨击的人，一律消除罪名，使之改过自新。刘裕为人十分节俭，寡欲严整，做了皇帝之后也没什么改变，经常穿着连齿木屐，在神虎门外散步。由于刘裕本人出自寒门，知道民间的疾苦，因此采取了许多措施，相对减轻了人民的负担，并对世家大族的横暴侵占行为进行了严厉的打击，抑制了豪强势力。

宋武帝刘裕病亡

刘裕任命徐羡之为司空，掌管国事。又任命王弘为卫将军，谢晦为领军将军兼散骑常侍，入宫值班，总管宫廷安全保卫事务。

刘裕还是东晋的宋公时，谢瞻为宋国的中书侍郎，他的弟弟谢晦为右卫

东晋墓主人生活图
这是出土于新疆吐鲁番阿斯塔那东晋墓的纸画，有可能是中国现在发现的最早的纸画。此画表现了东晋贵族的生活情景。

将军。当时谢晦的权势和地位已经很高了，只要谢晦在家，就会门庭若市，宾客盈门，车门云集，甚至堵塞了巷口。谢瞻看到如此情形，不胜惊骇，认为谢晦权倾朝野，将来必定会招来祸患。于是谢瞻多次请求刘裕贬降谢晦的官阶，并用篱笆把自己家和弟弟家的门庭隔开，说："我不忍心见到这种场面。"谢晦有时把朝廷中的机密告诉谢瞻，谢瞻就故意传给亲戚朋友，作为谈资，目的在于使谢晦闭口。刘裕即位后，谢瞻因有辅助开国的功劳，官位更高了。谢瞻也为此更加忧惧。不久谢瞻出任豫章太守，患病不治。临终前，他留了一封遗嘱给谢晦说："我幸能保全一身，再无恨事。你要自思勉励，为国为家。"

徐羡之出身寒门，也没有什么学问，但却有很大的志向和气度。一旦居于高位，掌握国家大权，朝野上下都推崇佩服他，认为他有宰相的声望。徐羡之平时沉默寡言，喜怒不形于色，对于弈棋非常精通，但每次观看别人对局，他却一言不发，好像什么都不懂似的，当时的人因此更加推崇他。

刘裕的得力助手刘穆之在内总管朝廷政务，在外供应军旅给养，遇事当机立断，快如流水，因此一切事情，没有堆积迟滞的。各方宾客从四面八方集中到这里，各种请求、诉讼千头万绪，内内外外，咨询禀报，堆满台阶屋子。刘穆之竟然能够眼睛看辞作讼书，手写答复信件，耳朵同时听属下的汇报，嘴里也应对自如，而且同时进行的这四种工作互相之间也不会混淆错乱，全都能处置得当。

刘穆之喜欢宾客来往，说笑谈天，而且从早到晚，毫无倦意。偶尔有闲暇时间，他便亲自抄书，参阅古籍，校订错误。刘穆之的性格旷达豪迈，吃饭一定要宽大的饭桌，一大早便经常准备十个人左右的饭食，而且总有客人，从来没有一个人单独进餐的。

谢晦曾对刘裕说起皇帝之位不能传给没有才能的人。皇太子刘义符常和一些奸佞小人厮混，于是刘裕让他考量一下另一个皇子刘义真。谢晦和刘义真交往之后，认为他德行低于才能，不是人主。不久刘裕便把刘义真派出了京城。

登基刚刚三年，刘裕就得了重病，他把太子刘义符召到床前，告诫他说："檀道济有才干，精于谋略，且无野心。不像他的哥哥檀道韶，有一种难以驾驭的气质。徐羡之、傅亮二人，不会有其他企图。谢晦多次随我南北征战，善于随机应变，将来如果有问题，一定是他。"

几天之后，刘裕在西殿去世，谥号武帝。皇太子刘义符即皇帝位，年仅十七岁。

北魏统一北方

淝水之战后，北方再度陷入分裂。除了姚苌建立的后秦、慕容泓建立的西燕和慕容垂建立的后燕外，还有一系列新的割据势力，即南燕、北燕、大夏、西秦、南凉、后凉、西凉、北凉，等等。这些割据政权长期混战，互相征伐。最后北魏于 439 年完成了统一北方的大业。

拓跋珪连年征战

拓跋珪于东晋安帝隆安二年（398 年）夏七月正式称帝，是为北魏道武帝定都平城（今山西大同），改元天兴，正式以魏为国号，史称北魏，并开始以北魏年号纪年。当年十一月，拓跋珪仿中原王朝，按《周礼》诏尚书吏部郎中邓渊典官制，立爵品，定律吕，协音乐；仪曹郎中董谧撰郊庙、社稷、朝觐、飨宴之仪；三公郎中王德定律令，申科禁；太史令晁崇造浑仪，考天象；吏部尚书崔玄伯总而裁之。由此，北魏初步汉化的政治和官僚体系开始逐渐成型。

登国六年（391 年），一直与北魏有世仇的刘卫辰派儿子直力鞮攻打贺兰部，贺讷遂向拓跋珪乞降。毕竟是骨肉相连的血亲，拓跋珪于是率部反击直力鞮的军队。接着他率军征伐黜弗部，在戈壁上冒险行军，连追三天，在南床山大破柔然部落，斩杀敌军不计其数。据《魏书》记载，柔然是东胡苗裔，原姓郁久闾，后来太武帝拓跋焘讨厌柔然人数次侵掠反叛，改其号为"蠕蠕"。

正史史料

初，（道武）帝服寒食散，自太医令阴羌死后，药数动发，至此愈甚。而灾变屡见，忧懑不安，或数日不食，或不寝达旦，归咎群下，喜怒乖常。

——《北史·魏本纪第一》

刘卫辰父子瞧不起年轻的拓跋珪，面对北魏大军不仅不避其锋芒，反而再三侵掠，趁拓跋珪伐柔然之际，派兵攻打魏国的南部边境。拓跋珪大败直力鞮于铁岐山，缴获牛羊二十多万头，擒获并斩杀了直力鞮。刘卫辰只得逃走，路上被手下所杀，将其首级送至魏国。

拓跋珪是个记仇的人，他把俘获的刘卫辰家族的五千多人不分老少，全部杀死，投入黄河之中。一时间，黄河水全部变成了红色。刘卫辰全族尽灭，只有刘卫辰的第三子刘勃勃逃脱，他就是后来建立大夏国的赫连勃勃。

拓跋珪在攻灭刘卫辰部的战争中，共获良马三十多万匹，牛羊四百多万头，奠定了国家繁盛的物质基础，周围的各部落也纷纷降服。

随着拓跋珪四处征讨的节节胜利，大部慕容鲜卑、中原汉人等各族民众均被北魏迁至塞上，"给以耕牛，计口授田"，为拓跋鲜卑的军队提供兵源以及军粮。

天兴二年（399 年）二月，拓跋珪召集诸封国军队，再度击败高车部落（主要游牧于今俄罗斯贝加尔湖南岸地区），掠得大量人口、牲畜。拓跋珪为北魏皇室和贵族修建了庞大的狩猎场所鹿苑。史载鹿苑南临台阴（今河南濮阳顿丘城南），北据长城（指今山西段长城），东包白登（今山西大同东北马铺山），属之西山（即西面一直延续到西山，西山的地望不详，据推断可能就是指贺兰山），绵延广袤达到数百公里。

渐渐地拓跋鲜卑从氏族形态转变为地域形态，越来越多地仿效中原汉族的政权形式，奴隶制形式

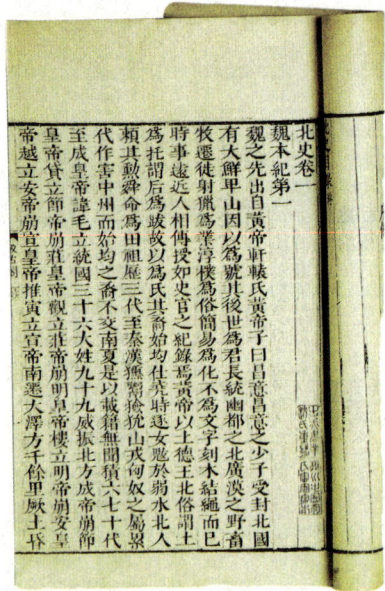

《北史》书影

这是《北史》毛晋汲古阁明刻本。《北史》共一百卷，上起北魏登国元年（386年），下迄隋义宁二年（618年），记北朝北魏、西魏、东魏、北周、北齐及隋六代二百三十三年的史事。《南史》《北史》的作者是唐初史学家李延寿。

慢慢转化，军事贵族也渐渐成为汉地郡县制的统治类型。恰恰是拓跋鲜卑制度的"汉化"和兼收并蓄的灵活性，田租户调日益成为北魏的主要统治形式，原来的鲜卑军事贵族也都逐渐成为类似中原汉族的"大地主"，由此奠定了日后北魏的强大的经济和政治基础。

与北魏的安定相比，其周围的其它割据政权内部动乱不已，极不稳定。弑主叛国，拥兵自立之事不断地上演，更加剧了这些地方政权的衰败和瓦解。他们与其说是亡于北魏军队的铁蹄之下，倒不如说是亡于自己的道德沦丧更为确切。在后燕名存实亡之后，北魏在中原的主要对手就只剩下后秦了。后秦国主姚兴为了在弱势中占据主动，不断骚扰和侵略北魏，但是最后总是被北魏击退。姚兴没有能够削弱北魏，自己反而被拖得精疲力尽。北魏天兴五年（402年），拓跋珪亲率大军，以围城打援之法，分割包围秦军，最后在柴壁（今山西临汾西南）彻底击败后秦的军队，消除了统一的最后障碍。在击败姚兴之后，北方虽然暂

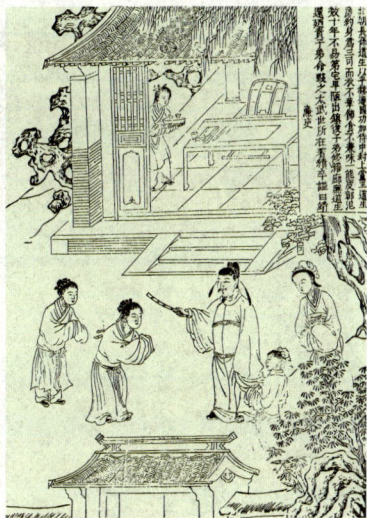

长孙道生守廉

北魏长孙道生清廉节俭，数十年不让子弟为其修缮宅院。长孙道生跟随北魏太武帝征讨赫连昌有功，加封侍中，进封上党王。死后被赠封太尉，谥号靖。

时仍然处于分裂状态，但北魏已经在中原地区占据了绝对的优势。拓跋珪作为一个拓跋鲜卑族的统治者，注重吸取刘渊汉国及前朝胡汉共治的经验。一方面以鲜卑骁勇的武力作为后盾，一方面又注意吸收汉族士人治理国家，双管齐下，取得了良好的效果，这是北魏获得成功的根本原因。尽管拓跋珪在战争中有时显得残暴不仁，但是他仍不失为一个杰出的政治家和军事统帅。

"成吾业者，必此子也！"

拓跋珪统治后期常服食一种叫"寒食散"的补药，其中的矿物质提成物对人体有害，因此使得这位不到四十岁的皇帝屡屡发病，或数日不食，或数夜不睡，整晚地自言自语，精神忧闷不安。

白天上朝时，拓跋珪喜怒无常，追思朝臣的旧恶前怨，大加杀戮。见到大臣脸色有异，或呼吸不调，或言辞失措，就大叫而起，亲自殴打致死，然后将尸体一字排开摆放在殿前。这一来使得朝野上人心骚动，各怀忧惧。

拓跋珪与妃子贺兰氏所生的儿子清河王拓跋绍，自小就很凶狠，喜欢打劫行人，剥光人家的衣服取乐，又常常杀猪剁狗，荒悖无常。拓跋珪为了教育这个儿子，曾经把他头朝下吊在井里，垂死之时才放出来，但仍然无济于事。

409年的一天，性情无常的拓跋珪公然大骂贺兰妃，把她关在宫里，扬言要杀掉她。贺兰妃赶快派人向儿子拓跋绍求救。当时拓跋绍才十六岁，于

北魏司马金龙墓漆画屏风
司马金龙墓漆画屏风上绘制的图画是《列女图》中一部分，表现了当时的北魏经过改革已经逐步走向了封建化。

是在夜里与宦官宫人密谋，跳过宫墙冲入天安殿。周围侍者见到黑影惊呼"有贼"，拓跋珪四处摸索了半天，找不到弓箭。就在此时，冲进来的拓跋绍就把他一刀杀死了，拓跋珪当时只有三十九岁。

拓跋珪死后，长子拓跋嗣继位，是为明元帝，改年号为永兴。他以长孙嵩、安同、崔宏等八大臣共听朝政，又使燕凤、封懿等共议政事。北魏在征服中原的过程中，开始注意吸收汉族地主进入政权。上谷张衮、清河崔玄伯等著名汉族豪强成了拓跋嗣的得力谋士。

崔玄伯的儿子崔浩，更是受宠一时。拓跋嗣即位之初，到处网罗"豪门强族"和"先贤世胄"，给他们高官要职。山东、河北的著名士族豪强也都归附了北魏。他们帮助北魏朝廷出谋划策，制定政治、礼仪、法律制度，使北魏政权逐渐巩固和强盛起来。当时关中为赫连勃勃所统治。黄河以南为东晋，后为南朝刘宋所统治。辽西为北燕所统治。凉州为北凉、西秦所统治。漠北为蠕蠕（柔然）所统治，经常侵扰北魏边境。422 年，北魏军队渡过黄河大举进攻碻磝城（今山东茌平西南）、滑台（今河南滑县东南）、洛阳（今河南洛阳）、虎牢（今河南荥阳）等几个重要军事战略要地。到第二年，四郡全部攻下。于是司州及兖、豫二州大部郡县皆属北魏。

423 年，拓跋嗣死后，拓跋焘即位，是为北魏太武帝，改年号为始光。他先后消灭了大夏、北燕、北凉等国，增强了北魏国力，统一了北方。

拓跋焘出生时，"体貌瑰异"。当时的道武帝拓跋珪见到这个大胖孙子，"奇而悦之"，并说："成吾业者，必此子也！"

拓跋焘登基后，国家大事都由元老崔浩掌控。崔浩精通儒家经典，对于朝廷制度和各级机构的功能，尤其熟悉。因此凡是朝廷礼仪典章、军国诏令，全都由他负责。崔浩不信佛教，说："为什么要崇拜这个胡人的神呢？"崔浩的言语惹恼了不少鲜卑贵族，左右亲信大臣常常攻击崔浩。但他崇信道教，与嵩山道士寇谦之交往很深，命他重新清理整顿道教。后来又遇见了神人李谱文，据说是老子的玄孙，授以《图真经》六十余卷，命他辅佐北方太平真君。同时崔浩上疏皇帝赞扬寇谦之。拓跋焘于是表示崇奉天师，宣扬道法，遍告天下周知。还在平城东南建立了天师道场，设立了五层高坛。

历史细读

五石散出自汉代，是由五种矿物质配制而成的，人服用之后全身发热，必须要寒食、寒衣、寒饮、寒卧，所以又称"寒食散"，三国曹魏时期开始流行起来。长期服用会对身体造成伤害，内心烦躁，当药力发作时常常要外出散步以求散去药力。魏晋时期的何晏、裴秀等人都服用过五石散。

北魏灭大夏、北燕、北凉

拓跋焘是北魏王朝一位杰出的君主。他继位后，采取了多项措施，如整顿税制，分配土地给穷人，安置流民，引用大批汉人参政，旨在加强北魏的封建化进程，加强与中原地主的融合，稳定社会，发展经济。这些又使北魏国势日盛，为其统一北方奠定了坚实基础。

当北魏建国和发展的时期，正处于十六国的后半期。南方的东晋已为刘裕的刘宋王朝所取代，北方则还有西秦、夏、北燕、北凉等割据政权的存在与攻伐，北魏的北边还有柔然经常南下侵扰。拓跋焘君临中原，即把平定北方提上议程。425年八月，拓跋焘闻夏主赫连勃勃已死，其子赫连昌继位，内部不稳，遂决定首先攻打夏国。

夏国立足于关中，建立者赫连勃勃，属匈奴族铁弗部，其父刘卫辰就是拓跋部的死敌。赫连勃勃先依后秦姚兴，407年自称大夏天王，攻取长安，占有关中，然后称帝，定都统万（今陕西横山）城。赫连勃勃是一个极端残暴的人，他把人民看作草芥，任意虐杀。他网罗一些汉族士人来助虐，因之战斗能常获胜利，成为强国。413年，赫连勃勃发民众十余万户筑统万城作为国都。城基厚三十步，高六丈余。筑城的土都经过蒸熟，筑成后用铁锥刺土，如果刺进一寸，便杀死筑者。残忍凶暴，民不堪命。城中宫墙厚三丈余，也用蒸熟土筑成，坚硬可以磨刀斧。宫中楼台高大，殿阁弘伟，土木装饰，极其华丽。当初刘裕灭后秦，留儿子刘义真镇守长安。对刘裕来说关中的得失是无足轻重的。

赫连勃勃和他的军师王买德看到了这一点，于418年率大军进攻长安。这时刘裕留下的将帅互相残杀，沈田子杀了王镇恶，王修杀了沈田子，刘义真又杀了王修。这些将帅杀完以后，刘义真还放纵将士大肆抢掠，载着夺得的财物妇女，逃向潼关。因为车辆车子太多，一天只能走十里路。赫连勃勃

北魏西域图

这幅北魏西域图出自《钦定皇舆西域图志》。从图中可以大体地看出北魏时期西域的地理概况。

军追击而来，刘义真全军覆没，只身逃回江南。赫连勃勃杀死刘义真军士无数，堆积人头成堆，称为骷髅台。

赫连勃勃一举攻取了长安，于是自称皇帝。因赫连勃勃任意屠杀臣民，搞得"夷夏嚣然，人无生赖"，国力衰弱。北魏先伐夏国，应该说是正确的选择。拓跋焘决定兵分两路进攻夏国，一路攻长安，一路趋统万城。不久拓跋焘的大军抵达黄河的君子津，正遇天气酷寒，黄河冰封。拓跋焘亲自统率轻骑兵两万人，踏冰渡过黄河，袭击夏国的国都统万城。夏王赫连昌正在与文武群臣欢歌宴饮。北魏大军的突然出现，使夏国上下惊恐万分。但在战斗中，拓跋焘身中流矢，战马也重伤倒地，差点被夏军俘虏。拓跋焘换马再战，亲手刺杀骑兵十余人，又杀死夏国一名大将。赫连昌大败而回，急忙向城中撤退。拓跋焘认为统万城难以攻取，于是裹胁当地居民一万余户，班师回国。

427年五月，拓跋焘又率领大军自君子津渡河攻打统万城，赫连昌战败，逃奔上邽（今甘肃天水），北魏军遂攻克了统万城。此时北边的柔然（即蠕蠕）不断南下侵扰，拓跋焘只好暂停灭亡夏国的战争，转而北击柔然。神䴥二年（429年），拓跋焘决定大规模反击柔然。这年四月，他亲自率军北伐。魏军深入大漠，大败柔然，又破归服于柔然的另一游牧部族高车（又称敕勒），获牲畜人口数以百万计。此后柔然的残余势力虽仍不时犯边，但为害程度已大为减轻。

在基本上解决了北方边患之后，拓跋焘又回头攻打夏国的残余势力。这时夏国联络南方的刘宋，计划共同攻伐北魏国，并进而瓜分北魏土。神䴥三年（430年），拓跋焘一方面分军抗击南方刘宋的北上军队，同时恢复对夏国的进攻。不久即收复长安，略取平凉，占有了关中。神䴥四年（431年），夏主赫连定灭西秦，掠其民十余万，随即欲北击北凉，于半渡黄河时，被吐谷浑王派兵擒获。第二年（432年）被送至北魏京师平城，被拓跋焘杀死，夏国灭亡。接着拓跋焘掉转兵锋，东指北燕。

北燕系汉人冯跋所建，在今东北辽宁一带。冯跋原籍长乐信都（今河北冀州），父亲是西燕的将军。西燕灭亡后，冯跋东徙和龙（今辽宁朝阳），在后燕任官。冯跋与高云杀死了暴虐无道的后燕主慕容熙，并推高云为国主。不久高云被臣下刺杀，冯跋遂自立为王，称燕天王，史称北燕。冯跋废除苛政，社会经济渐有发展。冯跋死后，弟冯弘夺位，杀冯跋诸子百余人，国势日衰。

延和元年（432年）六月，魏帝拓跋焘亲征北燕，同时遣使与刘宋通和，以防其北上。后因久攻北燕国都和龙未下，拓跋焘引军西还。延和三年（434年），北魏再攻和龙。次年正月，北燕遣使求救于刘宋王朝，刘宋赐冯弘燕王封号，但无力援救。燕主冯弘孤立无援，遣使到高句丽，想谋求躲避之地。太延二年（436年）五月，冯弘弃和龙奔向高句丽，两年后被杀，北燕灭亡。这时北方的割据政权就剩下北凉了。

北凉占据有河西（今甘肃一带），为卢水胡酋长沮渠蒙逊所建。沮渠蒙逊祖上是卢水（今甘肃黑河）部落西帅，其父当初归属前秦苻坚。父亲死后沮渠蒙逊统一了他的部落，雄据一方。前秦苻坚死后不久，沮渠蒙逊起兵攻打后凉吕光，拥立京兆人段业为主。399年段业入据张掖，自称凉王。401年沮渠蒙逊因段业杀了沮渠男成，遂起兵攻破张掖，杀死了段业，自称凉州牧，改元永安，建都于张掖（今甘肃张掖西北），建国北凉。421年沮渠蒙逊出兵灭掉西凉，尽有酒泉（今甘肃酒泉）、敦煌（今甘肃敦煌西）等地，西域三十余国向他称臣，强盛一时。433年四月，沮渠蒙逊死亡，儿子沮渠牧犍继位。

439年，北魏兵临其境，围攻姑臧，沮渠牧犍出降，北凉灭亡。北凉沮渠氏联合境内汉族大姓势力，以郡县方式管理人民，征发赋役。又大兴佛教，译经造像。还不时与刘宋互通使节，使河西与江南的文化交流得以继续保持。

至此北魏王朝实现了北方各部的统一，结束了历时一百多年的十六国分裂局面。从而与南方的刘宋政权并立，形成南北朝对峙的格局。而太延五年（439年）北魏灭北凉这一年，被认为是南北朝的开始年代。

历史细读

　　三长制是北魏的基层组织制度。北魏初年，各地豪强隐匿户口，逃避徭役。孝文帝采纳汉族李冲的建议，实行三长制，以代替宗主督护制。五家立一邻长，五邻立一里长，五里立一党长。职责为查户口、督农耕、收租调、征徭役和兵役。三长可免一至三人的官役。

北魏的汉化

　　西晋灭亡以后，各少数民族相继进入中原，在混战局面下，民族融合的脚步也加快了，各少数民族纷纷从政治、经济、文化等方面向汉族学习，从而使汉族与少数民族之间的区别变得越来越细微。

去"胡气"推进汉化

　　随着进入中原的时日渐长，拓跋鲜卑接触到的中原封建文化越来越多。拓跋族进入中原以后，迁汉人到平城，造成更大范围的民族间错居杂处，原有部落组织已不能适应这种新的局面。一部分汉人地主入仕北魏后，力图按照封建方式改造拓跋族政权。这些因素使北魏开始了封建化的进程。

　　北魏封建化的正式开始在天兴元年（398 年）。拓跋珪在这一年攻下后燕都城，正式称"皇帝"，表明北魏此时已开始以中原之主自视。为了适应新形势，北魏采取了几项重大措施。在政治方面的有：一、把都城从盛乐迁往平城；二、参照汉制立官职、制礼仪、定律令、考天象；三、令朝野人士皆束发加帽；四、命令州县大量收集儒家经典，置五经博士，设立太学。北魏企图通过这些措施，去掉"胡气"，建立中原"正朔"的新形象。

　　经济方面的措施则是开始定居农业化。大致在破燕以后，拓跋珪开始解散部落组织，并按照地域定居。为了便于管理，拓跋珪设立了"八部帅"。其职责是"劝课农耕，量校收入"。与此同时为了加强农业生产，增强平城的经济力量，拓跋珪在灭燕以后，还将"山东六州"的四十余万吏民、百工伎巧迁往平城。接着又下诏"给内徙新民耕牛，计口授田"。在京畿地区（今内蒙古凉城、山西大同及代县之间的三角地带）建立了北魏历史上的第一个大型农业区。明元帝拓跋嗣即位后，在遵循拓跋珪既定政策的基础上，又采取了弛禁罢苑、改牧为农、检括人口、计口授田政策。因此北魏的农业经济初具规模。

太武帝拓跋焘时，在北方士族崔浩、道士寇谦之支持下加快了封建化、汉化的进程。

在政治方面大量任用汉人，相对地提高了汉人地位。太武帝以崔浩为司徒，掌选举。431 年，崔浩将北方大族名士如范阳卢玄、博陵崔绰、渤海高允、广平游雅等数百人全部"差次叙用"，创造了北魏一次任用汉人最多的纪录。北魏政权中鲜卑贵族势力有所削弱，汉族地主势力有所增长。

在经济方面采取与民休息的政策，不断减轻农民的负担。太武帝下诏"蠲除烦苛，更定科制，务从轻约，除故革新，以正一统"。大败柔然后，又下诏减少徭役，与民休息。要求收税时"不得纵富督贫，避强侵弱"。这些诏书总的精神，是适当减轻农民负担，尽可能做到公平合理，以保护封建农业的发展。这对于一个刚征服中原的游牧民族来说，是有其特殊意义的。

文化方面太武帝下诏以道教为国教，寇谦之为天师，并接受寇谦之代表老君授给他的"太平真君皇帝"称号，登坛接受道教符箓。从此以后，北魏每位皇帝即位时都要接受符箓。寇谦之奏请建造静轮宫，要建得高到人在上面听不到鸡鸣犬吠之声，目的是想伸向天上与天神相接。崔浩也力劝拓跋焘兴建，花费了数以万计的财力物力，建了几年仍未完工。这遭到太子拓跋晃的反对。

云中鸡犬画轴

这幅明朝崔子忠的云中鸡犬画轴，绘制的是许真人骑牛，携妻带子共入山，移家避俗学烧丹的故事。可知云内有鸡犬，孳生原不异人间，指出了仙境也和人间一样鸡犬之声相闻。

太武帝还提倡儒学，425 年北魏建立了太学并祭祀孔子。449 年又下诏"宣文教"，要求王公以下百官，其子弟都要到太学学习儒经。与此同时极力削弱被拓跋族奉为"戎神"的佛教，并逐渐升级，由勒令部分和尚还俗，禁止王公以下至于庶人私养沙门，到 446 年的全国范围内灭佛。

对于崔浩、寇谦之用这些较激进手段所实行的封建化政策，鲜卑贵族十分不满，并一直进行着抗争，因此对崔、寇二人心怀怨恨。崔浩虽然受到北魏三代皇帝的信任，但他和鲜卑统治者之间发生了矛盾。450 年鲜卑贵族终

萨珊波斯贵族供养人
这张壁画出土于新疆的伯孜克里克石窟，是一张萨珊波斯贵族供养人壁画的特写部分。伯孜克里克石窟开凿于 5 世纪左右，北魏时期的壁画在风格上多受其影响。

于利用"国史案"，给崔浩加以"尽述国事，备而不典"和受贿的罪名。

当初拓跋焘派崔浩撰修北魏史，并叮嘱他们写国史一定要根据实录。拓跋焘撰修国史只是想留给皇室后代看，但是崔浩手下有两个文人，却劝崔浩把国史刻在石碑上，以提高崔浩的声望。崔浩自以为功大位高，果然把国史刻在石碑上，还把石碑竖在郊外祭天坛前的大路两旁。国史里记载的倒是史实，但是北魏的上代文化还十分落后，有些事情是不体面的。过路的人看了石碑，都纷纷议论起来。北魏的鲜卑贵族趁机向拓跋焘告发，说崔浩一批人写国史，是成心揭朝廷的丑事。拓跋焘本来已经嫌崔浩太自作主张，一听这件事，十分愤怒，于是便派人把崔浩抓来审问，崔浩吓得什么也答不出来。拓跋焘大怒，下令将崔浩处死（时寇谦之已死），并满门抄斩，同时受到株连而死的汉人贵族达两千多人，改革以失败告终。

崔浩、寇谦之汉化改革失败的根本原因，是当时民族矛盾还没有达到基本消解的程度，而反对派力量过于强大，参与改革的力量比较弱小，改革成败系于皇帝一念之间。改革派的策略过于激进等，也是导致这次汉化改革失败的直接原因。尽管如此，他们所实施的政策仍然代表了当时历史发展的方向。

而此时的北魏在文化上也与世界有一定的交流。北朝经陆路与经济文化

历史文献

旦辞爷娘去，暮宿黄河边。不闻爷娘唤女声，但闻黄河流水鸣溅溅。旦辞黄河去，暮至黑山头。不闻爷娘唤女声，但闻燕山胡骑鸣啾啾。万里赴戎机，关山度若飞。朔气传金柝，寒光照铁衣。将军百战死，壮士十年归。归来见天子，天子坐明堂。策勋十二转，赏赐百千强。可汗问所欲，木兰不用尚书郎。愿驰千里足，送儿还故乡。

——《木兰诗》

繁荣的萨珊朝波斯相联系，波斯人东来经商，陕西、河南、山西、河北、青海、内蒙古、新疆以及广东等地，都曾发现不少萨珊钱币。渊源于印度以至犍陀罗的开凿石窟、绘制壁画、雕塑佛像等佛教艺术，自西而东传入，在新疆、甘肃、山西、河南等地逐渐与中国传统艺术相融合，成为中国古代艺术的瑰宝。佛教从中国向东传入高句丽、百济，由高句丽传入新罗，又经由百济传入日本。在朝鲜、日本流行了千余年的佛教，许多方面都有中国的烙印。

"国家之宝"古弼

443 年，拓跋焘前往漠南，命令军队舍弃辎重，率轻骑分四路袭击柔然。

拓跋焘来到鹿浑谷，正好与柔然国的敕连可汗相遇。但是拓跋焘没有听太子拓跋晃的建议追击柔然，结果错失了良机。

拓跋焘非常后悔。从此以后，每遇到军队或国家大事都要和拓跋晃商议。拓跋焘又亲征柔然，打得柔然节节远遁，基本上不敢再主动侵扰北魏境。同时拓跋焘继续巩固道武帝时代设置的北部镇戍，修筑长城，绵延三千多里，设置六镇，迁柔然、高车降附人民于其中，形成了一整套严明完备的边戍制度。并派出吏员，积极戍守。

大臣古弼为人忠厚谨慎，善良正直。当他进宫晋见拓跋焘，奏请把上谷占地面积太大的皇家苑囿减去一半面积，分给平民百姓耕种时，拓跋焘正在和刘树下围棋，心思根本没在古弼身上。古弼坐着等了许久，始终没有得到说话的机会。因此他非常愤怒，就突然跳了起来，揪住刘树的头发，把刘树拉下了床。然后又揪着他的耳朵，打他的后背说："朝廷没有治理好，实在是你的罪过！"拓跋焘大惊失色，放下棋子说："不听你奏请事情，是我的过错，刘树又有什么罪过呢？你还是放开他吧！"古弼说："我身为臣属，竟无礼到这种程度，罪过实在是太大了。"说完出宫来到公车官署，脱掉帽子、光着脚请求处罚。拓跋焘召他入宫，对他说："我听说过建造社坛的工程，是要一跛一拐地去干活。完工之后，要衣冠端正地去祭祀，神灵就降福于他。而你有什么罪过呢！戴上帽子穿上鞋做你该做的事去吧。"

一天拓跋焘去河西狩猎，古弼留守平城。拓跋焘下诏让古弼将肥壮的马送给打猎的骑兵，但古弼提供的却全是瘦弱的马。拓跋焘勃然大怒说："笔头奴胆敢不听我的诏令，我回去先斩了这个奴才！"（古弼的头长得很尖，拓跋焘经常把他的脑袋比作笔尖）古弼却说自己身为人臣为国家着想才是头等大事，把肥壮的马供给军队所用，瘦弱的马供给打猎所用，这是为国家作长远打算，虽然被处死了也没有什么关系。拓跋焘听说后感叹道："我有这样的臣子，是国家之宝呀！"于是赏赐给古弼一套礼服、两匹马和十头鹿。

又有一天拓跋焘再次去山北打猎，捕获了几千头麋鹿。于是下诏给尚书，让尚书派出五百辆车来运送麋鹿。拿着诏书的信使走后，拓跋焘对左右的将士说："笔头公一定不会给我这么多车，你们不要等了，还是用马来运送吧。"说完就回宫了。

拓跋焘刚走了一百多里，就收到古弼的奏表说："今年秋天谷穗下垂而且颜色金黄，桑麻大豆遍布在田野里，野猪野鹿偷吃，飞鸟大雁啄食，加之风吹雨打，这样损耗早晚就会相差三倍。乞请允许推迟延缓运送麋鹿，以便把谷子尽快收割运送完毕。"拓跋焘说："果然如我所说的那样，笔头公可称得上是国家的栋梁之材啦！"

元嘉之治

刘宋时在位时间较长的是文帝刘义隆（424年—453年）。史书称刘义隆"幼而宽仁"，比较了解下情。在宋文帝统治时期，继承了宋武帝的治国政策。在经济上奖励耕织，兴修水利，减免赋税，赈济灾荒；在政治上坚持宋武帝的集权政策，铲除专权大臣的势力。同时整饬吏治，抑制豪强，加强对地方官员的考课督察，并放宽刑罚，招求贤才；在思想文化方面，大力兴建学校，发展教育，传授儒学。从而使刘宋前期出现了政治清明、社会安定的兴旺局面。刘宋国内"兵车勿用，民不外劳，役宽务简，民庶繁息，至余粮栖亩，户不夜扃"，政治经济文化均得到较大的发展。特别是文帝元嘉后期，南方出现了东晋以来少有的繁荣景象。史称宋武帝、宋文帝统治时期，"内外晏清，四海谧如"。因为宋文帝在位时间较长，所以号为"元嘉之治"。

铲除权臣

南朝宋刘裕死后，皇太子刘义符继位。刘义符不问政事，一味游玩享乐。群臣多次劝谏，他一概不听，甚至在宫中开设酒铺，自充酒保，以为游戏。刘裕的另一个儿子刘义真聪睿敏捷，喜爱文学，但是性情轻浮，常与谢灵运、颜延之和慧琳道人一起游玩。刘义真曾经说："有朝一日如果我当上皇帝，就任命谢灵运、颜延之为宰相，慧琳道人为西豫州都督。"谢灵运是谢玄的孙子，性情傲慢偏激，不遵守法令及世俗的约束。当时朝廷只把他放在文学侍从之臣的位置上，并不认为他有从事实际工作的才干。谢灵运认为自己的才能足以参与朝廷机要，因而常常愤愤不平。

谢灵运

谢灵运，东晋和南朝刘宋时期的诗人。谢玄之孙，汉族，乳名为客儿，世称谢客。

徐羡之等对刘义真与谢灵运等人的交游十分厌恶，认为谢灵运、颜延之是在挑拨是非，离间亲王与朝廷的关系，诽谤朝廷要臣，于是贬谢灵运为永嘉太守，颜延之为始安太守。此时徐羡之等已经在密谋策划废黜刘义符。但是废黜刘义符之后，身为次子的刘义真依照顺序，应当继位。于是徐羡之等便利用刘义真与刘义符之间早已存在的宿怨，先上疏弹劾刘义真的种种罪行，将刘义真贬为平民。

徐羡之等因檀道济是刘裕时代的大将，威望震慑朝廷内外，而且掌握强大的军队。于是便征召檀道济和王弘入朝，把废立皇帝的计划告诉了他们。刘义符常常在傍晚率左右游逛，夜里就睡在龙舟上。檀道济选定日子，引兵开路，徐羡之等随后入宫抓住刘义符，送回到他的故居太子宫。徐羡之随之宣称奉皇太后张氏之命，列举了刘义符的种种过失罪恶，废其为营阳王，由宋武帝的第三子宜都王刘义隆继承皇帝之位。不久徐羡之等派人刺杀了刘义符，又派人杀死了流放在新安的刘义真。

就这样年仅十八岁的刘义隆继承了皇位。刘义隆继位之后下诏让谢晦镇守重镇荆州。刘义隆深知谢晦等人手握大权，位高权重，他们虽然把自己推举为皇帝，但也可能会威胁到自己的帝位。加之杀害亲族之仇，所以决定铲除徐羡之、谢晦、傅亮等人。

刘义隆打算诛杀徐羡之和傅亮后，发兵讨伐谢晦，于是宣称要征伐北魏。傅亮预感到事情没这么简单，写信给谢晦说："目前朝廷要动员讨伐黄河以北，事情并不会到此为止。"但是谢晦并没放在心上。正巧谢晦的两个女儿将分别嫁给彭城王刘义康和新野侯刘义宾，所以谢晦派他的妻子曹氏和长子谢世休送女儿抵达建康。

木兰女戍边图
北魏太武帝年间，花木兰替父从军，参加了北魏破柔然之战，表现突出，无人发现她是女子，朝廷欲授予她尚书郎，她婉言推辞。

刘义隆认为王弘、檀道济并没有参与弑杀刘义真、刘义符的阴谋，而且王弘的弟弟王昙首又是自己的心腹。所以在开始行动之前，刘义隆秘密派人告诉王弘，并且召见檀道济，打算派檀道济去讨伐谢晦。檀道济抵达建康后，刘义隆下诏，公布了徐羡之、傅亮、谢晦杀害营阳王刘义符、庐陵王刘义真的罪状，命令逮捕诛杀他们。并且说："谢晦据守长江上游，可能不会立即伏法，朕将亲自统率朝廷的大军前往讨伐。罪犯只限谢晦一人，其他胁从者一律不加追究。"这一招起到了瓦解人心的大作用，而且一箭双雕，不仅能使谢晦军中人心动荡，出现反叛，还能彰显皇帝的宽厚仁慈。

这天刘义隆下诏召见徐羡之、傅亮。徐羡之走到建康城西明门外，谢世休飞报傅亮说："殿内举动异常！"傅亮马上借口嫂嫂生病，暂时回家，并派人通知徐羡之。徐羡之逃出建康城，在一个烧陶器的窑里自缢身亡。傅亮乘车逃出城不久就被抓住后斩杀，谢世休也没能逃脱。

刘义隆将要讨伐谢晦，向檀道济询问策略。檀道济是刘裕在京口起义讨伐桓玄时的老臣，战场搏杀了二十多年，深受刘裕器重。所以刘裕驾崩前，诏以徐羡之、傅亮、谢晦和檀道济为顾命大臣，辅弼幼主。徐、傅、谢三人都是文臣，只有檀道济是武将。刘裕知道檀道济会武不懂文，且对刘家忠心不二，所以才放心地将檀道济交给刘义符。

在刘裕死后，之前稍有缓和的南北局势再次紧张起来。北魏屡次南下，形势对南方很是不利，但有檀道济在，北魏人还是奈何不得。在开国武臣大多过世之后，只有檀道济仍然屹立江东。

此时谢晦已得知徐羡之、傅亮等被杀，后悔没早做准备。于是谢晦先为

历史细读

裴松之（372 年—451 年），南朝宋史学家，字世期，河东闻喜（今属山西）人。曾任中书侍郎、永嘉太守等职。奉文帝命为陈寿《三国志》作注。博采群书一百四十种，注文多出原书三倍，随处补缺、纠谬、录异、论辩，开创了史注新例。另著有《晋记》《宋元嘉起居注》等。

徐羡之、傅亮举行了祭礼，又为儿子发布死讯，然后亲自走出虎帐统率军队。

谢晦当年曾跟随刘裕南征北讨，经验丰富，所以发号施令，指挥调动，莫不切实妥当，几天之间，人们从四面八方而来投奔谢晦，很快就聚集了精兵三万多人。于是谢晦上表，盛赞徐羡之、傅亮等都是忠贞之臣，却遭受横暴的冤杀。又述说当初杀刘义符、刘义真而迎立刘义隆都是为了国家着想，没什么地方辜负皇室。都是因为王弘一伙猜忌和离间造成的灾祸。现在要发动大军，以清除陛下身边的邪恶之徒。

当初谢晦、徐羡之、傅亮为了保全自己，就用谢晦把守长江上游，把檀道济安置在广陵，使他们各自拥有强兵，这样足以胁制朝廷。而徐羡之、傅亮在朝中居高官、掌实权，可以维持长久的安定。没想到今日弄巧成拙。谢晦听说檀道济率兵来攻打自己时，大为惶恐。双方一交锋，谢晦的军队一触即溃，全军大败。谢晦出逃不久被光顺之俘虏，用囚车押到京师建康。刘义隆下令将谢晦、谢遁以及他们兄弟的儿子斩杀。

檀道济北伐，功高被妒杀

一次刘义隆在武帐冈为衡阳王刘义季饯行。临出皇宫时，刘义隆告诉儿子们暂时不要吃东西，等到达送别刘义季的地方再设宴进餐。可是直到太阳西斜，刘义季还没有到来，大家都饿得脸色很难看。刘义隆这才对大家说："你们从小生活在富裕安适的环境中，看不到老百姓生活的艰难。今天就是想让你们知道，世间还有饥饿困苦，让你们以后知道使用东西要节俭罢了。"

429 年，王弘多病，况且又早下决心远离权势，因此每件事都推给刘义康处理。刘义隆于是写信给弟弟刘义恭，告诫他要把卫青、西门豹等古人作为借鉴，修正自己的德行。倘若有一天朝中发生不测，皇子还小，刘义康必然要负起周公的责任，而刘义恭也不可不尽到恭敬辅弼的道义。到那时国家的安危存亡，就取决于他们二人。因此要养成简朴的习惯，不可以奢靡。还

横吹画像砖

南朝时的步卒鼓吹画像砖，兵士们吹着号角并配合着击鼓，可见当时作战是以这种形式来提振军威的。

应该多多接见府中的官员，亲近他们以便多了解民间的具体情况。这封言词诚恳亲切的信，立时在朝中传扬开来，朝臣们纷纷赞扬皇帝的明智圣德。

刘义隆自从即位以来，就有收复黄河以南失地的雄心。他见朝内人心稳定后，便下诏挑选披甲精兵五万人，分配给右将军到彦之，并责令到彦之统率王仲德、竺灵秀带水军进入黄河。同时，刘义隆又派骁骑将军段宏率领精锐骑兵八千人，直指虎牢，刘德武率军一万人随后进发，长沙王刘义欣统兵三万人，监征讨诸军事。

在军事行动开始以前，刘义隆先派田奇出使北魏，正告北魏国主拓跋焘说："黄河以南的土地本来就是宋国的领土，中途却被你们侵占。现在我们要收复故土恢复旧日的疆界，与黄河以北的国家毫无关系。"

拓跋焘听后十分震怒，喝斥道："我生下来头发还没干的时候，就已经听说黄河以南是我国的土地。这块土地怎么是你们能妄想得到的呢？你们如果一定要出兵攻取，现在我们会暂且撤军相避。等到冬天天寒地冻，黄河结上坚冰，我们自然会重新夺回来。"

刘宋军队一路旗开得胜，但很快严冬来临，北魏军队开始反击，他们大举渡过黄河，进攻刘宋，在黄河以南占领了大片土地。刘宋军队节节败退，唯有檀道济率领大军抵抗得有些成效。

在短短二十多天里，檀道济跟北魏军打了三十多仗，宋军节节胜利。见到其他的宋军都在败退，檀道济开始骄傲起来，防备也有点松懈了。北魏军看准有利时机，用两支轻骑兵向檀道济的宋军前后两翼发起突然袭击，把宋军的辎重粮草放了把火烧了。

檀道济的将士虽然英勇善战，但是断了军粮，就没法维持下去，准备退兵。这时北魏派出大军追赶檀道济，想把宋军围困起来。宋军将士看到大批北魏军围上来，都有点害怕，有的兵士偷偷逃跑了。檀道济却不慌不忙地命令将士就地扎营休息。当天晚上，宋军军营里灯火通明，檀道济亲自带领一批管粮的兵士在一个营寨里查点粮食。一些兵士手里拿着竹筹唱着计数，另一些兵士用斗子在量米。有人偷偷地向营里望了一下，只见一只只米袋里面都是雪白的大米。这个消息马上被北魏兵的探子听到了，赶快去告诉北魏将，说檀道济营里军粮还绰绰有余，要想跟檀道济决战，一定还会是败仗。

其实北魏军中了檀道济的计。檀道济在营里量的并不是白米，而是一斗斗的沙土，只是在沙土上覆盖着少量白米罢了。到了天色发白时，檀道济命令将士戴盔披甲，自己穿着便服，乘着一辆马车，大模大样地沿着大路向南转移。北魏将看到宋军从容不迫地撤退，吃不准他们在哪儿埋伏了多少人马，不敢追赶。由于檀道济的功劳大，威望高，让刘义隆感到了不安。恰巧这年刘义隆生了一场大病，刘义康就跟心腹商量说："如果皇上有什么三长两短，留了檀道济总是一个祸根。"他们就用刘义隆的名义下了一道诏书，诬陷檀道济谋反。

檀道济在被捕的时候，气得瞪圆了眼，愤怒的目光像要喷射出火焰来一样。他狠狠地把头巾一拉，摔在地上说："你们这是自毁长城！"檀道济最后还是被杀了。消息传到北魏，北魏朝的将士都高兴得互相庆贺，说："檀道济一死，南方就没有害怕的人啦！"可惜檀道济这样一位绝

檀道济唱筹量沙
这张版画描绘的就是檀道济唱筹量沙，蒙骗北魏军士的画面。

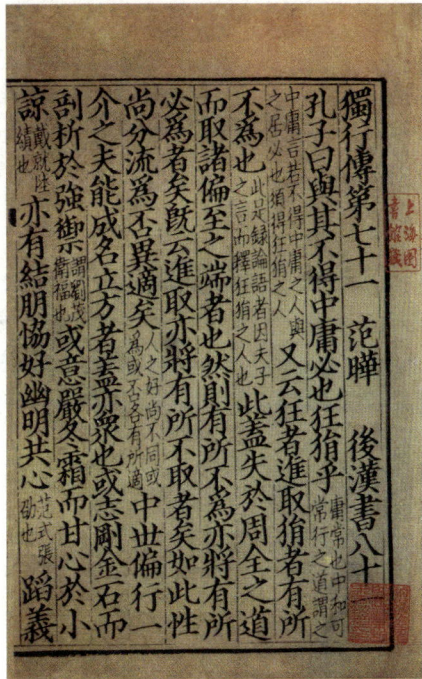

《后汉书》之《独行传》书影
范晔在《后汉书》中褒贬态度分明。他不给庸碌的大官僚作传，反而为一些"操行俱绝"的普通人写了《独行传》。

名家评史

南渡人物，皆魏晋清流，自身本多缺点，历久弥
彰，逐次消沉，故南朝世运不如东晋，亦不如北朝。
——钱穆

世名将，没有战死沙场、马革裹尸，却死在了自己人的手里。檀道济死的这一年是宋元嘉十三年（436 年）。檀道济冤死之后，鲜卑人便不再视南朝为强敌，经常南犯。南朝的实力在与北朝长期混战中受到了极大的削弱，再无力北伐，只能勉强自保。

刘义隆清除内患

宋文帝刘义隆长年患病，稍微操劳就会旧病复发，因此多次病危。

每次刘义隆患病，刘义康都尽心侍奉，药物非经自己亲口尝过，绝不让刘义隆服用，有时一连几夜都不睡觉。朝廷内外的大小事务，刘义康都一个人决定施行，而且处理得无不精密妥善。刘义隆因此把很多大事都委派给他。刘义康只要有奏请，立即就被批准。因而刘义康的势力倾动远近，朝野上下的人士，都集中在他的周围。每天早晨，刘义康府第前面常有车子数百辆，刘义康对来访客人亲自接待，从不懈怠。各地进贡的物品，都把上品呈献给刘义康，而把次等的呈献刘义隆。

刘湛与仆射殷景仁结怨很深，因此打算倚靠刘义康的势力，排挤殷景仁。刘湛刚刚进朝廷做官时，刘义隆对他还十分优待。可等到后来，刘湛煽动和唆使刘义康恣意妄为，这使得刘义隆对他心怀不满，但对他的礼遇却并没有改变。有一次刘义隆病重，命刘义康起草托孤诏书。刘义康回到府中，痛哭流涕地把这个消息告诉了刘湛和殷景仁。刘湛说："治理国家不胜艰难，哪是年幼君主所能胜任的？"鼓动刘义康谋反。刘义隆病愈后，知道了这件事，就把刘义康降了职。但刘义隆依旧赐赏刘义康财物，而且信件不断，把朝中大事都告诉了刘义康。

刘义隆召见檀道济曾举荐的沈庆之，当时已经是深夜，沈庆之全副武装，束紧裤管进门晋见。刘义隆问他："你为什么这般装束？"沈庆之回答说："夜半召见，定有急事，不能宽服大袖。"刘义隆于是派沈庆之逮捕了刘湛，当即将他斩首。

历史细读

《后汉书》是刘宋时范晔所著。它是范晔在前人所修的几家《后汉书》的基础上撰写的一部纪传体断代史，所记为东汉近两百年间的重要史事和人物等。原书为九十卷，只有纪、传，无表、志。萧梁时，刘昭把西晋司马彪《续汉书》中的八志收入，并为其作注，分成三十卷。到北宋时，合刊为一书，成为今本，共一百二十卷。为研究东汉时期历史最宝贵的资料。

刘义康失势后，与他关系密切的徐湛之因为也参与此事而被捕，罪当处死。徐湛之的母亲是会稽公主，在宋文帝刘义隆的兄弟姊妹中，她是敬皇后所生，年龄又最大，一向备受礼遇。因为徐湛之，会稽公主入宫晋见皇上，大声哭号，指责刘义隆不念亲情，于是刘义隆赦免了徐湛之的死罪。而徐湛之却并没有放弃谋反的念头，他与一直为刘义康抱不平的散骑员外郎孔熙先等人一起鼓动谋杀刘义隆。

孔熙先非常富有，他常常和范晔在一块儿赌博，故意输钱给范晔。范晔既爱他的钱财，又欣赏他的才华，二人慢慢亲近起来。孔熙先时常鼓动范晔谋反。当时范晔和吏部尚书沈演之都为刘义隆所信任。每次范晔先到朝廷时，一定要等待沈演之一同入宫。可是沈演之却已被刘义隆先行单独召见。范晔因为这事对刘义隆怀有怨气，于是和孔熙先一起谋划反叛。

谢综和他的父亲谢述都受到刘义康的厚待，谢综的弟弟谢约又娶了刘义康的女儿，便和孔熙先约定一同谋反。

刘义隆到武帐冈赴宴这天，范晔等人图谋叛乱。作为刘义隆侍卫的内应许曜，将佩刀微微拔出，向范晔使眼色。范晔突然害怕起来，吓得不敢抬头。不一会儿宴席结束，徐湛之害怕事情不能成功，就将孔熙先等人的阴谋全都报告了宋文帝。于是刘义隆命令有关部门严密搜捕追查。这天夜里，范晔被召唤入宫后就被软禁。孔熙先见风使舵，将一切罪责都推到了范晔身上，于是范晔被杀。

才华横溢的范晔就是《后汉书》的作者，他一生无论仕途还是生活都比较坎坷，《后汉书》记事上起汉光武帝刘秀建武元年（25 年），下迄汉献帝建安二十五年（220 年），囊括东汉一代一百九十六年的历史。范晔特别重视史论，他采用论赞的形式明文评论史事，把史论作为重心，成为《后汉书》的一个特点。《后汉书》无论是文章构架还是文采都有很高的文学水平。

重装甲马骑兵作战图

这幅画反映了魏晋南北朝时期北方的战争场面。图中的马都披挂着铠甲，当时作战的方式是甲马与步兵相结合。披上铠甲的战马虽然能够得到全面的保护，但负荷过重降低了速度，削弱了骑兵的战斗力。

元嘉草草，仓皇北顾

元嘉年间，宋文帝刘义隆两次北伐均以失败告终。尤其是第二次北伐，败得是惨不忍睹，以至于南宋词人辛弃疾在《永遇乐·京口北固亭怀古》中发出了深深地感叹："元嘉草草，封狼居胥，赢得仓皇北顾。"

刘义隆一怒北伐

450 年，宋文帝刘义隆决意再次北伐。北魏国主拓跋焘听说后，又一次去信说："我们两国和好的时间已经很久了，可你却贪得无厌，引诱我边境的老百姓。现在听说你打算自己亲自来，请随便行动吧。来的时候，我不迎接，离开这里我也不相送。如果你已经厌倦了你所居住的国土，那么你可以到平城来居住，我也前去扬州居住，我们不妨易地而居。你已经五十岁了，还未曾迈出过家门。虽然你自己有力量前来，也不过像个三岁的孩子，同我们生长在马背上的鲜卑人相比，你该是个什么模样呢？我们没有多余的东西可以

南朝青釉龙柄鸡头壶

这件南朝时期的青釉龙柄鸡头壶高27.6厘米，口径8.7厘米，现收藏于故宫博物院。这个时期的鸡头壶与两晋时期相比造型变得更加高大。

南朝狮形烛台

这件出土于浙江绍兴上蒋黄瓜山的烛台，做成蹲伏的狮子状。昂首竖尾，背部有方座，座上放置烛台两只。狮子瞪眼回顾，像是在张望背上的烛火，十分形象生动。

送给你，暂且送给你十二匹猎马和毛毡、药物等。你从很远的地方来此，马力不足，可以乘我送给你的马；水土不服，可以吃我送去的药。"

这封带有侮辱性的信让刘义隆大为恼火，于是开始全国大规模动员，上起王公、王妃、公主以及朝廷官员，下到富有的民众，每人都要捐献出金银、玉帛及其他物品来支持北伐，而且进行了大规模的征兵。就是僧侣、尼姑的积蓄有满二十万钱的，都要借出四分之一来供军队急用，战事结束后即归还。

元嘉二十七年（450年）七月，宋文帝派两路大军北伐。西路军主帅是当时名将柳元景，经湖北北部熊耳山打到了弘农、潼关，进展顺利。东路军由宁朔将军王玄谟率领，也渡过了黄河，围攻滑台（今河南滑县）。王玄谟的军队士气旺盛，武器精良。但是王玄谟刚愎自用，贪婪好战，他军纪败坏，又虐待部下，还乘百姓资助战争之际中饱私囊，所以大失人心。

450年，拓跋焘在诛杀了崔浩等数千人后，率军南征渡过黄河，号称百万士兵。滑台一役，王玄谟被拓跋焘打得一败涂地，赶快撤退逃走。北魏军队乘胜追击，又杀死了一万多人。北魏军以每日一二百里的速度推进，连战连捷，南朝将士百姓死伤无数。王玄谟的部下非逃即死，到最后几乎全军覆没，丧失的军用物资及武器堆积如山。萧斌正要派沈庆之前去援助王玄谟，这时王玄谟已经逃了回来。萧斌大怒，差点斩了王玄谟，无奈之下，萧斌只得率军撤退。

刘义隆任命柳元景为弘农太守，到陕城与庞法起等会师。庞法起等来了援军，一举攻进了潼关，北魏的守将娄须弃城逃走。

由于东路主力受挫，西路也只好撤军。北魏永昌王拓跋仁进攻悬瓠、项城，刘义隆害怕他们会攻到寿阳，就命令前进中的刘康祖班师回朝。结果拓跋仁率领八万骑兵追击刘康祖，而刘康祖只有八千将士。副将胡盛之打算依靠险要的山势，让军队从小路到达寿阳，刘康祖却宣布迎敌。刘宋军将士都拼死同北魏军队搏斗，北魏军队虽然遭受到了重创，但刘宋军士毕竟寡不敌众，后来刘康祖阵亡，其余士众见主帅已死，随即崩溃，致使全军覆没。

拓跋焘率领六十万大军南下，一直打到长江北岸之瓜步（今江苏南京六合区东南）。北魏军很快攻到长江边上，大毁民房，砍伐芦苇，声言要造船渡江，攻下建康。宋朝上下大为惊恐，于是急调各地军民在沿江六百里布防。刘义隆下诏悬赏购买北魏国主及其王公的首级，许诺若有成功者加封爵位，赏赐金银绸缎。同时派人把用野葛酿成的毒酒放在空无人烟的荒村，想毒死北魏将士，但却没能毒到他们。北魏见有机可乘，加之天寒地冻，粮草不济，拓跋焘没有再发动进攻，而是下令开凿瓜步山，修筑盘山路，在山上搭好毛毡帐篷房。拓跋焘不喝黄河以南的水，用骆驼驮着黄河以北的水跟随在自己身边。同时他派人送给刘义隆骆驼、名马等礼物，要求两国和解，并请求与刘宋皇室联姻。

刘义隆也派遣田奇带着奇珍异果送给拓跋焘。拓跋焘得到黄柑，拿过来就吃。他身边的侍从中有人趴在他耳边低语，怀疑果品里有毒。拓跋焘没有回答，而是抬起手指着天，把他的孙子叫过来给田奇看，并说："我从很远的地方来到这里，不是想要成就功业，传播自己的名声。而是想要维持过去的友好，安定百姓，永远结成婚姻，永远相互援助。宋国皇帝如果能够把他的女儿嫁给我这个孙子，我也把自己的女儿许配给武陵王为妻，那样从今以后就不会再让一匹马南下骚扰。"于是拓跋焘下令焚毁攻城器具，于次年正月撤退。北魏退军时烧杀抢掠，"徐、豫、青、冀、二兖（南兖州、北兖州）六州杀略不可胜算，所过州郡，赤地无余"。

拓跋焘遭戏弄

451年春，北魏军回军途中攻打盱眙城，刘宋大臣臧质守城。拓跋焘在城外大大咧咧地向臧质喊话，要尝尝南国美酒，臧质于是在罐子里撒了泡尿，送给拓跋焘。

拓跋焘大怒，下令修筑长围墙，一个晚上就修好接在了一起。又搬来东山上的泥土石头填平壕沟，在君山上造起了一座浮桥，从而彻底切断了盱眙的水陆通道。拓跋焘给臧质写了封信说："我现在派出去的攻城军队，都不是我们本国本族人，城东北是丁零人和匈奴人，城南的是氐人和羌人。如果让

名家评史

汉末魏晋六朝是中国政治上最混乱、社会上最痛苦的时代，然而却是精神上极自由、极解放、最富于智慧、最浓于热情的一个时代。

——宗白华

丁零人死了，正可以减少常山、赵郡的贼寇；匈奴人死了，正好减少了并州的贼寇；氐人、羌人死了，当然也就减少了关中的贼寇。你如果真的杀掉了他们，对我们并没有什么不利的地方。"

臧质回信说："看了你的信，我完全明白了你的奸诈之心。你自己依仗着四条腿，多次进犯我国边境。王玄谟被你击败在东边，申坦军又在西边被你打败，你知道这是为什么吗？你难道没有听说一首童谣里所说的吗？'只因卯年还没有来到'，所以我们用两路军队引导着你们走上饮长江水的道路罢了。你的冥期已经注定，这不是任何人能够改变得了的。我奉命前来消灭你们，原预定要到达白登。可是军队还没有走出多远，就遇到你们自己前来送死了，我怎么能让你再活着回去，到桑干河享受荣华富贵呢？如果你幸运的话，当被乱军所杀；如果你不走运，被我们活捉后，就会用锁链锁住你的脖子，让一头小毛驴驮着你，把你一直押送到我们的都城建康。我本来就不打算全尸，如果天地没有显灵，我被你打败了，即使被剁成肉酱，碾成粉末，宰割车裂，也都不足以向我们朝廷表示我的歉疚。你的智慧见识以及军队的力量，哪里超得过符坚呢？如今已经下起了春雨，我们的各路大军就要集合起来，你只管一心一意去攻城吧，千万不要立刻逃走！如果你们粮食不够吃，可以告诉我们，我们一定会打开粮仓馈赠给你们。你派人送来的刀剑我已收到，你的意思是不是想让我挥刀斩了你呢？"

拓跋焘看完臧质的信，气得浑身发抖，命令手下人制造了一个大铁床，把刀尖锥尖朝上放在铁床上说："攻破城池，抓住臧质，我一定让他坐在这张铁床上。"

臧质又给北魏大军写了封信说："你们告诉胡虏中各位士人百姓，拓跋焘在给我写的信上，这样对待他们。他们本来是汉人，为什么要去自取灭亡呢？他们怎么不知道转祸为福呢？"同时臧质又将朝廷的悬赏写在信上告诉他们说："砍下拓跋焘的人头的，封为万户侯，赏赐棉布、丝绸各一万匹。"

于是双方的战争爆发，北魏军围攻了三十多天，仍未攻下。这时又赶上北魏军中瘟疫流行，有人报告说，宋朝水军从东海进入淮河了，刘宋朝廷又下令彭城守军切断北魏军队回归的道路。拓跋焘于是下令焚毁攻城器具，而后撤退。

田奇回到建康，刘义隆召集太子刘劭及各位大臣前来商议，大家一致认为应该答应北魏的联姻。只有江湛反对，他说："戎狄没有亲情，答应他不会有什么好处。"

刘劭非常生气，对江湛说："如今三位亲王都处于危险境地，如果拒绝他们，他们就会逮捕三位亲王，我们怎么可以这样坚持反对呢？"大家商议完毕后一同走了出来，刘劭指使持剑人和左右侍从推撞江湛，江湛几乎被撞昏倒地。

太子刘劭对宋文帝刘义隆说："北上讨伐，我们战败招来了奇耻大辱，导致我们几个州郡沦陷残破。只有杀了江湛、徐湛之，才能够向天下老百姓谢罪。"刘义隆说："北上征伐本来是我一个人的意思，江湛、徐湛之只是不表示异议而已。"从此太子刘劭同江湛、徐湛之二人结下了怨仇。

北魏所提出的皇家联姻的建议，最终也没能实现。拓跋焘在瓜步山上召集全体官兵，按照功劳大小，分别封爵升官，进行奖赏。然后沿长江北岸燃起烽火，劫掠了驻地的居民，焚烧了老百姓的房屋后，向北而去。

刘宋政权由此受到了很大的打击，国力削弱，防线也渐次由河北而到淮北，最后退守淮南。从此南北对峙局面开始向北强南弱转化。

政权盛衰、融合统一

　　虽然此时的南北方整体上还是处于比较稳定的对峙状态，但是南北双方的政权却都在不断地发生变乱，南方的政权更替，北方的政权分裂。伴随着各部势力的此消彼长，逐渐形成了统一之势。而南方的汉族和北方的少数民族在文化、生活、经济等各个方面渐渐融和，使社会文化出现了空前的自由和包容的状况，为隋唐的高度繁荣奠定了基础。此时中外的交流主要还是借助于宗教的传播。

南北政权更迭

南朝自刘宋王朝之后，相继出现了齐、梁、陈三个朝代。与此同时，北方北魏的统治也并非固若金汤，北魏先是分裂为东魏和西魏，之后这两个政权又分别被北齐和北周所取代。

太监宗爱弑二帝

在拓跋焘南征时，由太子拓跋晃主持国家事务。拓跋晃十分相信左右近侍，自己私下里经营庄园农田，收取利润。高允劝告他说："天地因为不存私心，所以能够覆盖承载万物；帝王因为没有私心，所以能够宽容养育百姓。如今殿下您是一国的储君，是国家上上下下作为典范的人，却自己私下经营个人的田地，养鸡养狗，甚至派人去集市上摆摊贩卖，与市井小民争夺小利，以至于诽谤您的话到处流传，没法让人去反驳或掩盖。国家是殿下您个人的国家，您富裕得拥有四海，要什么会没有？何必要与贩夫、贩妇们去争夺这尺寸大小的微利呢！"但拓跋晃并没有接受高允的劝谏。

拓跋焘有个宠信的宦官，名叫宗爱，在拓跋焘南征时干了许多违法的事。太子拓跋晃及其手下一批官员，看不惯太监宗爱的作为，双方结怨很深。宗爱害怕拓跋焘回来后被太子告发，于是"恶人先告状"，捏造了太子官属的罪名，诬陷太子及其手下人意图谋反。拓跋焘相信了他的话，大为愤怒，于是下令清洗太子府，处斩了道盛等人，太子属下的多名官员也被连坐处死，拓跋晃遭到拓跋焘的严厉申斥，因忧虑过度，生病去世，时年二十四岁。慢慢地拓跋焘知道了太子拓跋晃并没有罪过，因此感到非常后悔。

452年，拓跋焘一直在追念、哀悼拓跋晃。当初陷害太子的宗爱害怕自己被杀，索性刺杀了拓跋焘。英雄一世的拓跋焘怎么也不会想到，自己最后竟然死在这样一个小小的宦官手中。

兰延、和匹、薛提等人，没有宣布拓跋焘的死讯。和匹认为拓跋焘的嫡亲皇孙拓跋濬年纪尚小，所以打算立年龄稍大的王子。于是征召太武帝拓跋焘的第三子秦王拓跋翰入宫，然后把他安置在一个秘密房间里。但薛提却认为拓跋濬是嫡亲皇孙，不应该废黜。反复讨论很久也没有决定下来。

宗爱得到消息，于是就把拓跋焘的第六子拓跋余秘密迎来，假传赫连皇后的命令，召见兰延等人。兰延等人认为宗爱的地位一向低下，所以根本没有怀疑，全都随宗爱进了宫。在这之前，宗爱就已经派三十个宦官手持武器在宫中埋伏起来。兰延等人一入宫，就被这些伏兵一个个抓起来杀了，拓跋翰也没能幸免。于是拓跋余登基，继承了北魏皇位。

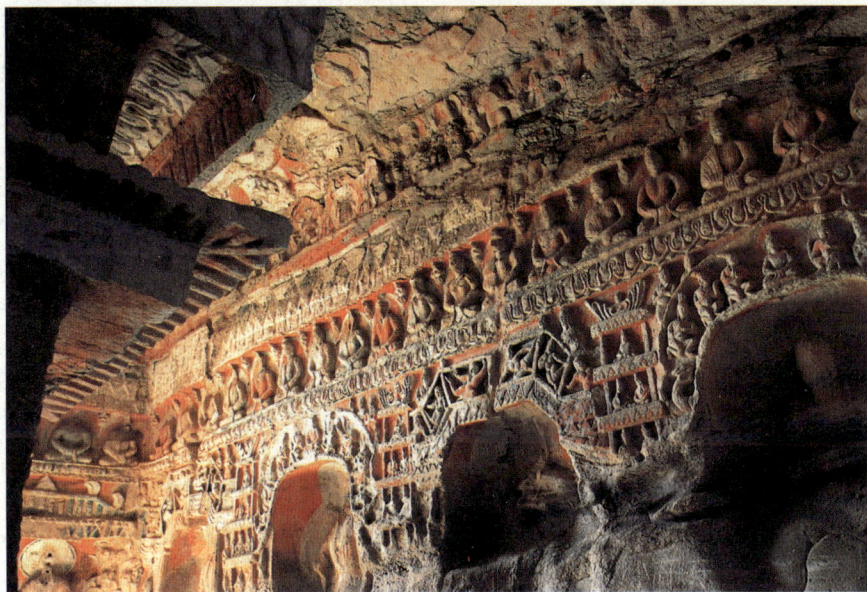

云冈石窟第一窟西壁
云冈石窟位于山西大同市西北的武州山北崖上，最早开凿于 450 年，是我国四大石窟之一，距今已有 1500 多年的历史。现存主要洞窟 53 个，大小造像 51000 多躯。

拓跋余即位之后，改元承平（或作永平），称南安王。拓跋余虽然对群臣下属很是宽厚，但本人却放荡不羁，每天只知道彻夜畅饮，夜夜笙歌，耽于声色游猎，很快就使得国库空虚，以至于上下离心，百姓愤恨。另外拓跋余为感谢宗爱的扶立，封其为大司马、大将军、太师。宗爱自拓跋余即位后逐渐掌握了朝政大权，朝野内外都非常忌惮他，而此时拓跋余则怀疑宗爱另有企图，就密谋削夺宗爱的权力。宗爱于是在 452 年十月率先杀死了拓跋余。这位南安王在位仅仅八个月就被杀身亡。拓跋余死后，宗爱被羽林郎刘尼等人杀死。拓跋濬即位，是为文成帝。拓跋濬是太武帝的嫡孙，原来的太子拓跋晃之子。他在位时北魏国力开始下降。465 年，文成帝去世，年仅二十六岁。值得一提的是他的皇后，即后来的冯太后。

冯太后毒杀魏献文帝

冯氏的祖父冯弘、伯父冯跋都是北燕国王，其父冯朗在北燕灭亡后降北魏，官至秦、雍二州刺史，姑母是北魏太武帝拓跋焘的左昭仪。后来其父因罪被杀，她随姑母入宫。

452 年，文成帝即位后，封十四岁的冯氏为贵人，四年后又立她为皇后。

南北朝玉辟邪镇
此辟邪镇玉质白中透黄，圆雕老虎呈蹲踞形。昂首，双角后垂，张口露齿，颔下长须齐胸，前足伸出，后足曲踞。雕工朴实细致。

同年文成帝立自己两岁的儿子拓跋弘为皇太子。按照"立子杀母"的规矩，拓跋弘的生母李贵人被赐死。冯皇后抚养拓跋弘，待太子视同己出。

文成帝死后，献文帝拓跋弘即位时，年仅十二岁，尊冯皇后为皇太后，由丞相乙浑总揽朝政。乙浑图谋篡位，冯太后用计把他逮捕后杀死。从此朝政由冯太后一人裁决。

随着献文帝慢慢长大，冯氏与拓跋弘母子间的矛盾也越来越深。471年，十八岁的献文帝被迫禅位于五岁的儿子拓跋宏（即孝文帝，即元宏），自己做了太上皇。但他仍旧统兵南征北伐，这本身就使冯太后感到了威胁，而且他还杀了太后的男宠李奕，于是冯太后于476年将年仅二十三岁的献文帝毒死了。

萧道成堂皇称帝

453年，太子刘劭因与其弟刘骏争夺皇位继承人，结果都遭到宋武帝刘义隆的贬斥。刘劭一气之下，入宫杀了刘义隆，宣布自己为皇帝。不久刘骏起兵，又杀了刘劭，即皇帝位，改元孝建，是为宋孝武帝。

刘义隆在位期间，提倡文化，整顿吏治，重视农业生产，使江南有了一段相对安定的时期，史称"元嘉之治"。但晚年的一场北伐战争让江南的恢复成果丧失殆尽。刘义隆死后刘宋政治日坏，阶级矛盾越来越尖锐，小规模农民起义不断发生。与此同时，统治阶级内部为了争权夺利，不断相互残杀。自孝武帝刘骏起，凡新皇帝继位，都对掌握州镇兵权的兄弟叔侄们心怀猜忌而大开杀戒。这种大规模的自相残杀，极大地削弱了刘宋的统治力量。这时一个叫萧道成的禁军将领登上了政治舞台，也是他日后来建立了齐朝。

萧道成，字绍伯，父亲曾是刘宋的汉中太守。萧道成原籍兰陵（今山东枣庄），兰陵萧氏是晋末渡江的北方士族之一。但萧道成是该族远支，后

历史细读

成书于三国时候的《水经》记述了全国 137 条大
小河流及源流和流经的地方。北魏郦道元依据新的观
察和考证，博览众书，为其作注，即《水经注》。《水
经注》以全国水道系统为主，描述了 1252 条河流的
源流脉络、古今变迁。它早已不是单纯的注释，而是
一次工程巨大的再创作。郦道元在书中对山川景物的
描述文笔绚烂。它是研究我国古代地理的重要著作。

来累积军功才升上了高官。萧道成从十六岁起，便跟随父亲在战火中磨炼。
二十三岁时，到雍州刺史萧思话手下担任左军中兵参军，长期寄人篱下的生
活，使萧道成非常抑郁。

466 年，刘宋国内发生多起叛乱，萧道成乘机发展自己的势力。朝廷内
的许多大臣、将佐都畏缩不前，只有刚升任右将军的萧道成奉命率部平叛。
东讨晋陵（今江苏常州）时，他勇敢进击，一天之内连续攻占叛军的十二个
营垒，声威大震。这时徐州刺史薛安都投降了北魏，萧道成又奔赴东线作战，
力挫薛安都之悍将、不少人畏之如虎的薛索儿，解除了青、冀二州的威胁。

从此以后，萧道成在刘宋的地位迅速上升，奉命统一筹划北方军事，成为
独当一面的战将。从这时起，萧道成有意迎接宾客，收养豪杰。第二年刘宋
明帝刘彧征调萧道成入朝，擢升其为散骑常侍、太子左将军，后又迁任右将
军，掌管禁卫军，与尚书袁粲共掌朝廷机密大事。

宋后废帝刘昱即位不久，叔叔刘休范欲夺位称帝，自寿阳发兵数万，顺
江而下，直扑建康，来势极为凶猛，朝野上下一片恐慌，将军们都面面相觑，
手足无措。这时又是萧道成挺身而出，详细分析当前局势，部署了作战计划。
刘昱和大臣们本来吓得无所适从，此时只能唯萧道成之言是从。

萧道成布置停当后，亲率部队赴前线抵御，与刘休范进行直接交锋。萧
道成让属下黄回、张敬儿诈降刘休范。刘休范没有丝毫怀疑，将二人安置在
身边，还单独请他俩喝酒。乘酒酣不备，张、黄二人夺过刘休范的防身短刀，
将其刺死。但这时叛军的另两路兵马丁文豪、杜黑蠡所部却一举越过秦淮河，
直杀进了皇宫。好在这时刘休范的死讯传来，萧道成终于平定了叛乱。不久
萧道成升任中领军将军，独掌朝政。

萧道成权倾朝野后，将朝中有实力的对手一一铲除，总揽了一切朝政大
权，离登基称帝仅仅一步之遥了。

北魏金瑞兽
出土于内蒙古科尔沁旗左翼中旗希伯花鲜卑墓。它的造型奇特，似一奔走的瑞兽，具有浓郁的鲜卑民族特色。

刘昱即位时年仅十二岁，自小就喜欢猴一样地爬竿玩耍，而且喜怒无常，但他是一个天生的手工匠人和音乐家。刘昱继位后，常常是夜里从承明门出，夕去晨返，或晨出暮归，随从们都执长矛大棒，路上凡遇见男女行人及犬马牛驴立时杀死，致使人民惊扰，道无行人。小皇帝喜欢施行击脑、椎阴、剖心的刑罚来取乐，每日都杀死数十名犯人。如果跟随他的随从中有人在施刑时面有不忍之色，刘昱就让那人立正站直，亲自用长矛刺穿杀掉。刘昱还在耀灵殿上养了几十头驴，自己所乘的御马就在床边喂养。出门时如果遇见婚丧嫁娶，刘昱就下马与那些拉车担货的少年相坐一处，高歌饮酒为乐，别人也不知道这位衣装普通的小孩子就是当朝天子。

一次一个叫孙超的亲信口中有蒜味，为了证明他吃过大蒜，刘昱让左右抓住孙超，用刀剖腹，探看他肚子里到底有没有大蒜。不久听说大臣孙勃家里金银财宝非常多，刘昱就亲率人马去劫掠，而且挺刀冲锋在前，身先士卒，第一个冲入。孙勃当时正居丧在家，眼看着皇帝带兵前来，知道家族不免横死，就扑上前揪住小皇帝的耳朵，骂道："你比桀、纣还要坏，日后难逃屠戮！"左右杀掉孙勃后，刘昱恨他揪自己的耳朵，亲自脔割他的尸体以解恨。

由于太后多次教训申斥刘昱，刘昱很是厌烦，就让太医准备毒酒，打算鸩杀太后。左右随从劝他说："如果太后死了，您就得以孝子身份参加那些复杂的丧礼仪式，就没时间出去玩了。"刘昱听见这话，方才打消毒死母亲的念头。

一天刘昱闯进领军府，看见萧道成挺着个大肚子正在睡午觉，刘昱立时来了兴趣，引满弓箭要射他。左右急忙劝解说："大肚子固然是个好靶子，可是一箭射死，以后就再也没有了，不如改用草箭，射了以后可以再射。"刘昱于是改用草箭，一箭正中萧道成肚脐，然后哈哈大笑。

萧道成甚是气愤，秘密与几位大臣商议借机废掉刘昱。禁卫军首领越骑校尉王敬则也与小皇帝身边的亲信暗中联系，伺机行事。

正史史料

形者神之质，神者形之用……神之于质，犹利之于刃；形之于用，犹刃之于利。利之名非刃也，刃之名非利也。然而舍利无刃，舍刃无利。未闻刃没而利存，岂容形亡而神在？

——《梁书·儒林列传·范缜传》

　　不久刘昱乘坐露天无篷车，跟左右侍从前往蛮冈，比赌跳高。然后前往青园尼姑庵。夜晚刘昱来到新安寺偷狗，煮吃狗肉后醉醺醺地回仁寿殿睡觉。弄臣杨玉夫一向深得刘昱的宠信，而这一天刘昱忽然对杨玉夫大为痛恨，一看见他就咬牙切齿地说："明天就杀了你这小子，再挖出你的肝肺！"刘昱命杨玉夫观察织女渡河，并说："看见织女渡河时，马上叫醒我。如果没有看见，就杀了你。"

　　当时刘昱出宫进宫没有一定的时间，宫中各门夜间都不敢关闭，负责宫廷保卫的官员，惧怕跟皇帝见面，都不敢出门。禁卫军士卒更是躲得远远的，内外一片混乱，互不相关，没有人管理。当天夜晚，杨玉夫等到刘昱呼呼大睡时，与杨万年合伙，取下刘昱的防身佩刀，砍下了刘昱的人头。然后假传圣旨，命宫女演奏音乐。陈奉伯把刘昱的人头，藏在袍袖里面，跟往常一样，神色自若，宣称奉皇帝派遣出宫，出宫后把人头交给了王敬则。

　　王敬则飞马奔向领军府，敲门大喊，萧道成恐怕是刘昱的诡计，不敢开门。王敬则把人头从墙上扔进去，萧道成令人洗净血迹辨识，果然不错，这才全副武装，骑马而出。萧道成进入仁寿殿，殿中官员惊慌恐惧。但紧接着听到刘昱已死的消息，都高呼万岁。

　　死去的刘昱被宣布为废帝，萧道成以皇太后的名义，迎立明帝第三子刘準为帝，是为宋顺帝。

　　479年，萧道成逼迫刘準退位，要刘準到殿堂举行禅位仪式。刘準害怕，就躲到佛盖下面不去。萧道成的死党王敬则带兵抬着板舆进殿，左寻右找才找到他，硬把刘準抬走。萧道成降封他为汝阴王，迁居丹阳，派兵监管。不久监视刘準的兵士忽然听见门外马蹄声杂乱，以为发生了变乱，就一刀将刘準砍死，事后谎报说刘準是病死的。

　　479年，萧道成就这样宣布自己为皇帝，建立了齐朝，改年号为建元。史称萧齐或南齐，萧道成即是齐高帝，刘宋王朝自此灭亡。

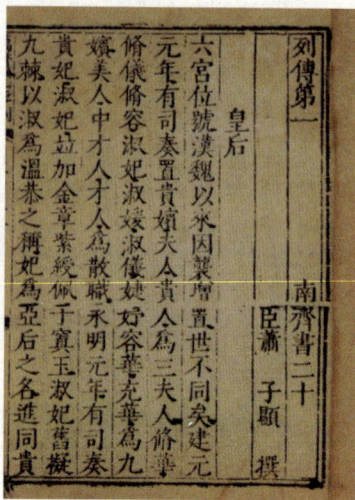

《南齐书》书影

《南齐书》是南朝梁萧子显撰修的纪传体正史。原名《齐书》，后为别于唐李百药所撰修的《北齐书》，故名。全书六十卷，现存五十九卷，有本纪八卷，志十一卷，列传四十卷，无表，志亦不全。现存最早有关南齐的史书唯此一种，有其参考价值。书中叙事文字较简洁，但多溢美之辞。

女政治家文明太后

471年，孝文帝拓跋宏即位，献文帝被尊为太上皇帝。476年，献文帝被毒杀，冯太后以太皇太后身份再次临朝听政。她杀了一批政敌，重用一批有改革思想的人，进行了一系列的改革。颁行班禄制，整顿吏治，统一度量衡，推行"三长制"，实行均田制。这些措施改变了鲜卑族的落后局面，为孝文帝迁都洛阳以后的繁荣打下了良好的基础。

拓跋宏受过很好的汉族教育，他认为要使国家强大，就一定要吸收中原的文化，改革一些落后的风俗。

拓跋宏继位不久便亲临饲养老虎的禁苑，颁布诏书说："虎狼凶猛残暴，捕捉它们的时候，往往要伤害许多人，既没有什么好处，浪费又很多。从现在起，不要再捕捉它们进贡了。"

不过由于拓跋宏年幼，大权一直都掌握在冯太后手里。485年，北魏颁布均田法，规定男子十五岁以上，国家授给露田（不栽树木的田）四十亩，女子二十亩。此外还授男子桑田二十亩，需对每家课种桑五十株，枣树五株，榆树三棵。不适合种桑树的地方，男子授麻田四十亩，女子五亩。均田法还规定，桑田可留给农民作"世业"，死后可以不归还给国家，其余土地本人死后要还给国家。因此这些举措限制了农民的自由迁徙，保障了北魏的租调来源。均田制规定严密，充分照顾到田地的肥瘦、远近、宽窄等诸多因素。同时又辅以"三长制"，强化了地方组织，搜括荫户。最终使北魏均田制得到顺利的实施，"课有常准，赋而恒分"。不仅对当时中国北方的农业恢复起到了重要作用，而且从根本上改变了鲜卑国家的经济结构，使得农业逐渐占据了绝对重要的地位，加速了鲜卑王朝脱离奴隶制的过程。

490年九月，冯太后病逝，终年四十九岁，谥为文明太皇太后，葬于永固陵。这以后拓跋宏才做了真正的皇帝。

冯太后的生活也比较俭朴，不好华饰，可谓是北魏一位杰出的女政治家。

"使黄金与泥土同价"

齐朝在萧道成统治时期，局势平静，社会经济有所发展。萧道成奋斗半生，既切身体会到创业的艰难，也深刻明了误国的祸患。所以和其他许多开国之君一样，勤勉于朝政，谨慎治国，取得了较好成效。

萧道成在剪除刘宋残余势力的同时，大力改革，下令免除老百姓的旧租宿债，减轻市税。又下令诸王不得各自营立邑邸，封略山湖，以保护自耕农的利益，希望达到"公不专利，氓不失业"的理想境界。

南齐朝廷规定，禁止招募部曲，安抚流民返乡务农。在这个基础上，政府派员检定户籍、整顿户口，以分辨门第清浊界限，防止偷漏税赋，保证财政收入，这也是南齐的一项重大举措。萧道成办事历来雷厉风行，为此设立了专门的机构，实行严格、全面的检籍，凡有违抗者，便罚充远戍。但在实践中，由于官吏贪赃枉法，实际效果有限。

萧道成身为天子，倒是能够一直以身作则。他倡导节俭，自己也衣着简朴，不饰文绣，不求精细。后宫的器物栏杆等，以铜为装饰的，一概以铁代替。

这一系列的举措，确实起到了节省政府开支、提高行政效率、改良民风的作用。此外萧道成还提倡儒学，注重学校教育和文化发展。一次视察衣库，萧道成看见里面有一个玉导，就说："留着此物，正是滋长一切弊病的根源！"当即命令将玉导打碎，还检查库中存放着什么奇巧的物品，一概依照这一事例处理。他经常说："假如我能够有十年时间治理天下，我就能让黄金的价值与泥土相等。"

这固然是大话，但萧道成治国的成效却是不可否认的。可惜的是，萧道成仅仅在位四年便因病而死

迁都洛阳与鲜卑汉化

洛阳是两晋南北朝时期的政治和军事重镇，在东汉时期已经成为首都及中原最大的商业中心。东汉末年，洛阳遭到了严重的破坏。220年曹丕称帝后，从河北等地迁居民数万以充实洛阳，并在汉宫的基础上重新建筑洛阳宫城和外城。随着北方地区的逐步统一，洛阳的经济也得到了恢复和发展。洛阳城中的丝织业、制盐业、冶铁业比较发达，商业已逐渐兴盛起来。全城有三个主要市场，即金市、马市和羊市。西晋统一后，洛阳成为国都，人口也有了显著增加，而且还成了全国的贸易中心，全国各地的珍贵商品在洛阳市场上都有出售，从绢布、粮食、药材、器皿到生产工具，应有尽有。八王之乱使洛阳腹地经济受到了很大破坏。310年，匈奴刘曜攻破洛阳，纵兵劫掠，洛阳再次毁于战火。永嘉之乱后，十六国互相混战的一百余

北魏宁懋石室武士图（局部）
这是出土于河南洛阳的北魏线刻，刻于孝昌三年（527年）。石室内外壁均线刻绘画，门外两侧线刻二武将，是北朝晚期的成熟作品。

北魏礼佛图

巩县石窟是北魏时期的佛教石窟之一，开凿于邙山岩层上。始建于北魏晚期，原名希玄寺。石刻中的重要部分为帝后礼佛行列浮雕。整个行列表现了贵族上层人物的雍容华贵和虔诚肃穆的宗教感情。

年间，洛阳几成废墟。

北魏孝文帝拓跋宏是一个在政治上很有作为的君主，他认为要巩固北魏朝的统治，一定要吸收中原的文化，改革一些落后的风俗。为此他决心把国都从平城（今山西大同东北）迁到洛阳。他怕大臣们反对迁都的主张，先提出要大规模进攻南齐。

有一次上朝，拓跋宏把这一打算提了出来，大臣们纷纷表示反对，最激烈的是任城王拓跋澄。拓跋宏发火说："国家是我的国家，你想阻挠我用兵吗？"拓跋澄反驳说："国家虽然是陛下的，但我是国家的大臣，明知用兵危险，哪能不讲呢？"拓跋宏想了一下，就宣布退朝。回到宫里后，再单独召见拓跋澄，跟他说："老实告诉你，刚才我向你发火，是为了吓唬大家。我真正的意思是觉得平城是个用武的地方，不适宜改革政治。现在我要移风易俗，非得迁都不可。这回我出兵伐齐，实际上是想借这个机会，带领文武官员迁都中原，你看怎么样？"

拓跋澄恍然大悟，马上同意了拓跋宏的主张。

493 年，拓跋宏亲自率领步骑兵三十多万南下，从平城出发，到了洛阳。正好碰到秋雨连绵，足足下了一个多月，到处道路泥泞，行军发生困难。但是拓跋宏仍旧戴盔披甲骑马出城，下令继续进军。

大臣们本来不想出兵伐齐，趁着这场大雨，又出来阻拦。拓跋宏严肃地说："这次我们兴师动众，如果半途而废，岂不是给后代人笑话。如果不能南进，就把国都迁到这里，诸位认为怎么样？"

平城贵族中反对的人还有不少。他们搬出一条条理由，都被拓跋宏驳倒了。最后那些人实在讲不出道理来，只好说："迁都是件大事情，到底是凶是吉，还是卜个卦吧。"

拓跋宏说："卜卦是为了解决疑难不决的事。迁都的事，已经没有疑问，还卜什么呢？要治理天下，应该以四海为家，今天走南，明天闯北，哪有固定不变的道理？再说我们上代也迁过几次都，为什么我就不能迁呢？"贵族大臣被驳得哑口无言，迁都洛阳的事，就这样决定下来了。

拓跋宏把国都迁到洛阳以后，决定进一步改革旧的风俗习惯。有一次他跟大臣们一起议论朝政，他说："你们看是移风易俗好，还是因循守旧好？"咸阳王拓跋禧说："当然是移风易俗好。"

拓跋宏说："那么我要宣布改革，大家可不能违背。"接着就宣布几条法令：一、改说汉语。三十岁以上的人改口比较困难，可以暂缓，三十岁以下、现在朝廷做官的，一律要改说汉语，违反这一条就降职或者撤职；二、规定官民改穿汉人的服装；三、鼓励鲜卑人跟汉族的士族通婚；四、改用汉人的姓。北魏皇室本来姓拓跋，从那时候开始改姓为元。拓跋宏改名为元宏，就是用了汉人的姓。

这种大刀阔斧的改革，使北魏的政治、经济都有了较大的发展，也进一步促进了鲜卑族和汉族的融合。

有魄力的孝文帝

北魏孝文帝元宏的太子元恂不喜欢学习，且长得身肥体胖，受不了河南夏天的炎热，经常思念回到北方去。元宏赐予元恂汉人的衣服和帽子，他却常常私下里穿着胡服。高道悦多次恳切地劝谏元恂改装，元恂非常厌恶他。

不久元恂与心腹密谋策划，叫来马匹骑着直奔平城，亲手在宫殿里杀死了高道悦。中领军元俨严守门禁，以防止事态扩大，到了夜间才平定下来。次日天刚亮，陆琇急忙骑马去向元宏汇报，元宏一听大吃一惊，但没有声张其事。

元宏不动声色地召见元恂，数说了他的罪过，并且亲自与咸阳王元禧轮番把元恂打了一百多棒，然后命人把他扶着拽出去，囚禁在城西。一个多月之后，元恂方才可以起床。

一年后孝文帝巡视代地，中尉李彪上奏说，太子又与左右谋逆。已经对元恂大感寒心的元宏不问真伪，派兄弟元禧携诏书毒酒，于河阳监所赐死元恂，时年十五岁。"以粗棺常服"，随便找个地方便将元恂埋掉了。

497年夏天，元宏见改革进行得很顺利，于是发兵二十万，直向南朝杀来。

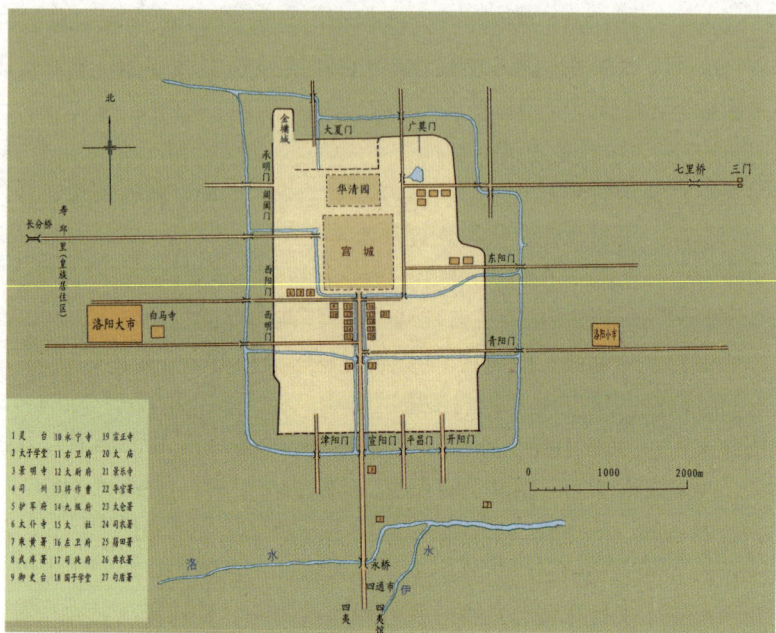

北魏洛阳城平面想象图

北魏孝文帝迁都洛阳后，由李冲主持兴建了洛阳城。对城市进行了大规模的扩建，在原来东汉洛阳城的东、南、西三面扩建居住里坊和市，形成王城居中偏北的布局。

元宏的南伐不但没能聚能很大的成功，在宛城还被南朝南阳太守房伯玉埋伏的虎纹衣士兵差点暗杀掉，受惊匪浅。不久南朝齐明帝驾崩，笃信儒教的孝文帝下诏称："礼不伐丧。"引兵而还。回军途中，元宏因为四处征伐太过劳累，忽患重疾，便赴邺城养病。

498 年，孝文帝回到洛阳，不顾自己病躯未愈，一进城就召见任城王元澄，问道："朕离京以来，风俗有改变吗？"元澄谨答："圣化日新。"

元宏说："朕入城，见车上妇人犹戴帽，穿小袄，依旧是北鲜卑的装束。如此又怎么能说是'日新'呢？"元澄回答道："穿鲜卑旧服的人少，不穿的人多。"元宏不以为然，语重心长地说："如果放任自流，满城妇人肯定都会穿回鲜卑旧服的！"

四月间，元宏感觉到自己的身体有所恢复，又御驾亲征，想完成他统一中原的梦想。行至梁城，病势加重，只能北还。

499 年，元宏病危，将国事托付给兄弟元勰后，便去世了。死后谥号孝文帝。

孝文帝对他的几个弟弟非常爱护，彼此一直没有产生隔阂。一次他曾对

刻烛赋诗

南朝齐永明年间，有一大群文士集合于竟陵王萧子良左右，形成了一个文学群体，文学史上称"竟陵八友"。萧子良常常在夜里召集学士刻烛为诗，四韵者刻一寸以此为率。这些人中，沈约、谢朓、范云等，都是一代才学之士。

元禧等人说："我死之后，子孙们如果不肖，你们看情况而办。可以辅佐则辅佐，不可辅佐则取而代之，千万不要让江山为他人所有。"

元宏常常说："一国之主患在不能用心公平，以诚待人。如果能做到这两点的话，即使是胡、越之人也可以使他们成为兄弟。"

孝文帝用法严厉，对于大臣们只要有罪绝不姑且宽容。但是如果别人有小过失，又常能宽大而不计较。

有一次他在饭中发现了虫子，又有一次手下人进羹时不小心烫了他的手，他都笑而宽恕，没有治罪。衣服穿旧了，浆洗一下仍旧穿着，坐骑的鞍勒唯用铁木而已。

齐武帝驾崩，萧鸾行废立掌权

齐高帝萧道成死后。482 年，其子萧赜继位，是为齐武帝。齐武帝萧赜从小随父亲在军中长大，亲眼看到了刘宋的亡国，知天下来之不易，所以在位的时候能够兢兢业业。齐高帝和齐武帝在位期间，是萧齐王朝的全盛时期。在这一时期，社会比较安定，政治也比较清明，经济也有所恢复和发展。齐武帝在位十一年，号称"太平天子"。齐武帝死后，他的子侄便不断发生争夺皇位的斗争，这也是南齐仅仅存在二十四年的原因之一。

齐武帝永明十一年（493 年）七月，齐武帝病重。在他即位之初，就把长子萧长懋立为太子，作为自己的继承人。

太子忠厚仁孝，处事练达，很受朝野爱戴，从未有过失。然而这年正月，太子萧长懋却突然病死了。太子去世后，齐武帝立太子的长子萧昭业为皇太

历史细读

《宋书》是纪传体正史，南朝梁沈约撰，记述南朝刘宋一代的史事。全书一百卷，有纪、传、志，无表。纪传部分因成书草率，叙事多忌讳，所载多为诏令章奏等，颇为冗长。但宋志三十卷，上追三代秦汉，于魏晋最详，可补《三国志》无志之缺。此书在长期流传中，有所残缺，后人取《南史》等书补足卷数。

孙。萧昭业待人接物颇知礼节，齐武帝很喜欢这个长孙，有意以他为皇位继承人。但齐武帝对皇长孙能否担当得起治国重任心中也没有数。齐武帝的次子萧子良历任会稽太守、丹阳尹、扬州刺史、司徒等职，善于延揽人才，他属下的沈约、王融、萧衍、范云等，皆是当时著名的才学之士。为了避免出乱子，齐武帝还是决定立皇长孙萧昭业为皇位继承人，让竟陵王萧子良辅佐他。

齐武帝病情加重，他命令竟陵王萧子良带甲仗入延昌殿侍奉医药，以防不测。萧子良以萧衍、范云、王融等为帐内军主，协助他处理事务。

萧衍的父亲萧顺之，是南齐高帝萧道成的族弟，曾经做过侍中、卫尉等高官。萧衍从小就很聪明，喜欢读书，是个博学多才的少年，尤其在文学方面很有天赋。年轻时的萧衍与沈约、谢朓等七人号称"竟陵八友"，其中的沈约后来著有《宋书》《齐纪》等书，谢朓则是这一时期著名的诗人。

在两晋南北朝时期，门第观念非常重，不是名家大族的人想做官比登天还难。萧衍因为他的家族背景，刚做官时就是在卫将军王俭手下。王俭见萧衍很有才华，言谈举止也很出众，就提拔他做了户曹属官。因为萧衍办事果断机敏，和同事以及上司关系融洽，不久又被提升为随王的参军。当年萧衍的父亲萧顺之因为受到猜忌郁郁而终，萧衍对此心怀怨恨。父亲死后，萧衍便辞官回家，为父亲守丧三年。后虽为竟陵王萧子良征用，升任太子庶子和给事黄门侍郎，但他心中却另有图谋，因此韬光养晦，时刻想着为郁郁而终的父亲报仇。

当齐武帝进入弥留状态时，皇太孙萧昭业不在齐武帝身边。王融想假传圣旨立萧子良为帝，登基诏书都已经拟好了。萧衍对王融这种擅自废立的行为明确地表示反对，而他的朋友范云却对此事抱以支持的态度。

皇太孙萧昭业听说齐武帝病危，匆匆赶来。王融声言皇上有旨，无论何

正史史料

子良问曰："君不信因果，世间何得有富贵，何得有贫贱？"缜答曰："人之生譬如一树花，同发一枝，俱开一蒂，随风而堕，自有拂帘幌坠于茵席之上，自有关篱墙落于溷粪之侧。堕茵席者，殿下是也；落溷粪者，下官是也。贵贱虽复殊途，因果竟在何处？"子良不能屈。

——《梁书·儒林列传·范缜传》

人，不得擅入宫门一步。不久齐武帝又从昏厥中苏醒过来。见皇太孙不在身边，知道情况有变，急命近侍速召皇太孙率甲士入宫，并把朝廷大事委托给尚书左仆射西昌侯萧鸾。嘱咐完这一切，武帝才死去，时年五十四岁。

萧鸾听到这个消息，驾车驰至宫门。王融前来阻挡，萧鸾推开众人，拥皇太孙闯入宫内。接着萧鸾召集群臣上朝，将萧子良扶出皇宫。群臣在萧鸾的指挥下三呼万岁，萧昭业登上了皇帝宝座。萧昭业在即位十余天后，就下令诛杀了王融。对于王融的如意算盘和悲惨结局，萧衍原来早就预料到了，他的好友范云因此对他异常敬佩。

西昌侯萧鸾是齐高帝萧道成的侄子。他年幼丧父，由萧道成抚养长大。由于他生活朴素，办事干练，齐武帝很看重他。萧子良性情仁厚，笃信佛教，喜爱文学，不愿为国事操劳，就向齐武帝推荐了萧鸾。可见萧子良并无心夺取帝位，王融乃是自作多情。但竟陵王萧子良还是受到王融事件的牵连，因此遭到了萧昭业的疑忌。萧子良身为宰辅之臣，倍受猜忌，根本不敢有所作为。在齐武帝死后不久，他也因为忧惧而死，年仅三十五岁。

文惠太子萧长懋生前对萧昭业管束比较严格。萧昭业费用不足，便私下向富户筹借，人们慑于他的淫威，谁也不敢不借。文惠太子生病后，他亲奉医药，哀声戚戚，愁容满面。但一回到私宅，便照样寻欢作乐。文惠太子死后，齐武帝亲往东宫吊唁。萧昭业跪拜迎接，放声痛哭，几度昏厥。齐武帝见状，分外怜爱，搂着他劝他节哀。齐武帝走后，他依然寻欢作乐如故。

萧昭业即位以后，经常与左右侍从微服出游，玩些荒唐的游戏。齐武帝在位时皇室用度也很节省，国库积蓄的钱达五亿万之多，金银布帛不可胜计。萧昭业即位后，仅仅一年多的时间就把国库中的积蓄挥霍得一干二净。

萧昭业宠幸中书舍人綦毋珍之等人。綦毋珍之所提的建议，没有不被采纳的。綦毋珍之公开卖官鬻爵，甚至不通过皇帝，擅自将宫内财物据为己有。

齐景帝萧道生修安陵石兽
南朝帝王陵前均有一对左右相向的石兽。齐明帝萧鸾即位后追封其父萧道生为景皇帝，其陵墓称修安陵。此兽生有独角，兽身高大修长，形象夸张。它昂首挺胸，曲颈长吼，一幅威风凛凛不可侵犯的王者至尊气势，是南朝石兽的代表之作。

由于他权势熏天，所以一些官吏私下互相告诫说："宁拒至尊（皇帝）敕，不可违舍人命！"萧昭业又以宦官徐龙驹为后阁舍人，让他日夜陪伴自己。有时徐龙驹代萧昭业批阅奏章，左右侍从恭恭敬敬地侍候着他，简直和皇帝没有什么两样。由于萧昭业不理政事，所以朝廷大事皆决断于辅政大臣西昌侯萧鸾。萧鸾见萧昭业荒淫无道，屡次进谏，但萧昭业都不听从。

不久萧鸾搜集了徐龙驹、周奉叔、綦毋珍之等人的罪状，诛杀了他们。萧昭业见自己的亲信陆续被杀，便怀疑萧鸾有异志，就想要除掉他。但计谋未定，政变就发生了。

萧鸾因为备受疑忌，愤懑之余，便生废立之心。行此非常之事，他首先想到的便是萧衍。萧衍对皇室有仇怨的心事早已被萧鸾看破。萧衍开始假意表示反对，他说："废立皇帝是大事，不能轻率从事，现在行废立之事难免会遭到诸位王子的反对。"

萧鸾则说："现在的众王子都没有什么才能，只有随王萧子隆文武兼备，而且占着据荆州。如果把他召回来，就万事大吉了，但怎么才能让他回来呢？"

萧衍认为随王徒有虚名，并无真正的才干，他的属下也没有什么出色的人，只是依赖武陵太守卞白龙。但这个人贪图金钱，只要许诺高官厚禄，就可以把他召回来。没有了左膀右臂，随王到时候也会跟着回来。萧鸾对萧衍的分析很是赞同，两人一拍即合，于是决定废黜萧昭业。

从此他们经常策划于密室，商量废立大计。隆昌元年（494年）七月二十日，萧鸾发动了政变。他先派萧谌进宫，诛杀了萧昭业的亲信直阁将军曹道刚、中书舍人朱隆之等人。接着自己率兵自尚书省进入云龙门，王晏、徐孝嗣、萧坦之等紧随其后入宫。

政变发生时，萧昭业听见外面的嘈杂声，知道情况有变，急忙命令关闭

历史细读

范缜是一位杰出的唯物主义哲学家，生活在齐梁时期。因为梁武帝十分崇信佛教，所以形成了一种举国崇佛的狂潮。为了批驳"人有生死，灵魂永在"的观点，范缜撰写了《神灭论》一文揭露了统治阶级利用佛教对人民的愚弄和欺骗。这在一千四百多年前唯心主义猖獗的时期，是非常难能可贵的。《神灭论》激怒了统治阶级。竟陵王等发动僧侣、文士与范缜进行辩论。范缜与其论战，"辩摧众口，日服千人"，维护了"神灭论"的光辉。

内殿的所有门窗。可直到此时，他仍不知道萧谌参与了政变，还派人传萧谌前来救驾。萧谌率兵闯入寿昌殿（皇帝寝殿），将萧昭业挟持出寿昌殿后，便把他杀了。萧昭业死时，年仅二十二岁。他的亲信弄臣，也都被诛杀干净。二十一日，萧鸾以太后的名义追废萧昭业为郁林王，迎立文惠太子的次子新安王萧昭文为帝。萧鸾以皇帝名义，封自己为骠骑大将军、开府仪同三司、录尚书事、都督、扬州刺史，晋爵宣城郡公。十月又晋爵宣城王。从此萧鸾独揽朝政大权。萧昭文虽然名为皇帝，实为傀儡，行动上没有丝毫的自由，甚至饮食起居等生活小事，也要事先报告萧鸾，得到准许后才能行动。

494年十月初十这一天，萧鸾以皇太后的名义，废萧昭文为海陵王。次日萧鸾即皇帝位，改元建武，是为齐明帝。这一年十一月，齐明帝诈称萧昭文生病，几次派御医前往探视，伺机谋害了他。

萧衍领兵抗北魏

萧鸾称帝之后，没有忘记萧衍的谋划之功，把他提拔为中书侍郎，萧衍的地位开始显赫起来。

不久北魏的孝文帝率领三十万大军亲自征讨南齐，沿淮河向东攻打钟离。齐明帝萧鸾先派左卫将军崔慧景、宁朔将军裴叔业领兵迎战。听到北魏军队分兵攻打义阳后，又派遣萧衍和平北将军王广之领兵救援。

王广之领兵进到离义阳百里之外时，听说北魏军队人强马壮，有些畏缩不前。萧衍则请求充当先锋，和北魏军队交战。王广之于是派部分军队归萧衍指挥，进兵义阳。

萧衍带领军队连夜抄小路赶到了距离北魏军只有几里地的贤首山，然后命

潘贵妃

齐东昏侯萧宝卷宠爱潘贵妃，因为他特别喜欢干屠夫商贩之类的事情，就在宫苑中设立市场，让太监杀猪宰羊，宫女沽酒卖肉。让潘贵妃充当市令，自己则担任潘贵妃的助手。如果市场上有争执，就让潘贵妃裁决。

令士兵将旗帜插满了山上山下。等到天一亮，义阳城中的齐军看到后，以为重兵已经赶到给他们解围来了，于是士气大增，马上集合军队出城攻击北魏军，同时顺风放火。这边的萧衍也趁机夹攻北魏军。萧衍亲自上阵，摇旗擂鼓助威，齐军士气高昂，个个奋勇杀敌。北魏军在齐军前后夹击之下，溃不成军，只好退却。齐军最终取得了这场战役的胜利，萧衍也因战功而升任太子中庶子。

497 年秋天，北魏军再次南下，接连攻下了新野和南阳，前锋直逼雍州（今湖北襄阳）。齐明帝萧鸾赶忙派萧衍、左军司马张稷、度支尚书崔慧景领兵增援雍州。

498 年，萧衍和崔慧景领兵与北魏军作战，在雍州西北的邓城被北魏的几万铁骑兵包围。萧衍知道城中粮草和器械缺乏，就对崔慧景说："我们远道征战，本来就很疲惫，需要休整，现在又遇到强敌围困。如果军中知道粮草缺乏的实情，肯定会发生兵变。为防万一，我们还是趁敌人立足未稳，鼓舞士气杀出重围为上策。"

崔慧景却说："北方军队都喜欢游动作战，不会在夜里攻城的，不久自然会退兵。"没想到北魏军队非但没有退却，反而开始增兵。崔慧景一看不妙，没有和萧衍商议，就私自带着自己的部队逃走了。其他各部见统帅已逃跑，也纷纷逃散。萧衍无法控制局面，只好边战边退。北魏军在后边追赶射箭，齐兵死伤惨重。

最后萧衍退到了樊城才得以站稳脚跟。这次战败后，齐明帝并没有责备萧衍，而是让他主持雍州的防务，任雍州刺史。从此萧衍就有了一块固定的根据地，这为他自己势力的发展奠定了基础，成为日后争夺萧齐政权的资本。

南朝换代，北魏分裂

南朝萧齐政权后期，齐东昏侯萧宝卷昏庸无能，致使国内变乱频生，南齐迅速走向衰落。502 年，萧衍灭齐称帝，建立梁朝。而北方的北魏政权也分裂成了东魏、西魏。

荒唐的萧宝卷

萧鸾于 494 年即位后，便开始压制宗室势力，设立典签监视诸王，并且在任期间屠杀宗室，萧道成与萧赜的子孙都被萧鸾诛灭。萧鸾在位时长期深

历史细读

南朝宋文帝时规定，限年三十而任官，郡县守宰任期以六年为满，刺史或十余年。宋孝武帝时对于官员入仕的年龄不再做限制，但是守、宰一届的期限却减为三年。齐武帝初年规定地方官任期为三年，以后成为制度。到了梁朝初期又将入仕年龄规定为二十五岁，不久又规定，年龄不满三十岁不能入仕。陈朝沿袭了梁朝的规定。

居简出，要求节俭，停止各地向中央的进献，并且停止不少工程。萧鸾晚年病重，却十分崇信道教与厌胜之术，将所有的服装都改为红色，直到萧鸾特地下诏向官府征求银鱼以为药剂，外界才知道萧鸾患病。498年萧鸾病死，葬于兴安陵。

498年，太子萧宝卷即南齐帝位，时年十六岁。他就是中国历史上鼎鼎大名的东昏侯，著名的荒唐皇帝，与前面的萧昭业相比有过之而无不及。在他的统治下，南齐加速了走向灭亡的进程。

萧宝卷的父亲萧鸾死时，遗命徐孝嗣为尚书令，沈文季为左仆射，江祏为右仆射，刘暄为卫尉，陈显达为太尉主持军政，始安王萧遥光与上述大臣同参内外大政。

萧宝卷登基后的第一件事，就是为父亲办丧事。但他每每看见巨大的棺椁摆放在太极殿里，就很不高兴，因为那黑森森的棺材影响了他玩乐的心情，于是下令赶紧把棺材拉到陵墓里埋掉。但古代礼法森然，停柩有固定的天数，徐孝嗣争执了好久，才使萧鸾的棺材又多停放了一个月。其间每当臣下祭拜或属国使臣临吊时，萧宝卷作为"孝子"，应该在旁"临哭"，但每次他都推称"喉痛"，只是在一旁站立，装装样子而已。

太中大夫羊阐是个秃头，一次哭拜时官帽落地，露出了光头，萧宝卷顿时哈哈大笑起来，对左右说："秃羊啼叫了！"大臣们心中惊疑不已，从未见过这样的"孝子"和皇帝，而且是在如此庄重肃穆的场合这般样子。

萧宝卷在东宫当太子时就十分顽劣，讨厌读书写字，最喜爱的事情就是半夜里和几个小太监一起挖洞抓耗子。

萧鸾临死时虽然安排了贤明的大臣辅政，但同时又提醒萧宝卷，要他"做事不可在人后"，即对属下王公大臣要果于诛杀，不能先被别人算计废杀

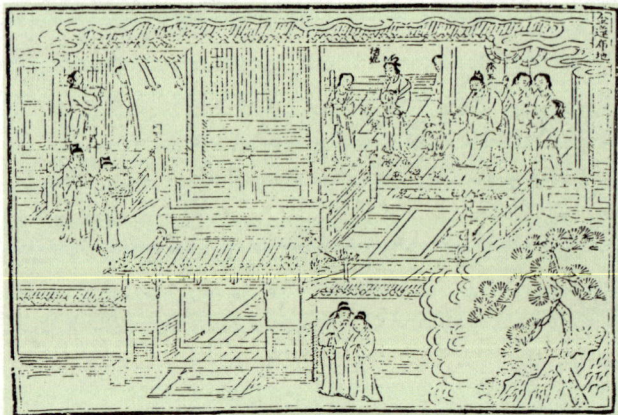

金莲布地
萧宝卷派人特意打制纯金的莲花铺在
地上，令潘妃在上面行走，叹赏道：
"此步步生莲花也。"

掉。萧宝卷对于父亲临终的这番话倒是身体力行，凡是劝谏他不要过度玩乐
的人，一律诛杀。

萧宝卷性格内向，加上有些口吃，因此平时很少说话，只喜欢出宫闲逛，
可是却不允许任何人看到他。每次出宫时都要先行戒严，为了预防有人从门
缝偷看，凡是他经过的街道，两旁房舍都要空出来。萧宝卷每个月都要这样
出游二十多次，而且忽南忽北，忽东忽西，时常夜游。一次一名孕妇因来不
及躲避，被萧宝卷看见了，下令将其剖腹，母子就这样一同惨死。

在辅政大臣中，徐孝嗣待人处事圆滑周到，不露棱角，因此虽官高名显，却
始终平安。许准看到萧宝卷残暴无行，就劝说徐孝嗣另立新帝。徐孝嗣长久迟疑
难决，以为欲行此事一定不能动用干戈，必须是等待皇帝出游的机会，关闭城
门，召集群臣百官在一起商议，把萧宝卷废掉。

虽然徐孝嗣有此想法，但是终究不能决策而行。萧宝卷身边的那帮宠信
之徒也对徐孝嗣渐渐厌憎。沈文季以年纪大且有病在身为由，不参与朝政。
其侄子沈昭略对他说："叔父您年纪才六十岁，身为仆射而不理事，你想以此
而免祸自保，怎么能办得到呢？"沈文季笑而不语。

不久萧宝卷把徐孝嗣、沈文季、沈昭略三人召入宫去，赐给他们毒酒。
沈昭略愤怒不已，骂徐孝嗣说："废掉昏君，另立明主，这是从古到今天经地
义的大法，全因你这做宰相的无能，以致我们才有今日。"接着把酒瓯砸到徐
孝嗣脸上，并且说："我让你死了也做一个破了面的鬼！"徐孝嗣一口气喝
下一斗毒酒后死去。徐孝嗣的儿子徐演娶了武康公主为妻，另一个儿子徐况
娶了山阴公主为妻，但是都受父亲牵连而被杀。沈昭略的弟弟沈昭光听说抓
捕的人来了，家中人劝他逃走，但是他不忍心丢下自己的母亲，就进入屋中，

贵妇出游画像砖
此块南朝时期的贵妇出游画像
砖出土于河南邓州市。画面描
绘了贵族妇女盛装出行的情景，
人物线条流畅优美。

拉着母亲的手悲声哭泣，抓捕者进来就把他杀了。沈昭略哥哥的儿子沈昙亮逃走了，得以幸免。但是听说沈昭光死了，叹息地说："家门遭受如此屠灭，我还活着干什么呢？"于是扼断自己的喉咙而死。

萧宝卷最宠幸的妃子姓俞，乐户出身。萧宝卷听说宋文帝有个潘妃，得以在位三十年，于是就改称俞姓女子为潘贵妃。萧宝卷平素称呼潘妃的父亲俞宝庆为阿丈，呼宠臣茹法珍为阿兄，这些人常在小皇帝左右捉刀应敕，时人谓之"刀敕"。

萧宝卷常戎服骑马前往诸刀敕家中游宴，婚丧嫁娶无不参加。一次前往俞宝庆家里，萧宝卷亲自跑到井边打水，又给厨子做饭打杂，嬉笑哭骂，与奴同乐，没有一点儿帝王的威仪。后宫之中，天下珍奇相聚，骇人眼目。

一次宫内失火，烧毁了华林至秘阁的殿宇三千多间。萧宝卷趁机大造新殿，其中专门为潘妃建造的就有神仙、仙华、玉寿三座宫殿，都是金碧辉煌。其中玉寿殿中的飞仙帐，四面织锦彩绣，窗间尽画神仙飞舞飘荡，殿内的一切书字、灵兽、神禽、风云、华炬等都是用纯金纯银打制。萧宝卷还命人把宫内外的玉饰和佛寺中的宝物全部凿剥下来，重新剖剔一新，装饰潘妃的宫殿。

萧宝卷还喜欢园林景致，在大暑天种树，朝种夕死，死而复种，最后没有一棵树活下来。为了保持园林常绿，他令人在城里城外大肆搜刮，见树就取，破门毁院，从居民家里把树木给挖走。不少几人合抱的大树，费尽人工移掘至宫内，没看上几眼就落叶荡尽。宫中的阶庭之内，全是细草铺地，绿色茵茵。这些都是用刮取的草皮覆盖其上，太阳晒一天就枯死了。而每天每日需要不停地更换，以保持常绿常新。

后来萧宝卷还下令把园林山石都涂上彩色，远远望去五彩斑斓。又建紫

南朝仪仗出行画像砖
这块画像砖出土于河南邓州市，表现的是一个仪仗队整齐前行的情景，人物造型生动，极富动感。

阁等台阁，墙壁上绘满春宫图画，以供他淫乐观赏之用。

由于潘妃之父是小商贩出身，潘妃自小就喜爱市场买卖的热闹景致。萧宝卷因此专门为她在皇宫后花园设立店肆，模仿城内集市的样子，放置所有的日用百货杂物，与宫人太监一起假装商贩立于店内高声吆喝。并让潘妃充任市令（市场管理员），萧宝卷则自己担任市吏录事（管理员助手），时不时还"扭送"几个"打架争吵"的"商贩"到潘妃前听候处罚。萧宝卷自己有过错时，潘妃也怒目圆睁大声叫打。萧宝卷很惧内，只得暗中吩咐侍从，不能在潘妃发怒时用大荆棍对他施刑。

在集市内游走时，潘妃坐着小轿，萧宝卷则戎服乘马跟随伺候。潘妃喜欢在小酒肆内当老板娘酿酒，萧宝卷就立于肉案后当屠夫切肉，玩得有模有样，不亦乐乎。

南齐各地纷纷造反

始安王萧遥光见辅政大臣接连被杀，心中惊惧。这时萧宝卷又下诏召他返回建康议事，更让他相信萧宝卷要杀自己，于是索性起兵造反。

萧遥光率兵连夜攻占了建康东城，由于出其不意，开始时进展很顺利。但由于其本性怯懦，没有乘胜攻入禁宫，丧失了最好的机会。天一放亮，台军（首都禁卫军）全部集结起来，本来兵锋占优势的萧遥光一日之内兵溃退走，最后跑到床下躲避，被兵士搜出砍了头。从起事到被杀，全部加起来也不过四天。

萧遥光是萧鸾的侄子，少年时便和萧宝卷吃住在一起，两人感情很深，萧宝卷常昵称萧遥光为"安兄"。萧遥光被杀后，萧宝卷登上旧时和萧遥光一起玩耍的旧宫土山，遥望萧遥光被杀的东府，怆然呼唤"安兄"，黯然泪下。

历史细读

继三国时期的数学家刘徽之后，到了南朝宋、齐年间又出现了一位著名的数学家，他的名字后被用来命名月球上的一座环形山，这个人就是祖冲之。计算出圆周率的近似值在 3.1415926 到 3.1415927 之间，成为世界上第一个把圆周率精确到小数点以后第七位数字的杰出数学家。这在当时是最为精确的圆周率数值，直到一千多年后，德国数学家奥托才求得。祖冲之的贡献记录在他的专著《缀术》之中。该书不但是唐朝的教科书，而且在古代朝鲜、日本也曾是教科书。

萧宝卷此种"正常人"的举止，史书上也仅此一件。

平定萧遥光后，萧宝卷觉得宰杀大臣太容易了，在不到一个月内，又杀掉本来参与镇压萧遥光叛乱的功臣刘暄、萧坦之和曹虎等大臣。杀刘暄时，萧宝卷有些犹豫说："刘暄是我的亲舅舅，怎么会谋反呢？"一个侍卫说："明帝乃武帝同堂（指萧宝卷之父齐明帝与齐武帝是堂兄弟），恩遇如此，犹灭武帝之后，舅舅又怎么能可信呢？"于是萧宝卷族灭了刘暄一家。

此时六位顾命大臣中只剩下太尉陈显达一人了。陈显达谦厚有智谋，自以为寒人出身而位居官官，每次升迁都有愧惧之色。他常常嘱咐告诫自己的儿子说："我本意不及此，汝等勿以富贵凌人！"萧宝卷即位后，陈显达在外督军进攻北魏，杀伤无数，惊得魏孝文帝亲自率十余万大军增援。虽然最后陈显达被击退，但累的大名鼎鼎的孝文帝回去后不久就病死了。

陈显达在听闻徐孝嗣等人的死讯后，感到祸之将至。499 年十一月，陈显达于寻阳起兵数万，在采石与朝廷军队相遇交战，获得大胜，建康上下大为震惊。虽然陈显达身经百战，但由于太过于轻敌大意，即刻北上袭城，一时间禁宫四门紧闭。陈显达只带领了数百名步兵，在西州前与官军大战，七十多岁的他挥矛如飞，矛杆杀断后拿着矛尖还杀掉十多人。不久增援的官军赶到，陈显达不支败走，被杀于乌榜村，随后被满门抄斩。

诛杀陈显达后，萧宝卷更加骄恣放荡，觉得自己帝位稳固，是上天的旨意。一月之中，他出外游玩的时间竟有二十九日之多。萧宝卷自小爱玩，身体十分强壮，他爱玩一种叫"担幢"的游戏，即做白虎幢高七丈五尺，左臂右臂来回担玩。后来觉得不过瘾，又把几十斤重的白虎幢移到牙上担玩，因此坏掉了好几颗牙齿，仍旧担玩不已。

由于萧宝卷数次诛杀大臣，豫州刺史裴叔业很惊惶，于是以寿阳城投降

达摩一苇渡江

这幅达摩图是明宪宗所画，表现了达摩离开萧梁后，乘坐一支芦苇渡江去北魏的情景。

了北魏。萧宝卷闻讯后，派护军将军崔慧景前去讨伐。崔慧景也是三朝老臣，出城后大喜过望，说："此脖项终能免于被这群小辈所砍了！"

萧宝卷的三弟江夏王萧宝玄当时坐镇京口，听说崔慧景带兵北行，就发密信劝他造反。崔慧景见信大喜，立即掉头返回，攻下东府、石头、白下、新亭诸城，包围了建康。萧宝玄是萧宝卷的亲弟弟，娶了徐孝嗣的女儿为王妃。徐孝嗣被杀后，女儿也受到株连而被杀害。萧宝卷就把自己用过的两个姬侍送给萧宝玄做妻子，萧宝玄因此又恨又羞，起了取而代之的想法。

众军包围都城后，都劝崔慧景发火箭烧掉北掖楼，城崩后就可直入城里。崔慧景觉得胜利在望，入城后立了新帝又要重新造楼太浪费，不用此计。他本人又好佛理，有南朝人清谈的习惯。大战前夜，竟住在法轮寺与宾客高谈玄言，诸将皆怨恨失望。

萧衍的哥哥萧懿当时屯兵于小岘，闻讯后即刻带兵驰援，从采石渡江。凌晨时分交战，率兵大破崔慧景军。崔慧景单骑逃至蟹浦，被渔人杀死。

萧宝玄也被擒获，萧宝卷把这个三弟招入后堂，用步障把他围起来，命数十名太监敲鼓鸣叫绕行鼓噪，告诉他说："前几天你和崔慧景包围我时，我就是这种感觉。"隔了几天，萧宝卷越想越气，派人杀掉了萧宝玄。

萧衍杀萧宝卷掌权

萧懿平定了崔慧景之乱后，获封为尚书令，又掌管卫尉（禁军司令）。茹法珍等人因为忌惮萧懿的威仪，鼓动萧宝卷杀掉他。有人得知消息后，在江边准备小船，劝说萧懿逃往弟弟萧衍处。萧懿不信，说："自古皆有死，哪有尚书令叛逃的？"

果不其然，萧宝卷派卫士于宫中赐毒药给萧懿。萧懿愚忠，在喝下毒酒之前还说："我弟弟萧衍现在襄阳，以后必反，我深为朝廷忧之。"

萧衍听说兄长被杀，起兵直发都城。由于萧宝卷不停地诛戮功臣武将，使得人人自危，于是纷纷投降。萧衍挟持南康王萧宝融为天子（明帝第八子，时年十四岁），连破竟陵、江陵，在湘中与诸军相会，然后进逼汉口，并攻克了都城门户郢州。

郢州失陷后，萧宝卷一点也不慌张，依旧驰马游玩。他对茹法珍说："一定等敌军来到白门前（建康城西门），才要和他决一死战！"

待到萧衍兵临城下，萧宝卷才招集兵马固守城池。由于投降萧衍的兵士太多，萧宝卷于是把监狱内的囚犯放了出来，发给兵器充当守城军士。对其中那些不可赦免的死囚，就近在朱雀门前被砍头，一天之内，百余人被杀。

501年，萧宝卷派征虏将军王珍国等迎敌，让宦官王宝孙持自己的白虎幡督战。萧衍将士死战，王珍国等人大败，淹死于秦淮河的南齐兵士不计其数，致使萧衍的兵士踩着浮尸就可以冲过河去。

萧衍长驱直入，围攻建康六门。萧宝卷派人烧毁城内营署，驱逼士民，逃入宫城内紧闭四门守城。当时宫城内仍旧有甲士七万多人，萧宝卷又喜欢打仗，外面攻城时还不断与卫士、宫人在华光殿前演习战斗格杀。他自己身着戎服，以金银为铠胄，遍插羽毛、宝石装饰，跟平常一样不慌不忙。听见城外攻城鼓声阵阵，他就穿着大红袍登景阳楼往城外眺望观赏，差一点被飞弩射中。

达摩面壁图
达摩后来到了嵩山少林寺，面壁九年，传衣钵于慧可。此图描绘菩提达摩面壁打坐、苦行修炼的情形。

萧宝卷之所以心中有底气，是因为先前的陈显达、崔慧景等人的围城攻伐都以失败而告终，他觉得自己是天命之子，萧衍肯定也不会例外，必败无疑。萧衍围城前，他不以为意，连粮草都有没准备。

平日里萧宝卷总是喜欢赏赐左右钱财，动不动就以亿万计。但这时萧宝卷不知怎么突然吝啬起来，不肯出钱物赏赐守城的军士。茹法珍情急之下，叩头请求他拿出金银财物赏赐属下，萧宝卷回答说："贼来只是要我一个人的命吗？干吗只管我要东西？"

萧宝卷的后殿有数百张大木板，士兵们想拿去加围城防，但萧宝卷硬是不准，说这些木头要留着做殿门用。还催促御府赶制三百人的精仗，准备萧衍败退后庆功时给仪仗队使用，并大施金银宝物雕饰仪仗铠甲。城内人闻讯后，莫不愤恨，都想逃亡投降。

退败守城的王珍国等人听说这个消息，害怕自己被杀，就密谋串通宫内的宦官和侍卫一起，准备先下手为强。

几天后萧宝卷刚刚在含德殿吹笙唱歌完毕，躺下还未入睡，一行人就叫喊着冲入殿中。萧宝卷感觉不妙，翻身跳起，从北门跑出想逃往后宫，这才发现大门已关，手中也没有武器。这时叛兵纷纷上前，萧宝卷很快挨了一刀，躺在地上后还口中大喊："奴才要造反吗？"

兵士们大刀在手，二话没说，挥刀就把这个昏君的脑袋剁下了。众人用

历史细读

达摩，全称菩提达摩，南天竺人，婆罗门种姓，自称佛教禅宗第二十八祖。南朝梁武帝时航海到广州。梁武帝信佛，达摩至南朝都城建康会梁武帝，面谈不和，遂一苇渡江，北上北魏都城洛阳，卓锡嵩山少林寺，面壁九年，传衣钵给慧可，后出禹门游化终身。达摩在中国始传禅宗，经二祖慧可、三祖僧璨、四祖道信、五祖弘忍、六祖慧能等大力弘扬，成为中国佛教最大的宗派。后人便尊达摩为中国禅宗初祖，尊少林寺为中国禅宗祖庭。

浸过油的黄绢包起他的首级，派人送给萧衍投降（浸过油的黄绢透明，以便萧衍辨认）。

萧衍于是进城，斩了潘妃、茹法珍等人。又以宣德太后令，立萧宝卷的同母弟萧宝融为帝。

萧衍灭齐，称帝后舍身佛事

萧衍在攻占首都建康后，立萧宝融为帝，是为和帝。自己则升任大司马，掌管中外军国大事，还享有带剑上殿的特权，不用向皇帝行叩拜大礼。

萧衍虽然大权在握，也想废和帝自己做皇帝，但他并没有急于求成，而是静待时机。好友沈约知道他的心事，便委婉地向他提起此事。第一次时，萧衍虽然心中高兴，但还是装糊涂推辞过去了。当第二次沈约再提起时，萧衍犹豫片刻后，也就答应了。

沈约于是告知了范云，两人都同意拥立萧衍做皇帝，萧衍知道后很是高兴。在他们谋划的过程中，萧衍竟然贪恋起原来宫中的两个美女来，把头等大事忘到了脑后。范云知道后很是着急，又找到萧衍，说明利害，这才使萧衍下决心灭齐代之，免得夜长梦多。

范云和沈约一面逼迫萧宝融禅位，一面在民间大造舆论，说萧衍奉天命应当称帝。等萧宝融的禅让诏书送到后，萧衍假装谦让。于是范云带领上百名大臣，再次上书称臣，请求萧衍早日登基称帝。太史令也陈述天文符谶，证明他称帝合乎天意，萧衍这才装着勉强接受众人的请求。502年，萧衍正式在都城的南郊祭告天地，登坛接受百官跪拜朝贺称帝，建立梁朝，改年号为天监，是为梁武帝。南齐灭亡。

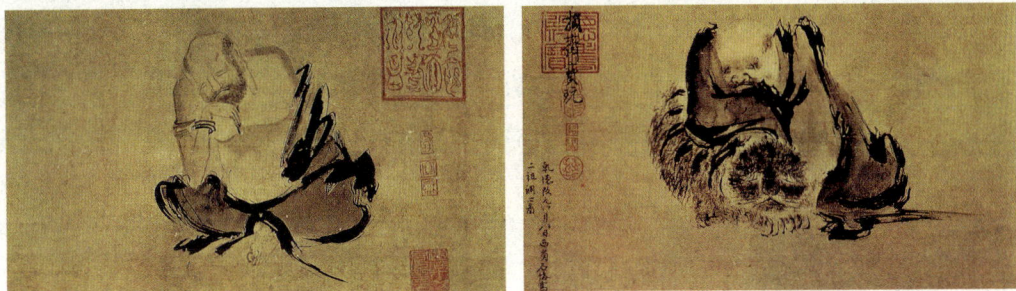

二祖调心图

二祖调心图是五代画家石恪所作。图中表现慧可、丰干二位禅宗祖师调心师禅时的景象。慧可为禅宗二祖，双足交叉而坐，以胳膊支肘托腮。另一幅画丰干伏于温驯如猫的老虎背上。前者突出一个"静"字，后者突出一个"酣"字。萧衍崇佛，使佛教在南梁时得到空前的发展。

萧衍废掉萧宝融后，派人给他送去金子，逼其吞金自尽。继而对外谎称是病死的，追为和帝，并按照皇帝的规格举行了丧礼。

萧衍虽然杀了萧宝融，但对前朝宗室还不算太残忍，毕竟自己与他们同属一宗，不过是宗属稍疏罢了。萧道成一系的支属萧子恪兄弟十余人，均被授以清闲之官，得以安度生活。

萧衍做了皇帝后，很勤于政务，而且不分冬夏春秋，总是五更天起床，批改公文奏章，在冬天把手都冻裂了。为了广泛地纳谏，听取众人的意见，萧衍下令在门前设立两个盒子（当时叫函），一个是谤木函，一个是肺石函。如果功臣和有才之人，没有因功受到赏赐和提拔，或者良才没有得到任用，都可以往肺石函里投书信。如果是一般的百姓，想要给国家提什么批评或建议，则可以往谤木函里投书。

当时梁朝的法律十分严酷，并且实行株连法，不管老幼一概不免，一人逃亡，全家以身抵罪服劳役。百姓既然被逼迫得走投无路，各种作奸犯科的窃盗作乱案件就更严重了。一次萧衍去郊祀，有一个秣陵老头借此机会拦住御驾讲道："陛下执法，对庶民太严酷，对权贵则太宽松，这不是长久之道。如果能打一个颠倒，那么就是天下大幸了！"

萧衍于是考虑对百姓执法加以放宽，下诏说："自今开始，流放之家以及该以身抵罪服劳役者，如果有老人或小孩，可以把他们免除在外。"

萧衍的节俭也是出了名的。史书上说他"一冠三年，一被二年"，不讲究吃穿，衣服可以是洗过好几次的，吃饭也是蔬菜和豆类，而且每天只吃一顿饭，太忙的时候，就喝点粥充饥。

萧衍很重视对官吏的选拔任用，要求地方的长官一定要为政清廉。并且

萧统（昭明太子）

萧统，南朝梁文学家，梁武帝萧衍长子。齐中兴元年（501年）生于襄阳。萧统两岁时就被立为太子，但未及即位就死了，谥号昭明，世称昭明太子。萧统主持编撰了中国现存的最早一部诗文总集《文选》。

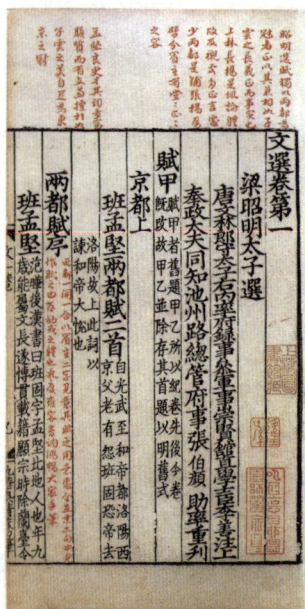

《文选》书影

梁萧统编撰《文选》。萧统爱好文学，他的门下有许多文人，他们经常在一起讨论典籍，商榷古今，并从事文章著述。《文选》即是萧统与文人一同编撰的。

经常亲自召见他们，训导他们遵守为国为民之道，清正廉明。为了推行自己的思想，萧衍还下诏书到全国，如果有小的县令政绩突出，可以升迁到大县里做县令。大县令有政绩，就提拔到郡中做太守。政令执行后，吏治状况得到显著的改善。

不过萧衍的猜疑心很重，总害怕开国功臣们要夺他的皇位。对于范云和沈约，萧衍也未加重用。范云是在梁建国后就病逝了，而沈约非但没能主持朝政，还经常受萧衍的斥责，后来也病死了。

北魏发生内乱以后，南方的梁朝曾经几次起兵北伐。但是因为萧衍指挥无能，不但未能收复失地，反而死伤了无数军民。北魏分裂后，也没有能力再进攻南方，梁朝才有了一个比较长期的安定时期。

梁武帝看到宋、齐两个朝代都因为皇族之间互相残杀而发生内乱，他就对自己的亲属格外宽容。

萧衍对功臣吝啬，但对自己的亲戚却是格外照顾，甚至不惜徇私护短。萧衍的六弟临川王萧宏窝藏杀人凶手，萧衍不但不加惩罚，反而加封官职，妄加纵容。萧宏于是更加肆无忌惮地胡作非为，谋划着篡夺萧衍的皇位，结果在派人刺杀萧衍时事情败露。萧宏因为极度恐惧，得病而死。萧衍在没有子嗣的时候，抚养了萧宏之子萧正德。萧正德从小就很粗野阴险，萧衍即位后，他一心想成为东宫太子。

不久萧衍的长子萧统出生，萧正德于是被交还给父母，并被赏赐西丰侯的爵位。但萧正德心中恨恨不平，一直怀有谋反之心。这一年萧正德由黄门侍郎升为轻车将军，不久他逃奔北魏，自称是被废弃的太子，前来避祸。

北魏尚书萧宝寅上表朝廷说："伯父是皇帝，父亲是扬州刺史，而他却丢下亲人，远远地投到别的国家来，岂有此理！不如杀了他。"萧正德于是又从北魏逃了回来。萧衍流着泪教诲他，恢复了他的爵位。

萧综是萧衍的次子，但他的母亲吴淑媛原来是东昏侯的妃子，被萧衍纳为妃七个月后，生下了萧综。但萧衍很喜欢这个儿子，封他为王，还做了将军。不久吴淑媛失宠，开始怨恨萧衍，就把七个月生萧综的事告诉了儿子。

梁武帝舍身佛寺
梁武帝屡次"舍身"同泰寺，它的遗址在江苏南京市城北鸡笼山右。梁武帝舍身佛寺其中有三次写明"赎价"为"钱一亿万"。

从此萧综觉得自己是东昏侯的儿子，与萧衍逐渐疏远。

不久梁和北魏在边境发生冲突，萧衍让萧综领兵，督率各军作战，但萧综却投奔了北魏。北魏很高兴，给予萧综高官厚禄。萧综于是改名为萧缵，并表示要为东昏侯服丧三年。萧衍听说后非常生气，撤销了给他的封号，还把吴淑媛废为庶人。后来萧衍听说萧综有要回来的意思，就让吴淑媛给他送去小时候的衣服。不久吴淑媛病逝，萧衍又起了恻隐之心，下诏恢复萧综的封号，给吴淑媛加了谥号为"敬"。

这两次打击对于萧衍来说是很沉重的，他开始看破红尘，信仰佛教。527年，萧衍开始来到同泰寺，做了三天的住持和尚。自从信佛之后，萧衍不近女色，不吃荤肉。他不仅自己这样做，还要求全国效仿。并要求以后祭祀宗庙不准再用猪、牛、羊等牺牲，而要用蔬菜代替。理由是皇帝吃素，神灵自然也吃素。

这个命令下达后，大臣们议论纷纷，都表示反对。最后萧衍只得允许用面捏成牛羊的形状祭祀。

萧衍醉心佛事，在他统治的末年，建康"佛寺五百余所，穷极宏丽。僧尼十余万，资产丰富。所在郡县，不可胜言"。他还曾经屡次"舍身"，自进寺院为"寺奴"，而且一次比一次的时间要长。梁武帝决定舍身同泰寺为奴，他的朝臣"三表不许"，"于是内外百官共敛珍宝而赎之"。皇帝"舍身"，大臣们得公私齐凑钱财为他"赎身"，三次"赎"皇帝，共花费了三亿多万的钱。佛教的盛行，让大批男丁为了逃避兵役、徭役而出家为僧，使梁朝国力每况愈下。

历史细读

中国大约在东汉末年出现"灌钢"法的初始形式。南朝齐、梁时的陶弘景首先记载了灌钢法。南北朝时期的綦毋怀文对这一炼钢工艺进行了重大改进和完善。綦毋怀文，姓綦毋，名怀文，是中国南北朝时期著名的冶金家。他曾用这种方法制成十分锋利的"宿铁刀"。据史书记载，綦毋怀文的炼钢方法是："烧生铁精，以重柔铤，数宿则成钢。"灌钢法是中国古代炼钢技术上一个了不起的成就。

"恨石崇不见我"

北魏孝文帝迁都洛阳以后，经济有所发展，同时也隐伏着危机。皇帝和鲜卑贵族们的生活日益腐化。孝文帝曾经两次调动大军攻打南齐，由于南齐军民的抵抗，无功而返。499 年，南齐派兵攻打北魏。魏孝文帝带病抵抗，打退了齐兵。不久孝文帝就病死了。

魏孝文帝死后，魏宣武帝元恪继位，北魏又开始衰落。元恪一反孝文帝严格的做法，实行"宽以慑下"的政策，使政治日趋腐败，北魏统治者又走上了历史上大多数没落王朝的老路。宣武帝元恪的皇后胡氏生活奢侈，败坏朝纲。元恪死后，孝明帝元诩继位，因其年幼，胡太后临朝称制。

生活腐化。如高阳王元雍有僮仆六千人、伎女五百人，一食之费数万钱，外出时仪仗卫队几乎堵塞道路，回家后通宵达旦地歌舞饮宴。尚书令李崇也是腰缠万贯，却对人说："高阳王一顿饭可抵我千日饭钱。"

吏治腐败，贿赂公行。吏部公开卖官，各有定价。大郡太守值二千匹绢，次郡一千匹，下郡五百匹，故被讥为"市曹"。

由于北魏以前几代国力强盛，统治阶级搜刮了不少财富。有一次胡太后偶然到库房去看，发现那里积累的绫罗绸缎多得用不完。就想出一个主意，下命令叫贵族大臣都到库房里来，把绫罗赏赐给他们。她规定各人凭自己的力气，拿得动多少就拿多少。这批贵族大臣都是些贪得无厌的家伙，吵吵嚷嚷地都想多拿一些。可是他们平时养尊处优，哪里拿得动许多绢匹。尚书令李崇、章武王元融两个人各背了一叠绢，累得汗流浃背，刚迈开两步，就连人带绢跌倒在地上。李崇伤了腰，元融扭了腿胫，都躺在地上叫疼。

胡太后看了，派人把他们两人背上的绢匹全夺了下来。两个大臣偷鸡不着蚀把米，一个揉着腰眼，一个拐着腿，一步一拐地空手出了宫门。宫里宫外的人看见了，都笑得前俯后仰。有胡太后带头，下面的贵族豪门，也竞相比阔气。

西晋时代有大富豪石崇，北魏的河间王元琛也要学石崇。他特地邀请贵族、大臣到他家宴会，宴席上用的食器有水晶杯、玛瑙碗，都精巧华丽得出奇。元琛还请大家参观他的堆满金银绸缎的仓库。后来大家到他家的马厩一看，发现喂马的食槽也是用银子打造的。

元琛一面领着大家看，一面对章武王元融说："大家都说晋朝的石崇富，我不恨自己见不到石崇，只可惜石崇没有见到我。"元融从元琛家里回来后，觉得自己比不上元琛家里富有，因此懊恼得三天都没有起床。

此时土地兼并严重，胡汉贵族地主和寺院僧侣地主竞相占夺耕地。北魏除太武帝拓跋焘一度毁佛外，其他诸帝都崇奉佛教，故各地寺院林立，僧尼众多。在迁都后的二十年中，全国有寺院三万多所，仅洛阳就有一千三百六十七余所，僧尼二百多万。

鲜卑贵族元显隽的墓志
鲜卑贵族元显隽的墓志铭，其姓氏拓跋此处已改为元，籍贯也改为洛阳。这是当时孝文帝改革的实物证明。

到了魏孝明帝即位时，因为年纪太小，由他母亲胡太后临朝。胡太后是个专横奢侈的人。她相信佛教，认为佛法能减轻她的罪过。因此她在皇宫旁边专门建造了一座气势宏伟的永宁寺。寺里供奉的佛像有用金子塑的，也有用白玉雕的，高的一座有一丈八尺。寺的旁边又建造了一座九十丈高的九层宝塔。每到夜深人静的时候，风吹动塔上的铃铛，发出的声音，十里以外都能听到。寺里有一千多间僧房，都用珠玉锦绣装饰，叫人看了眼花缭乱。据说从佛教传到中国以后，像这样华丽的寺院，还从来没有过。

北魏的统治者还动用大量人力物力，开凿石窟，建造佛像。在建都洛阳之前，他们花了三十多年时间，在云冈（今山西大同武周山）开凿了大批石窟，有大小佛像十万尊以上。从宣武帝到胡太后，又在洛阳伊阙的龙门山开凿石窟，建造佛龛。前前后后开凿了二十四年，花了八十多万人工。这些石窟和佛像表现了我国古代人民高度的雕塑艺术水平，但它也大大加重了当时劳动人民的负担。

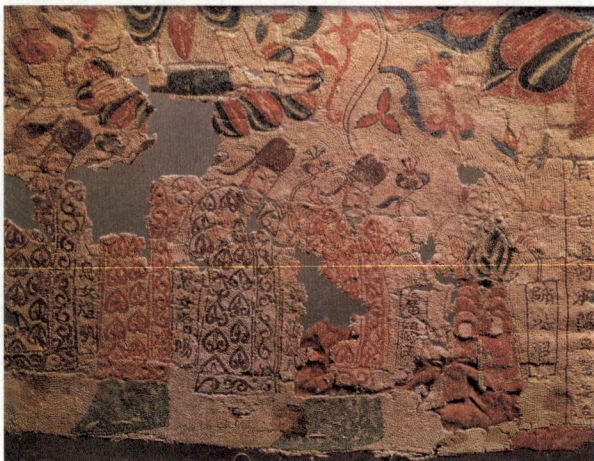

北魏刺绣佛像供养人

这件发现于敦煌莫高窟的北魏刺绣残卷，是北朝汉地生产的织锦，色彩搭配十分讲究。从残卷中可以看出共有四女一男五个供养人，他们都身穿胡服。这是目前发现的最早的满地绣像。

北魏分裂为东魏、西魏

北魏在北方边境设立了六个镇，派了将士防守。523 年，沃野镇（今内蒙古五原北）的匈奴人破六韩拔陵（破六韩是姓）首先带领兵士杀死镇将，发动起义。其他五个镇的兵士也纷纷响应，反对北魏的起义势力越来越大。由于北魏勾结北方的柔然族人共同镇压，六镇兵士的起义失败了。

这时期的起义遍布北方各地，名号繁多，主要有四个部分，即北方边镇起义、河北起义、山东起义和关陇起义。这些起义前后持续了九年（523年—532 年）之久，遍及北方大部分地区，参加起义的有匈奴、鲜卑、敕勒、丁零、氐、羌和汉族等百万人。这些起义沉重打击了北魏的腐朽统治，使北魏统治集团内部矛盾加剧。起义还削弱了胡汉门阀世族的腐朽势力，有力地冲击了北方的门阀制度，使统治阶级内部结构发生了变化。同时起义也进一步促进了民族大融合。

北魏政府为了防止六镇兵民的反抗，把起义失败的六镇兵士二十多万人都押送到冀州、定州、瀛州（今河北河间）。这些兵士哪里肯受北魏朝的奴役，在冀州又燃烧起了起义的火焰。鲜卑族的葛荣率领起义军进攻瀛州，北魏政府派章武王元融为大司马，广阳王元深为大都督，发动大军镇压。那些只知吃喝玩乐的贵族哪里会打仗。葛荣起义军到了博野镇（今河北中部），就派出一支轻骑兵偷袭元融的大营。元融没有防备，被起义军杀死。元深听到元融被杀，退到定州，也被葛荣的骑兵俘虏。

葛荣把各路起义兵士会合在一起，号称百万，准备向洛阳进军，声势浩

南北朝王阿善造像

这是一尊南朝齐隆绪元年（527年）的王阿善造像。正面刻有两龛，龛内分别有两位道士装扮的老者坐于其中，后方另立三位道士。王阿善为女信徒的姓名。南北朝时期，佛教发展步入高峰。道教造像远比佛教造像稀少。"隆绪"是南朝齐明帝萧鸾第六子萧宝夤的年号，存在仅一年，其造像更为罕见。

大。这时候秀容（今山西朔州）有个部落酋长尔朱荣，手下有八千强悍的骑兵，专门和农民军作对。北魏孝明帝就利用尔朱荣的兵力来对付葛荣。

葛荣认为尔朱荣人马少，容易对付。他把兵士在几十里的阵地上散开，准备围捕尔朱荣。想不到尔朱荣把兵力埋伏在山谷里，发动精兵突击，把葛荣的兵士冲散，再前后夹击。起义军遭到失败，葛荣本人也被杀害。

葛荣起义失败后，北魏内部也发生了大乱。尔朱荣和胡太后、孝明帝在内乱中互相残杀。最后北魏的实权，落在两员大将高欢和宇文泰手里。534年，北魏的孝武帝逃到长安投靠宇文泰。丞相高欢想篡夺政权，关西大都督宇文泰维护朝政，双方进行激烈交战。豳州刺史孙定儿投靠高欢势力，拥兵数万，与宇文泰集团抗争。宇文泰为消灭孙定儿军，派遣部将刘亮带兵攻打。孙定儿以为宇文泰军离自己尚远，未作认真防备。刘亮只带了二十名骑兵，急速向孙定儿驻地挺进。为了迅速消灭孙定儿的几万部队，刘亮用计谋，先在离城不远的一处高地树起一面大旗，然后带着人马突然闯入城中，并在酒宴上挥刀杀了孙定儿。接着刘亮手指城外那面大旗吩咐自己的官兵说："快出去招呼大军进城！"孙定儿军兵士看到城外大旗，以为旗下真的有大军聚集，于是全部投降。

高欢于北魏孝武帝永熙三年（534年）十月，决定立北魏孝文帝的曾孙、清河文宣王元亶之子元善见为皇帝，即位于邺城东北，改元天平，是为东魏孝静帝，正式建立了东魏政权。元善见年仅十一岁，由于年幼，由权臣高欢辅政。

535年，宇文泰立北魏孝文帝之孙、京兆王元愉之子南阳王元宝炬为帝，

历史细读

六镇起义是指北魏末年北方六镇戍卒和各族人民的大起义。六镇设于北魏初年，后增为武川、怀朔、沃野、柔玄、怀荒、抚冥、御夷、高平、簿骨律等九镇，均以贵族为镇将。魏都城南迁洛阳后，六镇逐渐失去重要性。宣武帝以后，"边任益轻，唯底滞凡才，出为镇将"。他们大都贪残无比，霸占土地，克扣兵饷，对镇兵和各族百姓进行残酷的奴役和剥削，加上灾荒连年，阶级矛盾十分尖锐。正光四年（523年），怀荒（今河北张北）镇兵杀镇将起义。不久沃野镇（今内蒙古五原北）破六韩拔陵率士兵也杀镇将起义，各族人民及镇兵纷起响应。

都城长安，改元大统，是为西魏文帝，正式建立了西魏政权。北魏从此分裂，北方形成了东西对峙的局面。

侯景之乱

晚年的梁武帝信任大将侯景，侯景原来是被鲜卑族同化的羯族人，和高欢关系很好。在怀朔六镇起义失败后，侯景投奔了高欢，高欢很欣赏他，对其委以重任。

高欢死后，侯景和高欢的儿子高澄不和，于是投降了西魏。但西魏对他有戒心，于是侯景又想请求萧衍接纳他。

萧衍恰巧在这时做了一个梦，梦见北朝的刺史、太守都来向他投降，萧衍认为这个梦是好兆头。不久侯景派人来说他跟东魏、西魏都有冤仇，决心向南梁投降，还表示愿意把他控制的函谷关以东十三个州都献给南梁。

萧衍接见了侯景派来的使者后，马上召集大臣商议。大臣们大多认为南梁和北朝多年来相安无事，现在接纳了北朝叛将，只怕引起纠纷。但是萧衍一心想要恢复中原，再想起他做过的那个梦，认为这是佛祖来帮助他了。于是他不听大臣们的劝阻，把侯景封为大将军、河南王，派侄儿萧渊明带兵五万去接应侯景。

萧渊明带兵北上，受到东魏的进攻，几乎全军覆没，萧渊明也被俘虏。东魏又进攻侯景，侯景大败。

东魏派使者到南梁，主张双方重新讲和。侯景害怕起来，派一个人冒充

铜牛车
乘牛车是汉人的习惯，孝文帝迁都洛阳后开始实行汉化改革，一些鲜卑贵族也乘坐牛车以显示地位。

东魏使者送信到建康，提出用萧渊明交换侯景。萧衍不知道这是侯景的试探，写了一封信交给使者，说只要把萧渊明放还，就立即把侯景交给东魏。

侯景走投无路，他找到萧衍的养子萧正德，诱骗他说，只要他肯做内应，推翻萧衍之后，就拥戴他做皇帝。萧正德权迷心窍，秘密派了几十艘大船，帮助侯景的叛军渡过长江，把梁武帝居住的内城，即台城包围起来。由于救援的兵马都隔岸观火，因此台城很快失守，萧衍成了侯景的俘虏。

侯景带着五百名甲士去见萧衍，萧衍见侯景来了，不慌不忙地问道："你是哪里的人，竟敢作乱，你的妻子、儿女还在北方吗？"侯景竟不知道怎么回答，旁边的部下替他说："臣下侯景的妻子和儿女都被高氏杀了，现在只他一人归顺陛下。"萧衍又问道："你过江时有多少兵马？"侯景这时自己回答道："千人。"萧衍问："攻城时多少？"侯景答道："十万。"萧衍问道："现在呢？"侯景想了想说："率土之内，莫非己有。"萧衍点点头说："你有心忠于朝廷，应该管束好部下，不要骚扰百姓。"侯景听了，只是点了点头。

见过萧衍后，侯景对身边的亲信王僧贵说："我多年征战疆场，从来没有胆怯过。这次见萧衍竟然有点害怕他，莫非真是天子威严不容侵犯吗？"

但是侯景毕竟是打进都城的，他的军队掌握了都城的管理大权，卫兵进出皇宫也很随便，还佩带武器。萧衍见了很奇怪，问左右侍从，侍从说是侯丞相的卫兵。萧衍生气地喝道："什么丞相！不就是侯景吗？"侯景不久就杀了同伙萧正德，派人监视萧衍，限制他的饮食供应。萧衍毕竟年迈，很快就病倒了，最后连饿带病死去，终年八十五岁。

萧衍死后，侯景先拥立梁武帝萧衍第三子萧纲为帝（简文帝），旋即废萧纲而立萧衍的曾孙、豫章王萧栋为帝。不久又废萧栋自立，改国号汉，大杀萧衍子孙。萧梁统治至此已实际解体。552年，王僧辩、陈霸先攻下建康，侯景企图逃跑，被部下砍死于船中，侯景之乱结束。

侯景乱梁是南方的又一次空前大浩劫，也是南朝历史的一个转折点。此

高润墓举哀图
北方的皇族高润，是北齐皇帝高洋的弟弟，地位崇高。这幅壁画中的墓主人高润去世，侍从在两旁举哀，地位尊卑不同的贵族列仪仗围在外面。

后南朝在长江下游以北土地，尽为北齐所占，汉中及长江中游以北土地，尽归西魏所有。残暴的侯景军在江东地区烧杀抢掠，社会经济遭到巨大的破坏，"千里绝烟，人迹罕见，白骨成聚，如丘陇焉"。门阀势力也在这次内乱中受到沉重打击。侯景入建康前，曾求婚于侨姓士族王、谢而受挫，心怀怨怒。及陷建康，对"富室亲家，子女妻妾，悉入军营"。在战乱中死亡的门阀士族，更是不计其数。北齐颜之推说，两晋之际南下的百家士族在建康者，经过侯景之乱已"覆灭略尽"。从此南朝力量更加衰落了。

北齐与北周

北魏分裂之后，东魏朝政大权被权臣高欢把持。高欢死后，他的儿子高澄专权。后来高澄的弟弟高洋灭东魏自立，建立了北齐政权。而西魏的大权则一直掌握在宇文氏手中，557年，宇文觉建立北周政权，西魏灭亡。

北齐代东魏

东魏建立后，大权牢牢掌握在高欢手中。高欢善于玩弄权术，势力渐大，权倾朝野，令孝静帝天天都提心吊胆，对高欢颇为畏惧。高欢执政至547年死去，期间土地兼并情况严重，社会矛盾与民族矛盾尖锐，屡败于劲敌西魏宇文泰。而高欢死后，其子高澄继承其父亲的职位，权势更大。

高澄是高欢的长子，自幼聪明过人，深得高欢喜爱。531年高欢攻下邺城后，将他立为世子。高欢死后，高澄被孝静帝元善见任命为使持节、大丞

名家评史

……反观高氏，虽其所凭借者胜于宇文，然并无调和汉人与鲜卑之方策，故东魏北齐四十余年之中，其政治上常发生鲜卑与汉人之冲突，力量分散。齐为周灭，此其一因。

——缪钺

相都督中外诸军事、录尚书事、大行台，承袭其父渤海王位。

不久高澄因为专横跋扈被其厨奴兰京杀死，"内外震骇"。他的弟弟高洋当时年仅二十一岁，却神色不变，指挥若定，亲自围捕兰京等人，"自脔斩群贼而漆其头"。

高洋（526年—559年）是东魏大宰相高欢的次子。高洋肤色黝黑，脸大，面部的肌肉往两边耷拉，一身牛皮癣，踝骨畸形。与哥哥高澄相比，高洋完全是个丑陋的少年，但父亲高欢对这个丑儿子却很看重。

一次高欢为了试探儿子们的智力，在每人面前扔了一团乱丝线，观察当时还都是少年的儿子们的反应。大家见到线团，都手忙脚乱想把丝理顺，唯独高洋"抽刀斩之"，口里还恶狠狠地说："乱者须斩！"

因为父亲是东魏高官，高洋也出任京畿大都督，掌管外朝大政。但是他假装愚钝憨直，连自己的妻子被哥哥齐王高澄多次调戏也假装不知道。无论国事家事，高洋都睁一只眼闭一只眼，只求相安无事。

高澄死后，高洋被封为大丞相，都督全国军事，并承袭了哥哥高澄的齐王爵位。自此以后，高洋一下子像变了个人似的，不但办事井井有条，一清二楚，还推行新法，把晋阳城管理得市井繁荣，井然有序。

对于高澄之死，东魏孝静帝元善见十分高兴，起初天真地认为："此乃天意，威权当重归于我。"但接踵而来的事实随即粉碎了他的幻想。高洋去晋阳宫入殿面辞，"从甲士八千人，登阶者二百余人，皆攘袂扣刃，若对严敌。"高洋自己不说话，让随从人传话，告诉孝静帝说自己要去晋阳，虚拜两下，扭头便走。孝静帝大惊失色，望着高洋背影，沉痛地说："此人似乎更不相容，吾不知死在何日！"

高澄死后没多久，高洋就在高德政、徐之才、宋景业等人的鼓动下从晋阳向邺城出发，准备篡位。当时不仅高欢的挚友司马子如、高隆之等人不大愿意高洋急着篡位，连高洋的母亲娄氏也说："汝父如龙，汝兄如虎，犹以天

北齐主高洋纵酒妄杀
高洋嗜酒成性，每天都要喝得大醉方休。之后就随意行凶，草菅人命。

位不可妄据，终身北面事人。你以为自己是谁，敢行尧舜之事！"

这样一来，高洋犹豫了，半路返回晋阳，闷闷不乐。徐之才善察人意，进言说："正为不及父兄，才应早升尊位以定人心。"恰巧高洋自铸铜像成功（北朝人喜以铸像占卜吉凶），便欣然上马，率军马直奔邺城，逼迫元善见禅位，登上了皇帝之位，是为北齐文宣帝。

至此东魏灭亡，齐国建立，史称北齐，其时为550年五月，改元天保。高洋最终还是没有放过元善见，于552年，命人毒死了元善见，元善见死时年仅二十八岁。高洋追尊其父高欢为神武皇帝，其兄高澄为文襄皇帝，尊其母娄氏为皇太后。

酒鬼皇帝高洋

建国初期，高洋励精图治。高句丽、柔然、库莫奚、南朝萧绎都相继遣使朝贡。"终践大位，留心政务，理刑处繁，终日不倦。以法政下，公道为先"。

552年春，高洋亲自率军，讨伐在代郡一带屡次侵境的库莫奚，"大破之，获杂畜十余万"。随后高洋北巡冀、定、幽、安四州，北讨契丹，"亲逾山岭，为士卒先，指麾奋击，大破之，虏获十万余口，杀畜数十万头"。此次征伐，高洋以皇帝之尊，露头袒膊，昼夜不息，骑行一千多里，"唯食肉饮水，壮气弥厉"。至此"远近山胡莫不慑服"。两年后高洋发一百八十万役夫筑长城，自幽州北夏口至恒州九百余里。从此高洋"既征伐四克，威振戎夏"。

当了皇帝的高洋开始嗜酒，渐渐变得昏乱妄为，脾气暴躁。有时喝到酣畅时，他自己就起身播鼓，然后跳舞，直跳得筋疲力尽。有时他脱光了衣服，乱叫乱闹。有时他披头散发，穿上胡服，到街上挥刀舞剑。有时随意乱走，到大臣家去乱闹一通，搅得人人胆战心惊。三伏天高洋会赤身裸体躺在地上晒太阳，而三九天他则在风雪中光着身子跑来跑去。不但自己发狂，还让随从们仿效他，弄得随从们苦不堪言。

高洋酒醉后不但发疯，还泯灭人性，兽性大发。一次他企图强奸父亲的小妾尔朱氏。尔朱氏不从，哀求他不要乱了伦理。高洋假意应允，却趁尔朱氏不备将其残忍地杀死。

高洋有个宠妃姓薛，被封为薛嫔。薛嫔的姐姐也十分美貌，高洋便将她也召进宫来，薛氏姐妹于是恳请皇帝封他们的父亲为司德公。高洋知道薛氏姐妹的父亲是个卖唱之人，地位卑贱，不配当官。后来不知怎么又想起薛嫔

北齐出行图
北齐娄睿墓壁画七十一幅，描绘了墓主人生前生活的显赫场面。墓主人娄睿系北齐武明皇太后之侄，官至大将军、大司马、太师，是北齐政权中的主要人物。

与高岳有过暧昧关系，不禁大怒。便令人当着高岳的面，将薛嫔的姐姐活活锯成八块，接着砍掉薛嫔的头，将她的尸体乱刀剁碎，继而把两姐妹的血渗进酒里，让大臣们共饮。高洋还叫乐师剔去薛嫔大腿的筋肉，用白森森的腿骨做成乐器。在每次杀人后的酒宴上，让乐师用薛嫔腿骨做成的乐器弹奏"佳人难再得"的曲子，以示对薛嫔的"怀念"。

随着酒瘾渐增，高洋几乎每日沉醉。别人大醉时昏睡，高洋一醉就杀人，或肢解，或焚烧，或投河，以把人虐死为至乐。就这样日复一日地酗酒、杀人。到了三十岁时，高洋已经不能吃饭了，每天只靠几碗酒度日，最终在昏醉中死去。

北周代西魏

西魏立国后宇文泰在大统七年（541 年）九月，颁行了由苏绰起草的六条诏书，"先治心，敦教化，尽地利，擢贤良，恤狱讼，均赋役"。十一月又颁布了十二条新制，和之前颁布的二十四条新制合在一起，共三十六条。六条诏书和这些新制的内容十分广泛，包括政治、经济、思想、文化各个方面，并据此而采取了一系列措施。

大统十二年（546 年）九月，高欢亲率大军十余万人，围攻西魏据守的玉壁（今山西稷山西南），想拔除西魏安在汾水下游的这个钉子。西魏并州刺史韦孝宽镇守玉壁，顽强抵抗。高欢先后采用断水道、火攻、挖地道等战术，围城五十余日，士卒死亡七万多人，也未能攻下玉壁。最后高欢染疾，只得解围而去。玉壁之战，高欢倾力而出，攻一孤城五十余天不下，智力皆困，以至愤恚成疾，第二年正月，发病而死。自此西魏扭转了过去的劣势，和东魏势均力敌了。

北齐校书图
北齐时期，朝廷提倡学习汉人传统文化，组织才学之人对古代文献进行整理。

在侯景覆灭的同年，萧绎在江陵称帝，同时其弟萧纪也在成都称帝。次年萧纪发兵攻江陵，兵败被杀。西魏乘机攻陷成都，占有了益州。

西魏恭帝三年（556年），宇文泰死，诸子幼小，遗命宇文护掌管国家大政。宇文护是宇文泰之侄，他在与东魏的交战中屡建战功，又与于谨南征梁朝江陵。他想乘宇文泰的权势和影响尚存时早日夺取政权，所以在557年迫使西魏恭帝（拓跋廓亦称元廓）禅位于周。不久就杀了拓跋廓。

同年宇文护立宇文泰的儿子宇文觉，称大周天王，是为北周闵帝，建立北周。宇文护为大司马，封晋国公。宇文觉也是少年坚毅刚决，不满宇文护的专权。他又与大臣商量捕杀宇文护，结果尚未发动就泄了密，宇文觉被废黜，不久后被毒死。

宇文护又拥立宇文泰另一个儿子宇文毓为帝，是为北周明帝。宇文护认为宇文毓温文儒雅，立他为帝好控制。岂料宇文毓却并不如宇文护所想象的那般懦弱无能，他在处理事务中逐渐显露出自己的聪明才智和才干。他周围逐渐集聚起一批老臣元勋。他致力于发展经济，在百姓中也威望日高。为了试探一下，宇文护假惺惺地搞了一次"归政于帝"的举动，把除了军权以外的所有权力都交还给皇帝。谁知宇文毓毫不客气地照单全收，并把自己的名号正式改为皇帝（在此以前，北周的最高统治者不称皇帝而叫天王）。所有这些，都引起宇文护的疑惧和不安。于是在560年他指使一个御厨在明帝的食物里下了毒，毒死了明帝。

尔后又立宇文泰四子宇文邕为帝，是为北周武帝，实际大权仍由他掌握。宇文邕是宇文泰的第四子，性格沉稳，不爱多言，但如果有事问他，他总能说到点子上，所以明帝曾感慨道："夫人不言，言必有中。"宇文泰很喜欢他，常对人说："成吾志者，此儿也。"

北周武帝即位时，北周政局十分不稳，关键原因就在于宇文护垄断了北周的实权。宇文护性宽和，但是不识大体，委任非人而久专权柄，又素无戎略，两次伐齐都大败而归。诸子贪残，僚属恣纵，蠹政害民。宇文邕与其弟卫王宇文直暗中策划，于建德元年（572 年）杀死了宇文护。

宇文护被杀后，北周的大权才真正开始掌握在北周武帝手中。北周武帝除去了心头之患，开始了一系列的改革措施，他在父亲宇文泰所建立的基础上，终于使原来弱于北齐的北周，转弱为强。

天下归隋

南朝萧梁政权灭亡之后，取而代之的是陈朝。而北方的北周政权因为北周武帝励精图治而变得强大起来，北周在灭北齐后，政权被大臣杨坚篡夺。杨坚建立隋朝，最终消灭南陈，统一了全国。

南北朝的宗教、艺术与科技

崇信佛教者与反对佛教者之间的斗争。东晋南朝时期，由于受玄学和宗

西魏诸天

此图中上层有驾马车的日天、跌坐菩萨，中层是一群供养菩萨，下层为一辆三凤车。"天"在佛教中主要指有情众生因各自所行之业而感得的殊胜果报。佛教把古代印度神话和其他宗教中的一些神也称为"天"，并将他们吸纳进来，视为佛教的护法神。"天"的队伍不断扩大。

教发展的影响，鬼、神等迷信思想十分严重。范缜先后仕齐、梁，任尚书殿中郎、尚书左丞等官。他发展了魏晋以来的无神论思想，对佛教和唯心主义哲学思想进行了尖锐的批判。南齐时，司徒、竟陵王萧子良在西邸招揽宾客。萧子良笃信佛教，范缜在西邸与之发生了激烈的争论。范缜很明确地说明了人生富贵、贫贱的偶然性，反对佛教的因果报应学说。范缜又著《神灭论》，论证"形与神"的关系问题。范缜用刀与利的关系比喻形与神的关系，指明了精神对物质之依赖性，这在当时的唯物主义理论上是一大进步，有力地批判了精神不灭的思想。

在道教方面，北魏前期的寇谦之是炼丹派的代表人物。他得到太武帝拓跋焘的支持和扶植，在北魏都城平城建立天师道场，称为"新天师道"。

在绘画方面，陆探微擅画人物，造型有"秀骨清像"之评，与顾恺之并称"顾陆"。张僧繇亦善画人物，尤善绘佛像。

南北朝时代，诗歌的内容和形式都有了新的变化，文人诗歌从刘宋初开始由玄言转向山水。山水诗派的开创者是南朝刘宋的谢灵运。他与陶渊明不同，是世家大族之冠，又身居高位。他拓宽了诗歌的题材，描写山水，着意于欣赏刻画，注重词藻，表现形式和技巧方面也有新的变化。"情必极貌以写

历史细读

胡床是西域常用的坐具，东晋南朝时期使用胡床十分普遍。胡床类似于今天的折叠椅，简便、实用、便于携带，很快得到广大民众的欢迎。胡床的传入渐渐地改变了汉人以往席地而坐的习惯。

物，辞必穷力而追新"。谢灵运所写主要是会稽、永嘉、庐山等地的山水名胜，亦有他的地主庄园。

南北朝时期的民歌出了许多传世之作。由于南北对立的状态，民歌的发展也就带有地区特点。南方的民歌有吴歌和西曲之分。吴歌为建康一带的民歌，西曲为郢、荆、樊、邓一带的民歌。吴歌与西曲艳丽细腻，内容较狭窄，多写情歌及少女。北曲包括了北方少数民族如鲜卑、吐谷浑等族的民歌，汉族亦有不少优秀之作。多以反映社会情况、北国风光为主要内容，以慷慨爽朗为其特色。著名的《敕勒歌》原为一首鲜卑语诗歌。在高欢被西魏击败时，曾命敕勒族人斛律金唱此歌以激励士气，高欢亦同时合唱。《木兰诗》则质朴刚健，内容宽泛，形式也更为自由。

刘勰撰《文心雕龙》，是一部文学理论专著。南朝梁人钟嵘撰《诗品》三卷，选择自汉到梁时部分诗人及其作品，进行评论。他批评了片面追求声律及以用典为贵的风气，亦反对玄学对诗歌的影响，主张作品要古朴自然，切忌"使文多拘忌，伤其真美"。

南北朝时期的石窟寺艺术是雕塑艺术的杰出代表。我国的石窟寺的开凿随着佛教传布的方向亦由西而东、由北而南。最早的石窟寺开凿于新疆，以拜城县克孜尔石窟为代表，现存洞窟二百三十六个，始凿于前秦。此外甘肃还有永靖县西秦年间开凿的炳灵寺石窟，天水北魏期间开凿的麦积山石窟等。东方最早的石窟是山西大同武周山的云冈石窟，始凿于北魏文成帝之时。太和十八年（494年），北魏迁都洛阳，又开始在洛阳城南的龙门凿窟造像。

石窟寺是一种佛教寺庙的建筑形式，起初是以洞窟为主，后来出现了露天摩崖造像。石像有佛、菩萨、天王、力士等。大型佛像神态肃穆安详，虽静欲动。每座石窟寺都是一座巨大的艺术宝库。如敦煌石窟、云冈石窟和龙门石窟，在世界艺术史上都占有极其重要的地位。

正史有刘宋时范晔的《后汉书》，萧梁时刘昭把西晋司马彪的《续汉书》中的八志收入，并为其作注，分成三卷，为研究东汉史的重要资料。史学方面,《宋书》为南朝梁时沈约撰,是一部记述刘宋一代的纪传体断代史。《齐书》亦名《南齐书》,为南朝梁时萧子显撰,亦为纪传体断代史,今本佚序录一卷。东魏杨衒之撰的《洛阳伽蓝记》,分城内及四门之外五篇,详细地记述了城内外著名伽蓝(佛寺)的结构、古迹、工商业、历史等情况。文字简洁,描述细致,史料价值极高。北魏郦道元的《水经注》是我国古代的一部全面系统的综合性的地理名著,文笔生动流畅,有较高的文学价值。

祖冲之除了计算出圆周率之外,还编制了《大明历》,规定一年为365.2428 天,这个数据比当时其他一些历法更为准确,是我国宋代《统天历》以前最好的一个数据。《大明历》的编制是我国历法史上的第二次大改革。

在农学方面,北魏的农学家贾思勰,曾任高阳郡(今山东高阳)太守。他平时关心农业生产,具有丰富的农业知识。他从文献中搜集了许多古代和当时的农业生产经验和知识,又记问老农,撰成《齐民要术》一书。这是我国古代的一部很有价值的农业科学著作。

陈霸先自封陈王

侯景之乱后,梁武帝子孙为了争夺皇位,纷纷自立。在中央朝廷,武将陈霸先控制梁元帝以为正统。555 年,梁元帝死亡,陈霸先立敬帝萧方智。557 年,他废敬帝而自立,是为陈武帝,国号陈,年号永定。萧梁灭亡,共立国五十五年。

陈霸先,字兴国。永嘉之乱时,其先辈南渡,迁居吴兴长城(今浙江长兴),家世寒微。

梁朝宗室新喻侯萧暎担任吴兴太守时,对陈霸先非常器重,因为这位小吏虽然出身僚佐,但讲义气,重然诺,在吴兴地面一呼百应。陈霸先在岭南镇压当地民乱有功,很快就升为西江都护、高要太守。梁朝新州刺史卢子雄讨贼不利,被朝廷斩首,他的儿子与部下造反,进寇广州。陈霸先"率精兵三千,卷甲兼行以救之,屡战屡捷",大破贼众。梁武帝萧衍得知后,授陈霸先为直阁将军,封新安子,并派画师到岭南画了陈霸先的像送至建康亲自临观。至此陈霸先名闻朝廷。

后来侯景作乱,广州刺史元景仲与侯景暗通。陈霸先马上提拔朝廷委派的宗室萧勃为广州刺史,带兵攻打元景仲,逼得这位前广州刺史自杀。于是陈霸先便以始兴(今广东韶关)为根据地,准备北讨侯景。始兴土豪侯安都认为陈霸先是个英雄,日后必成大器,主动帮他招兵买马。两人一起统兵,与王僧辩会师,大败侯景,收复了建康,并被梁元帝萧绎封为长城县侯,成为平定侯景军乱的重要功臣之一。

不久梁元帝被西魏军队俘获杀害,陈霸先就与王僧辩共迎梁元帝的第九

陈废帝

陈伯宗（554 年—570 年），即陈废帝。南朝陈的第三代皇帝，陈文帝陈蒨的嫡长子。566 年，陈伯宗即位，次年改年号为光大。由于陈伯宗年幼，其叔父安成王陈顼执掌朝政。568 年，陈顼废陈伯宗为临海王。

子、时任江州刺史的萧方智为帝，是为梁敬帝。梁敬帝只有十三岁，一切军国大事皆由陈霸先和王僧辩主持。这时北齐把在寒山之战中俘虏的梁武帝的侄子萧渊明送回。王僧辩聪明一世，糊涂一时，想让萧渊明当傀儡，任由自己摆布。于是拥立萧渊明继皇帝位，把原先和陈霸先共立的小皇帝萧方智封为"皇太子"。

陈霸先认为王僧辩废萧方智是名不正、言不顺，多次劝阻，皆被王僧辩拒绝，陈霸先自此和王僧辩反目成仇。陈霸先以拒抵北齐为名，突袭王僧辩。王僧辩听说城外有兵来攻，慌忙四处寻找兵甲。因为来不及抵御，王僧辩父子不得不下楼投降。陈霸先于是派兵把王僧辩父子押下去，用绳子双双勒死。此时的陈霸先想重新迎立萧方智为帝，但自己立足未稳，只得向北齐"称藩"，并以萧渊明为"司徒"，做做样子给北齐看。555 年，王僧辩的残余势力杜龛、王僧智等人起兵，并引北齐军入寇。面对强敌，陈霸先披甲跨马，亲自带兵从建康西明门出击，大败北齐军，缴获无数战利品。556 年，北齐又遣萧轨、东方老以及任约等人率十万大军攻梁，但全被陈霸先打败。

557 年，陈霸先见北齐已经无法对自己构成威胁了，便自封为陈王。三天之后，这位陈王就让梁敬帝"禅位"于己，改国号为陈，梁朝至此灭亡。

但陈霸先只做了三年皇帝，便重病不治而死。陈霸先死后，他的侄子陈蒨即位，是为陈文帝，年号天嘉。陈霸先一直对陈蒨颇为器重，称其为"吾家英秀"。陈蒨在梁朝历任吴兴太守、会稽太守，协助陈霸先消灭了王僧辩的部属。陈霸先称帝后，封其为临川王。曾召总揽军政，后奉命驻军皖口。陈蒨面对政局动荡、国库空虚、民生凋敝的局面，他在位时期，励精图治，整

陈后主玉树新声

陈后主宠幸贵妃张丽华和孔贵嫔，为之建筑奢华的临春、结绮、望仙三阁，谱成新曲《玉树后庭花》，日夜淫乐，最终亡国。

顿吏治，注重农桑，兴修水利，平定各地割据势力，使政局渐趋平稳。他还反对奢靡，厉行节约，使江南经济得到了一定的恢复。这时的陈朝政治清明，百姓富裕，国势比较强盛。陈蒨是南朝历代皇帝中难得一见的有为之君。566 年病逝，谥号为文帝，庙号世祖。

陈后主《玉树后庭花》

陈文帝之后，陈废帝陈伯宗即位。之后是陈顼，即陈宣帝，他于 568 年即位，在位十四年，年号太建。陈顼在梁元帝时，累官直阁将军、中书侍郎。在陈废帝时，进位太傅，领司徒，总揽军政大权。光大二年（568 年），假传太后之命，废陈伯宗自立为帝。他曾从北齐手中夺回了淮南旧地。太建十年（578 年），与北周争夺徐、兖二州，败于吕梁（今江苏徐州东），淮南尽失，陈朝国土大缩，从此一蹶不振。

陈宣帝病重弥留之时，太子陈叔宝与其胞弟始兴王陈叔陵以及另外一个兄弟长沙王陈叔坚一同入宫侍疾。宣帝小敛之时，陈叔陵用切药刀，猛然砍向跪地痛哭的储君陈叔宝的脖子，由于刀钝砍杀不深。陈叔坚制住了陈叔陵，但被他逃脱。陈叔陵回到府中召集人马反叛。陈叔坚借太子的名义召右卫将军萧摩诃入宫受敕。萧摩诃当时虽然手下仅有数百名兵马，却是百战名将，接到命令后直奔东府杀来。双方刚一交战，陈叔陵就落败，被萧摩诃的手下当场杀死。

太建十四年（583 年），陈宣帝病死，陈叔宝即位，改元至德，是为陈后主。陈叔宝脖子上的伤刚一好，他便开始奏乐饮酒，天天玩乐不休。继位两年后，便在光照殿前建造起三座弘丽高大的楼阁，分别命名为临春阁、结绮阁、望仙阁，供宠妃张丽华居住游玩。

张丽华出身于军人之家，生下儿子陈深（后被立为太子）。陈叔宝继位后，马上拜这位宠姬为贵妃。由于出身贫贱，张贵妃聪慧的秉性发挥到极致，"才辩强记，善候人主颜色"。当时陈叔宝倦于政事，百官奏书皆由太监进呈御阅，陈后主每把张贵妃抱置膝上"共决之"，而且条理分明，批奏有度，"无所遗脱"。陈叔宝见张贵妃如此聪颖伶俐，益加宠异，对其所言无不听。

陈叔宝的文学修养很高，十分喜欢诗赋歌曲，能作曲赋诗，极有成就，他的代表作《玉树后庭花》更是诗句脱俗。自负的陈叔宝，每天便在一群文人骚客和美女们的陪伴下，作诗饮宴，游乐无度。

陈朝在武帝及文帝、宣帝时期，政治情况较梁末有所改善，受破坏的江南经济也逐渐得到了恢复。但陈在对北方的战争中，却是先胜后败。陈宣帝太建五年（573年），陈将吴明彻乘北齐大乱之机北伐，攻占了吕梁（今江苏徐州东南）和寿阳，一度占有淮、泗之地。北周灭北齐后，吴明彻再次北伐，在进攻彭城的战斗中失败被俘，陈军主力覆灭，淮南得而复失，陈的国力愈加衰弱。连年的战乱让自耕农的贫困状况日益严重，繁重的徭役、兵役以及官吏的层层盘剥，更使普通百姓的生活困苦不堪。

而在此时，北方的北周却日益强大起来。北朝地区的人民已基本上完全汉化，士兵自西魏起就在均田制基础上创造性地发明了"府兵制"，军人的自豪感、荣誉感以及他们身份的日益提高，使其战斗力随之越来越强。

北方再度统一

北周武帝即位之后，做了三件大事：一是除掉宇文护，使大权重归于皇帝手中；二是大力打击佛教，增强了全国的经济实力；三是灭掉北齐，重新统一了北方。

长期以来，北周和北齐之间主要是战争关系，双方互有胜负，力量大体均衡。但是自从北周武帝亲政以后，情况发生了很大的变化：一是经过灭佛，国家经济实力增长；二是吸收广大汉族农民充当府兵，扩大了府兵队伍，军事优势形成；三是北与突厥和亲，南与陈朝通好，外交策略上获得成功。

北齐在高洋死后国势日衰。560年，权臣高演废齐主高殷自立。高演在位时北齐国力得到了一定的恢复。之后继位的高湛（高演之弟，北齐武成帝）悭吝无为。高湛死后继位的是后主高纬，他昏庸无道，在位12年，北齐的政治日益腐败，已成风雨飘摇之势。北周武帝看清了北齐混乱的局势，决定出兵伐齐。建德四年（575年）七月，北周武帝出兵攻打北齐。前期进军很顺利，但后来因为北周武帝得了急病，所以只得退兵。

第二年（576年）十月，北周再次出兵伐北齐。此次伐北齐，北周武帝集中了十几万兵力，改变了前次的进军路线，亲自率部直攻晋州。十月下旬，北周军主力进抵平阳城下，北齐晋州刺史崔景嵩等投降。平阳为晋阳门户，在军事上具有重大的意义。北周武帝接受了上次伐北齐失败的教训，派上开府仪同大将军安定梁士彦为晋州刺史，留精兵一万镇守平阳城。

北齐后主高纬在北周军进攻平阳的时候，正带领妃子冯淑妃在天池（今山西宁武西南管涔山上）打猎。晋州告急的文书，从早晨到中午飞马传送了

齐后主华林纵逸

北齐的后主高纬喜欢用琵琶弹奏《无愁曲》，因此民间称其为"无愁天子"。他在华林园建了一个贫儿村，自己身穿破烂衣服行乞取乐。高纬只知享乐，当北周大军压境时他还在打猎，北齐的灭亡也就是必然的了。

北齐金饰

这是出土于山西太原的北齐金饰，工艺精湛，联接手艺高超，是南北朝首饰中的精品。

三次，右丞相高阿那肱居然不去报告高纬。直到晚上，信使来说："平阳已陷。"高阿那肱才上奏高纬战事情况，冯淑妃却要求高纬"更杀一围"。高纬竟然置战局而不顾，又和冯淑妃尽兴打起猎来。

十一月初，北齐后主率齐军主力十万要夺回平阳，开始将平阳城包围，昼夜不停地攻打。城中情况危急，城堞皆尽，城墙完好处不过数仞而已。齐周双方短兵相接，或交马出入。北周军外援不至，守城将士有些惊慌。而梁士彦慷慨自若，对将士们说："死在今日，吾为尔先。"于是北周军奋勇争先，无不一以当百。北齐军稍退，梁士彦立即命令城中军民乃至妇女，昼夜修城，三天就把城墙修好了。北齐军挖地道攻城，城坍陷了一处，将士乘虚而入。可是就在此紧急关头，高纬却突然命令将士暂停攻城。原来传说晋州城西石上，有圣人遗迹，高纬要和冯淑妃同去观看。冯淑妃涂脂抹粉，耽误了很长时间才姗姗而来。这期间北周军早已抢时间用木板把缺口挡了起来。高纬又恐城中射出的弩矢伤了冯淑妃，特抽出攻城的木料，筑造远桥。这样一来，北齐军就失去了攻城的有利时机。

十二月北周武帝从长安赶赴平阳，北周军其他各路兵马也齐集平阳，约有八万兵力。北周军临城而阵，东西长达二十余里。起先北齐军怕北周军猝然而至，曾想出一个办法，在城南穿堑，从乔山至于汾水。北齐后主高纬见周军到来，便下令北齐兵在堑北布阵。北周武帝命齐王宇文宪前去探看虚实，宇文宪回来后很有信心地对北周武帝说："请破之而后食。"

两军交战，实力不相上下，后来北齐军略略后退，冯淑妃就惊慌失措地大声喊道："齐军败啦！齐军败啦！"高纬带着冯淑妃慌忙向高梁桥逃去。北齐师见君主一逃，顿时军心大乱，连战皆溃，死者万余人。"军资甲仗，数百里间，委弃山积"。

平阳之战，北齐主力实际已被打垮。高纬逃回晋阳，想逃往北朔州（今山西朔州），进而投奔突厥。他一出晋阳城，百官纷纷逃离，连穆提婆见大势已去，也转而投奔北周武帝去了。高纬在邺城，将皇帝位子让给了八岁的儿子高恒，自己当起太上皇。577 年一月，北周武帝率军攻破邺城。这时高纬已先一日逃往济州，又从济州逃往青州，准备投奔陈朝，为北周追兵所俘，送往长安被杀。

北周武帝灭北齐，统一北方，在历史上具有十分重大的意义。它结束了自东西魏分裂以来近半个世纪的分裂割据局面，使人民免受战争之苦，得以重建家园，恢复生产，从而促进了整个北方政治、经济、文化方面的广泛交流和发展，为隋朝统一中国奠定了坚实的基础。

杨坚篡权建隋

北周宣帝宇文赟是周武帝宇文邕的长子，性情暴虐，荒淫无道。578 年武帝去世后，宇文赟即位，即位后他立刻沉湎酒色，又大肆装饰宫殿，且滥施刑罚，经常派亲信监视大臣们的言行，北周国势日渐衰落。宇文赟帝位刚刚坐稳，马上就诛杀了他的叔父、功高德茂的齐王宇文宪。讨伐北齐时，宇文宪率军打得北齐后主高纬一路狂奔，又俘虏了北齐最能打仗的宗室安德王高延宗、任成王高湝以及广宁王高孝珩等，可以说是北周王朝平定北齐的头等功臣。可是宇文赟刚一即位就缢死了齐王，顿时使天下之人大失所望。

隋文帝杨坚
杨坚（541 年—604 年），即隋文帝，隋朝的开国君主。初仕北周，封随公，静帝禅让为帝，国号隋。

宣帝即位一年后就禅位于长子宇文衍（后改名阐），他本人则在禅位次年死亡，年仅二十二岁。杨坚以宣帝后父的身份假称受遗诏辅政。静帝宇文阐继位时年仅七岁。杨坚自任大丞相、都督内外诸军事。至此北周的国家最高权力，实际上已落入杨坚手中。杨坚祖上为弘农杨氏，是著名的世家大族。后居武川镇，累世有功于北魏王朝。其父杨忠在西魏时，屡有战功，赐姓普六茹氏。北周代西魏，进位柱国大将军，封随国公。杨坚在灭齐时，建立了大功。杨坚的妻子是鲜卑大贵族、柱国大将军独孤信之女，杨坚长女为宣帝皇后。所以杨坚在宣帝时，已官高权大，"位望益隆"。

杨坚辅政，引起了宇文氏贵族和皇亲国戚的疑忌。大象二年（580 年）六月，相州（今河北临漳西南）总管尉迟迥（宇文泰之外甥）首先举兵反叛，不久就聚集了十余万人。郧州（今湖北安陆）总管司马消难、益州（今四川成都）总管王谦等相继响应，可是杨坚也得到了不少人的支持，他一方面废除宣帝时的"刑政苛酷，群心崩骇"的事项，改行惠政，减轻赋税，解放奴婢，开放鱼池山泽之禁，任民樵采捕捞，深得人民拥护；另一方面积极出兵，

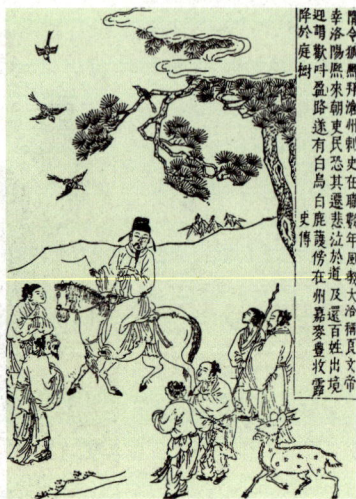

令狐熙为沧州刺史在职数年周教大治稀其德政幸洛阳熙来朝吏民恐其还悲泣於道及还百姓出境迎谒欢呼盈路遂有白乌白鹿薨傍在州弟隼麋麕收露降於庭树

仁政惠民的廉吏令狐熙

此版画描绘了隋文帝时期，令狐熙任沧州刺史，勤政爱民的故事。开皇四年（584年）隋文帝亲临洛阳，令狐熙前去洛阳朝见，百姓以为他要离任，极其不舍。等他复还时，百姓们纷纷出境迎接。

对反叛势力进行坚决的打击。八月尉迟迥兵败自杀，司马消难因兵败而投降南方的陈朝，王谦于十月兵败被杀。至此一场全国性叛乱被平定下来。

次年杨坚即废北周静帝宇文阐自立，是为隋文帝，国号隋，改元开皇，仍定都长安，称大兴城。北周灭亡。从此中国的北方结束了北朝的历史，进入隋朝统治时期。

隋文帝统一全国

开皇三年（583年），隋出兵反击突厥获胜，消除了北面的威胁。又经过数年的治理，国力日益强盛。而南方的陈朝传至后主陈叔宝时，政治日益腐败，库空民穷，戒备懈怠。

开皇七年（587年），杨坚采纳大臣们的灭陈之计，想方设法误导敌人，疲劳敌军，并且加紧赶造战船，迷惑、麻痹陈军。并下诏揭露陈后主的罪行，争取陈国民心。陈叔宝听说后，没有派兵防御，而是自以为"王气在此，自有天佑"。朝中众佞臣都附和陈叔宝说有长江之险，不必担忧。开皇八年（588年）十月，隋朝以晋王杨广、秦王杨俊、清河王杨素为行军元帅，率五十万大军南下伐陈。由杨广指挥，直接攻打陈都建康。在敌人大军压境的紧急情况下，南朝陈后主仍然沉缅于酒色而不能自拔，自恃长江天险，忙于准备欢庆春节，甚至令驻守江州（今江西九江）、京口（今江苏镇江）的两个儿子率船返回建康，致使长江防守更加薄弱。隋军在长江上游首先发起进攻，屯于公安的陈荆州刺史陈慧纪一看形势不利，忙率战船千艘、将卒三万余人东撤，欲增援建康，结果被隋军阻于汉口。

开皇九年（589年）正月初一，位于长江下游的隋军乘陈军欢度春节之机，分路秘密渡江，韩擒虎率军袭占采石（今安徽马鞍山西南），杨广率军进屯六合南之桃叶山。这时陈后主才感到事态严重，急忙下旨调兵抵御，但为时已晚。隋行军总管宇文述率军三万攻占石头城，对建康已形成包围之势。配合主力进攻建康的其他两翼隋军亦进展顺利。王世积军在蕲口大败陈军，燕容军已进入太湖，牵制住吴州陈军。"陈人大骇，降者相继"。

这时建康附近陈军尚有十万余人，但陈叔宝"唯日夜啼泣"，先前的自信、霸气荡然无存。后主陈叔宝不懂军事，又不听臣下的合理建议，将军队全部集中部署于城内外。此前陈朝大将萧摩诃数次请兵，要趁隋军立足未稳出击，但都被陈叔宝拒绝。结果建康城被围成铁桶一般。

孔范想要立功，夸下海口请兵出战。陈叔宝竟然同意，二十日下令诸军出击。"诸军南北二十里，首尾进退不相知"。隋朝大将贺若弼观察军情后，仰天大笑，以甲士八千人为阵，等待陈军来攻。陈军方面人数众多，可是只有大将鲁广达一人率部下两三千人进战隋兵，吓得贺若弼"纵烟以自隐"。但孔范由一帮亲兵围着龟缩观望。萧摩诃因为陈叔宝不用自己先前的策略，故而一直率部下"观战"。刚得小胜的陈朝兵士斩杀隋兵后，纷纷拿着人头回奔建康城内，向皇帝"领赏"。趁陈兵骄惰之时，贺若弼指挥隋军径直朝孔范一军杀来。两军还未交手，孔范纵马便逃，一时间"陈诸军望见，骑卒溃乱，不可复止，死者五千人"，连大将萧摩诃也被活捉。

任忠跑回城中，告诉陈叔宝打了败仗，陈叔宝顿时慌了手脚，急忙拖出两大箱黄金给任忠，让他出外募人出战。任忠带着这两大箱黄金，一出城就投降了隋将韩擒虎，并掉转头带领隋军直入朱雀门。

隋兵很快从四面八方冲入皇宫，陈叔宝跟着一帮宫人就往景阳殿跑。但因为体力不支，只好躲入一口枯井内。隋军到处找不到陈后主，捉住几个太监一问，才知道他逃到后殿投井了。隋军兵士来到后殿，从一口井中把陈后主和两个宠妃拉了上来。

隋文帝杨坚统一全国，对陈朝亡国君臣皆宽恕其罪而不杀，并令后主下诏招降，吴州等地拒降被攻灭，余皆归附。陈朝灭亡，隋朝得三十州、一百郡、四百县。至此自东晋以来二百余年的分裂局面重归于一统。

中外文化的交融流通

南北朝时期，朝鲜半岛分裂为三个国家：北边是高句丽，西边是百济，东边是新罗。

这三个国家同中国的南北政权都保持了经常性的来往。南朝的宋、梁政府应百济的请求，曾把一些佛教经义、《毛诗》博士并工匠、画师等赠给百

《职贡图》波斯国使
此图是《职贡图》中的波斯国使。

济。由于互相往来密切，中国的五经、三史、《三国志》《晋阳秋》等书籍以及医药、历法等相继传入朝鲜。朝鲜的语言吸收了不少汉语词汇，很多人能用汉文写作。与此同时，朝鲜人创造的乐曲和新罗的一些乐器也传入了中国。

南北朝时期，日本也曾多次派使者来中国。通过互相往来，中国的文化传到了日本。4 世纪时，不少中国纺织工、养蚕和缲丝能手、裁缝师、陶工以及厨师等移居日本，带去了先进的技术。中国的《论语》《千字文》也由百济人王仁带入日本，日本开始采用中国汉字。百济人又把中国的五经传到日本，于是儒家思想对日本产生了很大的影响。梁武帝时，司马达把印度的佛教带到日本，从此日本文化又受到佛教影响。

中国同东南亚各国的关系一直很密切。这些国家向往中国文明，不断派遣使者来到中国。据记载，这时期扶南国遣使来中国就有三十多次。扶南是中国史籍所载 1 到 7 世纪印度支那半岛南部的古国名。又作夫南、跋南。约在 1 世纪初建国。其领土包括今柬埔寨以及越南南部、泰国东南部一带，鼎盛时达到老挝南部、泰国西部乃至马来半岛南端。自三国孙吴黄武四年（225 年）至南朝陈祯明二年（588 年），扶南国不断遣使来华。3 世纪中期，朱应、康泰奉吴大帝孙权之命出使该国，回国后著有《扶南传》《扶南异物志》。梁天监三年（504 年），梁武帝曾授其国王阇耶跋摩以安南将军、扶南王之号。扶南国和中国的经济、文化联系颇为频繁。"扶南大舶"远近闻名。"扶南乐"早在三国时即传入中国，隋代和唐初被列为九部乐之一。南北朝时期，扶南

国僧人来华在扶南馆等处译经，番禺（今广东广州）的佛寺中曾供有扶南国所造的石像。6世纪下半期，其北部属国真腊崛起，扶南国的都城南徙，与中国来往渐稀。这时越南与中国的联系进一步加强。越南的交趾是中国和西方、南海诸国商使往来的常经之路。林邑与南朝也有密切联系。经过长期往来，中国的制酒、养蚕术传到老挝。中国的灌溉用水车、建筑、造纸、纺织等技术传到越南，并开始推广。越南的琉璃制造技术，这时也传入中国，使中国的琉璃制造技术在原有的基础上有了新的提高。

与大秦（罗马帝国）等国的交流。在三国两晋南北朝时期，大秦除了通过"丝路"与中国北方保持联系外，还通过海路与南中国交往。孙吴黄武五年（226年），大秦商人秦伦来到建业，受到了孙权的接见。西晋初年，大秦又派使者来中国。

同一时期，波斯（伊朗）、康居、大宛、大月氏等国的商人、使者也不断来到中国。北魏太安元年（455年），波斯萨珊王朝遣使来华。此后直到西魏时期，信使往来不断。通过友好往来，大秦等国的石棉布、水银、琉璃、药材和汗血马等输入到中国。中国的丝绸、铜器等输出到大秦、波斯等国。6世纪末，中国的养蚕术通过波斯也传入了大秦。

与印度等地的交往。三国以后，由于海上交通的开辟，中国同南亚各国的联系得到了加强。佛教在中国传播以后，僧侣们的往来经常不断。他们多是学问僧，对中国同印度等国的文化交流作出了贡献。其中贡献较大的是自中国西去求法的东晋僧人法显。法显本姓龚，平阳武阳（今山西襄垣）人，东晋隆安三年（399年），法显从后秦京城长安出发西行，历经艰险，翻越葱岭，经过今阿富汗到达了印度。他西去求法前后共十四年，历访三十余国，携回很多梵本佛经。他游历了印度各地，到达释迦牟尼诞生地迦维罗卫城（今尼泊尔境内），自海上回国途中又到过狮子国（今斯里兰卡，或兼称此二岛）和耶婆提国（今印度尼西亚的爪哇岛或苏门答腊）。法显归国后在建康翻译了带回的大量佛经。又撰《佛国记》（《法显传》），记述了他的旅行见闻。他对促进中国同印度、尼泊尔等国的相互了解和文化交流作出了重大的贡献。